LOUIS BRUNET

HISTOIRE

DE

L'ASSOCIATION GÉNÉRALE

DES

FRANCS-CRÉOLES

DE

L'ILE BOURBON

SUIVIE

DE LA RÉIMPRESSION DU *SALAZIEN* (1830)

PARIS
MAISON CERF FILS
12 — Rue Médicis — 12

SAINT-DENIS (RÉUNION)
IMP. DU *Nouveau Salazien*
48 — Rue de l'Eglise — 48

1885

LES

FRANCS-CRÉOLES

1830

HISTOIRE

DE

L'ASSOCIATION GÉNÉRALE

DES

FRANCS-CRÉOLES

DE

L'ILE BOURBON

PAR

LOUIS BRUNET

Maire de Saint-Benoit — Conseiller général

SAINT-DENIS (RÉUNION)

IMPRIMERIE THÉODORE DROUHET FILS

48 — RUE DE L'ÉGLISE — 48

—

1884-85

A M. LOUIS BRUNET

MAIRE DE SAINT-BENOIT, CONSEILLER GÉNÉRAL

Saint-Benoit.

Bois-Rouge, le 20 février 1884.

Mon cher Compatriote,

J'ai lu tout d'une haleine votre manuscrit sur différents épisodes de l'histoire de notre pays, et notamment sur l'Association des Francs-Créoles, *fondée en mai 1831 par notre grand citoyen Nicole Robinet de la Serre.*

Grâce à vous, les faits mémorables accomplis à Bourbon, il y a un demi-siècle, échapperont à l'oubli, et les générations qui viendront après nous sauront que leurs pères ont eu à lutter énergiquement pour reconquérir les droits politiques qu'ils devaient à la Révolution de 1789, et dont le despotisme du premier Empire les avait violemment dépouillés.

A M. LOUIS BRUNET

MAIRE DE SAINT-BENOIT, CONSEILLER GÉNÉRAL

Saint-Benoit.

Bois-Rouge, le 20 février 1884.

Mon cher Compatriote,

J'ai lu tout d'une haleine votre manuscrit sur différents épisodes de l'histoire de notre pays, et notamment sur l'Association des Francs-Créoles, *fondée en mai 1831 par notre grand citoyen Nicole Robinet de la Serve.*

Grâce à vous, les faits mémorables accomplis à Bourbon, il y a un demi-siècle, échapperont à l'oubli, et les générations qui viendront après nous sauront que leurs pères ont eu à lutter énergiquement pour reconquérir les droits politiques qu'ils devaient à la Révolution de 1789, et dont le despotisme du premier Empire les avait violemment dépouillés.

Si jamais un nouveau pouvoir tyrannique, envieux de nos libertés, prétendait les ravir encore (non à nous, hommes de 1884, cela ne serait pas possible, mais à nos descendants), ceux-ci trouveraient dans votre œuvre patriotique les nobles exemples dont ils pourraient avoir besoin pour remplir avec courage et avec succès le premier, le plus saint des devoirs du citoyen, celui de résister à l'oppression.

Comme un des rares survivants de notre belle époque de 1830, que vous avez mise en lumière avec le double mérite de la vérité historique et de la forme littéraire, permettez-moi de vous remercier de la justice éclatante que vous avez rendue à la mémoire des hommes de talent et de cœur qui ont si puissamment contribué à la régénération politique de la patrie créole, et derrière lesquels, tout jeune encore, j'ai eu l'honneur de marcher.

Recevez de nouveau, mon cher Compatriote, mes félicitations les plus sincères, et croyez bien à tous mes sentiments affectueux.

A. Bellier.

I

M. Duvaldailly nommé gouverneur de l'Ile Bourbon. - Situation de la Colonie. — Les ouragans. — Désastres financiers. — Constitution d'une Chambre de commerce. — Législation politique. — La presse. — Les manifestations depuis 1803. — Le choléra Millus. — M. Richemont Desbassyns. — La Caisse d'Escompte et de Prêts. — La petite faction. — Les capitalistes. — Les Carlistes. — Résumé.

Par ordonnance royale du 25 octobre 1829, M. Duvaldailly, capitaine de vaisseau, était nommé gouverneur de l'Ile Bourbon et de ses dépendances. Il fut installé dans son gouvernement le 3 juillet 1830.

La situation de la Colonie était grave.

L'ouragan de 1829 — l'un des plus terribles dont l'Ile ait gardé la mémoire — venait de détruire toutes les plantations, de renverser des édifices publics et de briser sur les côtes de Bourbon une vingtaine de navires. La fortune et le crédit des habitants étaient ruinés. Le café, qui avait produit en 1801 3,500,000 kilog., qui en 1815 produisait encore 1,300,000 kilog. n'avait rapporté en 1829 que 600,000 kilog; les girofleries, dont les récoltes n'entraient que depuis quelques années dans le compte de la fortune publique, avaient été saccagées ; enfin le produit du sucre n'avait pas, pour cette même année 1829, continué la marche ascendante qu'il suivait depuis 1815.

Les deux coups de vent du 28 mars et du 4 avril 1830 mirent le comble aux malheurs de la Colonie.

M. Duvaldailly se hâta de constituer une Chambre de commerce (7 août 1830), chargée notamment de « présenter des vues sur les moyens d'accroître la prospérité du commerce, de faire connaître au gouvernement les causes qui en arrêtent les progrès, d'indiquer les ressources qu'on peut se procurer... » A cet effet, le maire de Saint-Denis était invité à réunir, sous sa présidence, vingt-quatre commerçants choisis parmi « les plus notables » des deux premières classes; ceux-ci procèderaient, par scrutin secret, à l'élection d'un nombre de candidats double des nominations à faire; sur cette liste le Gouverneur, en Conseil privé, devait choisir les membres de la Chambre de commerce.

Opération bien compliquée.

Par arrêté du 1er septembre furent nommés membres de la Chambre de commerce MM. Gamin (Pierre), Roux (Constant), Manès jeune père, Malavois (Médar), Desfosse et Deitel, tous négociants à Saint-Denis.

Assurément les intentions du nouveau Gouverneur étaient excellentes.

Mais ce qu'il fallait à la Colonie, à côté et au-dessus de cette assemblée consultative, c'était une représentation coloniale élue; il lui fallait aussi le droit d'exprimer ses doléances par la presse. Pour bien apprécier les maux qui frappent un pays et rechercher les moyens d'y porter remède, il importe que ceux qui souffrent aient le droit de se plaindre.

Mais depuis le 10 novembre 1803, jour où l'Assemblée coloniale avait été supprimée, le peuple de l'Ile Bourbon n'avait plus eu de mandataires. Un légitimiste, M. Bellier de Villentroy, a pu, dans un rapport de 1836, écrire les lignes suivantes : « La Restauration vint et avec elle le rétablissement du régime qui existait avant la Révolution de 89. Mais ce régime était trop différent de celui de la Métropole ; les colons avaient aussi acquis trop d'expérience, pendant les vingt-cinq années qui venaient de s'écouler, pour qu'ils pussent s'en accommoder longtemps... »

Le pouvoir législatif était appliqué, soit par le Chef d'Etat, soit par le Gouverneur, au moyen d'ordonnances et d'arrêtés. L'ordonnance royale du 21 août 1825, réglant l'organisation du gouvernement à Bourbon, n'avait pas modifié sensiblement un tel état de choses. Qu'était, en effet, le Conseil général constitué par cette ordonnance ? Un simple comité consultatif, nommé par le Roi sur la proposition du Gouverneur, n'ayant aucun pouvoir, ni aucun droit.

Quant à la presse, elle était régie par l'arrêté du 15 pluviôse an XI et l'ordonnance du 20 juin 1816, l'un établissant et l'autre maintenant la censure. Aussi n'existait-il à Bourbon aucun journal politique. La *Feuille hebdomadaire de l'île Bourbon* (plus tard *La*

Gazette) se bornait à reproduire des extraits de journaux métropolitains bien pensants, à insérer force annonces et à publier les productions littéraires de M. Paquet de Syphorien (1), poète, professeur de belles lettres, fameux par une *Histoire illustrée de l'île Bourbon,* à dix piastres le volume, ouvrage qui n'a jamais vu le jour.

Sous la rubrique « Effets perdus », cette excellente feuille enregistrait les noms des esclaves en fuite.

Enfin, elle résumait ainsi ses vues politiques : « Le Danemarck continue à vivre sous le couvert du pouvoir absolu, dont le bon sens de ce peuple crut un jour, dans son propre intérêt, devoir investir son roi. Chacun en ce pays se trouve bien de ce régime.... »

---

(1) Paquet de Syphorien ! qui partagea avec Joseph Vicomte D.... S.... la gloire de faire des nécrologies où l'on pouvait lire ceci : « O vous tous, estimables créoles......., pleurez.... »

Paquet ! à qui le seul Charles d'Améder, de Saint-Paul — Saint-Paul, patrie des poètes et des jolies femmes *(Crestien dixit)* ! — disputa la palme des vers.

L'un écrivait :

> Cependant quand je vois ma muse être en alarmes,
> Il faut pour elle au moins aller prendre les armes....

Et l'autre chantait :

> Le corail et l'azur dont ton cou se décore
> Effacent les couleurs de la robe de Flore....

Soit ; mais, à Bourbon, on ne se montrait pas toujours aussi sage qu'en Danemarck, ni d'aussi bonne composition. Beaucoup de survivants de la grande période révolutionnaire, beaucoup d'européens fixés dans la Colonie, beaucoup de jeunes créoles ayant été élevés en France et étant revenus, leurs études terminées, dans la petite patrie, avec les idées et les tendances de la génération nouvelle, de tels hommes n'étaient pas pour se soumettre sans appel au régime du bon plaisir et du pouvoir absolu.

Fort rares, il est vrai, avaient été, depuis le Consulat, les manifestations de l'opinion publique ; mais l'installation du cordon sanitaire (1819-1820) avait démontré que les colons sauraient encore agir, le cas échéant, et même se coaliser contre l'autorité supérieure.

Voici, très-abrégée, l'histoire de cet événement, telle qu'elle nous a été racontée par un témoin oculaire, M. Adrien Bellier.

Le choléra venait d'éclater à Saint-Denis et y avait fait, en quelques jours, des victimes nombreuses. Grande émotion dans toute l'île.

Les habitants du district du Vent s'assemblèrent et résolurent d'empêcher que Saint-Denis ne se mît en communication avec les autres quartiers. On forma, au premier bras de la rivière des Pluies, un cordon sanitaire, qui partit du bord de la mer et s'étendit à une grande hauteur sur les montagnes. A la tête du mouvement se signalèrent notamment MM. Fréon, Desbassyns, Blémure de Lahogue, Bernard Pajot, Auguste Pajot, Ferdinand Pajot, Féréol Bellier, Xavier Bellier,

Lépervanche aîné. Celui qui connaît l'histoire des familles de ce pays remarquera, à la lecture de ces noms, que des hommes d'opinions absolument contraires s'étaient ainsi réunis pour ce qu'ils considéraient comme un devoir social. Les communes de Sainte-Marie, Sainte-Suzanne, Saint-André, Saint-Benoit et même Sainte-Rose levèrent des détachements qui, à tour de rôle, restaient de service une semaine. On se nourrissait et on se logeait comme on pouvait chez les propriétaires de la rive droite du premier bras de la Rivière des Pluies. Les habitants du district Sous-le-Vent imitèrent l'exemple de leurs compatriotes du Vent et établirent leur cordon à la Grande-Chaloupe.

Ceci dura trois mois, pendant lesquels le Gouverneur, baron Milius, ne cessa de donner les ordres les plus sévères et de faire des proclamations pour que le cordon fût brisé et que la communication fût rétablie entre toutes les communes de l'île. Même il prétendit que le choléra-morbus — qui fut appelé plaisamment choléra-Milius — n'était pas contagieux ; mais il prêcha dans le désert, et les gardiens du cordon sanitaire ne déposèrent les armes que lorsque le choléra eut disparu.

Tel fut ce mouvement qu'un orateur du Conseil général devait appeler la première manifestation de l'opinion publique à Bourbon, encore bien qu'il ne se fût agi là que d'une ligue pour la défense d'intérêts matériels.

Il aurait pu ajouter que cette manifestation fut la seule, dans le pays, jusqu'en 1830.

Dans un article dû à M. Sully Brunet, délégué de l'Ile Bourbon, article qui fut reproduit plus tard par le *Salazien* (1), le journal *Le Temps* apprécie ainsi la situation de la Colonie au moment où M. Duvaldailly en prenait l'administration :

« Il existait dans la Colonie une volonté de se soustraire par réaction au joug imposé au pays par une famille.

« En effet, M. de Villèle, lors de sa toute-puissance, abandonna à M. Richemont Desbassyns, son beau-frère, l'administration des colonies. Celui-ci réunit des commissions, élabora un système gouvernemental, une organisation judiciaire, des établissements de banque ; tout cela fut fait et mis à exécution de 1825 à 1828.

---

(1) Nous ferons, dans le cours de ce travail, plusieurs emprunts aux très-remarquables articles publiés en 1833, par le journal clandestin le *Salazien*, qui combattait si vaillamment pour l'abolition de la censure, notamment à ceux portant les initiales R. L. S. (Robinet de la Serve et A. B. (Adrien Bellier).

De plus, nous rééditerons, à la fin de ce volume, tout ce qui, dans le *Salazien*, ne fut pas extrait des autres journaux ou des procès-verbaux du Conseil colonial ; nous estimons que c'est un grand service à rendre au pays que d'arracher à l'oubli, qui l'atteint déjà, l'œuvre des hommes du *Salazien*.

On sait que trois des principaux rédacteurs du *Salazien*, Robinet de La Serve, Adrien Bellier et Auguste Pajot eurent ce grand honneur d'être les premiers colons poursuivis dans ce pays, pour délit de presse.

« Le système gouvernemental fut une amélioration; seulement il se composait d'un personnel trop considérable. Ce nouveau mode d'administration eût été avantageux à Bourbon, si le patronage institué au ministère n'eût imposé des hommes à sa dévotion dans toutes les branches du service et même dans les conseils destinés à éclairer le Gouvernement. Le pays n'eut plus une volonté à lui, tant l'investigation de M. Desbassyns pénétrait dans les moindres détails, et tant aussi sa volonté brisait toute résistance.

« L'organisation judiciaire dépouilla la Colonie de garanties positives, viola les droits acquis, poursuivit le ministère de l'avocat, déplaça le siège de la Cour (1), pour faciliter l'influence du Gouverneur. D'autres dispositions irritantes s'y rencontrent.

« Enfin une Caisse d'Escompte vint jeter le désordre dans toutes les transactions, consommer la ruine du pays et élever les profits des actionnaires à plus de 30 pour cent (2). »

---

(1) La Cour d'Appel fut transférée à Saint-Paul en 1827, malgré les protestations du Procureur général.

(2) La Caisse d'Escompte et de Prêts, fondée avec la protection du gouvernement et jouissant de privilèges exorbitants, fut mise en liquidation le 23 décembre 1831, par arrêté du Gouverneur.

Cette liquidation n'est pas encore terminée.

Par arrêté de M. Duvaldailly, en date du 14 mai 1831, la Caisse d'Escompte et de Prêts avait été autorisée à entretenir une émission de bons de caisse de 200,000 francs, *sans tenir compte* de la proportion des espèces métalliques que l'ordonnance du 16 février 1829 lui faisait une obligation de maintenir en caisse.

Complétons cet exposé par quelques lignes dues à la plume incisive de Robinet de La Serve, et qui tendent à peindre les hommes dont s'entourait le Gouverneur, ce qu'il appela « la camarilla, la petite faction, une ligue fondée sur une communauté de principes et d'intérêts *anti-populaires, anti-libéraux, anti-coloniaux.* »

« Là figure, en première ligne, la Caisse d'Escompte, qui éprouve une juste horreur pour la création de toute représentation coloniale, franchement élue, parce qu'elle craint, avec raison, l'investigation et les lumières d'une enquête sévère, qui démasquerait au grand jour toutes les illégalités et toutes les infractions commises au profit de cet établissement si funeste au pays ; qui lui demanderait compte de ses profits scandaleux ; qui, venue trop tard pour l'empêcher de ruiner la Colonie, s'opposerait du moins à ce qu'elle en consommât la spoliation ; qui, enfin, ferait peut-être rendre gorge à ce vampire gonflé du plus pur de notre sang.

« Autour de la Caisse d'Escompte se groupe et se range la cohorte formidable des usuriers, appelés capitalistes par pure politesse de langage. Ceux-ci redoutent également une représentation coloniale dans la crainte qu'elle ne prenne des mesures sévères pour réprimer leur honteux et détestable trafic. Ils craignent que la publicité ne les dénoncent à l'opinion, et n'appelle sur eux le mépris et l'odieux en place de la considération usurpée et scandaleuse dont le coffre-fort les fait jouir. Enfin, ils ont une aversion naturelle pour les idées libérales et les sentiments généreux.

« En troisième lieu, on voit quelques familles aristocratiques du pays, qui, imbues d'une prééminence imaginaire, infatuées d'une prétendue noblesse créole, qui vient on ne sait d'où et qui s'appuie sur on ne sait quoi, se considèrent pourtant comme formant exclusivement la classe des gens comme il faut.

« Nous comprenons ici tous ces individus sous le nom d'Aristocrates, quoique les lois du pays ne leur donnassent aucun privilége, mais parce qu'ils formaient une coterie, une sorte de corporation qui s'était toujours entendue pour accaparer les principaux administrateurs et que, de fait, ils étaient les seules personnes consultées par le Gouvernement local, dans la marche des affaires publiques.

« Enfin, on voit autour du Gouvernement les carlistes, attirés par la loi des affinités, les absolutistes, qui détestent toutes les innovations libérales et les bonnes gens qu'on a effrayés en leur répétant à satiété que ceux qui demandent des institutions politiques à Bourbon sont des fous, des anarchistes, des gens ruinés qui veulent pêcher en eau trouble, etc.... »

Pour nous résumer :

D'une part, une administration absolue, sans contrôle, n'ayant trouvé aucune mesure sérieuse à prendre au lendemain d'un désastre inouï dans notre histoire, s'inspirant encore des mesures despotiques instituées par le premier Consul, aggravées par l'occupation anglaise et la Restauration ; une administration n'accordant au pays aucune liberté, aucune franchise, lui contestant l'usage même des droits primordiaux dont jouit tout peuple qui n'est pas complètement esclave.

D'autre part, une population énergique, dans laquelle se trouvaient un grand nombre de citoyens ardents et intrépides, dont plusieurs avaient connu en France un régime moins autoritaire, dont quelques-uns avaient fait partie de la grande assemblée révolutionnaire coloniale qui osa résister aux décrets de la Convention ; une population aigrie par le malheur, et supportant avec impatience un joug condamné même par les amis de la monarchie légitime.

Tels étaient la situation du pays et l'état des esprits au commencement de 1830.

II

Le projet d'atermoiement — Robinet de La Serve. — Réunion au Bois Rouge — Propagande. — Le projet sauveur. — Réunion des notables. — Protestations diverses. — Auguste Brunet. — Jean-Baptiste Pajot ; son discours. — Violents débats. — Les commissaires des quartiers. — Ils se retirent. — Les pétitions sont rejetées. — Le mémoire sur la crise financière.

Il importe de consacrer un chapitre de cette chronique à ce qui fut appelé « la crise financière » 1829 — 1830 — 1834.

Nous avons parlé plus haut des désastres produits par les ouragans des 10 février 1829, 28 mars et 4 avril 1830.

La désolation était partout. L'agriculture et le commerce étaient aux abois. Il ne se passait pas huit jours sans que l'on eût à déplorer quelque catastrophe. Le pays semblait perdu.

Et la Colonie sombrait au milieu d'un concours de circonstances telles — a écrit M. Monginet, président de la Cour royale,—«que ceux-là même qui y ont échappé ne doivent attribuer leur bonheur qu'au hasard de leur position, ou à cet esprit de timidité qui, dans les affaires, tient si souvent lieu de prudence. »

Alors surgit l'idée d'un atermoiement général entre débiteurs et créanciers, à l'intérêt de 6 pour cent par an.

Amené plus tard à apprécier les circonstances dans lesquelles était né ce projet, Robinet de La Serve, qui en fut le principal auteur, s'exprimait ainsi :

« Des hommes clairvoyants avaient pris la courageuse initiative de sonder les plaies faites au pays par un fol esprit de spéculation, encouragé et stimulé par une administration aussi inhabile qu'imprévoyante ; ces tristes, mais salutaires investigations proclamaient des vérités alarmantes et qui n'ont été que trop confirmées depuis par les événements. Tous ceux intéressés à maintenir les ténèbres qui cachaient notre situation financière, révoquaient en doute les résultats qui démentaient leurs calculs égoïstes et pouvaient nuire à leurs affaires.... »

Ce projet fut signé le 1er novembre 1830 par un grand nombre d'habitants, réunis à cet effet chez M. Xavier Bellier, au Bois-Rouge. Il souleva immédiatement une grande colère parmi les capitalistes de Saint-Denis ; on cria à la spoliation ; auteurs et partisans du projet d'atermoiement furent conspués. D'autre part, un colon très-distingué, M. Dejean de la Bâtie, résumait l'opinion de la plupart des habitants en appelant l'acte du 1er novembre 1830 « le projet sauveur. »

L'auteur principal du projet d'atermoiement fut, nous l'avons dit, Robinet de La Serve.

Fils d'un ancien membre de l'Assemblée coloniale, La Serve avait quitté la Colonie en 1810, après avoir refusé de prêter le serment d'allégeance aux Anglais. Il n'y revint qu'en

1824, mais y avait été précédé par une grande et légitime notoriété.

En France, il avait pris part à la défense de Paris contre les alliés ; la Restauration le jeta dans l'opposition, opposition ardente et active, où, comme pamphlétaire et journaliste, il combattit à côté des hommes les plus illustres de l'époque. Tout le monde a lu « l'Adresse aux bons Français » et « la Royauté suivant la Charte », œuvres qui firent connaître en France le nom de notre distingué compatriote.

Il eut la gloire d'être poursuivi par le ministère de Villèle.

Nous donnons, à la fin de ce volume, une notice biographique due à M. Renouard, professeur en retraite; notice forcément écourtée, et qui, en raison de l'époque où elle fut écrite et du manque de documents historiques (1), ne fait qu'indiquer le rôle prépondérant que Robinet de La Serve joua dans la Colonie (2).

Nous essaierons de combler cette lacune, puisque nous avons entrepris de retracer l'histoire d'événements coloniaux auxquels ce grand citoyen fut mêlé et qu'il a dirigés.

Tel est le créole qui, rappelé dans la Colonie par d'impérieux devoirs de famille, ne

---

(1) Il nous a fallu faire des recherches laborieuses pour rassembler les documents qui nous ont servi à l'histoire de l'Association.

(2) Voir cette biographie à la fin du volume.

tardait pas à prendre le rôle d'initiateur, qui lui revenait de droit, et par les services qu'il avait rendus en France à la cause libérale et par le dévouement absolu qu'il devait consacrer à son pays.

« Un peuple — a écrit Robinet de La Serve — ne saute pas tout-à-coup d'un état d'ignorance, de faiblesse et de léthargie à un état d'intelligence, d'énergie et d'activité ; il faut qu'il passe par tous les degrés intermédiaires. »

C'est en s'inspirant de cette maxime que l'intelligent novateur devait amener, par transition, la majorité de ses compatriotes à aimer et à défendre les idées libérales.

Au projet d'atermoiement préparé par La Serve n'avaient pas tardé à adhérer les plus honorables habitants, et c'est au Bois-Rouge que se tinrent les réunions où furent débattus les plus graves intérêts du pays.

Infatigable pour l'accomplissement de l'œuvre qu'il avait entreprise, Robinet de la Serve épuisait ses forces en discours, en entretiens privés, en articles de journaux, en adresses au Gouverneur. Il fit de savantes recherches et prouva qu'à différentes époques, dans les colonies anglaises et françaises, on avait employé de pareilles mesures dans des circonstances analogues et qu'elles avaient produit un résultat excellent. (1)

---

(1) On sait que, après l'invasion de 1870 et la guerre civile de 1871, des mesures identiques furent appliquées en France, au sujet des effets de commerce. Une prorogation fut accordée par une loi aux souscripteurs de ces effets.

Déjà l'opinion publique, fortement impressionnée par la propagande active de La Serve et de ses amis, semblait acquise au projet d'atermoiement. De Saint-Denis seulement venait la résistance. C'est alors que le Gouvernement résolut de consulter la Chambre de commerce. Celle-ci tint à l'Hôtel de Ville de Saint-Denis ses assises, auxquelles elle convoqua, sous le nom de notables, un certain nombre d'habitants, triés sur le volet ; la Chambre de commerce était notoirement hostile au projet. « Il était facile, dit La Serve, de prévoir l'issue d'une pareille assemblée, composée *ad hoc*, moins les commissaires des quartiers, que l'on voulait y appeler, afin de faire croire qu'ils avaient participé au rejet, résolu d'avance. »

Diverses protestations s'élevèrent contre la constitution de l'Assemblée des notables. Parmi celles-ci nous citerons celle que déposa un jeune avocat, patriote ardent et convaincu, qui plus tard joua un rôle dans son pays, Auguste Brunet :

« Considérant que la Chambre de commerce de Saint-Denis, a jugé convenable de s'adjoindre quelques habitants qualifiés de notables pour s'occuper d'intérêts généraux, ce qui est exprimé dans les lettres de convocation de la manière suivante : « de venir au secours de la Colonie, s'il en est temps encore. »

« Que la Chambre de commerce est sortie du cercle de ses attributions en traitant, dans ses séances publiques, des questions générales d'économie politique ; que fraction de la population, sans mandat et sans caractère politique, elle ne peut se constituer en corps délibérant ; que si des maux sans nombre nous pressent de toutes parts et menacent le Pays d'une ruine totale, on ne peut parvenir à le conjurer qu'en réclamant de la population entière des sacrifices ; que chacun devant être appelé à prendre part à ces sacrifices, chacun doit, par l'organe de mandataires librement élus, participer à la faculté de les consentir et d'en surveiller la gestion ; que ce mode n'est pas nouveau dans son application à Bourbon, qu'il résulte d'un décret de l'Assemblée constituante de 1790 ;

« Considérant d'ailleurs que tout homme tient de la nature le droit de participer aux lois qui doivent régir sa personne et ses propriétés ;

« Que toute souveraineté émane du peuple, principe applicable à Bourbon, soit en vertu du droit naturel, soit en vertu du droit positif exprimé dans la Charte constitutionnelle, promulguée dans la Colonie en décembre 1830 ;

« Que les Français de la Colonie aussi bien que les Français de la Métropole sont citoyens français ; qu'ils doivent en conséquence jouir des droits et prérogatives attachés à cette qualité ;

« Par ces motifs,

« Le soussigné déclare protester contre la Chambre de commerce et les personnes y adjointes instituées en corps politique délibérant sur les intérêts généraux de l'Ile Bourbon, ne reconnaissant à aucune fraction de la population de la Colonie, non librement élue par elle, le droit de participer à l'action de son gouvernement.

« Déclare le soussigné protester contre toutes délibérations ou décisions prises par la Chambre de commerce et les personnes y adjointes, concernant les intérêts généraux de l'Ile Bourbon. »

Comme on l'a vu, l'auteur de la protestation réclamait dès 1830 le suffrage universel.

C'est dans une de ces réunions de l'Hôtel de Ville que l'un des adversaires les plus ardents du projet, M. Jean-Baptiste Pajot, prononça l'habile discours dont on va lire les extraits les plus saillants et qui résumait, à son point de vue, la situation générale. Les paroles de M. Pajot ne contribuèrent pas peu à faire écarter le projet d'atermoiement, ainsi que les autres questions qui avaient été renvoyées à l'Assemblée des notables, notamment celle de la constitution d'un Conseil général élu.

« Messieurs,

« Je n'ai pas eu l'honneur d'être invité à prendre part aux délibérations de cette *assemblée;* mais j'ai appris que de hauts intérêts devaient y être débattus, que déjà diverses propositions y avaient été développées, dont l'adoption intéressait plus ou moins la masse des habitants de cette Colonie. Ce motif m'a déterminé à vous apporter l'offrande de quelques rapides observations; car j'ai dit avec J. J. Rousseau, mais avec une conviction plus réelle de mon insuffisance : « Quelque faible « influence que puisse avoir ma voix dans « les affaires publiques, le droit d'y voter « suffit pour m'imposer le devoir de m'en « instruire. » Il est vrai que *ce droit de voter* n'est pas encore ouvert aux *colons* qui ont, comme je crois l'avoir dit, la capacité légale nécessaire pour en réclamer l'exercice; mais, s'il est vrai que la Charte est *une vérité*, et que son article 64 nous rattache par un lien à la grande famille des Français, le temps ne peut être éloigné où nous serons appelés à intervenir directement dans les mesures qui assureront notre existence politique. Ce droit dérivera non plus d'une missive polie ou d'une invitation flatteuse, mais d'un principe inflexible et égal pour tous..

« J'entre en matière, et tout d'abord une idée me frappe singulièrement dont j'ai besoin de faire part à l'Assemblée, en lui demandant pardon de la formule interrogative que je suis obligé d'employer pour rendre cette idée dans toute sa franchise.

« Qui êtes-vous, Messieurs, et que prétendez-vous faire ?

« Je vois une réunion nombreuse, les portes de l'édifice qui nous reçoit sont ouvertes aux citoyens qui s'y précipitent et y écoutent en silence, et j'entends des orateurs qui développent des propositions contradictoires. La pensée qui me préoccupe en entrant ici, c'est que j'assiste à une *assemblée politique*, et celle qui succède me suggère de demander quel est le principe qui vous constitue *en corps délibérant*, et quelle est la nature et quelles sont les limites de votre mandat.

« Je vous vois sourire à cette question ingénue. Ce sourire, que je sais interpréter, dissipant l'illusion d'un moment et me faisant descendre précipitamment de la haute région où mon esprit se plaçait pour écouter le vôtre, me ramène à la lecture de la lettre de convocation ou de l'espèce de circulaire que vous a adressée la Chambre de commerce. Abstraction faite du luxe d'une demi-publicité et du nombre des assistants, vous n'êtes que des habitants, des commerçants et des fonctionnaires notables, dont la Chambre de commerce a voulu consulter les lumières sur un objet important, qui probablement est de son ressort. Et, quand j'examine attentivement sur quoi roule cette consultation (et c'est bien le mot puisqu'on vous demande de porter la vie dans un corps tombant en dissolution), je vois qu'il ne s'agit pas moins que de modifier les droits de la propriété publique et privée, et de faire intervenir dans les transactions qui lient les citoyens une volonté qui n'est pas la leur, c'est-à-dire de reconstituer un nouvel ordre social et de créer de nouveaux droits. Comparez le titre en vertu duquel vous êtes ici, avec l'objet de ces délibérations, et mesurez, si vous le pouvez, la distance qui les sépare. Pour moi, j'y vois l'infini. Permettez-moi de vous le dire : On ne joue pas avec des discussions d'une pareille gravité ; on ne s'assaye pas sur un thème de cette nature, et, prenez garde ! tout cela porte en soi un principe inflammable qui, mal comprimé, produit l'incendie.

« N'êtes-vous pas effrayés de l'immense responsabilité que vous assumez sur vous ? Et, si un mal réel venait s'offrir à la place du bien que vous ne pouvez pas faire (ainsi que je crois pouvoir vous le démontrer tout à l'heure) et que le pays vous en demandât compte, traduits à sa barre vous ne trouveriez pas même votre recours en grâce dans l'excuse d'un mandat mal compris, car aucun mandat ne vous a été donné par le Pays. Je ne fais pas une supposition gratuite, quand je dis que le mal peut remplacer, à votre insu ou malgré vous, le bien que vous chercherez en vain.

« La publicité donnée à votre convocation et l'état de votre première séance, suivie, comme malheureusement on devait le prévoir, de toutes sortes de conjectures contradictoires sur l'objet de vos discussions, et de l'assurance calomnieuse, mais habilement exploitée par la malveillance, d'une nouvelle émission du trop fameux Papier Malartic, que l'on décorerait d'un nom moins lugubre, tout cela a jeté l'alarme dans le pays, il faut le dire avec franchise. Je connais des habitants paisibles et exempts de tout esprit d'hostilité, qu'il a fallu prêcher longtemps pour les dissuader de protester publiquement contre vous. Ils disont, en hommes de bonne foi, avant tout vous serez obligés de le reconnaître, que c'est dès le jour même de votre première réunion que la Caisse d'Escompte, jusqu'alors si peu habituée à échanger ses billets, si sûre de la confiance publique, malgré l'imprudence connue de ses dernières opérations, vit la foule des porteurs de ces mêmes billets inonder ses bureaux, et ne sortir de là que pour crier son discrédit, qui entraînerait tant de ruines dans le pays.

« Quel exemple et quelle leçon ?

. . . .

« Malgré les talents d'un grand nombre d'entre vous et les excellentes intentions de tous, vous ne ferez rien d'utile, car vous ne pouvez pas *agir*, ni *faire agir*, soit directement, soit indirectement; toutes vos séances au *petit pied*, tous vos ordres du jour, vos projets, vos amendements et sous-amendements, sans *tirer à conséquence*, tout cela s'arrêtera faute de trouver à qui s'adresser pour être mis en œuvre. Ce sont des semences jetées dans l'air et qui ne retombent sur aucun terrain où elles puissent germer.

« Au reste, il faut le dire avec franchise, le mal qui tue la chose publique n'est plus dans les plaies qu'on a étalées à plaisir devant vous. Des malheurs individuels, quelque grands qu'ils soient, en quelque nombre que se trouvent ceux qu'ils ont frappés, quelque intérêt, quelque reconnaissance publique qui leur soient dus, ne constituent pas la ruine d'un pays..... encore moins obligent-ils le pays à se jeter violemment hors des voies ordinaires des lois, de la justice et de l'équité. Le déplacement des fortunes privées est une calamité que toute âme généreuse doit déplorer ; mais cette calamité qui change la physionomie de quelques parties de l'édifice social, en effaçant des noms et en y inscrivant d'autres, en laisse intacts les fondements. La France qui a vu, comme ici, les premières notabilités commerciales et industrielles tombant de tous côtés, nous offre à cet égard l'exemple d'une pieuse résignation. Français d'outre-mer, en quoi donc établirions-nous la prétention d'être plus indociles à la souffrance que les Français de la mère-patrie? Cette vérité est dure à entendre, non moins dure à prononcer; mais enfin c'est une vérité. Le mal existe là où vous ne pouvez plus apporter le remède. Le mal existe dans l'énormité des dépenses publiques, qu'on ne peut restreindre sans attendre des changements auxquels la sanction légale manque dans l'état de choses actuel. Le mal existe dans l'absence prolongée du pouvoir régulier appelé à remplacer utilement pour nous, c'est-à-dire avec notre plein assentiment et notre confiance entière, celui que l'article 64 de la Charte a effacé de nos institutions organiques, vide immense où vont s'engloutir pêle-mêle les velléités de l'arbitraire expirant et les belles institutions du patriotisme qui s'éveille. Le mal existe dans le provisoire qui énerve et décourage. Le mal existe dans l'interprétation de ce mot *Colons*, qui en fait le synonyme d'Etrangers, et dans l'arbitraire qui, appelant la distance une séparation et la mer une frontière, frappe la denrée française, allant chercher le consommateur français au sein de la France, d'un loupd impôt dont les autres productions du même pays sont exemptes, sous l'unique fondement que celles-ci viennent d'un peu plus loin, comme si on était loin là où la voix de la patrie se fait entendre si vite. Le mal enfin est dans l'impossibilité de faire entendre efficacement les vérités dont je viens de dire une partie et d'opposer un prompt remède à tant d'éléments de destruction.

« Puisque, appelés à soutenir l'édifice colonial qui menace ruine, dit-on, vous ne pouvez qu'amonceler du sable autour de ses fondations ; puisque, avec le secours d'une grande expérience et les plus pures intentions, vous ne pouvez rien pour le Pays, faute d'un mandat permis et d'un pouvoir établi, votre réunion au moins aura cet avantage d'être la *démonstration* la plus complète de la nécessité d'une représentation libre et libérale combinée avec un pouvoir gouvernant, empreint de force et d'indépendance. Tout en proclamant votre incapacité, exprimez hautement le vœu que bientôt la Charte devienne une vérité pour tous les enfants de la grande famille. L'acte de légitimation que contient l'article 64 de la Charte serait une cruelle déception, s'il nous fallait en attendre encore longtemps les effets sur le bord d'un abîme qui s'élargit incessamment, et si la concession qui vous a été faite, rétrécie par l'arbitraire ou démentie par l'esprit de parti, se bornait à nous faire l'aumôme de quelques lambeaux de lois discutées sans nous, loin de nous, avec l'injonction de les coudre tant bien que mal à notre vieux système colonial. »

De très-violents débats eurent lieu à l'Hôtel de Ville, et le moment vint où les protestations du dehors se firent entendre au sein même des notables et par l'organe de plusieurs d'entre eux.

Dix-huit des commissaires envoyés par les quartiers signèrent une protestation collective et se retirèrent avec éclat.

Mais l'Assemblée ne tint aucun compte de ces diverses protestations et finit par émettre un avis défavorable à toute réforme. En conséquence, le gouvernement du pays opposa une fin de non-recevoir aux pétitions des habitants.

La postérité a vengé la mémoire de La Serve des calomnies qui l'ont poursuivi depuis ce moment et qui attristèrent ses derniers jours. Son pays a élevé un monument « au défenseur des libertés coloniales. » On aurait pu y graver les paroles qu'il prononça au Bois-Rouge, à la fin d'un discours, au milieu des applaudissements et des bravos :

« Au surplus, je livre ma vie entière aux investigations de mes concitoyens et je défie qu'on puisse y trouver un seul acte dont le patriotisme le plus pur ait à rougir. » (1).

(1) Ces paroles nous ont été rapportées textuellement par M. Adrien Bellier, qui assistait à cette réunion, et qui, déjà connu dans la presse, ne devait pas tarder lui-même à jouer un rôle actif et prépondérant dans la phalange des hommes du *Salazien*.

Une note écrite de sa main a été retrouvée récemment au milieu de papiers sans valeur. On y lit ces lignes :

« Je désire que les écrits que j'ai faits depuis mon retour à Bourbon soient réunis et imprimés, non dans l'intérêt de mon nom (vanité des vanités) mais dans l'intérêt de la cause patriotique que j'ai défendue.

« Je désire également que mon ouvrage sur la crise financière, dont le manuscrit est entre les mains de mon ami de Tourris, puisse être un jour imprimé *afin de disculper de tout blâme aux yeux du public les personnes qui, d'après mes sollicitations, ont signé le projet d'atermoiement dit du Bois-Rouge*. Il est bon d'ailleurs de laisser dans le pays un monument durable de l'histoire de cette crise financière qui a bouleversé le pays. »

Tout le monde admirera ce qu'il y a de noble et d'élevé dans ces paroles du grand citoyen, de l'homme d'honneur, qui entend revendiquer aux yeux de ses compatriotes et de la postérité la responsabilité d'un mouvement qui fut si critiqué et si calomnié à cette époque.

Le vœu de Robinet de La Serve n'a pas été rempli. Son manuscrit n'a pas été publié. Qu'est-il devenu ? Dans l'intérêt de l'histoire du pays — car la réputation de Robinet de La Serve est au-dessus de toute atteinte —

nous conjurons la personne qui détiendrait ce travail de le livrer à la publicité (1).

---

(1) On lit dans le *Salazien* — 5 juillet 1833 — sous les initiales R. L. S. :

« L'Association ne s'est jamais occupée de mesures financières, quoi qu'en aient dit ses détracteurs. Parlant ici en son nom, nous ne relèverons donc pas ce qui est relatif au projet d'atermoiement dans la diatribe que nous examinons. L'auteur de ce projet lui a donné, dans son ouvrage : *De la crise financière de la Colonie*, toute la publicité que permettent les publications manuscrites. Afin de déjouer les manœuvres de ceux qui colportent des fragments souvent falsifiés et dénaturés, il a adressé directement une copie de l'ouvrage entier à M. le Gouverneur, lors de son arrivée dans la Colonie. »

III

La Magistrature — Le Procureur général Girard — Affaire Keating — Coups de sabre — Correspondance — Népotisme — Traite des noirs — Les preuves morales — La Compagnie d'ordre — Les écuries d'Augias.

Pour que l'exposé de la situation de la Colonie, à la veille des évènements de 1830, soit complet, il faut que nous disions un mot de la magistrature.

Ici, plus que partout, nous ne nous écarterons pas de la ligne de conduite que nous entendons suivre, voulant nous montrer très-sobre de commentaires et ne citer que des faits et des documents.

De la volumineuse correspondance de M. le Procureur général Girard, nous allons extraire tout ce qui a rapport à l'affaire Keating et à la question de la traite des noirs. Nous choisissons ces deux affaires, parce que les documents que nous allons citer suffisent à faire juger la plupart des magistrats de l'époque et le procureur général lui-même.

M. Keating était cet ancien gouverneur de la Colonie, sous l'occupation anglaise, qui avait trouvé bon de se fixer définitivement dans notre Ile. Il résidait à Ma-Pensée, dans Saint-Benoit, où se trouvait son usine sucrière. Par son influence, ses conseils et son exemple, il n'avait pas tardé à amener les petits propriétaires, ses voisins, à détruire leurs girofleries pour planter des cannes. C'était un homme pratique, comme se flattent de l'être tous ses compatriotes, et il le prouvait à sa façon.

Le brillant officier de S. M. B. se vantait d'avoir eu, au temps de l'occupation, beaucoup de succès auprès des dames. En 1828, il n'était plus jeune ni brillant et devait se borner à prodiguer ses bontés à une indigène de la localité. Mais, par un juste retour des choses humaines, un jeune créole, M. O. . . ., lui faisait, dans le cœur de la dame, une concurrence d'autant plus affligeante qu'elle était tout-à-fait ostensible.

Tant il y a qu'une certaine nuit notre jeune homme fut impitoyablement sabré par l'ancien gouverneur. Il n'en mourut pas, mais ce fut un horrible scandale et l'on parla de guet-apens.

C'est à l'occasion de cette affaire, dont fut saisie la justice, que des lettres bien curieuses furent adressées par le procureur général au Gouverneur de la Colonie. Elles montrent d'une part le très-grand, le trop grand cas que faisait le chef de la justice d'un personnage aussi important que le major anglais ; d'autre part la très-mince confiance que ce même chef de la justice avait en ses collègues, à qui il finit par reprocher leur partialité, alors que lui-même avait fait preuve d'une faiblesse coupable.

Première lettre : « J'ai l'honneur de vous transmettre le rapport ci-joint de M. le Procureur du roi sur l'instruction de la malheureuse affaire criminelle où le sieur Keating, ancien gouverneur anglais de la Colonie de Bourbon, général-major au service de l'Angleterre, chevalier de l'Ordre du Bain, se trouve impliqué d'une manière grave.

« J'ose vous prier d'avoir la bonté d'adresser ce rapport à son Excellence Monseigneur le Ministre de la Marine et des Colonies. *J'ai pensé que l'accusé, par son rang et la gravité de l'accusation qui pèse sur lui, pourrait peut-être exciter l'intérêt du gouvernement anglais auprès du ministère de la marine,* au moins pour demander des renseignements. Dans ce cas, son Excellence Monseigneur le Ministre de la Marine aurait un document authentique pour y répondre.

« Aussitôt que cette affaire aura été portée à la Chambre d'accusation et que la qualité et le caractère du crime auront été déterminés, j'aurai soin que l'arrêt de la Chambre d'accusation parvienne au ministère . . . . . »

Deuxième lettre — Saint-Paul, 1er décembre 1828 — « J'ai écrit au procureur du roi pour qu'il vous tienne au courant de l'affaire du général Keating et je lui ai recommandé de concilier, dans son instruction criminelle, la sévérité de son ministère *avec les égards dus au général Keating et à* SON TITRE D'ÉTRANGER . . . . . »

Troisième lettre — 11 juin 1829 — Plus de six mois sont écoulés, on a reçu des instructions de France : il faut agir avec prudence ; donner satisfaction à l'opinion publique, mais prendre des mesures pour éviter une condamnation. On se dispose à le faire :

« L'affaire Keating sera portée lundi 16 à la Chambre d'instruction. C'est sur la demande de Legof, qui prépare le mémoire du général Keating, qu'on a retardé de quelques jours.

« *La Chambre d'instruction a été renouvelée*. Elle est composée de MM. D...., D... et M.... »

Quatrième lettre — 16 juin 1829 — « J'ai vu hier M. Bellier de Villentroy (1) qui m'a paru bien abattu. Le zèle d'instruire sur les lieux qu'il n'avait montré nulle part s'est emparé de lui. Il va instruire en personne pour une affaire peu importante à Saint-Leu. Je crois qu'il a fui l'occasion de faire mettre à exécution lui-même l'acquittement du général Keating. Je ne lui ai pas dissimulé qu'il avait mis dans cette affaire beaucoup de partialité (2).

« Je dois vous dire que l'arrêt d'acquittement a été prononcé à l'unanimité. »

Il était très-original, ce procureur général. Nous avons sous les yeux un projet de lettre

---

(1) Ici nous avons mis le nom en toutes lettres. M. Bellier de Villentroy fut un des rares magistrats qui surent être impartiaux dans cette affaire Keating. Il s'agissait cependant d'un ami de sa famille, mais ni cette considération, ni aucune autre, ne furent de nature à impressionner le magistrat.

(2) Parce qu'il avait fait son devoir.

qu'il avait préparé, vers cette même époque, lettre que devait signer le gouverneur, à l'effet de faire nommer un procureur du roi près le Tribunal de Saint-Denis. Trois candidats se présentaient : MM. X, XX et Filhol, neveu du procureur général.

Lisons et méditons :

« Le sieur X est d'une famille honorable, il a du zèle et quelque instruction. Avant l'organisation judiciaire, il était substitut du Procureur général près la Cour royale. Il fut nommé conseiller auditeur, poste inférieur à celui qu'il occupait. Il paraît que le ministère le crut plus propre à parcourir la carrière de la judicature que celle du ministère public ; il paraît même que cette distinction lui fut donnée d'après quelques observations de M. le comte de Richemont, son oncle, qui ne l'avait pas jugé propre à la carrière du ministère public. Le Procureur général, *sans énoncer une opinion positive*, ne peut cependant dissimuler qu'une santé délicate, une voix grêle, peu de facilité à porter la parole et un maintien peu imposant justifient assez la destination qui lui avait été donnée......

« M. XX, lieutenant de juge, est d'une famille parlementaire....... (suit l'éloge modéré de ce candidat)......

« Le troisième candidat est neveu du Procureur général. Il s'abstient de donner une opinion sur son compte, ou plutôt il se borne à dire que, par suite de cette parenté *le sieur Filhol ne peut aspirer à aucune autre place que celle de procureur du roi.*

« M. le Gouverneur ajoutera ce qu'il jugera convenable..... »

Conclusion : nommez mon neveu.

— S'il faut en croire les documents administratifs, la traite des noirs aurait été, à cette époque, exercée sur une grande échelle. Une dépêche ministérielle très-sévère fut adressée à ce sujet au Gouverneur sous la date du 6 janvier 1829. Nous allons voir le Chef de la justice déclarer formellement qu'il ne peut compter pour réprimer cet « infâme trafic », ni sur les officiers de la police judiciaire, ni sur la force publique et les compagnies d'ordre, ni enfin sur les magistrats eux-mêmes, presque tous colons : 15 juillet 1829, « Je vous prie de croire, M. le Gouverneur, que personne plus que moi ne désire l'abolition de ce trafic infâme. J'en ai donné des preuves lorsque j'exerçais le ministère public à la Martinique, où *j'étais parvenu à faire condamner les habitants notables, quoiqu'ils ne fussent convaincus que par des preuves morales (1) et qu'il n'y eût pas flagrant délit.*

« Doctrine qui n'avait jamais été admise avant mon entrée en fonctions à la Martinique (2).

« Malgré mon zèle pour obtenir le résultat que son Excellence désire, je crains beaucoup que mon ministère ne soit impuissant. Je désire au reste me tromper................

---

(1) Il n'y a vraiment pas de quoi se vanter.

(2) On comprend cela.

« Vous savez qu'on trouve souvent des bandes de noirs traversant même les quartiers. L'esprit public n'est nullement favorable à la répression de ce trafic. Si les officiers de police judiciaire n'ont pas le courage nécessaire pour s'élever au-dessus de cette fausse opinion que la Colonie ne peut subsister sans la traite des noirs et s'ils ne m'envoient aucun procès-verbal de contravention ou de saisie de noirs de traite, privé de tout élément de poursuite, mon ministère devient impuissant.

« Vous avez eu la bonté de me communiquer la réponse de M. le Directeur général de l'intérieur, qui fait espérer que la compagnie d'ordre saura faire son devoir. Elle seule, par son isolement et son indépendance, pourrait sans doute constater les débarquements. Mais il m'est encore pénible de vous dire que je crains beaucoup que, par des motifs d'intérêt, elle ne se rende coupable de connivence à l'introduction frauduleuse des noirs. Des déclarations non officielles, mais qui, dans mon esprit, ont un degré de certitude, me font craindre qu'il n'y ait accord entre les négriers et la compagnie d'ordre (1)....

« Je suis encore obligé, M. le Gouverneur, de vous prier de faire connaître au Ministère combien j'ai trouvé de difficultés pour obte-

---

(1) Il écrit ailleurs -- 3 septembre 1829.

« D'après les conférences que j'ai eues avec les officiers de la police judiciaire, ils me disent tous que la compagnie d'ordre est presque toujours spectatrice des débarquements de noirs et quelquefois même complice, en y coopérant activement, moyennant salaire illicite. »

nir condamnation de la part du corps judiciaire. Les assesseurs sont presque tous colons et sont en mojorité dans les cours d'assises. J'y avais traduit des accusés dernièrement. Je crus même devoir y porter la parole *moi-même*, les coupables furent acquittés aux applaudissements publics et fêtés dans la ville..........»

27 août 1829..... « Quant au mémoire que vous me demandez, je ne pourrai dire que la vérité, c'est-à-dire que la traite se fait beaucoup et très-publiquement; que tous les officiers de police judiciaire, colons ou liés avec eux, ne s'exposeront pas à faire un procès-verbal.... que je désespère beaucoup d'obtenir une condamnation; qu'une seule affaire a été évoquée aux assises par la chambre d'accusation; j'ai porté la parole *moi-même* (il y tient); *les coupables ont été acquittés scandaleusement* aux acclamations publiques.

Telle est la tendance *des Magistrats* presque tous colons et des assesseurs essentiellement ennemis de la loi prohibitive de la traite.... ..»

Comme on le voit, le reproche de partialité est le moindre de ceux que fait à la magistrature coloniale de la Restauration le chef même de cette magistrature.

Et n'est-ce pas un autre haut magistrat, M. Monginot, qui devait prononcer ce mot resté célèbre : « il faut balayer les écuries d'Augias. »

IV

La confiance ne se commande pas. — Achille Bédier. — Sully Brunet. — La vérité sur la traite des noirs en 1820. — L'esclavage. — Les compagnies blanches et les compagnies de couleur. — Politique de l'association. — L'opportunisme en 1830. — Fusion des castes.

Rendons justice à M. le procureur général Girard. Malgré tous ces travers, il sut se tenir à l'écart de la « camarilla » de la « petite faction » et dire au besoin son opinion au Gouverneur sur les hommes qui l'entouraient.

C'est dans un de ces moments de franchise bourrue que le vieux procureur général écrivant au Gouverneur pour lui proposer un procureur du roi p. i., faisait précéder sa lettre de cette note bien curieuse : « ne la communiquez pas à M. Bédier (1) — la confiance ne se commande pas. »

---

(1) M. Achille Bédier, ordonnateur.

Ce créole distingué, qui représentait des idées et des tendances appelées alors anti-coloniales, et qui apporta une grande passion dans sa lutte contre les hommes de l'association et du *Salazien*, fut accusé avec une véhémence non moins vive par ceux-ci.

M. Achille Bédier a laissé un mémoire très-estimé sur Madagascar, mémoire qui n'a pas été imprimé. Ce travail a été consulté avec fruit par plusieurs historiens, notamment Lacaille, Galos, Simonin, Blanchard, etc.

Ailleurs il ne craint qas de s'en prendre à M. Charles Desbassyns lui-même, alors tout-puissant. « Au reste, dit-il, (lettre du 10 février 1829) puisque M. Charles Desbassyns porte tant de dévouement..... »

Enfin il ne dissimule pas, même à cette époque, ses sympathies pour un ancien magistrat, M. Sully Brunet, victime d'une mesure disciplinaire qui ne fut autre chose qu'un acte politique (1), colon dont les opinions étaient loin de plaire au pouvoir.

Mais « le père Girard » — comme on l'appelait — se laissait égarer par des considérations étrangères, peut-être par le désir de se faire bienvenir du ministère, lorsqu'il peignait les colons comme unis dans la volonté de soutenir la « traite des noirs » par tous les moyens, au mépris des lois existantes et du droit public international, au mépris des sentiments de justice et d'humanité dont il aurait possédé, lui, le monopole. Il était certainement hanté par ses souvenirs de la Martinique et ne devait avoir puisé sa conviction que dans ce qu'il appelait « des preuves morales.»

L'amour que nous portons à notre pays natal ne nous portera pas à nier que la traite ait été pratiquée à l'Ile Bourbon, mais nous pouvons affirmer que jamais elle ne fut en faveur chez tous les habitants et qu'en 1829, époque où écrivait M. Girard, elle n'existait plus qu'à l'état de légende et était considérée avec horreur par le plus grand nombre des colons. En cette année 1829, deux navires seulement tentèrent d'introduire des « noirs de traite » : ils

(1) Voir cette biographie à la fin du volume.

furent repoussés tous deux par la milice, l'un à l'embouchure de la Rivière du Mât, l'autre à Sainte-Suzanne. Et c'est même à l'occasion de ce dernier fait que parut dans la gazette un article sans signature où fut louée la conduite des miliciens. L'auteur s'élevait en termes éloquents contre le « trafic infâme » qui avait si longtemps déshonoré les colonies.

Cet article est l'œuvre de M. Adrien Bellier.

Mais si la traite n'existait plus, si elle était un objet d'horreur et de mépris pour tous les citoyens, dignes de ce nom, il faut reconnaître que la presque unanimité des colons considérait alors le maintien de l'esclavage comme la condition *sine quâ non* de l'existence de la Colonie.

D'autre part il y avait encore, dans le pays, une profonde séparation entre les populations dites blanches et de couleur, séparation maintenue et encouragée par les institutions. Les hommes appelés *de couleur* étaient exclus des emplois publics, leurs enfants n'étaient pas reçus dans toutes les écoles, enfin la milice elle-même, cette force défensive, avait ses compagnies *blanches* et ses compagnies *de couleur*.

Ce sera l'éternel honneur de Nicole Robinet de La Serve et de ses amis d'avoir fait disparaître de nos mœurs ces dispositions injustes et anti-coloniales, en attendant qu'elles fussent rayées de nos institutions.

Et c'est ici qu'on verra apparaître ce que nous appellerons : « la politique de l'association. »

Nul ne contestera que Robinet de La Serve récemment arrivé de Paris où il avait été l'élève et l'ami des hommes les plus avancés du moment, ne dût être l'adversaire de l'esclavage.

Cependant il est si pénétré de cette vérité que les progrès ne se réalisent pas en un jour, vérité qu'il a exprimée bien souvent, il sent si bien qu'il ne faut pas, dans l'intérêt de l'œuvre qu'il poursuit, alarmer l'opinion et mettre les intérêts en garde contre cette œuvre, qu'il n'hésita pas à faire le sacrifice apparent des idées doit il a reçu en France le germe fortifiant. Il faut, dit-il dans un de ses écrits, appliquer la maxime de Cicéron « que dans les affaires publiques on doit considérer non-seulement ce qui est le plus convenable en soi-même, mais ce qui convient à la nécessité des circonstances. »

C'est de cette vieille maxime que devait un jour s'inspirer Gambetta pour fonder l'*opportunisme*.

Aussi Robinet de La Serve ne parlera-t-il d'abord de l'esclavage que pour dire : « Le franc-créole considère l'esclavage comme un fait que le temps seul et les causes morales peuvent améliorer. » (1)

(1) Profession de foi du franc-créole (art. 10).

Mais chaque fois qu'il le pourra, La Serve ainsi que les hommes de l'association et du *Salazien* ne manqueront pas d'établir leurs relations étroites avec l'homme qui, de France écrivait aux colons : « préparez vous-mêmes l'émancipation. » C'est La Serve qui, dans son mémoire au gouverneur, appellera Sully Brunet « cet excellent citoyen aussi éclairé sur les intérêts du pays que zélé pour leur défense. » C'est la rédaction du *Salazien* qui, à chaque page, citera avec éloge les actes du délégué. Or, les opinions de Sully Brunet étaient bien connues de toute la population.

Pour La Serve l'heure n'était pas venue de cette émancipation, qui devait être le plus glorieux acte colonial du gouvernement de Février. Il fallait, à son avis, que le pays s'y accoutumât par la pensée et s'y préparât par ses actes. Écrire ce mot dans le programme de l'association, c'était, à son avis, condamner celle-ci à l'impuissance et à l'isolement, c'était renoncer à obtenir l'adhésion de la majorité du pays, effrayer les grands propriétaires qui se seraient jetés dans les bras des adversaires du parti libéral.

Mais ce qu'il n'hésita pas à inscrire dans l'acte d'association, ce qu'il réclama avec persistance et courage, ce fut la fusion des castes. Il jugea que l'on pouvait, dès cette époque, poursuivre et réaliser ce progrès, il s'y consacra. Tout citoyen libre fut admis à faire partie de l'association ; plus tard les adresses des quartiers demanderont que tout citoyen puisse être électeur, sous la seule condition du cens, et éligible, sans aucune distinction de naissance ou autre.

Et l'on verra — chose qui eût paru impossible deux ans auparavant — figurer parmi les députés des quartiers plusieurs de ceux que l'on appelait alors hommes de couleur.

On dit assez généralement aujourd'hui que c'est à notre Lycée que nous devons cette fusion absolue dont notre colonie est fière à bon droit. Cela s'est écrit dans d'autres colonies et a été proclamé à la Guadeloupe, dans un rapport au Conseil général. Certes, nous ne contesterons à notre Lycée ni ce mérite d'être organisé démocratiquement, ni beaucoup d'autres. Mais l'origine de ce progrès social, c'est l'association. C'est à elle qu'il faut en reporter le principal honneur. Car, au moment où elle se forma, de funestes distinctions existaient dans notre pays, dans les mœurs et dans les lois. Elle ouvrit ses bras à tous les hommes de bonne volonté, à tous les citoyens, sans aucune distinction. C'est dans son sein que tous apprirent à se connaître, à s'estimer, à se serrer les mains, à jouir des mêmes droits, à prêter le même serment, à s'unir pour un même but, sous le même drapeau.

Ce drapeau, celui du progrès, après avoir été fièrement arboré par l'association, a groupé autour de lui la population tout entière de notre Ile qui, depuis plus de cinquante ans, ne demande pas quelle est la couleur de la main qui le porte.

V

Statistique. — Les districts. — Les quartiers. — Les cantons. — Les communes. — Le Conseil général. — Les écoles. — Les bourses. — Produits de la Colonie. — MM. Charles et Joseph Desbassyns. — M. Gimart.

La Colonie était alors divisée en deux districts militaires, comprenant chacun trois quartiers militaires. (1)

Celui du Vent était formé des quartiers Saint-Denis, Sainte-Suzanne et Saint-Benoit.

Celui Sous-le-Vent comprenait les quartiers Saint-Joseph, Saint-Pierre et Saint-Paul.

Chaque quartier était administré militairement par un commandant des quartiers.

Le quartier Saint-Denis, de la Grande-Chaloupe à la Ravine des Chèvres, comprenait les communes de Saint-Denis et de Sainte-Marie.

Le quartier Sainte-Suzanne, de la Ravine des Chèvres à la Rivière du Mât, comprenait les communes de Sainte-Suzanne et de Saint-André.

(1) Nous avons puisé ces renseignements dans d'excellentes statistiques qui furent dressées à cette époque, notamment dans le travail complet publié sous la direction de M. Betting de Lancastel.

Le quartier Saint-Benoit, de la Rivière du Mât au Grand-Pays-Brûlé, renfermait les communes de Saint-Benoit et de Sainte-Rose.

Le quartier Saint-Joseph ne s'étendait qu'à la seule commune de ce nom, du Grand-Pays-Brûlé à la Ravine des Cafres. Saint-Philippe n'existait pas encore en tant que commune.

Le quartier Saint-Pierre comprenait les communes de Saint-Pierre et de Saint-Louis, de la Ravine des Cafres à la Ravine des Avirons.

Le quartier Saint-Paul, de la Ravine des Avirons à la Grande-Chaloupe, était formé de la réunion des communes de Saint-Leu et de Saint-Paul.

Il existait quatre justices de paix, contrairement à l'ordonnance du 13 novembre 1816 qui en avait créé cinq.

Ces quatre cantons s'étendaient :

1o De la Grande-Chaloupe à la Rivière Saint-Jean; Chef-lieu Saint-Denis.

2o De la Rivière Saint-Jean au Grand-Pays-Brûlé; Chef-lieu Saint-Benoit.

3o Du Grand-Pays-Brûlé à la Ravine des Avirons ; Chef-lieu Saint-Pierre.

4o De la Ravine des Avirons à la Grande-Chaloupe ; Chef-lieu Saint-Paul.

Les communes, au nombre de onze, étaient administrées par un maire, un adjoint et un conseil municipal composé de quatre membres titulaires et de deux suppléants.

Des commissaires de police étaient placés à Saint-Denis, Sainte-Marie, Sainte-Suzanne, Saint-André, Saint-Benoit, Saint-Pierre, Saint-Louis et Saint-Paul.

Le Conseil général était composé de douze membres titulaires et de douze suppléants, nommés par le roi sur une liste double de candidats présentés par les conseils municipaux. Ces candidats devaient être âgés de trente ans révolus, être nés dans la Colonie ou y être domiciliés depuis cinq ans, être propriétaires de terres ou de maisons et recenser 40 esclaves ou payer une patente de première ou de seconde classe.

Les membres titulaires ou suppléants étaient nommés pour cinq ans.

Le Conseil général désignait, à la fin de chaque session, deux de ses membres qui, dans l'intervalle d'une session à l'autre (il y avait deux sessions de quinze jours chacune), étaient appelés par le Gouverneur à siéger au Conseil privé lors de la discussion des projets d'ordonnance, d'arrêté et de réglements.

Enfin, le Conseil général présentait trois candidats, parmi lesquels le roi choisissait un député, qui devait résider à Paris. Les candidats pour cette fonction devaient être nés dans la Colonie, ou y avoir contracté mariage, ou y posséder des propriétés foncières et y avoir résidé cinq ans depuis leur majorité.

Les attributions du Conseil général étaient, nous croyons l'avoir dit déjà, purement consultatives.

Il y avait à Saint-Denis:

Un collége royal,

Huit écoles pour les garçons,

Cinq écoles pour les filles,

Et, dans les autres communes:

Huit écoles pour les garçons et quatre écoles pour les filles.

Dans ces divers établissements d'instruction publique étaient reçus:

399 garçons

338 filles

———

En tout: 737 enfants.

Parmi ces établissements, il faut citer celui des Frères de la Doctrine chrétienne, ouvert à Saint-Denis vers la fin de 1816. Chaque Frère recevait un traitement de 1,500 francs sur les fonds du Trésor colonial.

Il existait des sœurs de Saint-Joseph à Saint-Denis, Saint-Paul et Saint-André.

Une ordonnance du roi, du 7 juillet 1816, avait réservé aux jeunes créoles de l'Ile Bourbon six bourses dans les colléges royaux de France, « comme témoignage de la bienveil-

« lance de S. M. et de sa protection spéciale, « en récompense du constant attachement « des habitants de l'Ile Bourbon à la person- « ne du Roi et à sa famille. »

Ces bourses étaient toujours occupées.

Il n'en était pas de même de celles accordées, par ordonnance du 2 septembre 1816, « aux demoiselles créoles », filles des membres des ordres royaux de Saint-Louis et de la Légion d'honneur, soit deux bourses dans la maison royale de Saint-Denis et une dans la succursale de Paris.

Le produit principal de la Colonie était déjà le sucre.

Il existait cent douze moulins pour sucrerie : (1)

---

(1) Un établissement de sucrerie comprenait un bâtiment pour le moulin et un autre pour la *batterie*, réunie le plus souvent à la *purgerie*. Le bâtiment destiné au moulin était approprié au moteur employé.

Pour le *manège*, ou moulin tourné par les animaux, il fallait un bâtiment appelé *rotonde*, surmonté d'une charpente en pain de sucre. Les cylindres de ces moulins étaient presque toujours verticaux.

Le *moulin à vent* était placé dans une vaste tour en pierre, construite en forme de cône tronqué.

On appelait *batterie* le fourneau allongé placé sous les chaudières. Elle était placée dans un bâtiment en torchis, en bois ou en pierre. La méthode Dutrone consistait à placer la *batterie* au milieu du local ; elle était ainsi libre sur trois de ses faces, ce qui permettait de circuler librement autour d'elle pour *transvaser*,

28 à eau.
4 à vent.
59 à manège.
21 à vapeur.
———
112

Sur les 21 moulins à vapeur la commune Sainte-Suzanne en possédait 7.

Les premières machines à vapeur avaient été introduites par MM. Charles et Joseph Desbassyns.

Enfin un honorable habitant de Sainte-Suzanne, M. Gimart, avait inventé une batterie où le vesou entre dans la première chaudière et passe successivement dans les autres, sans qu'il soit besoin de transvaser. Cette invention produisait une économie de temps, de bras et de combustible, de plus, une meilleure qualité de sucre, parce que le vesou,

---

écumer et tirer la cuite. Sur la batterie étaient placées des chaudières en fonte, en dessous desquelles un canal donnait passage à la flamme. Après avoir léché le fond et le pourtour des chaudières, la flamme s'échappait par la cheminée, qui n'était elle-même que le prolongement du canal, dont l'entrée était nommée *chauffoir*. Par le chauffoir était introduite la *bagasse*.

La *purgerie* était le bâtiment dans lequel le sirop se séparait du sucre cristallisé.

(NOTES STATISTIQUES.)

pris à la surface, se trouve toujours mélangé de l'écume, dont, par le système Gimart, il est entièrement dépouillé. (1)

---

(1) M. Gimart n'a laissé aucune fortune à sa famille, et c'est en vain que celle-ci frappe chaque année à la porte du Conseil général. Il y a là une grande injustice à réparer ; car la *batterie Gimart* a rendu d'immenses services à l'industrie sucrière.

VI

Le drapeau tricolore. — Au Bois-Rouge. — A Saint-Denis. — La Jeune-Mathilde. — M. Duvaldailly. — Hein, Hue, Reculou et Duchailly. — Voïart. — Les arrêtés. — Les actes publics sont rendus au nom du gouvernement français. — Une commune exécutive. — La revue des troupes de la milice. — Vive la liberté.

Le 28 octobre 1830, un navire passait au large du Bois-Rouge. Il portait le pavillon aux trois couleurs, le drapeau de la Révolution, le drapeau de la France.

Une immense joie envahit le cœur de ceux qui, les premiers, ont le bonheur de l'apercevoir, M. Adrien Bellier et M. Jacob (1), et, quelques minutes après, aux cris de : vive la France ! vive la liberté ! un drapeau tricolore est hissé par leurs soins au haut du mât de la marine.

Il avait été confectionné à la hâte, et, comme on manquait d'un morceau d'étoffe rouge, M. Bellier enlevait un mouchoir de cette cou-

---

(1) M. Jacob de Cordemoy, aujourd'hui juge de paix à Saint-Denis, père de MM. Eugène Jacob, docteur en médecine, qui a fait de grands travaux, malheureusement inédits, sur la flore de notre île — Camille Jacob, l'éminent ingénieur du Port de Saint-Pierre — Bénédict Jacob, actuellement secrétaire général de la Direction de l'intérieur.

leur qui se trouvait enroulé autour de la tête de l'un des noirs de la marine.

Ce fut le premier drapeau tricolore qui flotta dans la Colonie après la Révolution de Juillet, ce drapeau glorieux qu'un administrateur, dont le nom reviendra souvent dans les articles du *Salazien*, devait appeler « linceul de la Colonie ! »

Cependant la *Jeune Mathilde*, capitaine Pélerin, était entrée en rade de Saint-Denis.

Et déjà tous les habitants de la Ville étaient rassemblés au Barachois. Comment, par quel effet mystérieux de ce phénomène électrique, qu'on a observé dans les grands jours de l'histoire des peuples, l'heureuse nouvelle s'était-elle répandue dans tout Saint-Denis avant même que le navire eût jeté l'ancre ? Qu'importe ? Le fait est vrai, il est attesté par les contemporains.

On ne sait pas ce qu'annoncera ce bienheureux navire, mais il porte le drapeau aux trois couleurs et cela suffit. On crie : vive la France ! vive la République ! vive la Liberté ! C'est un enthousiasme indescriptible.

A peine débarqué, le capitaine est entouré, enlevé, transporté à l'hôtel du Gouvernement.

Que sait-il ? C'est à peine s'il peut le dire à la foule qui l'étreint. Une révolution a eu lieu le roi est en fuite ; le drapeau tricolore a remplacé les fleurs de lys ; un navire français, qui a quitté l'Europe au lendemain des premiers événements, a porté à l'île Maurice ces importantes nouvelles. Et les dames de l'ancienne Ile de France ont offert au capitaine de ce navire un magnifique drapeau tricolore. Tels sont les seuls renseignements que peu donner le capitaine Pélerin.

Mais qu'importe à nos ardents Créoles la forme du gouvernement ? Un point est acquis. Les trois couleurs flottent. La monarchie légitime est renversée. Cela [illegible]fit.

Et l'enthousiasme s'en va grandissant.

Et le soir on illumine.

Et toute la nuit on s'enivre d'une joie patriotique.

Et le jour retrouve, assemblée sur la place du Gouvernement, la foule des habitants de la Ville, augmentée de ceux des communes voisines. On est venu; on s'est donné rendez-vous là, on veut saluer le drapeau tricolore en tête du mât des signaux, qui se trouvait alors placé devant l'hôtel du Contrôle.

Mais quoi ! C'est encore le drapeau blanc qui flotte sur les monuments publics.

Alors l'indignation s'empare de cette foule. Elle crie ; elle veut voir les trois couleurs. Le tumulte augmente à chaque instant.

Que fera le Gouverneur ? Que fera ce capitaine de vaisseau qui a prêté serment à Charles X ? S'il cède, on pourra l'accuser de forfaiture ou de lâche faiblesse. Et que sera-ce si cette révolution, dont la nouvelle non officielle lui est parvenue, n'a été autre chose qu'un de ces mouvements éphémères, hier victorieux en apparence, mais que la force réduit bientôt ?

Mais, si le chef de la Colonie ne cède pas, alors ? C'est la révolution dans l'Ile.

Car maintenant la foule menace. Et les députations se succèdent auprès du Gouverneur. M. Duvaldailly supplie...... qu'on attende, qu'on patiente un peu. Il va rassembler le Conseil privé, le Conseil général, le Conseil municipal, les notables... Il ne peut prendre sur lui une telle responsabilité.....

Mais un immense cri s'élève, des bravos frénétiques éclatent. Et tout à coup le Gouverneur voit le drapeau tricolore arboré en tête du mât des signaux.

Car la foule s'était lassée d'attendre, et quatre hommes résolus, Hein, Hue, Reculou et Duchailly, avaient hissé le drapeau français.

A cette vue, en entendant ces cris, M. Duvaldailly se trouble. Il envoie au peuple un parlementaire, M. Voïart, secrétaire-archiviste du Gouvernement, pour le prier d'amener le drapeau, de laisser faire le Gouvernement, d'attendre prtiemment jusqu'à ce que les conseillers du Gouverneur aient terminé leur délibération.

On accueille par des huées le malheureux ambassadeur qui, bousculé par la foule, tombe dans un des fossés de la rue.

Et, pour bien montrer que l'on résistera aux instructions comme aux prières du Gouverneur, Hue, qui avait la force d'un taureau, alla charger sur ses épaules une pièce de canon se trouvant sur les quais et la mit en batterie auprès du mât.

C'était fini. La volonté du peuple avait triomphé. Et le Chef de la Colonie n'eut plus qu'à régulariser les faits acquis.

Le lendemain, 30 octobre, il rendait les arrêtés suivants :

PREMIER ARRÊTÉ

Nous, Gouverneur de l'Ile de Bourbon et de ses dépendances,

Vu le procès-verbal dressé ce jour et portant l'avis des principaux notables de la Colonie, au nombre desquels se trouvent les membres du Conseil privé et du Conseil général présents à Saint-Denis, les membres du Conseil municipal de cette ville, ceux de la Chambre de commerce et les chefs de corps,

Avons arrêté et arrêtons ce qui suit :

Art. 1er. — Le drapeau tricolore sera arboré dans la Colonie.

Art. 2. — Les actes d'administration publique et judiciaire seront rendus au nom du Gouvernement français.

Art. 3. — Le présent arrêté sera publié et enregistré partout où besoin sera.

Donné à Saint-Denis, en l'hôtel du Gouvernement, le 30 octobre 1830.

Signé : DUVALDAILLY.

Par le Gouverneur :

Le Commissaire-Ordonnateur,

Signé : ACH. BÉDIER.

Le Directeur général de l'intérieur,

Signé : BETTING DE LANCASTEL.

Le Procureur général,

Signé : GIRARD.

DEUXIÈME ARRÊTÉ

Nous, Gouverneur de l'Ile Bourbon et de ses dépendances,

Vu notre arrêté en date de ce jour, qui ordonne que le drapeau tricolore sera arboré,

Avons arrêté et arrêtons ce qui suit :

Art. 1er. — A deux heures précises, le pavillon tricolore sera arboré sur la place de Saint-Denis et à bord des bâtiments de l'Etat ; il sera salué de vingt-un coups de canon.

Art. 2. — Les troupes de la garnison et la milice seront réunies à la même heure, sur la place du Gouvernement, pour entendre les communications de l'autorité.

Art. 3. — Les ordres seront donnés pour que le pavillon tricolore soit placé dans les quartiers de la Colonie.

Art. 4. — Le Commissaire-ordonnateur, etc.

Enfin, un troisième arrêté, qui montre bien dans quel désarroi se trouvait le Gouvernement, chargeait le Conseil municipal de Saint-Denis de veiller au maintien de la tranquillité de la ville et l'autorisait « à requérir la force publique pour l'exécution provisoire des mesures qu'il croirait devoir prendre. »

Une vraie commune exécutive.

M. le gouverneur Duvaldailly avait devancé de quarante ans les hommes qui ont siégé à l'Hôtel de Ville de Paris, après le 18 mars 1871.

La grande revue eut lieu au milieu d'une immense émotion. On pouvait croire, tant la foule était grande, que tous les habitants de l'Ile s'étaient réunis là. Lorsque, à deux heures, retentit le canon, quand on vit le drapeau tricolore s'élever simultanément au sommet des monuments publics et en tête des vaisseaux, alors cette émotion devint délire. On pleurait en retrouvant ces nobles couleurs, que notre Ile avait appris à aimer, et que nos corsaires avaient su faire respecter et craindre par les ennemis de la France.

Ce fut un moment d'enivrement tel qu'un témoin oculaire le compara à la fête de la Fédérotion le 14 juillet, sur la place de la Bastille.

Et ne sachant quel gouvernement acclamer, la foule criait : « Vive la liberté ! » de même que le Chef de la Colonie, dans le doute où il se trouvait, avait décidé, pour ne pas se tromper, que les actes officiels seraient rendus au nom « du Gouvernement français. »

Vive la liberté ! et ce cri était d'autant plus beau qu'il retentissait dans un pays à esclaves, qu'il jaillissait à la fois de toutes les poitrines.

VII

Le drapeau tricolore dans les communes. — Incident à Saint-André. — Le baron Taupier, chargé de l'administration de la marine. — Ses dépêches. — Louis-Philippe, roi des Français. — Proclamation du Gouverneur. — Mécontentement général. — Revue du 25 novembre. — Cris séditieux. — Nouvelle proclamation du Gouverneur. — La compagnie des grenadiers de Saint-Denis est licenciée. — Promulgation de la Charte. — M. Betting de Lancastel, directeur général de l'intérieur. — Son départ. — Le Gouverneur appelle tour à tour à le remplacer, MM. Charles Desbassyns, Fréon et Dalmas. — M. Dalmas est nommé.

Le drapeau tricolore fut arboré dans toutes les communes de l'île avec la même solennité et le même enthousiasme.

Notre devoir de chroniqueur nous oblige à raconter que, à Saint-André, où la fête fut célébrée sur la place de l'Église, un certain nombre de vieilles femmes avaient cru très-sincèrement que les temps allaient revenir de Claude et de Tibère. En conséquence, elles cachèrent très-soigneusement M. le Curé, qui en fut quitte, bien entendu, pour la peur.

A part cet épisode un peu burlesque, tout se passa pour le mieux. Le Clergé fut seul un peu gêné. Il ne pouvait pas, en vérité, chanter *Salvum fac — Gouvernement français* — ainsi que l'avait fait M. Duvaldailly en prose officielle.

Mais deux dépêches ministérielles ne tardèrent pas à mettre un terme aux inquiétudes du Gouverneur et à l'incertitude du Clergé. Elles émanaient de M. le baron Taupier, directeur des ports, chargé par intérim de l'Administration de la marine, et étaient ainsi conçues :

« Paris, le 2 août 1830.

« Monsieur le Gouverneur,

Monseigneur le duc d'Orléans vient de rendre une ordonnance ainsi qu'il suit :

« Lieutenance-générale du Royaume.

« M. Taupier est chargé par intérim de « l'Administration de la marine. Il travaillera « avec M. le Commissaire provisoire au dé- « partement des finances.

« Paris, ce 2 août 1830.

« Signé : PHILIPPE D'ORLÉANS.

Et plus bas :

« *Le Commissaire provisoire au département de l'intérieur,*

« Signé : GUIZOT. »

Je vous prie de m'accuser réception de la présente dépêche.

Recevez, etc.

Le Directeur des ports, chargé par intérim de l'administration de la marine,

Signé : BARON TAUPIER.

2° « Paris, le 4 août 1830.

« Monsieur le Gouverneur,

« J'ai l'honneur de vous adresser des exemplaires du discours qui a été prononcé par Monseigneur le duc d'Orléans, lieutenant-général du royaume, à l'ouverture de la session des Chambres législatives.

« Le respect de tous les droits, les soins de tous les intérêts y sont placés au nombre des devoirs que le Gouvernement s'impose. Ces assurances ne seront point vaines. Les colons y trouveront des gages de paix et de sécurité ; ils seconderont les intentions bienveillantes du Gouvernement par une confiance entière dans l'esprit d'ordre dont il est animé et par leur soumission au nouvel ordre de choses.

« Les liens les plus intimes unissent les habitants des colonies à cette belle France, qui n'a rien perdu de ses sentiments paternels pour eux ; *en se ralliant franchement à la commune patrie,* ils acquerront de nouveaux titres à la juste protection qu'ils ont obtenue depuis le retour de la paix et ils continueront à voir fleurir leur agriculture et leur industrie.........................

« Recevez, etc.

Le Directeur des ports, chargé par intérim de l'administration de la marine,

« Signé : Baron Taupier. »

Telles furent les premières communications officielles reçues de France.

Ainsi, on ne notifiait même pas à la Colonie le grand événement dont la Métropole venait d'être le théâtre.

Et l'on invitait des colons — des Français aussi français assurément que M. le baron Taupier — à *se rallier franchement* à la commune patrie.

Il était impossible d'être plus mal inspiré. Ce fut comme une douche d'eau froide jetée sur l'enthousiasme bourbonnais.

Le Gouverneur continua à se tenir dans une prudente réserve, à se garder de faire aucun ordre et à rendre ses arrêtés « au nom du Gouvernement français. »

Ce n'est que le 24 novembre que fut proclamé l'avénement au trône de S. M. Louis-Philippe Ier, en qualité de Roi des Français.

Alors seulement M. Duvaldailly renonça au silence qu'il s'était imposé.

Il importe de reproduire in-extenso la proclamation qu'il adressa aux colons :

« Habitants de Bourbon, soldats,

« Nous venons d'apprendre la fin de cette révolution aussi étonnante par la rapidité de son exécution, que par ses résultats. La France, au 30 août dernier, était heureuse et tranquille.

« Si le récit des journées sanglantes de Paris et de l'absence momentanée de tout pouvoir légalement constitué dans cette capitale, a dû produire des sentiments douloureux et des craintes pour l'avenir, la lecture des derniers journaux les a dissipés.

« Le peuple français, après avoir reconquis sss libertés, a confié ses destinées à un prince qui ne s'est jamais séparé de la cause nationale. Monseigneur le duc d'Orléans a été porté au trône par le vœu des Français. Quel prince pouvait donner plus de garanties à la France constitutionnelle ? Associé dès sa jeunesse à notre gloire militaire, il n'a cessé depuis la Restauration de donner des gages de son amour pour nos institutions. Sa proclamation aux Français comme tous les actes de son gouvernement, prouvent qu'il comprend ces institutions et qu'il est digne de régner sur une nation libre.

« La Charte a dû subir quelques modifications (1), on ne pouvait perdre le fruit de quinze années d'expérience. On y a introduit de nouveaux éléments de paix et de stabilité. L'état des militaires, qui dépendait, jusqu'à un certain point, d'un pouvoir arbitraire, a été placée sous la sauvegarde de la loi. Les colonies seront régies, non par des lois et des ordonnances, mais par des lois seulement. Elles ne peuvent craindre de voir leur sort

---

(1) C'eût été bien la peine, en vérité, de faire une révolution, pour introduire dans la Charte « quelques modifications. »

confié à la discussion des deux Chambres, qui renferme tout ce que la France a de plus éclairé et de plus honorable.

« Les liens les plus intimes unissent les colonies à notre chère patrie, on ne saurait les affaiblir sans leur enlever leur force et toutes leurs sources de prospérité. Les habitants de Bourbon se sont fait toujours distingués par leurs sentiments français ; ils continueront, je n'en doute pas, à mériter la juste protection qu'ils ont obtenue de la Métropole depuis le retour de la paix (1). Rallions-nous franchement à cette belle France (2), autour du trône de S. M. Louis-Philippe 1er, sous ce drapeau tricolore qui rappelle tant de glorieux souvenirs.

« Vive le Roi ! Vive la Charte ! Vive la France ! »

M. le Gouverneur aurait agi sagement en ne parlant pas de ce drapeau tricolore, que la population avait fait arborer bien malgré lui.

D'autre part, un grand nombre des enthousiastes de la première heure éprouvaient une immense déception.

Quoi ! un nouveau régime est établi et rien n'est changé !

Toujours les mêmes administrateurs !

Toujours les mêmes abus !

---

(1) Le Gouverneur emprunte à M. Taupier une de ses phrases les plus maladroites.

(2) Encore Taupier !

Et quelques-uns ajoutaient :

Toujours les mêmes distinctions entre les diverses classes de la population !

Tout cela fit que, à la revue du 25, une partie de la milice n'accueillit pas avec beaucoup de respect et M. le Gouverneur et sa proclamation. Des murmures, des cris, des huées se firent entendre.

Très-irrité, M. Duvaldailly licencia la compagnie des grenadiers de Saint-Denis, et rédigea un ordre du jour fort sévère.

On y lisait notamment :

« Le Gouverneur, commandant général des milices de Bourbon,

« A vu avec un profond chagrin quelques individus faisant partie de la milice instituée pour le maintien de l'ordre public, se rendre eux-mêmes perturbateurs, dans la ville de Saint-Denis, en proférant, sous les armes, *les vociférations les plus coupables*. Plusieurs de ces individus ne faisaient pas même partie de la compagnie à laquelle ils se sont réunis en prenant un uniforme qui ne leur appartient pas ! . . . . .

« Les grenadiers de la milice de Saint-Denis (réorganisés) ne seront plus confondus avec des hommes pour lesquels le trouble est un besoin, comme l'ordre public en est un pour les personnes qui ont à conserver leur honneur et leur fortune.

« Le Gouverneur saisit cette occasion de témoigner son entière satisfaction à la compagnie des carabiniers, aux autres compagnies de la population blanche, ainsi qu'aux compagnies de la population de couleur, pour le bon esprit qu'elles ont toujours montré et dont elles ont donné de nouvelles preuves lorsqu'ont été proclamés les changements survenus dans le Gouvernement de la France. »

La Charte fut promulguée à l'île Bourbon le 10 décembre 1830.

Elle portait, art. 64 :

« Les colonies sont régies par des lois par ticulières. »

Enfin, le 17 décembre, M. Betting de Lancastel, directeur général de l'intérieur, rentrait en France, — en congé disait l'arrêté — et était remplacé par M. Dalmas, commissaire de marine, chargé de l'intérim de la Direction de l'intérieur.

Lui aussi, M. de Lancastel, avait été, de la part de la population, l'objet de manifestations nullement bienveillantes. On lui attribuait nous ne savons quel rôle peu honorable dans l'un de ces innombrables procès politiques qui déshonorèrent la Restauration. Nous nous abstenons d'en parler, parce que ces imputations n'ont pas été justifiées.

La Colonie perdait, en M. de Lancastel, un excellent administrateur, dont le nom est resté attaché à un grand nombre de travaux d'utilité publique. Nous avons sous les yeux la correspondance qu'il a échangée avec le Maire d'une importante commune de l'île : il est impossible d'apporter, dans les rapports d'un administrateur supérieur avec un chef de municipalité, plus de déférence et de courtoisie. Il faut reconnaître que ces traditions ont été bien oubliées depuis cette époque. De plus, M. de Lancastel possédait à fond la législation du pays, et était animé des intentions les plus conciliantes. Il avait sans doute médité ce vieux mot : « la lettre tue » et savait apporter dans l'application de la loi tous les tempéraments désirables.

Avant de désigner M. Dalmas pour remplacer M. de Lancastel, le Gouverneur s'était adressé tour à tour à M. Charles Desbassyns et à M. Fréon, qui n'avaient pas accepté.

Il était au moins étrange de voir le représentant d'un gouvernement, qui avait expulsé les rois dits légitimes et qui était né de la Révolution, prétendre appeler au pouvoir dans la Colonie un proche parent de M. de Villèle, le ministre introuvable de la Restauration.

Nous n'inventons rien : l'arrêté du 17 décembre 1830 énonce formellement que M. Charles Desbassyns avait déclaré « n'être pas en situation de remplir les fonctions de Directeur général de l'intérieur. »

Que voulait donc M. Duvaldailly et quel-

était le mauvais génie qui lui inspirait des actes aussi impolitiques, aussi contraires au sentiment de la majorité des colons ?

VIII

Année 1831. — Les maires sont invités à dresser les listes des éligibles au Conseil général. — Nouveau mécontentement. — Toujours l'ordonnance de 1825. — Le drap mortuaire de la Colonie. — Arrêté du 25 mars. — Le Conseil général est convoqué pour la nomination d'un délégué. — Protestations énergiques.

Le début de l'année 1831 fut signalé par un arrêté qui mécontenta le pays et fut la cause première d'une agitation qui ne devait prendre fin qu'après plus d'un an.

Cet arrêté, « considérant que les pouvoirs des membres composant le Conseil général expirent à la fin de cette année, » invitait les maires de toutes les communes de la Colonie à envoyer sans retard au Directeur général de l'intérieur l'état des habitants de leur commune réunissant les conditions d'éligibité requises pour être nommés membres du Conseil général de la Colonie.

Et le Chef de la Colonie rappelait que, aux termes de l'art. 174 de l'ordonnance du 21 août 1825, ces conditions étaient :

1° D'être âgé de 30 ans révolus;

2° D'être né dans la Colonie ou d'y être domicilié depuis cinq ans ;

3° D'être propriétaire de terres ou de maisons et de recenser quarante esclaves, ou de payer patente de première ou de deuxième classe.

Quant au mode de nomination des conseillers généraux, il n'y était apporté aucune modification. Cette nomination appartenait toujours au Pouvoir.

Nous le demandons, cet arrêté n'était-il pas comme un défi jeté à une population affamée de réformes et qui avait salué avec une joie si vive les événements de juillet 1830 ?

N'était-il pas tout au moins le comble de la maladresse et de l'imprévoyance?

Comment ! l'ordonnance de 1825 servirait encore de base au renouvellement, en 1832, de ce comité consultatif intitulé pompeusement « Conseil général », comité nommé par le pouvoir et tout à sa dévotion !

Comment ! le Gouverneur avait une confiance si mince dans les déclarations du roi et de ses ministres et dans le texte même de la Charte, qu'il prévoyait dès ici qu'en 1832 rien ne serait changé à l'ordre de choses actuel !

Il n'était pas assurément sans avoir reçu les communications des Horace Sébastiani (1) et autres Taupiers du Ministère...... Peut-être même les avait-il inspirées, lui qui, tout le monde le disait, et M. Adrien

(1) Le ministre de la marine.

Bellier (1) l'a écrit plus tard, recevait lui-même ses inspirations de l'Administration qui avait prophétisé la mort de la Colonie sous le drapeau tricolore (2).

Ainsi les mêmes hommes restaient au pouvoir et les mêmes institutions, anti-libérales et anti-coloniales, nous seraient appliquées !

Ainsi la Colonie serait éternellement la proie de la petite faction qui, après avoir été si dévouée à la Restauration, « se ralliait franchement » à Louis-Philippe pour conserver les places et les sinécures, de l'homme à qui un patriote énergique et pur (3) pourra dire ces terribles paroles : « Vous, dont la carrière administrative tout entière est une conspiration permanente contre les droits du pays qui vous a vu naître ! Vous, qui vous êtes lié par un pacte honteux avec l'homme auquel la patrie attribue la plus grande part de ses malheurs ! Vous, délateur odieux de celui dont vous occupez le poste ! Vous qui, ministre et conseiller des gouverneurs que le pays a vus se succéder depuis six ans, n'avez employé votre influence sur eux que pour

(1) « Tous ces faits réunis ne constituent-ils pas des éléments suffisants contre celui dont la notoriété publique proclame le règne personnel, sous le nom de Duvaldailly ? » A. B.

(2) « Vous appartenait-il, à vous, qui avez osé dire que le drapeau tricolore serait le drap mortuaire de la Colonie, de vous faire une arme de nos légitimes inquiétudes et de nous les imputer à crime ? » R.L.S.

(3) Adrien Bellier.

pervertir les intentions bienveillantes que peut-être ils apportaient en venant nous régir !... Voilà, voilà vos titres à la reconnaissance publique ! (1)

Ainsi le Conseil général de la Colonie continuerait à être un comité « sans attributions comme sans mandat, ne pouvant convenir qu'à une administration ourdie en haine des franchises coloniales ! » (2)

Les colons seraient « toujours mis au ban du monde civilisé ; nouveaux ilotes, le contrat social ne serait encore pour eux qu'une abstraction ! » (3)

Ah ! ce fut avec une immense stupéfaction et une douleur non moins grande que les habitants de l'île Bourbon lurent l'arrêté du 5 février 1831.

Le désespoir — ce mot n'est pas trop ambitieux — un désespoir patriotique s'empara de tous ceux qui avaient salué dans la Révolution de Juillet l'avénement d'un nouvel ordre de choses.

---

(1) M. Bellier nous a répété souvent qu'un rapprochement avait eu lieu plus tard, après tous ces événements, entre M. Achille Bédier et lui.

Sans regretter les énergiques articles qu'il a publiés contre M. Bédier, il a tenu à nous dire que la véhémence en est due surtout à l'irritation qui existait alors dans les cœurs et qui divisa si profondément la population de la Colonie.

(2) Conil.

(3) Conil.

Ils résolurent de s'assembler et de se concerter pour faire entendre des protestations collectives et d'énergiques réclamations.

Et cette résolution fut irrévocablement arrêtée, lorsque fut promulgué l'arrêté du 25 mars 1831, dont suit la teneur :

« Vu l'art. 177 de l'ordonnance royale du 21 août 1825 ;

« Vu l'ordonnance royale en date du 23 août 1830, par laquelle S. M. a décidé que les députés des colonies, alors en exercice, cesseraient leurs fonctions et qu'à l'avenir les députés titulaires et suppléants seront nommés directement par les conseils généraux des colonies ;

« Vu la lettre de M. le Ministre de la marine et des colonies en date du 10 septembre 1830, nº 230, portant :

« Attendu l'époque prochaine du renouvellement du Conseil général de Bourbon, « il n'a pas paru qu'il y eût lieu de faire procéder, quant à présent, à l'élection d'un député et d'un suppléant ; mais une circonstance spéciale va rendre nécessaire le choix « des délégués qui pourront en remplir l'office.

« Les Chambres vont être appelées à s'occuper de la législation des colonies et mon « intention est que les colonies soient préalablement entendues sur cette grave matière. Vous voudrez bien en conséquence, « dès la réception de la présente dépêche,

« réunir le Conseil général de Bourbon à
« l'effet de nommer un délégué près du Dé-
« partement de la marine et des colonies,
« ayant mission à ce sujet.

« Le délégué exercera les attributions don-
« nées au député de la Colonie par l'art. 202
« de l'ordonnance organique, et le Conseil
« général pourra voter en sa faveur, confor-
« mément au § 4 du même article, une indem-
« nité temporaire, dont le montant sera en-
« suite fixé par le Roi. Le Conseil général
« pourra désigner un suppléant. »

Sur le rapport de M. Fréon, conseiller colonial, remplaçant M. le Directeur général de l'intérieur p. i., actuellement indisposé,

De l'avis du Conseil privé,

Avons arrêté et arrêtons ce qui suit :

Art. 1er. — Le Conseil général est convoqué extraordinairement pour le 15 avril prochain, à l'effet de procéder à la nomination d'un délégué et d'un suppléant, conformément aux instructions ministérielles ci-dessus relatées.

Il se réunira dans le lieu ordinaire de ses séances, à l'Hôtel du Gouvernement, à midi.

Art. 2. — Le Directeur général de l'intérieur p. i. est chargé, etc.

Qui trompait-on ou qui voulait-on tromper ? A quel jeu jouait-on ?

Le 23 août 1830, le Gouvernement métropolitain, avec une incontestable loyauté, avait décidé que le député de la Colonie serait nommé désormais par le Conseil général et non par le roi.

Et, quelques mois après, on appelle à élire ce député un Conseil général qui, lui-même, a été nommé par le roi.

Et par quel roi? Non celui de la Révolution de Juillet, mais le monarque de la légitimité, celui que la France avait chassé, Charles X.

Un Conseil général qui, se sentant condamné par son origine, ne se réunissait même plus.

C'est cette assemblée, ne pouvant convenir qu'à une administration ourdie en haine des franchises coloniales, cette assemblée composée de colons dévoués à l'ancien régime et choisis par lui, c'est elle qui désignera les hommes chargés de représenter le pays au moment où les Chambres vont être appelées à délibérer la législation coloniale !

Ici ce n'était plus de la maladresse; c'était un acte insensé ou coupable.

De ce jour naquit l'Association coloniale.

IX

La petite Association. — Son chef effectif. — Son premier président. — Les fondateurs. — Pétitionnement. — Proclamation du Gouverneur. — Les affiches sont déchirées. — Les protestations. — Les adhérents. — Le Conseil général passe outre. — Les maires ne dressent pas les listes des éligibles. — Revue du 1er mai. — Une nouvelle proclamation.

C'est à Saint-André que l'association prit naissance. Ses débuts furent modestes. Sous l'impulsion de Robinet de La Serve, assisté de ses amis, Vinson, Loupy, Adrien Bellier et Lépervanche aîné, une société secrète, dite des francs créoles, se constitua. Un grand nombre d'habitants de Saint-André et de Sainte-Suzanne, Charles et David de Floris, Dioré, Louis Elie, Abadie, Perrichon, Beaumont, Campenon, Sigoyer, Notaise, Solesse, Arthur Leclos, les Robert, Dary Loupy, les Cotteret et beaucoup d'autres en firent de suite partie. Le premier président de cette société fut Loupy. Dès le début même du fonctionnement de l'association, on voit La Serve, qui fut la tête et l'âme de l'œuvre, décliner toute place au sein du Comité, pour rester uniquement militant. Mais c'est Laserve qui se mettra en relations avec les libéraux des autres quartiers, c'est lui qui entraînera des adhésions, lui encore qui, soit par des articles adressés en France, aux amis qu'il y a conservés dans la Presse, soit par des écrits qui circuleront manuscrits dans la Colonie, éclairera l'opinion publique et fera connaître l'étendue et le bien fondé des revendications des colons.

Le 25 mars avait paru l'arrêté qui convoquait le Conseil général pour procéder à la nomination d'un délégué.

Et dès les premiers jours d'avril des pétitions circulent, ayant pour but de protester contre cet arrêté. Elles se couvrent de signatures et l'état de surexcitation des esprits est tel que le Gouverneur croit devoir adresser le 11 avril, c'est-à-dire à la veille presque de la réunion du conseil, une proclamation aux habitants de Bourbon :

« Je suis informé que quelques personnes, dominées par un trop vif désir d'innovations, s'occupent à faire signer des pétitions collectives, défendues par la loi, qui ont pour objet de protester contre l'exécution de l'ordonnance de S. M. Louis Philippe 1er et les instructions qui m'ont été transmises par le Ministre, concernant la nomination d'un délégué et de demander la formation d'un nouveau Conseil général, élu directement par les colons possédant les conditions d'éligibilité. Ces personnes prétendent trouver, entre l'esprit des instructions du Ministre et les mesures y prescrites, une contradiction qu'elles attribuent à l'ignorance de l'état des choses dans la Colonie.

« Avec un peu de réflexion il est facile d'apercevoir que les opinions émises à cet égard sont si peu fondées que leur adoption par l'autorité serait contraire à la légalité et à l'ordre et nous replacerait, contrairement au vœu de la Charte, sous le régime des ordonnances et des arrêtés. Par la force des choses, les ordonnances en vigueur dans la Colonie ont le caractère et l'autorité de la loi. Le Roi, en autorisant la nomination directe d'un délégué par le Conseil général, a bien eu le droit de renoncer à une prérogative, mais il ne pouvait constitutionnellement réformer par une ordonnance celle du 21 août 1825, qui est et sera la loi organique de la Colonie jusqu'au moment où elle aura été abrogée et remplacée par une autre loi, émanée des trois pouvoirs législatifs de la France.

« Le Ministre pouvait-il d'ailleurs en tout état des choses trancher une des questions importantes qui doivent être soumises à l'examen des Chambres, et faire jouir la Colonie dès à présent d'une représentation telle que celle qui est demandée ? Je le répète, une pareille opinion aurait pour résultat de nous replacer sous l'empire des ordonnances.

« Que la Colonie attende avec confiance les institutions généreuses que lui promettent les principes de justice et de liberté qui règnent en France, la sagesse des Chambres, la bienveillance et la loyauté de notre souverain ; que chaque colon, qui croit pouvoir donner des renseignements utiles au Gouvernement, m'adresse le fruit de ses méditations, et je me ferai un devoir de les transmettre au

Ministre, de faire valoir et d'appuyer toutes les idées généreuses, les opinions sages et avantageuses au bien public qui s'y trouveront : mais que par la manifestation de principes contraires à la légalité et au règne des lois, on ne fasse point penser que la Colonie n'est pas encore en état de jouir de tous les droits que le Gouvernement est disposé à lui concéder.

« Un des caractères les plus admirables de notre dernière révolution, c'est qu'elle a été opérée pour le maintien de la loi. Ses conséquences ont dû se resssentir de cette glorieuse origine ; aussi la première pensée de S. M. a-t-elle été, dans sa proclamation du 15 août 1830, de rappeler ce principe hors duquel tout est désordre : « En attendant les lois « nouvelles, obéissance est due aux lois en « vigueur. » S. M. ajoute : « La raison poli- « tique le proclame, la sûreté de l'Etat le « commande. Que tous les hommes de bien « emploient leur influence, à en convaincre « leurs concitoyens. »

« Que les bons Français, les paisibles et sages colons de Bourbon puisent dans ces paroles mémorables la règle de leur conduite ; leur autorité suffira, je l'espère, pour dissiper les doutes et les erreurs qui ont pu être propagés, et je me plais à croire que dans cette circonstance j'aurai une nouvelle occasion de rendre compte à S. M. de leur dévouement pour son Gouvernement et de leur respect pour la loi.

« Donné en notre Hôtel à Saint-Denis, ce 11 avril 1831.

Le Gouverneur de Bourbon et de ses dépendances,

« Signé : DUVALDAILLY. »

Cette très-habile proclamation fut tirée à un grand nombre d'exemplaires et affichée dans toutes les communes de l'Ile. Mais en plusieurs endroits les placards furent déchirés, car la population continuait à voir dans M. Duvaldailly le représentant du régime déchu et dans ses conseillers les ennemis déclarés des libertés coloniales.

Les protestations contre la nomination du délégué furent déposées au Conseil général et au secrétariat du Conseil privé et du Gouvernement ; des exemplaires en furent adressés en France au ministère et aux journaux amis des colonies.

Inutile de dire que le Conseil général passa outre.

Mais l'acte politique était accompli, l'association avait consacré son existence aux yeux du Pays et à la face du Pouvoir.

Et si nombreuses étaient les signatures apposées sur les protestations, si honorables étaient les hommes courageux qui avaient ainsi revendiqué les droits du Pays et l'application de la Charte, que le Gouverneur, qui cependant avait taxé ces protestations collectives d'illégales, n'osa pas exercer les poursuites contre les auteurs de cette manifestation.

Nous avons parlé en son lieu de l'arrêté du 5 février relatif à la formation de la liste des éligibles au Conseil général.

La plupart des municipalités, impressionnées par les réclamations qui s'étaient élevées de tous les points de la Colonie, n'avaient pas préparé ces listes, de sorte que, les délais expirés, le Gouverneur dut les rappeler énergiquement à l'exécution de son arrêté. Et il dut prendre, sous la date du 4 avril, une nouvelle décision pour proroger ces délais. Or on n'a pas perdu de vue que les municipalités étaient l'émanation du Pouvoir lui-même : c'était là, il faut bien le reconnaître, une nouvelle victoire de l'opinion publique.

Cependant la petite association des Francs-Créoles continuait vaillamment son œuvre et, grâce à la propagande active, incessante de La Serve, de Vinson et de leurs amis, recueillait chaque jour de nouvelles adhésions, en dépit des menées sourdes de « la petite faction » qui entourait le Gouverneur et des calomnies qu'elle faisait répandre dans la population. On représentait les Francs-Créoles comme une association d'hommes résolus à compromettre, par tous les moyens, la sécurité publique ; « la société ne se serait formée que pour renverser le Gouvernement actuel, et elle attendait le moment favorable pour agir. (1) »

Et ces rumeurs, entretenues soigneusement, allaient s'accentuant de jour en jour. On en était venu même à parler d'un mouve-

---

(1) Discours de Loupy à Saint-André.

ment qui aurait lieu le 1er mai, à l'occasion de la fête du Roi et de la prise d'armes des milices.

Le Gouverneur partagea-t-il cette impression ? Ses conseillers ordinaires étaient-ils parvenus à lui faire accepter comme vraie et sérieuse une conspiration qui n'existait que dans leur imagination inventive ? Quoi qu'il en fût, M. Duvaldailly, qui décidément aimait les proclamations, éprouva le besoin de rédiger le 2 mai, c'est-à-ire le lendemain de la fête, un Ordre du Jour où les paisibles populations de nos communes purent lire avec étonnement la phrase suivante :

« L'ordre parfait qui a régné pendant la revue et la journée du 1er mai a dissipé les bruits que la malveillance s'était plu à répandre les jours précédents. »

Non ! il n'existait pas de conspiration, ou, s'il en existait une, elle s'étalait au grand jour et pouvait s'appeler la légitime revendication de tout un pays.

Car en moins de deux mois, l'association secrète des Francs-Créoles de Saint-André s'était transformée en une vaste association de tous les vrais Créoles de l'île Bourbon, de tous les amis du progrès, de tous les colons soucieux de réclamer la jouissance des libertés et des droits confisqués depuis trente ans, association dont l'existence, sans être publique, ne cessa jamais d'être ostensible, et que le Pouvoir n'osa ou ne put pas poursuivre.

X

La grande Association. — Signature de l'acte définitif. — Texte de cet acte. — Profession de foi du Franc-Créole. — Organisation de l'Association. — Des aspirants titulaires. — Dispositions générales. — Le Comité suprême. — Diomat, de Jouvancourt, Camoin. — Discours de Loupy.

Le 15 mai 1831 fut signé, au Quartier-Français (Sainte-Suzanne), l'acte définitif de constitution de l'Association générale des Francs-Créoles.

L'association prit pour devise : *Attachement et soumission à la France — Garantie des droits acquis — Etablissement d'une assemblée coloniale.*

Le même jour fut adoptée « la Profession de foi des Francs-Créoles. »

Au reste nous publions in-extenso la Déclaration, la Profession de foi (1) et l'acte d'Association.

---

(1) L'un des membres fondateurs de l'Association, Vinson, homme d'infiniment d'esprit, s'empressa de mettre en vers « la Profession de foi. » Voici ces couplets, qui eurent à cette époque une vogue immense et que l'on chantait en chœur dans les repas. Nous donnons plus loin la biographie de Vinson.

13

Acte d'association des Francs-Créoles.

Nous, Créoles de l'Ile Bourbon, touchés des maux de notre patrie et inquiets de son avenir,

Considérant que les colonies sont de véritables sociétés qui ont une existence propre, individuelle et, sous presque tous les rapports, distincte de celle de leur Métropole; que leurs intérêts sont le plus souvent en opposition, que leurs mœurs diffèrent, que sous une foule de points les institutions qui conviennent à l'une ne peuvent agréer aux au-

---

MA PROFESSION DE FOI

Aisément l'on peut dans cette île
Comme ailleurs trouver le bonheur;
De francs amis, femme gentille
Sont les premiers besoins du cœur. (bis

Hors de ces biens que moi surtout je prise,
Pour trouver mieux je cherche en vain partout.
Ils sont ici, je prends donc pour devise :
Je suis français, mais colon avant tout.(bis)

Si pour les arts et pour la gloire,
Je me sens une vive ardeur,
En feuilletant dans notre histoire,
Plus d'un nom fait battre mon cœur. (bis)

Bertin, Parny, Bouvet, à vos écoles,
Mars, Apollon se révèlent partout ;
L'amour, les arts, la gloire sont créoles.
Je suis français, mais colon avant tout. (bis)

Si je veux, près d'un sexe aimable,
Au plaisir consacrer mes jours,
En tout pays femme adorable
Saura cultiver les amours. (bis)

tres, que l'éloignement où les colonies sont de leur Métropole est un obstacle invincible à ce que celle-ci puisse les bien connaître et apprécier ce qui leur est nuisible ou salutaire, qu'en conséquence la Métropole est un mauvais juge des intérêts coloniaux ;

Considérant que personne ne peut mieux juger des intérêts coloniaux que la Colonie même que ces intérêts concernent, que c'est à elle qu'il appartient de se donner des lois et de s'administrer ; qu'en un mot tout ce qui tend à assurer l'indépendance de la Colonie et à la rendre maîtresse de son propre sort est essentiellement dans son intérêt ;

Considérant que l'île Bourbon est notre patrie, soit naturelle, soit adoptive ; que nous sommes avant tout citoyens de Bourbon, quelque chers que puissent nous être d'ailleurs le titre de Français et la destinée de la France :

Et lorsqu'enfin voulant changer de rôle,
Du mariage un jour me vient le goût,
Pour me fixer je prends une créole :
Je suis Français, mais colon avant tout. (bis)

O France ! O ma chère patrie !
Ne crois pas qu'en parlant ainsi,
Un de tes fils jamais t'oublie !
Non ! mais l'on est Français ici. (bis)

Toutes les fois qu'il le devint utile
Les Bourbonnais pour toi furent debout
Et prouveraient encore qu'en cette île
L'on est colon, mais Français avant tout. (bis)

Considérant que l'isolement des individus est la principale cause de l'affaiblissement de l'esprit public et du patriotisme dans notre pays, que rien n'est plus urgent que de régénérer cet esprit public et ce patriotisme et de reconstituer en quelque sorte la « Patrie créole » ;

Considérant que le moyen le plus sûr et le plus prompt d'arriver à ce but sans secousse et sans inconvénient est la création d'une Association qui rétablisse et cimente entre les enfants de la Colonie, soit nés dans l'île, soit adoptifs, les biens les plus légitimes et les plus sacrés ;

Considérant que les gouvernements sont toujours jaloux de leur autorité ; que la fondation d'une Association créole dans la Colonie portera nécessairement ombrage au Pouvoir qui y représente la Métropole ; que ce Pouvoir cherchera inévitablement à entraver et à empêcher cette institution patriotique de se former et de s'étendre ;

Considérant en outre qu'il existe dans notre pays des éléments de puissance aristocratique naturellement en opposition avec les principes de l'Association et qui ne manqueraient pas alors d'unir leurs efforts à ceux du gouvernement pour en arrêter les progrès et tenter de la dissoudre ;

Qu'il faut ajouter à ces adversaires naturels de l'Association des coalitions d'intérêts en possession depuis longtemps d'exploiter le pays et qui ne pourraient voir que du plus mauvais œil naître une puissance destinée un jour à détruire de tels abus ; qu'en conséquence, l'Association qu'il s'agit de fonder ne peut se former, s'étendre et se consolider que sous le voile du mystère, quelque louables, légitimes et patriotiques qu'en soient les principes, le but et les moyens ;

Par tous ces motifs, nous avons arrêté et résolu la fondation d'une Société secrète, sous le titre d'« Association des Francs-Créoles », comprenant sous ce titre les colons nés dans l'île et les Européens qui se sont naturalisés Créoles en adoptant les sentiments et les intérêts des vrais enfants du pays.

L'Association des Francs-Créoles déclare en tête de l'acte qui la constitue, qu'il est dans ses principes, comme base fondamentale, de n'employer son action que dans les cas suivants :

1° Si la Métropole tentait d'introduire dans son régime colonial des lois ou règlements qui auraient pour but de porter atteinte à l'esclavage ; les articles 10 et 11 de la Profession de foi du Franc-Créole sont explicatifs de la doctrine de l'Association en cette matière ;

2° Si la Métropole elle-même était disposée à abandonner la Colonie à son propre sort ;

3° Si la Colonie n'obtenait pas des lois qui lui sont promises par la Métropole une véritable Représentation de la population coloniale.

Dans tous les autres cas où l'Association des Francs-Créoles croirait, dans sa sagesse, sa prudence et sa fermeté, devoir agir pour réprimer toute faction qui tenterait de s'emparer du Pouvoir public dans l'île, elle déclare, à l'avance, ne vouloir pas rompre les liens de soumission et de subordination qui l'attachent à la Métropole.

Profession de foi du Franc-Créole

1er

Je considère l'île Bourbon comme ma patrie et me considère, moi-même, comme étant avant tout citoyen de Bourbon.

2e

L'Association des Francs-Créoles représentant la société de Bourbon, je fais entre ses mains serment de fidélité et d'obéissance à la Patrie créole.

3e

L'Association des Francs-Créoles s'engage sur l'honneur et sur la foi du serment à protéger et secourir chacun de ses membres, s'il était opprimé. Attaquer injustement un Franc-Créole, c'est attaquer toute l'Association.

Chacun pour tous, tous pour chacun, telle est la devise fondamentale de l'Association. Il n'y aurait point d'injustice dans un pays si tous les citoyens en étaient aussi révoltés que celui qui l'éprouve lui-même. L'Association des Francs-Créoles est destinée à réaliser cette maxime d'un sage de l'antiquité.

4°

Je m'engage sur l'honneur, je jure sur ce que j'ai de plus sacré de protéger et de secourir en tout ce qui pourra dépendre de moi et même au péril de ma vie tout Franc-Créole qui serait opprimé.

5°

Je m'engage sur l'honneur, je jure sur tout ce que j'ai de plus sacré de concourir en tout ce qui pourra dépendre de moi et même au péril de ma vie à tous actes, délibérations et résolutions qui auraient pour but le bien général de l'Ile Bourbon, ma Patrie.

6°

Je m'engage sur l'honneur, je jure sur tout ce que j'ai de plus sacré, de ne jamais rester indifférent sur tout ce qui pourrait toucher les intérêts généraux de l'Ile Bourbon, ma Patrie ; en conséquence je m'engage et jure également d'intervenir directement dans tous les mouvements qui pourraient survenir afin de faire triompher le parti de l'équité et du bien général dans mon pays. Honte et malheur à l'égoïste qui s'isole de l'intérêt public et se cache au jour du tumulte et du danger.

7°

Je m'engage sur l'honneur, je jure sur tout ce que j'ai de plus sacré de faire tous mes efforts pour obtenir des institutions et des lois qui assurent une sage liberté à l'Ile Bourbon, ma Patrie.

8°

Le Franc-Créole ne veut ni de la démocratie ni de l'aristocratie; il veut un Gouvernement et des institutions fondées sur le pouvoir de la classe moyenne ou intermédiaire.

9°

La prépondérance politique de la classe indigente, de la moins éclairée, conduit nécessairement à la licence et à l'anarchie. Il n'existe pas de vérité mieux prouvée. Il ne faut donc pas de démocratie (1).

L'aristocratie est l'ennemie naturelle de la liberté de tous. L'orgueil, la cupidité et la cor-

---

(1) Il ne faut pas oublier que ces lignes étaient écrites il y a plus de cinquante ans, au lendemain de l'avènement de la bourgeoisie aux affaires. Ce rêve du gouvernement par une classe moyenne a fait son temps. La *classe moyenne* d'aujourd'hui serait demain l'aristocratie. Les générations nouvelles, plus libérales, ne connaissent pas les classes et admettent que la Nation tout entière doit être appelée à gérer les affaires du pays.

Il en est de même de cette théorie que les colonies ont une existence propre, individuelle, distincte de celle de leur métropole, des mœurs absolument différentes de celles de l'Europe. Ceci peut être vrai, est certainement vrai pour une colonie nouvelle, pour un pays conquis, mais non pour une petite société comme celle de Bourbon, composée en majorité de descendants d'Européens, ayant les mêmes mœurs et aspirant aux mêmes institutions que leurs compatriotes de France; ceci pouvait encore être vrai, il y a cinquante ans pour Bourbon, lorsque l'esclavage y régnait, mais aujourd'hui.... !

ruption l'accompagnent toujours. Elle ne gouverne jamais dans l'intérêt général, exploite le pays dans l'intérêt particulier des membres qui la composent, ne produit en définitive que la misère, le dépérissement et la dégradation de la nation qui lui est soumise. Les Francs-Créoles se prononcent *énergiquement* contre toute espèce d'aristocratie.

Le triomphe de la vraie liberté, le meilleur et le plus sage des gouvernements, ne peut être fondé que sur la prépondérance de la classe moyenne ou intermédiaire, classe qui, dans toutes les nations, se distingue par son amour de l'ordre, ses talents et ses vertus, intéressée par la propriété au maintien de l'ordre public et capable par ses lumières et sa moralité d'exercer une influence salutaire sur les institutions, les lois et les affaires du pays, cette classe est l'élite de la nation, elle donne l'impulsion à tout le corps social, c'est elle qui fait l'opinion publique. C'est donc l'esprit de la classe moyenne, sa volonté qui n'est autre chose que la volonté générale, qui doivent dominer, diriger et animer toutes les parties du Gouvernement et de l'administration publique.

Les Francs-Créoles chercheront donc par tous les moyens possibles à faire prévaloir l'influence ou la prépondérance de la classe moyenne dans le système électoral, l'assemblée coloniale, le jury, les municipalités, la garde nationale, le gouvernement et l'administration de l'Ile Bourbon, notre Patrie.

Pour parvenir à ce but, il faut, d'un côté,

mettre en dehors des droits politiques les prolétaires et les trop petits propriétaires, et, de l'autre côté, neutraliser l'influence des grands, c'est-à-dire ne leur accorder que les mêmes droits qui seront exercés par la classe moyenne. Comme il faut partir d'une base, rien n'est plus important que de s'entendre sur la fixation de cette base ; les Francs-Créoles proposent de déterminer le sens électoral : 1° à dix esclaves attachés à une propriété foncière d'une étendue quelconque ; 2° à la possession d'une propriété foncière de cinq mille gaulettes au moins d'étendue, même sans esclaves qui y soient attachés ; 3° à la possession de vingt esclaves, même sans propriété foncière ; 4° aux patentés de 1re et de 2e classe; 5° la jouissance du droit électoral serait en outre attachée à l'exercice des professions libérales telles que la Magistrature, le Barreau, la Médecine et le Notariat.

Ces dispositions sur la fixation du plus important des droits politiques embrassent *la totalité de la classe moyenne dans notre île.* La qualité de Français soit créole, soit européen, l'âge de 25 ans et une résidence de trois ans dans l'île, à moins d'y avoir contracté mariage, seront exigés pour pouvoir exercer les fonctions d'électeur.

La garantie est dans l'électorat.

L'éligibilité doit être libre de la condition du cens.

La qualité de Français, soit créole ou européen, trente ans et une résidence actuelle et continue de cinq ans dons l'île, seront exigés pour être membre de l'Assemblée coloniale.

10°

Le Franc-Créole considère l'esclavage comme un fait que le temps seul et les causes morales peuvent améliorer. Les lois ou règlements qui auraient pour but de porter atteinte à l'esclavage doivent être repoussés comme attentatoires à l'ordre public, violatoires de l'article de la Charte...... dangereux pour la sûreté et la prospérité du pays, et contraires non seulement à l'intérêt du maître, mais encore à l'intérêt bien entendu des esclaves.

11°

Le Franc-Créole considère l'humanité comme un devoir de premier ordre envers les esclaves. Il fait des vœux pour l'amélioration du sort des esclaves, il applaudit aux efforts généreux des maîtres qui travaillent et travailleront à cette amélioration chez eux ; mais il s'opposera à ce que la volonté d'un propriétaire soit contrainte en cette matière autrement que par la crainte du blâme et de la censure publique, en face des mesures prises en vertu des lois faites par la Colonie elle-même ou acceptées librement par elle.

12°

Le Franc-Créole reconnait que tous les hommes nés libres sur le sol de Bourbon et faisant partie de la population coloniale sont égaux en droits, quelles que soient d'ailleurs leur origine et leur couleur ; mais, en outre, les affranchis qui seront jugés dignes d'être reçus dans l'Association jouiront aux yeux des Francs-Créoles, des mêmes droits et de la même considération que s'ils fussent nés libres.

13e

Le Franc-Créole fait professession de foi de n'estimer un homme que pour son mérite personnel et sans aucune considération pour sa fortune et sa naissance. Le mérite person-n.l d'un homme consiste dans ses talents et principalement dans ses vertus.

Les Francs-Créoles s'engagent sur l'honneur et sur la foi du serment à faire tous leurs efforts, tant en paroles qu'en exemples, pour faire prévaloir, dans les mœurs et les idées coloniales, cette maxime si éminemment morale et utile. C'est pour avoir oublié ou négligé ce principe conservateur des bonnes mœurs, que la richesse a acquis dans notre pays une influence scandaleuse et corruptrice et qu'en Europe on méprise généralement les colons.

14e

L'équité étant la loi par excellence que Dieu lui-même a gravée dans le cœur de l'homme pour servir avant tout de règle à ses actions, le Franc-Créole fait profession de suivre cette loi et de ne considérer comme véritablement juste que ce qui est conforme à l'équité.

15e

Les nations comme les individus ne peuvent que gagner à s'éclairer. Il n'y a que les mauvais gouvernements qui puissent craindre de voir les lumières se répandre ; le Franc-Créole est l'ami des lumières ; il fera tous ses efforts pour instruire lui-même et répandre les connaissances utiles parmi tous ses compatriotes.

16e

Le Franc-Créole s'engage non-seulement à protéger et à secourir les membres de l'Association qui seraient opprimés, mais à les traiter en toute occasion avec égards, amicalement, comme membres de la même famille.

17e

Le Franc-Créole s'engage sous la foi du serment à faire, en vue du bien public et dans l'intérêt de l'Association patriotique et fraternelle où il est reçu, le sacrifice des animosités personnelles qu'il pourrait avoir contre un membre de l'Association. L'homme qui n'est pas capable de faire sincèrement ce sacrifice ne sera jamais ni un bon citoyen ni un véritable Franc-Créole.

18e

Un Franc-Créole ne peut plaider contre un des membres de l'Association que par arbitres, hors le cas où l'action des tribunaux est obligée en vertu de la loi civile.

19e

Toute contestation, de quelque nature qu'elle soit, qui s'élèverait entre deux membres de l'Association devra être également soumise à des arbitres, même dans le cas où l'honneur de l'un des membres aurait été blessé de manière à exiger absolument une réparation les armes à la main. Le cas échéant, ils se battront en braves gens et se raccommoderont ensuite. Dans tous les cas, il faut qu'ils se battent ou qu'ils se raccommodent aux conditions fixées par les arbitres, le tout indépendamment des censures qui seront prononcées contre l'agresseur ainsi qu'il sera dit ci-après. Mais deux membres de l'Association ne peuvent rester en état d'inimitié.

20°

Le Franc-Créole qui commettrait une action déshonorante sera rayé des membres de l'Association.

21°

Le Franc-Créole adhère à l'organisation suivante de l'Association.

Organisation de l'Association

1er

L'Association des Francs-Créoles se compose de deux ordres d'affiliation : les titulaires et les aspirants titulaires.

2°

Les titulaires réunis dans chaque quartier nomment à la majorité des voix un chef civil, un chef militaire et un suppléant ; ces trois dignitaires réunis sous le titre de Comité directeur, forment l'administration de l'Association dans chaque quartier. Le chef civil est le président.

3e

Le comité-directeur exerce un droit de censure et d'observation sur la conduite de chacun des membres de l'Association résidant dans le quartier. La censure ne peut porter que sur l'exercice des devoirs du Franc-Créole comme membre de l'Association.

4e

Tous les chefs civils des différents quartiers nomment un *chef civil supérieur* pour toute la Colonie; tous les chefs militaires *un général* et tous les suppléants un grand *suppléant*. Ces trois membres réunis, sous le titre de Comité supérieur, forment l'administration générale de l'Association pour la totalité de l'ile.

Le grand chef civil en est le Président.

5e

Les noms des trois membres de ce comité supérieur ne doivent être connus que des comités directeurs de quartier. En procédant à leur élection, les membres des comités directeurs prêteront le serment de tenir ces nominations secrètes.

6e

Toutes les délibérations du Comité supérieur doivent être prises en commun par les trois membres qui le composent. L'unanimité n'est pas exigée, la majorité de deux voix contre une suffit; le membre dissident doit dans ce cas unir ses efforts à la majorité pour le succès de la mesure à laquelle il aurait été opposé.

7°

Toutes les forces de l'Association sont à la disposition du Comité supérieur. Il transmet ses ordres aux diverses parties de l'Association par l'organe du Comité directeur du quartier. Il peut appeler comme adjoint au Conseil tel membre titulaire qu'il croira devoir désigner.

8°

Les membres du Comité suprême ne pourront être élus que lorsqu'il y aura six quartiers de constitués. Le Comité suprême entrera en fonctions aussitôt qu'il aura été nommé; néanmoins il ne pourra se considérer comme investi de la plénitude de sa puissance, relativement aux actes qui exigeraient le concours de toute l'Association, que lorsqu'il aura reçu l'avis de chacun des Comités directeurs des six quartiers qu'ils ont eux-mêmes achevé leur organisation.

L'urgence des circonstances et la nécessité de pourvoir le plus promptement possible au gouvernement de l'Association,ont fait admettre la nécessité du présent article. Cependant il est vivement à désirer, pour le bien de l'Association, et il entre essentiellement dans le plan des fondateurs, qu'elle s'établisse et s'organise régulièrement dans tous les quartiers de l'île.

9e

Les Comités directeurs des quartiers, constitués postérieurement à la nomination du Comité suprême, seront tenus d'y accéder. Mais il est bien entendu que si, par mort ou démission, il se trouvait une vacance à remplir dans le Comité suprême, tous les comités directeurs organisés seraient appelés à y concourir.

10e

Les membres du Comité directeur suprême devront avoir été reçus préalablement dans l'Association en qualité de titulaires ou de membres d'un *Comité directeur* de quartier, avant de pouvoir être promus à cette haute fonction.

11e

Les membres du Comité suprême prêteront, devant les membres des Comités directeurs qui les auront élus et avant de pouvoir entrer en charge, le serment suivant : Je m'engage sur l'honneur, je jure sur tout ce que j'ai de plus sacré, d'être fidèle aux devoirs d'un Franc-Créole et aux lois et règlements de l'Association dans l'exercice des hautes fonctions qui me sont déléguées.

12e

Les membres des Comités directeurs de tous les quartiers se réuniront, au moins une fois tous les six mois, aux trois membres du Comité supérieur, sous la présidence du « Grand Chef civil : » à son défaut, en cas de force majeure, sous celle du « Général » ; à défaut de ce dernier, sous celle du grand suppléant. Dans cette assemblée le Comité suprême rendra compte de son administration.

13e

Le Comité suprême peut faire une convocation extraordinaire des Comités directeurs de quartiers, mais ce ne peut jamais être que pour un objet grave qui puisse motiver le dérangement et le déplacement pénible qui en résulterait pour des membres appartenant à des localités éloignées.

14e

Les membres des Comités directeurs et du Comité suprême sont nommés pour un an et indéfiniment rééligibles.

15e

Ils peuvent être révoqués de la même manière qu'ils auront été nommés, mais les trois quarts des voix seront alors nécessaires pour que la révocation soit prononcée.

16e

La révocation ou déposition d'un Comité directeur ou d'un membre de ce comité, la révocation ou déposition du comité suprême ou d'un membre de ce comité, ne peuvent avoir lieu que dans le cas de *trahison* ou de *négligence manifeste* dans l'exercice de ses fonctions.

17e

Les titulaires se réuniront, autant que possible, tous les dimanches dans chaque quartier, chez l'un d'eux, tantôt dans un endroit, tantôt dans un autre, afin d'écarter les soupçons que pourraient faire naître des réunions fréquentes chez la même personne. L'assemblée sera présidée par le chef civil, à son défaut par le chef militaire, à défaut de ce dernier par le suppléant.

18e

Les membres de l'Association, appartenant à des quartiers différents comme titulaires, pourront être admis à ces assemblées après avoir été reconnus comme *Francs-Créoles*. Ils pourront prendre part aux discussions, mais n'ont de voix délibérative que dans l'assemblée de quartier à laquelle ils appartiennent.

19e

L'assemblée de quartier s'occupera de tout ce qui peut intéresser l'Association dans le quartier, elle pourra et devra aussi s'occuper des intérêts généraux de l'Association dans l'île, des améliorations à introduire dans son régime, en un mot de tout ce qui est d'intérêt public. Lorsqu'elle aura quelque demande, ou observation à présenter à ce sujet, elle adressera le résultat de sa délibération au *Comité suprême* par l'intermédiaire de son Comité directeur.

20e

Le Comité suprême s'éclairera des communications qui lui seront faites par les diverses assemblées de quartier et en profitera dans sa sagesse pour les mesures qu'il croira devoir prendre.

21e

Les assemblées de quartier devront aussi s'occuper, dans leurs réunions, de tous les moyens propres à éclairer l'opinion publique et à lui imprimer une bonne direction sur tous les objets que le temps et les circonstances amèneront sur la scène, ou qui lui seront indiqués par le Comité suprême comme devant attirer l'attention publique.

22e

Les motifs exprimés dans les articles précédents exigent la fréquence des réunions et l'assiduité des membres à s'y trouver. L'habitude de se voir et de se réunir, d'échanger ses idées par la conversation, de s'éclairer mutuellement, le tout avec les égards fraternels et le ton amical que les Francs-Créoles se doivent entr'eux, est d'ailleurs le seul moyen de créer l'esprit d'association et de communauté qu'il est si désirable de voir s'établir parmi nous.

Le titulaire qui négligera de se rendre aux réunions périodiques de son quartier sera passible d'une amende de quarante sous, à moins qu'il n'ait une excuse valable à alléguer.

23e

En cas de convocation extrordinaire de l'assemblée, le Franc-Créole s'engage par serment à s'y rendre, toute autre affaire cessant. Les titulaires se préviendront entre eux avec toute la célérité possible. Aucune convocation extraordinaire ne doit être faite que pour un objet grave.

24e

A l'assemblée du premier dimanche de chaque mois, il sera fait lecture par l'un des membres, de la profession de foi du Franc-Créole et des règlements de l'Association ; une contribution de trois livres sera payée par chaque membre, entre les mains du suppléant qui remplira les fonctions de trésorier.

25e

Les deux tiers de la contribution mensuelle et des amendes seront remis au suppléant général qui remplira les fonctions de trésorier général de l'Association. Le suppléant de quartier gardera l'autre tiers pour subvenir aux besoins locaux de l'Association.

26e

Les fonds versés dans la caisse du Comité suprême seront employés par lui aux besoins généraux de l'Association.

27e

Aucun membre de l'Association ne pourra faire des ouvertures à un profane, s'il n'y est préalablement autorisé par l'assemblée des titulaires à laquelle il appartient.

28e

L'opposition d'un seul membre suffit pour

empêcher que les ouvertures ne soient faites, mais il n'y aura pas de scrutin secret et l'opposant ou les opposants seront tenus de faire connaître à leurs collègues le motif de leur opposition.

Dans les sociétés instituées, un profane ne pourra être proposé que dans une assemblée où il y aura neuf membres au moins et le Comité directeur ; mais dans les sociétés non encore composées de douze membres, il suffira de l'assentiment des trois chefs du Comité.

29e

Avant de faire des ouvertures à un profane, le membre qui s'en chargera lui fera donner préalablement sa parole d'honneur et lui fera jurer sur ce qu'il a de plus sacré, de garder le secret sur tout ce qu'il lui dira, quelle que soit la résolution que prendra le profane relativement à l'objet de la communication.

30e

Les ouvertures ne devront porter que sur le but et l'organisation de l'Association, la profession de foi du *Franc-Créole* et ses engagements, sans qu'il soit jamais permis au membre qui fait les ouvertures de nommer aucun de ses collègues.

31e

Si le profane accepte, il doit le faire sans réticence ni restriction, il est alors conduit par son introducteur devant une commission qui lui donnera lecture de la profession de foi et des règlements de l'Association, toutefois après lui avoir fait renouveler le serment mentionné en l'article 29, pour le cas où le profane ne persévérerait pas dans la résolution d'entrer dans l'Association.

22e

Si le profane persévère dans cette résolution, après avoir entendu la lecture de la profession de foi et des règlements, le Commissaire, en présence de son introducteur, lui fera prêter les serments contenus dans les dits actes, et de ce moment, le profane deviendra candidat de l'Association.

33e

Le candidat ne sera admis que les yeux bandés dans l'assemblée des Francs-Créoles du quartier, devant le Comité directeur ; là il lui sera donné une nouvelle lecture des actes sus-dits et il devra répéter tous les serments, après quoi on lui débandera les yeux et il sera reçu solennellement et instruit des signes secrets de l'Association pour se faire reconnaître de ses collègues.

34e

Tout membre de l'Association est essentiellement obligé d'avoir en sa possession un fusil en bon état, soit de chasse, soit de munition avec bayonnette, et garni de son fourniment, il doit avoir pareillement une giberne ou tout autre objet qui puisse la remplacer et un sac de soldat. Il doit avoir toujours chez lui une livre de poudre, au moins, et des balles de calibre. Le chef militaire de quartier est chargé de veiller à l'exécution de cet article important. Le Franc-Créole doit toujours être prêt à entrer en campagne ; toutefois il est dispensé du service militaire actif, s'il est âgé de plus de cinquante ans, ou atteint d'une maladie ou infirmité qui le rende impropre à ce service.

Le Franc-Créole est tenu de se faire incorporer dans la garde nationale de son quartier.

35e

Le chef militaire de chaque quartier est chargé de l'organisation militaire de l'Association dans son quartier, sous les ordres et la direction du Général.

36e

Le Franc-Créole qui a violé ses serments, ou commis toute autre action déshonorant sera rayé des membres de l'Association. Nul membre ne peut être rayé s'il n'est préalablement entendu ou mis à même d'être entendu et de défendre sa cause avec toute la latitude possible.

37e

Pour que la condamnation ait lieu, il faut au moins les trois quarts des voix de l'assemblée des titulaires et que l'arrêt ait été confirmé par le Comité suprême.

38e

Cet arrêt, devenu irrévocable, sera renvoyé

à tous les Comités directeurs de quartier par le Comité suprême. Le Franc-Créole qui aura mérité cette flétrissure sera mis au ban de l'Association, déchu de son titre, déclaré infâme et déshonoré.

Des aspirants titulaires

(Il sera fait ultérieurement un règlement relatif à l'organisation de la classe des aspirants titulaires).

Dispositions générales

39e

Il ne pourra rien être modifié, changé, supprimé ou ajouté dans la présente constitution de l'Association des Francs-Créoles, y compris la *profession de foi*, que du consentement de toutes les assemblées titulaires de quartier, les voix étant recueillies, dans chacune, à la majorité.

40e

L'Assemblée patriotique et fraternelle des Francs-Créoles n'ayant pour but que le perfectionnement de la société coloniale de l'île Bourbon, que le bien de notre pays en toutes choses, cette Association se compose des meilleurs citoyens et des plus honnêtes gens du pays ; l'éléction des chefs de l'Association se fera de manière à inspirer toute confiance aux membres qui la composent. Chaque membre est tenu de prêter le serment suivant :

« Je jure, sur l'honneur et sur tout ce que j'ai de plus sacré, d'obéir aux ordres du Comité suprême de l'Association, en tout ce qui sera conforme aux principes et à la constitution des Francs-Créoles, Je jure, sur l'honneur et sur tout ce que j'ai de plus sacré, d'obéir aux ordres du Comité directeur de mon quartier en tout ce qui sera conforme aux principes et à la constitution des Francs-Créoles, Je jure, sur l'honneur et sur tout ce que j'ai de plus sacré, d'obéir aux lois qui seront faites par l'Association générale des Francs-Créoles de Bourbon, en tout ce qui sera conforme aux principes contenus en la profession de foi du Franc-Créole.

« Je me soumets au mépris de mes collègues, de tous les honnêtes genset de tous mes concitoyens ; je me voue à la honte et à l'infâmie, si je viole les serments que j'ai prêtés à l'Association des *Francs-Créoles.* »

Après la constitution définitive de l'Association des Francs-Créoles de l'île Bourbon eut lieu une réunion destinée à élire les trois membres qui devaient composer le Comité suprême.

L'assemblée nomma *chef civil* M. Diomat (1) « ancien ingénieur, homme plein de

(1) Diomat (Louis Charles), (né à Saint-Denis, le 20 mars 1789, mort à Saint-Denis en janvier 1864). Fils d'un officier de la marine royale, Diomat fut élevé dans sa famille et n'eut d'autres maîtres que ses parents. Nous ne parlons que pour mémoire de l'enseignement très-rudimentaire qui était alors donné à la « pension Morau ». De bonne heure, il montra de vé-

lumière, de sens et de droiture, estimé de tous les partis, du caractère le plus doux et le plus modéré, et auquel « on ne peut enfin re-

---

ritables aptitudes pour les mathématiques et les sciences. Son père l'attacha aux Ponts et Chaussées où le jeune commis dessinateur se fit apprécier. Nommé ingénieur en second en 1815, Diomat ne tardait pas à être appelé à remplir par intérim les fonctions d'ingénieur en chef (1817). Il avait alors 28 ans. En cette même année, il reçut la croix de la Légion d'Honneur.

En 1827, Diomat donnait sa démission « d'ingénieur ordinaire » et rentrait dans la vie civile, à la suite d'une injustice dont il avait été victime. Malgré ses droits et son mérite, il s'était vu préférer, pour les fonctions d'ingénieur en chef titulaire, une créature de la famille Desbassyns, alors toute-puissante !

On a vu quel fut le jugement qu'a porté sur lui un homme bien placé pour l'apprécier, Robinet de la Serve, qui « ne lui reproche d'autre défaut qu'un excès de modestie. »

Au Conseil général de 1832, où il fut envoyé par le collège électoral de Saint-Denis, Diomat souleva une tempête dès la première séance et dès les premières lignes de l'adresse.

Le projet de la commission s'exprimait ainsi : « La représentation coloniale vient, après une longue et légitime attente, vous exprimer les vœux d'un pays qui, privé depuis si longtemps d'institutions libérales.... »

Diomat proposa un amendement qui consistait à substituer à ces mots : « *Privé depuis si longtemps d'institutions libérales* » ceux-ci : « *privé depuis trente ans des institutions qu'il possédait.* »

Voulant ainsi protester contre les actes dictatoriaux dont la Colonie avait été victime et contre le régime absolu qui, pendant si longtemps, avait été la loi de son gouvernement.

C'est dans cette même session que l'ancien ingénieur de l'Etat fit son rapport, resté célèbre, sur les travaux publics.

En 1833, le gouverneur Cuvillier répara une injustice en l'appelant aux fonctions d'ingénieur colonial, chargé en chef du service des Ponts et Chaussées.

procher d'autre défaut, qu'un excès de modestie. » C'est Robinet de La Serve qui trace ce portrait de son ami.

Elle nomma *chef militaire* M. de Jouvancourt (1) « commandant de toutes les milices de la Colonie, grand propriétaire, père d'une nombreuse famille, unissant le désintéressement, la générosité et la loyauté chevaleresque des temps anciens, aux idées libérales d'un citoyen français de nos jours. »

---

(1) Jouvancourt (de) ...., l'un des combattants de 1810, se distingua par son courage au combat de la Redoute. Il appartenait d'ailleurs à une famille de soldats. Plusieurs de ses frères ont servi. L'un d'eux, engagé volontaire, conquit en six années le grade de chef d'escadron.

Le chef militaire de l'Association était très estimé dans le Pays. Pendant l'occupation anglaise, il avait dédaigné avec hauteur les avances de messieurs les officiers, alors que certaines familles s'étaient fait remarquer par leur intimité honteuse avec nos vainqueurs, intimité née de la trahison de 1810.

C'était avec fierté que les milices coloniales voyaient à leur tête Jouvancourt.

Et l'Association fut bien inspirée en le choisissant pour l'un des membres du Comité suprême.

La sagesse du pays et — il faut le reconnaître — celle du Gouverneur devait rendre inutile l'adjonction au Comité d'un chef chargé de coordonner et de diriger les forces militaires de l'Association ; mais le chef militaire avait voix délibérative au sein du Comité suprême et sa coopération y fut toujours appréciée.

Beaucoup pensent que l'organisation militaire défensive de l'Association ne contribua pas peu à impressionner le Gouvernement et à l'amener à donner satisfaction au peuple.

Enfin elle désigna comme *suppléant* M. Camoin (1) « chef de bataillon des milices, ancien militaire décoré, homme également esti-

---

(1) Quelques années après la chute de Napoléon, Camoin, ancien officier de l'Empire, qui avait assisté à la lamentable retraite de Russie et pris part à la campagne de France, vint se fixer dans notre Colonie et fonder à Saint-Denis une maison de librairie et un cabinet de lecture. C'est là que l'Association, obéissant à son programme de *gouvernement par la classe moyenne*, vient le chercher pour en faire un des membres du Comité suprême. Camoin était digne à tous égards de cet honneur. Universellement estimé et aimé, il était considéré comme un excellent arbitre des questions d'honneur. Volontiers on se rassemblait à son cabinet de lecture, qui se transformait souvent en club politique.

Camoin représentait bien le type du bourgeois des grandes villes de France, intègre dans les affaires, passionné pour la chose publique, ennemi de l'absolutisme et conservateur.

Mais où commence, où finit la *classe moyenne* surtout dans un pays comme le nôtre où chacun est plus ou moins hobereau, se souvenant sans doute qu'un roi a permis à tous les colons de porter l'épée ? Dans un pays où — surtout à cette époque-là — on vivait de si peu, où celui qui possédait dix hectares de terre et 3,000 francs de rente avait voiture et chevaux, tout comme son voisin puissamment riche ; où l'on est riche avec 100,000 francs, ce qui n'est pas l'aisance en France ; où, sous le régime du cens, on pourra inscrire sur la liste des électeurs des noms qui seront rayés l'année suivante et rétablis deux ans après, selon le résultat d'une récolte de café, de cannes ou de girofle !

L'Association, s'inspirant de doctrines alors en honneur en France, rêvait d'appeler aux affaires une *bourgeoisie* qui n'existait pas, qui n'a jamais existé dans cette île où chacun est *propriétaire*, comme en Angleterre on est *esquire*.

Et puis nous avons, dans notre pays, tant de descendants de croisés !

mé de tous les partis pour la franchise et la noblesse de son caractère et par son inaltérable probité dans les affaires. »

L'homme généreux et modeste qui avait accepté de présider la Société à son berceau, Louis-Antoine Loupy, maire de Saint-André, estima qu'il pouvait céder sa place à un autre et aller prendre au milieu de ses frères, le poste d'un combattant obscur, mais tout dévoué. Il le fit.

Nous reproduirons une partie du discours qu'il prononça en cette circonstance, et qui, en montrant de quelle passion profonde cet homme de bien était animé pour la chose publique, donne de précieux renseignements sur les débuts de l'Association (1).

« Lorsque les habitants de cette Colonie, privés de tout organe représentatif auprès du Gouvernement de la Métropole, vivant ici sous le joug des factions et gouvernés comme

---

(1) Dans son mémoire historique à M. Cuvillier, Robinet de La Serve s'exprime ainsi : « Si vous voulez, Général, vous rendre un compte fidèle de la situation morale et politique de la Colonie à l'époque des élections et de l'ouverture du Conseil général, lisez l'excellent discours que M. Loupy, maire de Saint-André, a prononcé en cette qualité au collège électoral de ce quartier. M. Loupy, l'un des notaires les plus éclairés, des meilleurs maires et des meilleurs citoyens du pays, est un des fondateurs de l'Association. Ce discours, aussi bien pensé que bien écrit, a été inséré, après beaucoup de difficultés et quelques mutilations, dans la gazette du..... »

Malgré nos recherches nous n'avons pas pu nous procurer ce document.

des troupeaux qu'on conduit çà et là et sous le bon plaisir des gouverneurs et de leurs adhérents, se sont vus dans l'obligation de se réunir pour constituer une force qui pût, au besoin, s'opposer à tous actes illégaux et contraires à leurs droits, je me suis empressé de me joindre à nos compatriotes et de m'unir à eux de cœur et d'âme.

« La Société se forma donc ; d'abord les membres en étaient peu nombreux, parce que dans le principe, elle ne devait se composer que des personnes les plus influentes...... Mais plus tard, la Société voulut se donner un membre de plus ; un motif, un prétexte en fit adopter un autre et enfin elle se donna sans restriction et les influents et les influencés...

« Lorsque je me suis cru utile à la Société, j'ai accepté sans hésiter la présidence qui m'était offerte. Mais aujourd'hui que toutes les personnes qui ont en moi quelque confiance ou qui me sont attachées par des liens de parenté ou d'amitié sont membres de la Société, je vous prie, Messieurs, de vouloir bien faire choix d'un nouveau président : vous protestant que mon dévouement est sans bornes à ce pays qui se trouve maintenant dans une situation si précaire ; que, comme titulaire, je m'associerai à tous vos travaux et que, quoi qu'il arrive, je ne m'isolerai jamais de ceux qui ont conçu la pensée généreuse de travailler au bien-être de notre pays.

« Qu'il me soit permis, Messieurs, en cessant d'être votre chef civil, de vous faire entendre mes vœux pour que la confiance s'établisse entre tous les membres de l'Association, pour que toute animosité particulière s'éteigne en présence des grands intérêts qui nous occupent, pour qu'enfin chacun puisse bien se convaincre qu'avec l'union on peut tout entreprendre et réussir, mais que sans cette union désirable on ne peut rien.

« En effet, faible portion de la grande nation, nous, colons qui nous trouvons réunis sur ce rocher où nous devons vivre et mourir, pourrait-il exister quelque dissidence entre nous ? Non, nos intérêts sont les mêmes, nous devons les défendre et les soutenir ; nous devons tenir aux serments sacrés que nous avons prêtés à la patrie créole, vouloir obtenir le bien du pays en toutes choses, de manière à pouvoir dire un jour, en plaçant les mains sur le cœur : J'ai été et je suis un bon et loyal Franc-Créole.

« Vivent les Francs-Créoles ! »

XI

Calomnies. — Les centaines de fonctionnaires hauts et petits. — L'Association et le projet d'atermoiement. — Divers jugements portés sur Robinet de La Serve. — M. Perrichon de Sainte-Marie. — Propagande par les écrits et la parole. — Appréciations du journal « Le Temps ». — Extrait du mémoire historique. — La Serve défendu par Adrien Bellier

---

Les débiteurs ne veulent pas payer leurs créanciers.

Telle sera désormais la grosse calomnie qui poursuivra l'Association ; tel sera le but qui sera prêté à ses membres les plus honorables par les « centaines de fonctionnaires hauts et petits qui — suivant la phrase de J.-B. Say rééditée par La Serve — pérorent, intriguent et forment une petite société qui crie au bouleversement de la grande, si l'on ne prend garde à leurs arrangements de famille. »

Quoi ! Ils étaient donc des communistes, ils prêchaient nous ne savons quel partage des biens, ces hommes qui s'appelaient Robinet de La Serve, Vinson, Brunet, Patu de Rosemont, Bellier, Fourchon, Adam, Loupy, Tourris, Féry, A. et F. Pajot, de Sigoyer, Champierre de Villeneuve, Hubert Delisle, Floris, Perrichon de Sainte-Marie, Diomat, Jouvancourt, Camoin, Biberon, Sauzier, Fondaumière, Lamaletie, Fitau, Rétout, Conil.

Mais l'Association s'inspirait de La Serve, et La Serve n'était-il pas l'homme du projet d'atermoiement, du Bois-Rouge ? Or, qu'était en résumé ce projet d'atermoiement, disait et faisait répéter « la petite faction » ? A quoi tendait-il ? A bouleverser les finances de la Colonie et à spolier les créanciers. Que l'Association triomphe, qu'un conseil général élu à son instigation soit installé ! Il sera un « acheminement vers des mesures financières « qui porteraient un coup mortel au crédit « public » (1).

L'importance qu'avait prise en si peu de temps l'Association coloniale montre bien que ces calomnies entassées contre un seul homme ne purent pas triompher du patriotisme de la Colonie et de la confiance sans limites qu'avaient en Robinet de La Serve le plus grand nombre de ses contemporains.

Un de ceux-ci, M. Perrichon de Sainte-Marie, a écrit ces lignes que nous reproduisons littéralement, parce qu'elles sont vraies et justes.

« Le temps qui met les hommes et les choses à leur place, confondra les calomnies qui ont pesé sur l'un de nos meilleurs citoyens. Il a fallu qu'il expiât l'impardonnable tort d'avoir raison trop tôt. Le jour viendra où ses compatriotes, qu'il a éclairés sur leurs droits et leurs intérêts, lui rendront une tardive, mais pleine justice ; les méfiances absurdes se dissiperont devant des faits incon-

(1) La Serve.

testables et la malveillance, qui accuse dans le vague, sera réduite au rôle honteux de calomnier sciemment.

« L'honnête homme aux prises avec le malheur est, dit-on, un spectacle agréable à la Divinité. Que doit-on dire de l'honnête homme qui, dans sa lutte avec l'infortune, consacra encore toutes ses pensées et tous ses efforts au bien et au salut de son pays? »

Elles étaient vraies, ces lignes, parce qu'elles rendaient hommage à ce dévouement absolu qui, au milieu des embarras financiers dans lesquels se trouva, comme beaucoup des colons les plus honorables, ce grand patriote, Robinet de Laserve, sacrifiait ses dernières ressources, tout son temps, toute son intelligence, les suprêmes forces d'un corps déjà miné par la maladie et usé par des luttes et des souffrances sans nombre, sacrifiait sa vie à l'apostolat auquel il s'était voué tout entier.

Elles sont vraies, parce qu'elles énoncent un fait qui, aujourd'hui, n'est plus contesté : La Serve fut, en même temps que le plus ardent défenseur du Pays, son initiateur à l'amour du progrès et de la liberté.

Mais qu'il nous soit permis de laisser parler la fille même de Robinet de La Serve, bien jeune encore, lorsque ces événements eurent lieu. Mademoiselle de La Serve a vu, elle a compris son père; et, avec une émotion profonde, elle fait de lui en quelques lignes le plus magnifique portrait qu'on puisse tracer d'un homme:

« Salazie, 4 mai 1883. — J'ai reçu avec une « vive émotion votre lettre datée du 1er de ce « mois. Elle m'apprend qu'il existe un créole « qui veut tirer enfin de l'oubli toute une no- « ble période de l'histoire de notre île, la plus « noble sans doute, la plus riche en souvenirs « patriotiques ! Certes, il appartient à un fils « et petit-fils des Brunet et des Loupy d'en- « treprendre une telle tâche et de retracer « des faits où ces noms seront si honorable- « ment mêlés à celui de l'homme qui fut « l'âme de l'Association coloniale. J'avais 12 à « 15 ans quand ces faits touchants et glorieux « se sont passés. Ils sont gravés en traits inef- « façables dans ma mémoire. Ah ! comment « aurai-je pu les oublier ! Il faudrait oublier « l'existence d'un père adoré. A cette époque, « où j'avais toute ma raison, mûrie de bonne « heure par ses enseignements, je l'ai vu con- « sacrer ses jours et ses nuits à la grande « œuvre qu'il entreprenait et qu'il soutint par « ses paroles et par ses écrits avec son in- « domptable courage et une rare activité. J'ai « vu tout ce qu'il a fait pour opérer le réveil « de son pays, à cette époque où les plus « lourds, les plus funestes préjugés avaient « le dessus dans notre société créole, soumise « alors au régime du bon plaisir et privée « de toute espèce de liberté. Ses écrits que « vous recherchiez, ne sont que le résumé « des entretiens que mon père ne cessait « d'avoir avec ses nombreux amis et avec ses « adversaires. Il cherchait à ramener ceux- « ci à sa cause. Quant à ses amis, il les ini- « tiait dans un style aussi clair que brûlant « à des doctrines qui furent un chemin ra-

« pide dans notre île. Que ne puis-je vous « procurer ses écrits ! Hélas ! je n'en ai plus « un seul entre les mains....... »

Tel est l'homme qui fut, dans notre pays, l'objet de calomnies sans nombre et des haines de tout un parti. Il était accoutumé à la persécution. « Le fondateur de l'Association — dit un journal de France (1) — est un patriote de cœur et désintéressé qui, à Paris, avait été persécuté et emprisonné sous le ministère de Villèle. »

Il était accoutumé à la calomnie et il eut ce singulier honneur d'avoir à la subir, même après le triomphe des idées qu'il défendait, même après l'apaisement du pays. Mais s'il dédaigna toujours d'y répondre, est-ce à dire qu'il n'en souffrit pas ? S'il méprisa les auteurs de bruits mensongers qui furent semés contre sa personne et contre son œuvre, est-ce à dire que sa vie n'en fut pas empoisonnée ? Ah ! ils connaissaient bien, les ennemis de La Serve, cette nature impressionnable et vibrante, prompte à la souffrance comme à l'enthousiasme ; ils la connaissaient et étaient deux fois criminels.

« Calomnier, diviser les esprits, fomenter les méfiances — c'est La Serve lui-même qui s'exprime ainsi dans son mémoire historique — telle est la vieille tactique que Machiavel conseille à tous les gouvernements qui ont des intérêts différents de ceux des masses.

(1) Le *Temps*.

« Ce fut par l'effet de cette tactique qu'on fit croire à M. Duvaldailly que l'Association en voulait à son pouvoir et même à la sûreté de sa personne ; aux fonctionnaires salariés que l'on convoitait leurs places ; aux capitalistes que l'on visait leurs coffres-forts ; aux créanciers qu'il s'agissait d'abolir les dettes ; aux hommes de couleur que l'Association les trompait et tendait en définitive à les priver de leurs droits politiques ; aux esprits soupçonneux ou crédules qui faisaient partie de l'Association, qu'il y avait une arrière-pensée des arrière-loges dont on leur cachait le secret. »

Mais autour de La Serve se formait une phalange de jeunes hommes, initiés par lui à la vie publique et qui se sont chargés de le venger. Nous ne pouvons relire sans émotion les articles qu'inspirèrent à l'un d'eux, Adrien Bellier, le plus jeune et le plus ardent des collaborateurs de La Serve, ces calomnies rééditées sans cesse contre le grand citoyen et contre l'Association.

Nous voudrions les citer toutes, ces pages où vibre l'éloqueuce de l'indignation, où le patriotisme, renforcé par l'amitié et le dévouement, inspire à un jeune homme — à qui l'avenir réserve une belle destinée — mais qui à ce moment s'ignore soi-même, les plus nobles et les plus magnifiques accents.

Bornons-nous, puisque le cadre de ce récit nous y oblige, à ne retracer que quelques-unes des lignes écrites par Adrien Bellier pour défendre La Serve, qui dédaignait de le faire lui-même.

« Lui, qui s'est montré sur la brèche athlète infatigable, tant qu'il s'est agi de combattre pour le compte du pays, il lui sied de déposer sa plume éloquente et logique, dès qu'il est question de sa personne. Il la livre à ses ennemis couverte de l'armure de sa vie politique et privée. Cette vie toute consacrée à la sainte cause de la liberté en Europe; toute dévouée aux intérêts matériels et moraux de la Colonie; cet vie tout extérieure, toute de dévouement et tout empreinte d'une généreuse abnégation, saura se défendre seule contre les attaques acharnées de la haine et de l'envie. Mais nous, auxquels l'honneur et le devoir ne permettent pas de laisser le champ libre à la calomnie, contre un de nos amis personnels et politiques, nous ne séparerons pas notre cause de la sienne. Si, grâce à notre médiocrité, nous n'avons pas obtenu comme lui l'avantage d'une accusation directe, nous n'en accepterons pas moins la responsabilité de ses œuvres, et puisque nous n'avons pas pour nous taire le motif d'une légitime pudeur, nous tâcherons de suppléer au silence qu'il s'obstine à garder. Il ne sera pas dit qu'à la honte du pays une accusation calomnieuse, portée contre le premier apôtre de la liberté constitutionnelle parmi nous, l'aura laissé sans défenseur.

« Pour le bonheur des sociétés dont ils sont membres, le ciel a placé çà et là sur la terre des hommes généreux dont la vie est un sacrifice permanent à l'intérêt général..... Dans le pays où règne le despotisme, cette espèce d'hommes créée pour la gloire de l'humanité, est vouée à la dérision et au mépris. Les peuples ignorants et grossiers y sont le jouet des fraudes de leurs chefs; ils méconnaissent leurs bienfaiteurs et adorent leurs tyrans.....

« Ce n'est que chez les peuples où la civilisation a pénétré dans tous les rangs et où l'amour des libertés publiques s'est implanté dans tous les cœurs, que les nobles dévouements sont justement appréciés. Là Washington et Lafayette voient leur gloire élevée jusqu'aux cieux; ce n'est pas du respect qu'on leur porte; c'est un culte qu'on leur rend.......... »

De tels éloges, faits dans un tel langage, étaient bien de nature à consoler Robinet de La Serve des attaques injustes dont il fut l'objet.

Nous allons voir le Gouverneur lui-même s'associer officiellement à ces calomnies.

XII

Progrès de l'Association. — Sa presse. — Ses publications — Son journal. — Remise des drapeaux à la milice. — Encore une proclamation du Gouverneur. — M. Duvaldailly menacé. — M. Barbaroux est nommé procureur général. — Son installation. — Mesures législatives. — Convocation du Conseil général — Il ne se réunit pas. — Embarras du Gouvernement.

L'Association coloniale n'avait pas tardé à posséder, ainsi que nous l'avons dit, des ramifications dans toute l'Ile. Chaque commune s'organisa, et eut des comités particuliers, lesquels étaient en relations constantes avec le Comité directeur.

Elle eut sa presse, l'imprimerie des Salazes, qui, en 1833, devait donner son nom au journal le *Salazien*, presse clandestine, il est vrai, puisque la censure existait, mais qui rendit d'immenses services en éditant la plupart des écrits politiques de La Serve et de ses amis ; elle eut même son journal, le *Furet*, feuille lithographiée, qui paraissait à des intervalles très-irréguliers et qui vécut autant que l'Association.

Le plus souvent, c'est dans les caves de la belle maison Bruno de Sigoyer, au *Quartier-Français*, que fonctionna la presse des Salazes.

Mais parfois on la transportait de nuit, pour éviter les recherches de la police, et elle fonctionnait en plein champ. Les caractères d'imprimerie manquaient; Perrichon de Sainte-Marie *en fit*.

Par tous les moyens de publicité qu'elle possédait, l'Association protestait contre les tendances que lui attribuaient ses ennemis, c'est-à-dire les ennemis de la Colonie; elle appelait l'attention du pays sur le but poursuivi par les Francs-Créoles: la convocation d'une assemblée coloniale et l'exécution des lois de 1790 et 1791, non abrogées.

Et tous les jours les doctrines de l'Association faisaient du chemin, si bien que l'on pouvait compter ceux qui, parmi les hommes considérables du pays, n'y avaient pas adhéré ou ne les approuvaient pas. Ils étaient rares ceux-ci, et on était sûr de les rencontrer surtout à Saint-Denis, parmi les familiers de l'hôtel du Gouvernement.

Sur ces entrefaites eut lieu la remise des drapeaux à la milice. Bonne occasion de faire encore une proclamation, et M. Duvaldailly n'eut garde d'y manquer.

Mais nous sommes loin du langage paternel employé le 11 avril 1831, et cependant deux mois et demi seulement se sont écoulés depuis ce moment.

Ce ne sont plus des conseils, ce sont des menaces qui vont sortir de la bouche du Chef de la Colonie.

Les hommes de l'Association ne sont plus

« quelques personnes dominées par un désir « trop vif d'innovation » ce sont « des ennemis de l'ordre et de la tranquillité » cachant mal « leurs intentions perfides. »

En effet, le Gouverneur s'exprime ainsi :

« *Habitants de Bourbon, braves Miliciens !*

« Je ne pouvais saisir une meilleure occasion que la fête de notre roi-citoyen, (il en avait plusieurs, paraît-il, puisque sa fête avait été déjà célébrée le 1er mai,) pour vous remettre en son nom cet immortel drapeau, qui est l'emblème de nos libertés politiques et de la plus belle gloire militaire qu'offrent les fastes de l'histoire. C'est sous cette bannière que nos armées ont vaincu l'Europe, que l'héroïque garde nationale de Paris, par son courage calme, par son amour pour l'ordre et pour le règne des lois, a acquis des droits à l'admiration et à la reconnaissance de la France.......

« Que les ennemis du Gouvernement de S. M. Louis-Philippe 1er ; que ceux qui, sous le masque d'un patriotisme qui n'est pas dans leurs cœurs et que démentent leurs actes, voudraient troubler l'ordre et la tranquillité, apprennent qu'il existe à Bourbon, comme en France, une force citoyenne qui saura les réprimer et les livrer à la juste vengeance des lois ; qu'ils sachent que l'autorité les observe et qu'ils ne pourraient parvenir à cacher leurs intentions perfides à sa vigilance, qu'elle saura les atteindre lorsque l'intérêt public le commandera....... »

Les membres de l'Association ne s'alarmèrent pas outre mesure de ces menaces farouches.

Quelques jours après, ils saluaient avec joie l'arrivée dans la Colonie, comme Procureur général, de M. Barbaroux, le fils de l'illustre girondin.

Le nouveau procureur général avait la médaille de Juillet, c'était un combattant des trois journées ; il portait un de ces noms qui sont un programme ; enfin c'était le premier administrateur de la Colonie qui dût sa nomination au gouvernement de juillet.

Il fut installé le 23 juillet 1831.

Comme don de joyeux avénement, le Procureur général apportait et faisait promulguer dans la Colonie :

1° Une loi du 4 mars 1831 concernant la répression de la traite des noirs, loi sévère, mais juste, qui établissait un jury spécial pour juger le crime de traite. Et, comme on n'avait, par suite des plaintes entassées par M. le procureur général Girard, qu'une confiance médiocre dans les colons, il fut décidé que les noms des quatre assesseurs, destinés à faire partie de la Cour d'assises, seraient tirés au sort par le Gouverneur, en séance publique, parmi ceux des douze fonctionnaires de l'ordre administratif les plus élevés en grade.

Par arrêté du 4 août 1831, le collège des assesseurs fut ainsi composé :

1° L'ingénieur en chef,

2° Le médecin en chef,

3° Le trésorier de la Colonie,

4° Le directeur de l'Enregistrement et des Domaines,

5° Le directeur des Douanes.

6° L'inspecteur des Douanes,

7°, 8° Les deux sous-commissaires de Marine,

9° Le receveur principal des Domaines,

10° Le receveur principal des Douanes,

11° Le pharmacien en chef,

12° Le vérificateur ambulant.

2° Une ordonnance du roi, en date du 1er mars 1831, exemptant de toute taxe d'administration les patentes d'affranchissement ;

3° Une ordonnance du roi, du 24 février 1831, portant abolition de toutes les dispositions restrictives des droits civils des hommes de couleur.

Ces diverses lois et ordonnances furent accueillies favorablement par la grande majorité des colons, et les membres de l'Association furent les premiers à rendre hommage à leur libéralisme.

Le 24 août fut rendu un arrêté ordonnant l'enregistrement « des titres et pouvoirs du sieur de Solages, préfet apostolique (1). » Disons en passant que le nouveau Préfet apostolique ne sut pas se faire aimer du clergé. Dans un rapport au Conseil général, Vinson s'exprime ainsi : « Emané du ministère Polignac, le nouveau Préfet s'est glissé ici sous le couvert d'une expédition du nouveau Gouvernement, délivrée à son début et dans le trouble des premiers moments de son existence. Imbu des doctrines ultramontaines, plein de fiel et d'arrogance, cet homme a porté le trouble dans le clergé de la Colonie. Il s'est attaché surtout à persécuter la vieillesse. Les cheveux blancs et l'amour de leurs paroissiens ont été, pour les curés placés sous sa direction, des titres à la proscription. Implacable dans ses haines toujours injustes, c'est ce que nous avions de mieux parmi nos ecclésiastiques qu'il a poursuivi et tyrannisé.........

---

(1) Il serait intéressant de savoir si ce prélat était un fils de M. de Solages, qui avait dû la liberté et sans doute la vie à la prise de la Bastille. « Pendant sept ans de prison, — dit la *Gazette Nationale* du 24 juillet 1789 — il n'avait pas reçu une seule lettre de sa famille ni de ses amis, quoiqu'il leur écrivît fréquemment. Il ignorait que son père était mort ; que M. Lenoir n'était plus lieutenant de police ; qu'il y avait eu une assemblée de notables et que les Etats généraux se tenait à Versailles. Ayant demandé à son porte-clés la cause des coups de fusil qu'il entendait de sa chambre, on lui dit que le peuple était révolté à cause de la cherté du pain. Le district de l'Oratoire, où il fut conduit, l'a pris sous sa sauvegarde et en a répondu. »

« Le respectable curé de Saint-Denis, celui de Saint-Paul, M. Simon desservant de Saint-Pierre, ont été tour à tour l'objet des tracasseries les plus désagréables de la part de ce Préfet.....

« Il n'est pas un quartier de l'Ile où l'on ne fasse des vœux pour son renvoi. La majorité de votre Commission pense que vous n'hésiterez pas à sanctionner un vœu si formel et si unanime.... »

Le 25 août, le Conseil général, convoqué par arrêté en date du 21, ne se réunit pas.

Le Gouverneur ne pouvait se le dissimuler: le pays n'était pas avec lui. Les conseillers généraux eux-mêmes, sentant le vice de leur origine, comprenant qu'ils avaient vécu et que la Colonie tout entière se lèverait pour les condamner, s'ils osaient encore, eux les élus du roi Charles X, se présenter comme les députés du pays, les conseillers généraux — ce dernier rempart de l'Administration — ou se désintéressaient ou refusaient d'aller occuper leurs fauteuils à l'hôtel du Gouvernement.

M. Duvaldailly ne fut pas assez sage pour comprendre la portée de cet avertissement donné par ses amis les plus dévoués; une nouvelle convocation qu'il fit demeura sans effet.

Néanmoins, et bien que l'on approchât de l'échéance du 31 décembre où il faudrait renouveler le Conseil, dont les pouvoirs allaient expirer, il voulut persister dans la ligne de conduite qu'il avait suivie jusque là, et faillit ainsi faire naître, dans ce malheureux pays, déjà si cruellement éprouvé, les perturbations les plus graves.

XIII

On se rallie franchement. — Anniversaire des « glorieuses ». — Proclamation. — Destruction des fleurs de lys. — Proclamation sur les associations secrètes. — Les « lois destructives de la propriété. » — Les hommes égarés par des « malheurs récents. » — Indignation des membres de l'Association. — Leur patriotisme. — Transfert de la Cour d'appel à Saint-Denis. — Ordonnance concernant l'exercice de la profession d'avocat.

Le 1er septembre 1831, les administrateurs de l'île Bourbon voulurent donner un gage certain de leur attachement au roi citoyen.

Un arrêté, signé Duvaldailly, contre-signé Ach. Bédier, décida que l'hôpital du Gouvernement, établi à Saint-Denis, — l'hôpital Saint-Louis — prendrait désormais le nom d'hôpital Saint-Philippe.

Ah ! l'on ne marchandait plus les marques de dévouement au nouveau régime.

Si l'on avait été un peu froid, un peu réservé au début, si l'on avait parlé avec une certaine mélancolie des « journées sanglantes de Paris » des « craintes pour l'avenir », l'époque de ces réserves était passée depuis longtemps et désormais l'on était « rallié franchement », suivant l'heureuse expression de M. le baron Taupier, si souvent rééditée par M. le Gouverneur.

La formalité de la prestation du serment avait été entourée d'une pompe inaccoutumée. Nous disons inaccoutumée, parce que ces mêmes hommes, qui avaient juré fidélité à tant de régimes différents, n'étaient pas sans avoir assisté à plusieurs cérémonies de la même nature et pouvaient comparer.

Un ordre du jour bien senti (nous savons que M. Duvaldailly affectionnait particulièrement les proclamations) avait appelé les populations et les milices à fêter dignement l'anniversaire « des trois glorieuses. »

Enfin, M. le Préfet apostolique avait été invité à faire célébrer, le 29 juillet, dans toutes les paroisses de l'île, un service funèbre « à la mémoire des Français qui ont courageusement combattu pour le maintien de nos institutions et qui ont été victimes de leur dévouement à la cause nationale. » Cette mémoire, dit la lettre du Gouverneur au Préfet apostolique, « est digne du respect et des prières de tous ceux qui se sont franchement ralliés — nous étions bien certain de rencontrer ces deux mots sous la plume de M. Duvaldailly — qui se sont franchement ralliés autour du trône constitutionnel de S. M. Louis-Philippe 1er. » (1)

---

(1) Il paraît, cependant, que M. de Solage, lui, ne s'était pas « rallié franchement », car on lit ceci dans le rapport de Vinson, cité plus haut : « M. l'abbé Simon, dont le mérite est connu et que ses opinions politiques ont dû rendre odieux à M. de Solage, qui n'a pas comme lui prêché l'amour du gouvernement de Louis-Philippe et payé aux victimes de notre glorieuse Révolution de Juillet le tribut public de douleur, que la religion réclamait pour elles. »

Un arrêté du 22 septembre prescrivit la destruction des fleurs de lys existant sur les établissements publics, dans les sceaux, timbres, etc.

Après avoir accompli tant et de si glorieux travaux, le Gouverneur ne résista pas au désir de lancer une nouvelle proclamation. Il choisit, pour se donner cette satisfaction, le jour anniversaire de celui où le peuple l'avait forcé à arborer le drapeau tricolore, le 30 octobre; et il prit pour texte de sa proclamation : « LES ASSOCIATIONS SECRÈTES. »

« Habitants de Bourbon,

« Des alarmes se sont répandus au sein de votre paisible population. Le bruit circule que des associations secrètes se sont organisées; qu'elles ont pour but de provoquer des pétitions collectives défendues par la loi, de demander la création immédiate d'institutions, conçues il y a 40 ans. Ce serait donc pour arriver à l'exercice légal de vos droits qu'on proposerait de méconnaître la volonté du roi des Français, consignée dans l'article 64 de la Charte. Ce serait pour témoigner votre reconnaissance à la France régénérée, qui a proclamé pour vous le règne des lois, que l'on voudrait essayer de vous pousser à oublier ces paroles mémorables du Prince : obéissance est due aux lois existantes, jusqu'à la publication des lois nouvelles.

« Impatients de conquérir une représentation coloniale, des hommes, que leurs loyales intentions ne garantissent pas de trop d'ardeur (1), prétendent qu'à la Colonie seule appartient le droit de se régir et de se constituer. Au sein d'une paix profonde, quand la main paternelle de l'Administration locale n'est occupée qu'à cicatriser les plaies de la Colonie, d'autres, sous le manteau des premiers, veulent vous entraîner à troubler le repos public et cherchent à dissoudre le Gouvernement.

« Mais le Gouvernement s'appuie d'un côté sur cette Métropole qui vient de vous rendre à la vie politique (2) et de l'autre sur tous les amis de l'ordre et sur cette brave milice, qui saurait le maintenir au besoin. Il ne redoute pas plus des menaces impuissantes qu'il ne reculera devant la consécration de vos droits coloniaux. Comme vous, il sent le besoin d'institutions libérales, en harmonie avec celles qui régissent la France et les nécessités coloniales. Dans une proclamation récente, il faisait un appel à tous les bons citoyens pour qu'ils lui transmissent leurs vœux sur le bien du pays. Il a religieusement adressé au Ministère ceux qui lui sont parvenus.

« Depuis les événements de Juillet, une commission de législation coloniale existe à Paris. Ces pièces ont dû lui être soumises. Le délégué de la Colonie est auprès d'elle ; il a le long usage de vos mœurs, la parfaite connaissance de vos besoins, qui suppléeront aux instructions qui lui ont été données.

---

(1) On s'est singulièrement amendé

(2) Art. 64 de la Charte.

Peut-être en ce moment les travaux de la Commission, sanctionnés par les Chambres, ont-ils reçu la signature royale. Et lorsque nous les attendons avec autant d'impatience que vous, est-ce le moment de se jeter au hasard des discordes d'une législature nouvelle et d'oublier ce que nous devons à la sollicitude de la France ?

« On a parlé de préparer des moyens de résistance à des lois destructives de la propriété. Si de telles lois étaient proposées, la raison publique en ferait justice. Si, dans un moment d'erreur qui n'est pas possible, elles étaient rendues par la France, nous nous retirerions...... Mais en supposer l'existence, c'est calomnier le Gouvernement du Roi. Habitants de Bourbon, repoussez ces perfides insinuations.

« On a essayé d'ébranler la confiance que vous avez dans l'Administration. Elle ne craint pas de livrer ses actes à vos investigations. Les événements de Juillet lui ont rendu plus de dignité, en nous rendant les couleurs nationales, sous lesquelles je suis fier moi-même d'avoir combattu vingt ans. Qui de nous éprouverait un regret, pourrait avoir une arrière-pensée en présence des généreux principes proclamés par le Gouvernement régénérateur de la France ?

« Depuis le jour mémorable dont nous voyons l'anniversaire, tous nos actes ont été conformes à ces principes. Nous avons devancé vos vœux quand nos pouvoirs nous l'ont permis, mais là où nos pouvoirs s'arrêtent, vos serments vous disent d'attendre. Là où commencerait l'oubli de vos devoirs, vos vœux doivent s'arrêter.... ....

« Habitants de Bourbon, qui avez cru exercer un droit légitime en vous associant à des actes illégaux, renoncez à un pareil mode de réclamation. Le Gouvernement local est toujours prêt à accueillir vos demandes, à vous donner pleine et entière satisfaction. Les institutions que vous attendez ne tarderont pas à être connues. Payez la sollicitude de la France par une confiance digne d'elle. Abandonnez les hommes prévenus ou abusés dont les malheurs récents de la Colonie pourraient seuls rendre les erreurs excusables. Ralliez-vous au Gouvernement. Sa devise sera toujours comme la vôtre : Libertés coloniales ! Ordre public !

« Le 30 octobre 1831.

« *Le Gouverneur*,

« Signé : Duvaldailly. »

Le Gouverneur ne menaçait plus. C'était bien. Mais il avait glissé dans sa proclamation deux phrases qui irritèrent vivement l'Association.

Pourquoi M. Duvaldailly prêtait-il aux membres de l'Association un but qu'ils n'avaient jamais eu : celui de protester contre ce qu'il appelait des « lois destructives de la propriété. » Non : cette question de l'esclavage n'avait jamais été à l'ordre du jour des délibérations des Francs-Créoles. N'était-ce pas que le Gouverneur voulait semer la division entre les membres de l'Association ?

Et pourquoi encore indiquer, comme les chefs de l'Association, des hommes « dont les malheurs récents de la Colonie pourraient seuls rendre les erreurs excusables?» N'était-ce pas dire encore que les Francs-Créoles étaient les mêmes hommes que les auteurs du projet d'atermoiement du Bois-Rouge ? N'était-ce pas, sous des dehors bienveillants et presque paternels, se faire l'écho de vieilles calomnies ? N'était-ce pas insinuer jésuitiquement que ceux-ci ne cherchaient, dans le mouvement pacifique qu'ils dirigeaient, que l'occasion et les moyens de reconstituer leurs fortunes perdues ?

Assurément ces deux phrases-là n'étaient pas l'œuvre de M. Duvaldailly, dont le mérite comme administrateur pouvait être très-contestable, mais qui était un honnête homme.

Et qu'on ne s'étonne pas de l'indignation des chefs de l'Association. Le Ministre de la marine lui-même rééditera ces calomnies puériles et dira, en plein Parlement, debout à la tribune nationale, en face de la France : que « les troubles de Bourbon sont fomentés par des débiteurs qui ne veulent pas payer leus créanciers ! »

Et c'est encore cette calomnie que le premier Conseil général élu de la Colonie aura, en 1832, la mission de combattre.

Et c'est encore en face de cette éternelle calomnie que se trouvera, en 1833, la phalange des hommes du *Salazien* !

Plus ardents que jamais se montrèrent les colons associés pour préparer les manifestations dès longtemps préméditées. Tous les comités des quartiers reçurent des instructions pour hâter la rédaction des pétitions, des cahiers de chaque commune.

La date de la réunion définitive à Saint-Denis de tous les délégués des quartiers, porteurs des pétitions, allait être incessamment fixée. Quelques-uns proposaient le 31 décembre. Mais le plus grand nombre préférait attendre.

En effet, les pouvoirs du Conseil général allaient expirer à cette date : que ferait le Gouverneur? Les listes des éligibles n'avaient pas été préparées par les municipalités. Au reste, pourquoi des éligibles, puisque personne ne se souciait plus d'occuper la fonction, puisque les membres en exercice n'avaient pu être réunis ?

Le Gouvernement se trouvait acculé à une impasse, car, aux termes de l'ordonnance, les budgets de la Colonie et des communes devaient être soumis — pour la forme, il est vrai — au Conseil général.

A quelle illégalité nouvelle aurait-on recours pour sauver la situation ?

Un moyen restait, le seul, c'était de donner satisfaction au peuple.

Les chefs du mouvement attendirent, ne

voulant pas, en présentant les pétitions avant la fin de l'année, mettre le Gouvernement dans cette situation — que les Gouvernements n'aiment pas — d'avoir l'air de céder à la pression de l'opinion publique.

Et en cela, ils firent encore acte de patriotisme.

La fin de l'année 1831 fut signalée par le transfert à Saint-Denis du siége de la Cour royale, qui avait été fixé à Saint-Paul par ordonnance du 30 septembre 1827, et l'établissement d'un tribunal de première instance à Saint-Paul (arrêté du 12 décembre 1831, promulguant l'ordonnance royale du 10 juillet 1831).

Trois mois auparavant, le 4 septembre, avait eu lieu la promulgation des diverses ordonnances relatives à l'exercice de la profession d'avocat dans les colonies et à la formation des conseils de discipline de l'ordre. Depuis longtemps cette organisation était réclamée avec instance par les membres du barreau. On leur appliqua, purement et simplement, la législation métropolitaine et ils s'en réjouirent.

En même temps que prenait fin l'année 1831, expiraient les pouvoirs du Conseil général. La Colonie ne possédait même plus le semblant de représentation qu'elle tenait de l'ordonnance de 1825.

XIV

Année 1832. — Le Conseil général n'existe plus. — Manifestation de l'opinion publique. — Manifestation individuelle. — Les pétitions. — Charles Laserve. — « La conscience publique a sondé la loi de l'Etat. » — Dejean de la Bâtie. — « Toutes les lois contraires à la Charte sont virtuellement abrogées par elle. » — Coïncidence singulière. — Les Volontaires de l'Association.

L'année 1832 vient de commencer. Le Conseil général n'existe plus. Aucune mesure n'a été prise pour le renouveler et ainsi s'est évanoui le dernier espoir des colons.

Maintenant il faut agir.

Quelle admirable manifestation que ce mouvement pacifique des années 1831-1832 !

Chacun est militant. Pendant que de toutes parts les pétitions se signent, chaque homme qui sent en soi le courage, la bonne volonté, et qui possède quelque savoir, se fait combattant volontaire, et, soit par un discours au Comité, soit par quelque article qui circule manuscrit, soit par une pétition individuelle, veut seconder l'œuvre commune. Il semble que l'on se sentirait coupable en n'agissant pas et en n'apportant pas sa pierre au monument.

Au milieu de tant d'écrits qui nous ont passé sous les yeux, tous respirant l'amour du progrès, qu'il nous soit permis d'en publier deux. Encore une fois le travail que nous faisons n'est qu'une œuvre de compilation, entreprise de bonne foi, sans aucune prétention littéraire ni autre, n'ayant d'autre but que celui de reconstituer aux yeux de nos contemporains, et dans l'intérêt de l'histoire de notre pays, la physionomie, aujourd'hui complètement effacée, de l'une des plus belles périodes de cette histoire. Si nous sortons un moment du domaine des faits pour citer ces deux documents, dont la publication à cette place, pourrait n'offrir qu'un intérêt secondaire au lecteur désireux de voir comment a fini l'Association et ce qu'elle a produit, c'est qu'il nous a paru bon d'arrêter un moment l'attention sur l'œuvre individuelle et personnelle qui se poursuivait à côté de celle de l'Association; c'est que nous avons voulu établir que tous les esprits tendaient alors au même résultat, la réforme et n'avaient qu'un seul programme, le progrès.

Singulière coïncidence :

Ces deux écrits sont des pétitions adressées au Gouverneur en Conseil privé.

Ces pétitions viennent toutes deux de Saint-Benoit.

Toutes deux portent la date du 30 octobre.

Toutes deux réclament, en vertu de la Charte, l'abolition de la censure et la liberté de la presse.

Les voici : l'une émane de M. Charles La Serve et l'autre de M. Dejean de La Bâtie.

Pétition à M. le Gouverneur en Conseil privé, tendant à l'exécution de l'article 7 de la Charte.

La conscience publique a sondé la loi de l'Etat.

Monsieur le Gouverneur,

Si je réclame de votre justice l'exécution de l'art. 7 de la Charte, c'est que la Charte est une vérité, et que toute vérité qui demeure sans application devient, dans ses conséquences morales, plus funestes que l'erreur même. Celle-ci peut se rectifier, au lieu qu'une vérité qui ne porte pas son fruit, laisse craindre ou l'inquiétude des gouvernements qui l'écartent, ou l'insouciance des populations qui semblent se reconnaître au-dessous du bien qui leur a été présenté.

Il n'y a plus à délibérer sur les avantages et sur les dangers de l'abolition de la censure. Ce nœud gordien a été tranché le 29 juillet 1830, et la liberté de la presse est devenue une propriété nationale, après avoir triomphé de ceux qui l'ont méconnue ; elle ne pourrait plus être envahie même par ceux qui l'ont conquise. La conscience publique a sondé la loi de l'Etat. Alliance de la Vérité morale et de la Vérité politique, voilà la Charte !

Elle dit, art. 7 : « La censure ne pourra jamais être rétablie. Le texte est formel, la loi immuable et la règle sans exception. De ce moment, le droit de donner à sa pensée une forme et une couleur publiques accompagne le citoyen français jusqu'au tombeau, comme le bon génie des anciens. La loi peut disposer de sa liberté et de sa vie ; mais elle est sans force contre sa pensée, qui demeure inviolable, comme le seul bien dont ne puissent disposer ni l'injustice ni la justice des hommes. Voilà la loi primordiale.

Je pourrais dire sans doute que la Vérité est le patrimoine commun de tous les lieux, comme de tous les temps ; qu'elle est un bloc indivisible,et non point une marqueterie qu'on puisse distribuer par fragments ; que ce qui est bon pour l'homme de la Métropole, ne peut devenir mauvais pour l'homme de la Colonie, qui est le même ; que les Créoles ne sont pas moins mûrs que leurs frères d'Europe ; qu'ils aiment d'autant plus la liberté qu'ils connaissent mieux la différence d'un homme libre à celui qui ne l'est pas ; que l'égalité leur est d'autant plus chère qu'ils ne la séparent pas de la liberté ; que le privilège d'autant plus les heurte et les blesse, que leur société se fonde sur une confraternité naturelle, qui amène sans effort une confraternité sociale.

Mais une spécialité, d'un ordre supérieur, l'emporte sur ces généralités. Car, si j'ajoute qu'il existe à Bourbon une classe qui s'attache à la culture des idées libérales, par la double vocation d'un ciel brûlant et d'une raison éclairée ; si cette classe, par une exception unique et qui caractérise fortement notre population, unit une supériorité numérique à une supériorité de patriotisme et de lumières, de sorte qu'en elle repose presque tout entière la force morale et matérielle de la Colonie ; et, si, en même temps, la loi coloniale a fondé l'ostracisme politique de cette majorité ; alors il faut bien reconnaître qu'il n'y a plus que la liberté de la presse qui puisse assurer à la vérité un organe indépendant, et rejeter dans la circulation un capital de lumières qui dort sans intérêts pour la chose publique.

Il faut remarquer que la Métropole, riche de ses libertés municipales et électorales, pourrait considérer celle de la presse moins comme une liberté de plus que comme le gardien de toutes les autres ; au lieu que pour la Colonie, où la loi a fondé le privilége, elle n'est plus qu'un rempart à un dernier envahissement : en sorte que, *là-bas*, surabondance de la liberté ; pour nous, elle en devient l'urgence.

La Charte dit, il est vrai, art. 64 : « Les colonies seront régies par des lois particulières. »

Mais elle n'a pas entendu sans doute, qu'il y aurait une exacte synonymie entre le mot loi et le mot ordonnance ; que ce nouvel empire des lois ne serait qu'une allonge du régime des ordonnances ; et que la persévérance dans ce régime serait la voie la plus courte, la plus sûre et la plus constitutionnelle pour rentrer dans la loi. Sans doute la Charte n'a pas compris qu'il dût être voté une loi exceptionnelle pour fruster les colonies des avantages de la loi générale ; ou que le nom de lois appliqué aux ordonnances suffirait pour les sanctifier ; ou qu'une transposition de mots transformerait en loi libérale une ordonnance dégradée ; ou enfin que la censure abolie ne serait autre que la censure perpétuée !

Sans doute la Charte n'a rien pensé de ces choses. Car, si elle les avait sous-entendues, il résulterait de sa réticence qu'elle serait en même temps une vérité pour les uns et une déception pour les autres ; ou plutôt qu'elle deviendrait une déception pour tout le monde, en cessant d'être une vérité pour tous.

Mais, à supposer que la Charte renferme une réticence, le devoir de l'Autorité n'en peut être dénaturé ; il demeure toujours de faire exécuter la loi, et non pas d'en diriger ou d'en retarder le sens, sur le pressentiment d'une interpellation. C'est la doctrine de la Charte qui dit, art. 13 :

« Le Roi fait les ordonnances nécessaires « pour l'exécution des lois, sans pouvoir ja« mais suspendre les lois elles-mêmes ni dis« penser de leur exécution. »

Mais la Charte n'a point manifesté d'arrière-pensée et aucune loi n'est venue s'interposer entre elle et la Colonie. Elle a proclamé l'abolition de la censure, comme un bienfait, qu'elle n'a mesuré ni par la durée ni par l'espace. Nul n'a le droit d'y annexer une exception qu'elle ne renferme pas, puisqu'elle ne l'exprime pas. Toute ordonnance prohibitive de la liberté de la presse a dû se taire comme conséquence. Loin donc qu'il fallût une loi spéciale pour l'approprier aux colonies, je dis qu'il faudrait une loi spéciale pour les en dépouiller, en leur contestant d'abord leur patrie, leur origine, leur langage, leur dévouement, c'est-à-dire en tranchant tous les liens d'affection et de consanguinité qui les unissent à la Métropole ; en disant aux Créoles : Vous n'êtes pas Français ! Ici, c'est aux faits de répondre.

Les Colons qui ont combattu sur le pavé et avec les pavés de la Capitale étaient apparemment des Français ; l'holocauste de leur sang n'a point été rejeté comme un holocauste étranger ; et probablement ils n'ont pas entendu combattre contre les franchises de leur pays. C'était alors qu'il eût fallu établir la distinction de leur cause ! et les renvoyer d'un champ de bataille où ils n'auraient rien eu à défendre ! Mais tel n'a point été le langage, et, depuis la monarchie nouvelle, les ordonnances royales, les instructions ministérielles se plaisent toutes à réunir et à confondre les titres de Français et de Colons ; elles ne les séparent point ou les emploient indifféremment, comme n'exprimant qu'une seule et même chose. Or, si les Colons sont Français, si ce nom leur est acquis par le droit de la naissance et de la conquête, ils doivent être admis à la loi qui régit tous ceux qui portent ce nom comme eux, et non autrement qu'eux, à moins de fermer les yeux à l'évidence et l'oreille à la démonstration.

Autre argument. En admettant les doctrines du gouvernement colonial, les ordonnances ne doivent continuer leur action qu'en l'absence de la loi, et pour combler une lacune ou pour y suppléer en l'attendant. Or, il est évident qu'il n'y a point ici absence de loi, mai au contraire une loi primordiale, une loi principe d'où les autres découlent, mais qu'elles ne peuvent détruire. Voyez l'art. 13 de la Charte. Il est tout aussi évident qu'une loi d'exception qui n'existe point, ne peut annuler une loi générale qui existe ; mais dût-elle intervenir, je dis que l'action de celle-ci n'en peut être retardée, puisque si l'ordonnance déchue doit cependant suppléer la loi absente, à plus juste titre la loi générale qui ordonne devra suppléer l'exception qui se tait.

Entrez dans la Charte, vous n'y pouvez faire un pas sans y fouler la condamnation des doctrines censoriales. Après avoir prononcé l'abolition de la censure, elle termine par cette disposition, qui demeure comme un phare éternel placé en avant des écueils :

« Les lois et ordonnances antérieures, en « ce qu'elles ont de contraire à la réforme de « la Charte, sont et demeurent nulles et de « nul effet. »

Or, comment supposer que l'annihilation de précédents contraires renferme l'idée d'exceptions présentes ou futures ? Comment une chose réduite à néant peut-elle encore avoir un effet ? Comment rien peut-il produire quelque chose ? Ainsi la Charte consolide après avoir édifié; elle a bâti pour l'éternité, et les auxiliaires de la censure sont renversés de leurs propres armes, sur le champ de bataille qu'ils avaient eux-mêmes choisi.

Il reste à examiner l'art. 64, qui n'a point été compris et que l'on a dénaturé au lieu de l'approfoedir.

Remarquons d'abord qu'il est inscrit au titre des droits particuliers garantis par l'Etat. Et cette première observation sera déjà un jet de lumière et un commencement de preuves. Eh quoi! n'était-ce donc pas en dire assez ? et fallait-il lever le voile jeté prudemment sur la nature de nos droits particuliers ?

L'art. 8 dit : « Toutes les propriétés sont « inviolables sans distinction de celles qu'on « appelle Nationales, la loi ne mettant point « de différence entre elles. »

Et la Charte s'est arrêtée là, en présence des idées dominantes qui lui défendaient de passer outre. Et cependant, il fallait préserver nos propriétés exceptionnelles des entreprises de l'arbitraire et même des invasions de la loi. Ou plutôt il fallait les placer sous la protection et la garantie de la loi. La Charte ne l'oublie pas, et l'art. 64 pourvoit à la sécurité des colons en énonçant que « les colonies seront régies par des lois particulières. » C'est-à-dire par cette reconnaissance tacite, qu'à cet égard, elles doivent être régies par des lois particulières : mais ce mot qui entraîne, en effet, une exception, loin d'être un chaînon forgé par réticence, est au contraire une ancre de salut jetée pour les colonies dans la tempête.

L'art. 64 n'est donc que le complément de l'art. 8. Tous deux sont les garanties de la propriété ; ils énoncent, l'un et l'autre, le principe de sa conservation : mais l'un avec solennité, comme il convient quand on proclame un principe ; l'autre avec une égale convenance, mais avec discernement, quand ce principe se rattache à quelque autre, qu'il serait dangereux de heurter. La Charte a reconnu la condition de notre existence ; mais elle l'a accueillie sans la proclamer, elle ne l'a admise qu'avec précaution et couverte d'un voile qui l'a préservée d'insulte sans empêcher sa présence.

Or, si l'art. 64 n'est qu'une œuvre de sa sollicitude, le but atteint, l'effet s'arrête puisqu'il est sans cause. La garantie des droits particuliers suppose d'ailleurs l'existence et l'usage des droits généraux ; ils n'en peuvent être l'exclusion, puisqu'ils en sont la surabondance. La liberté de la presse, en général, ne peut donc être absorbée par un droit exubérant et particulier, né de la nature de nos propriétés. Une double garantie est au contraire tout l'esprit de la Charte, qui se montre ainsi l'alliance de la Vérité morale et de la Vérité politique, telle que je l'ai définie.

Ainsi, non-seulement la Colonie n'a pas besoin d'une loi spéciale pour jouir d'une liberté qui est celle de tous, mais une loi spéciale ne pourrait la lui ravir, et toute loi qui le tenterait serait un désaveu du pacte national, et une violation de la loi plutôt qu'une loi.

Sans doute, et personne ne veut le nier, la liberté de la presse a des écueils ; mais elle en a comme toutes les libertés publiques où l'abus touche l'usage ; de sorte que l'on ne pourrait éviter l'un que par le sacrifice de l'autre. C'est aux peuples à user du bien avec sobriété ; mais c'est à la loi seule qu'il appartient de réprimer le mal qui peut naître de l'usage immodéré de ses bienfaits.

La faculté de prévenir le mal par l'interdiction du bien, est une émanation trop sensible de la théorie des gouvernements absolus, et nous vivons dans un siècle où les hommes sont plus jaloux de la liberté légale qui leur appartient en propre, que d'un bonheur né de la prudence arbitraire de l'Autorité. Car ils sentent que ce bonheur n'est qu'un don qu'on pourrait même leur retirer.

Mais la liberté dela presse, plus nécessaire à la Colonie qu'à la Métropole, offre aussi moins de dangers à la première. Là-bas tout est de son domaine ; ici, chacun sent assez ce qui n'en est pas. Agriculture, commerce, administration intérieure, chacun portera son tribut volontaire à ces questions livrées aux méditations de la presse coloniale. Libre, mais circonspecte par raison comme par nécessité, elle n'aura point à s'égarer dans des abstractions qui nous seraient étrangères ; l'intérêt de ses spéculations et de sa gloire lui servira de conseil. Si elle veut plaire et se fonder, elle devra se réduire à être utile.

J'ai touché les avantages moraux de la liberté de la presse. J'ai fait voir son urgence pour la Colonie, en sorte que, si elle ne lui était pas acquise, on devrait la lui accorder. J'ai démontré son droit, non point par des interprétations, mais par le texte même de la Charte, tandis que ses adversaires, vaincus par le texte, ne se retranchent plus que dans les détours d'interprétations inopportunes, dont le résultat serait de reporter dans la Charte conquise les ambiguités déplorables de la Charte octroyée.

J'ose espérer, M. le Gouverneur, que vous ne verrez, dans la pétition que j'ai l'honneur de vous adresser, que l'expression ingénue d'un sentiment ; dans ses développements, que l'expression libre, mais respectueuse d'une conviction ; dans son but, que le redressement et non le renversement d'un ordre établi. Ce n'est pas moi qui demande l'abolition de la censure, c'est la Charte qui la prononce ; et c'est dans ses garanties que je prends l'assurance de réclamer la liberté de la presse comme un droit. Je trouve encore cette assurance dans le serment royal, qui devient obligatoire pour tous ceux que le Monarque appelle à l'honneur de le représenter. Autrement, je l'eusse sollicitée comme une faveur, afin de n'avoir point à séparer la reconnaissance du bienfait.

Je suis, avec un profond respect,

Monsieur le Gouverneur,

Votre très humble et très obéissant serviteur,

Signé : Ch. La Serve.

St-Benoît, aux Orangers, 30 octobre 1831.

Saint-Benoit, 30 octobre 1831.

Art. 7 de la Charte : « Les Français ont le « droit de publier et de faire imprimer leurs « opinions, en se conformant aux lois.

« La censure ne pourra jamais être réta- « blie. »

Art. 64 : « Les colonies sont régies par des « lois particulières. »

Art. 70 : « Toutes les lois et ordonnances, « en ce qu'elles ont de contraire aux dispo- « sitions adoptées pour la réforme de la « Charte, sont dès à présent et demeurent « annulées et abrogées. »

Toutes les lois contraires à la Charte sont virtuellement abrogées par elle (Benjamin Constant).

A Monsieur le Gouverneur en Conseil privé.

Monsieur le Gouverneur,

Dans un moment où des alarmes si peu fondées, et peut-être si peu sincères, servent de prétextes aux malveillants de toutes les classes, la Colonie éprouve plus que jamais le besoin d'une liberté dont l'effet nécessaire serait d'éclaircir tous les doutes, de relever toutes les erreurs, de purger toutes les calomnies, et de laisser à chacun le rôle que sa conduite antérieure ou présente lui assigne désormais irrévocablement sur notre scène.

Je veux parler de la liberté de la presse.

Quand je dis que la Colonie éprouve ce besoin, et quand je demande pour elle cette liberté, ce n'est pas que je regarde comme douteux le droit qu'elle a d'en jouir ; mais c'est que malheureusement un fait trop certain me prouve que ce droit est méconnu ou contesté, et que la Charte, qui est une vérité pour nos frères, n'en est pas une pour nous.

Vous l'avez pourtant promulguée à Bourbon, cette Charte, Monsieur le Gouverneur. Ce n'est pas sans doute *pour qu'elle y fût sans un effet quelconque,* et seulement pour nous rendre spectateurs jaloux de biens dont nous ne pourrions jouir.

Dès que la Charte, cette loi, source ou fondement de toutes les autres, a été promulguée, son empire s'est étendu sur toute la Colonie.

Obéissance, il est vrai, n'en est pas moins due aux lois et ordonnances en vigueur ; mais cela ne peut s'entendre que des lois et ordonnances qui ne sont pas contraires à la Charte, en sorte que, en attendant les lois promises ici comme en France, les règlements subsistent, moins toutefois ceux qui sont, soit expressément soit virtuellement, abrogés par la Charte.

On objecte l'art. 64. Prétend-on qu'il mette les colonies en dehors de la Charte ?

Si cette exclusion était exprimée quelque part, elle emporterait la conséquence que les colonies ont le droit de s'en donner une.

Mais elles n'étaient pas même en dehors de celle de 1814, quelques abus qu'on ait fondés sur cette erreur funeste.

Quoi! il y aurait un pays français où la Charte ne serait ni une autorité ni une garantie, et où pourtant elle aurait été promulguée!

Non. Aucun pays français, aucun citoyen n'est en dehors de le Charte. « Les colonies sont régies par des lois particulières. » C'est-à-dire que les lois faites pour les colonies seront différentes des lois faites pour la Métropole; et non pas qu'elles excluront les colons des droits garantis par la Charte.

Ces lois n'étant que des applications spéciales et des développements de la Charte, toutes les lois, même les plus opposées, doivent être conformes à cette Charte, et ne différer entre elles qu'en raison des besoins différents des temps et des localités.

La loi de l'impôt, celle du recrutement, etc., peuvent varier tous les ans en France; mais elles doivent toujours être conformes au principe d'une répartition proportionnellement égale des charges de l'Etat entre tous les citoyens.

Or, ces lois faites pour la Métropole ne seront pas promulguées dans les colonies; d'autres lois pour les impôts et pour le service militaire seront faites pour elles, à cause de leurs besoins particuliers; mais ces lois n'en devront pas moins être conformes au même principe; et voilà comment « les colonies sont régies par des lois particulières, » et ne sont pourtant pas en dehors de la Charte.

Une garantie particulière, pour des besoins et des droits « particuliers que l'on a reconnus aux colonies » (et qu'elles tiennent d'ailleurs de la nature) peut-elle emporter la privation de tous les autres droits, en sorte que nous n'en ayons aucun jusqu'à ce que ces lois particulières soient faites?

Ainsi la censure ne serait pas encore abolie pour nous, parce que la Charte serait sans effet sur les ordonnances locales; et venant à l'être, pourrait être rétablie par une autre loi particulière.

Mais, à ce compte, Monsieur le Gouverneur, les citoyens Français qui habitent la Colonie ne sont pas non plus « égaux devant la loi; » car aucune loi particulière n'a établi ce droit; ou s'ils le sont, c'est en vertu de quelque ordonnance locale et non point en vertu de la Charte.

Il n'y a pour eux aucune garantie contre une répartition inégale d'impôts, ou s'ils en ont une, il faut qu'ils la tiennent du Conseil privé, et non de la Charte!

Autrement, si c'est en vertu de la Charte que nous jouissons de cette égalité, ce qui est incontestable, je ne vois pas pourquoi en vertu de cette même Charte, nous ne jouirions pas aussi de la liberté de la presse.

N'y a-t-il qu'un seul article du droit public des Français dont nous ne jouissions pas en vertu de la Charte, mais seulement en vertu du bon plaisir de l'administration coloniale, ou bien, dépendons-nous réellement du Conseil privé, pour la jouissance de toutes nos libertés ?

Et sur quoi se fonderait une pareille doctrine? Elle a été tout à fait inconnue jusqu'ici, et nul n'oserait la professer ouvertement ; mais on la pratique, et c'est contre cette pratique abusive qu'aucune doctrine ne fonde et ne peut fonder, que je réclame, autant qu'il est en moi, au nom de la Colonie, au nom de la Nation qui a fondé nos droits, au nom du Roi, qui a juré de les respecter et de les faire respecter.

Si rien n'autorise l'abus de la censure, depuis la promulgation de la Charte, qu'ai-je à m'étendre plus longuement sur l'impuissance des lois abolies pour maintenir cet abus, ou sur l'impossibilité des lois ultérieures pour le rétablir.

Par cela même que *la censure ne pourra jamais être rétablie* et que c'est un article du droit public des Français, et que nous sommes Français, n'est-il pas évident que nous jouissons de cet article au même titre que tous les autres, et que, bien loin que des ordonnances locales puissent nous ravir cette liberté plutôt que toute autre liberté du même ordre, les pouvoirs législatifs de la France même, tant que la Charte de 1830 n'aura subi aucune modification, ne sauraient porter une loi pour rétablir la censure, pas plus que pour nous priver de l'égalité politique et moins encore puisqu'il existe en faveur de la presse une garantie spéciale que nos autres libertés n'ont pas reçue du moins explicitement.

N'est-il pas évident que, si, pour l'avenir, aucune loi ne peut être même proposée contre la liberté de la presse, parce qu'une telle loi violerait un article de la Charte, à plus forte raison, aucune ordonnance antérieure ne peut en autoriser la violation, à moins que le pouvoir d'où émane cette ordonnance, on ne le suppose supérieur à la Charte, on ne nous suppose tenir exclusivement de lui tous les principes de notre droit public.

Or, c'est ce qui n'est point, et aussi ce qu'on ne prétend point.

Cependant, sans cette prétention qui ferait de ce pays un fief soumis à une espèce de justice seigneuriale, comment soutiendrait-on que la Colonie tient de tout autre pouvoir que de la Charte les libertés qui constituent le droit public des Français ? Et, si l'on veut borner cette prétention à un seul article de notre droit public, qu'on montre donc le titre en vertu duquel on croit pouvoir disposer de cet article, plutôt que de tout autre, et nous rendre justiciables, quant à cet article, d'un autre pouvoir que de la Nation.

Mais, je le répète, personne n'a jamais prétendu cela ; la Colonie est, en droit, aussi loin du régime féodal que la France ; elle n'est le fief de personne ; et la Nation elle-même, cette Nation souveraine, mais ennemie des tyrans, n'a ni pu ni voulu agir en tyrans et faire une Charte qui ne fût pas pour tous.

La Colonie tient donc ses libertés de la Charte ; personne ne peut donc les lui ravir, ni en masse, ni en détail, ni en totalité, ni en partie; car prétendre au droit de modifier un seul article du droit public des Français, ce serait prétendre au droit de les modifier tous, ce serait affecter la suzeraineté sur la Charte elle-même, c'est-à-dire sur la Nation.

En présence du fait contre lequel je raisonne, il serait peut-être plus dans les convenances de supposer que c'est moi qui me trompe, et je proteste qu'en cela le sacrifice de mes prétentions ne me coûterait rien, s'il n'y avait ici que des prétentions ; mais l'honneur et le sentiment que j'ai de mes droits me prescrivent de les revendiquer tels que mon esprit les conçoit et tels que la Charte me semble les avoir consacrés.

Je sais, Monsieur le Gouverneur, que la pétition est un moyen peu usité pour la revendication d'un droit ; que cette voie semble convenir uniquement aux choses qui peuvent être refusées, et je crois que l'objet de ma demande n'est point dans ce cas.

Mais, d'un autre côté, je n'oublie pas quels égards sont toujours dus à l'Autorité ; et, si j'ai recours à la pétition dans la circonstance, en écartant les moyens et jusqu'à la pensée d'une réclamation, c'est que je désire que vous ne puissiez vous méprendre sur la véritable direction et la modération de mes idées, dans les choses mêmes où je conserve le moins de doute, où je porte un intérêt plus vif.

C'est pour vous donner une preuve que rien d'agressif ni d'hostile n'entre dans mon dessein.

C'est enfin pour que l'expression de ma pensée, en vous arrivant ingénue et libre, comme elle doit l'être, soit pourtant accompagnée de la forme la plus propre à vous convaincre, que je ne sépare point cette démarche du respect profond dû à votre caractère et à votre personne, et avec lequel j'ai l'honneur d'être,

Monsieur le Gouverneur,

Votre très-humble et obéissant serviteur,

Signé : Dejean de la Batie.

Ne dirait-on pas, à rapprocher l'un de l'autre ces deux documents, que leurs auteurs se soient entendus pour tenter une sorte de tournoi littéraire et politique ?

Ne dirait-on pas qu'après de longs entretiens, où ils ont échangé leurs idées et pesé leurs arguments réciproques à l'appui de la même thèse, ils aient résolu d'exprimer, sous une forme personnelle, propre à chacun d'eux, la résultante de leurs communes opinions ?

Tout, jusqu'à cette date, la même pour les deux pétitions, semblerait venir à l'appui de cette supposition.

Comment expliquer une telle coïncidence, si ce n'est par l'admirable cohésion de tout un peuple dévoué à la même œuvre et par la fusion des idées de chaque individu dans une même opinion, dont l'expression sera presque identique, parce que ces idées, cette opinion auront été longuement étudiées et discutées ?

Ah ! si nous avions la possibilité de transcrire ici tous les écrits que nous avons entre les mains, combien l'on serait étonné de voir au bas de certains d'entre eux les noms d'hommes qui, depuis cette époque, se sont effacés, restant volontairement à l'écart ?

Etudes sur le cens, sur l'éligibilité, sur l'électorat, sur le droit au suffrage, sur toutes les questions qui passionnaient alors l'opinion ; rien ne fut négligé par ces citoyens qui, du premier coup, se sont révélés littérateurs et hommes politiques.

Et que l'on ne nous taxe pas d'exagération ; n'a-t-on pas vu, après la grande explosion de 89, surgir une génération d'hommes nouveaux qui furent les législateurs les plus sages et les plus savants ?

Eux aussi, les volontaires de l'Association, dans une sphère plus modeste et pour une tâche moins grande, s'improvisèrent orateurs ou polémistes.

L'histoire du pays dira qu'ils ne sont pas restés au-dessous de la mission qu'ils s'étaient donnée.

On n'a pas été sans avoir remarqué les termes du début de la pétition déposée par M. Dejean de La Bâtie : « Dans un moment, écrivait cet honorable citoyen, où des alarmes si peu fondées et peut-être si peu sincères, servent de prétexte aux malveillants de toutes les classes. . . . . »

Celui qui s'exprimait ainsi n'était « ni un montagnard ni un jacobin » — pour nous servir d'expressions employées dans un écrit publié à la même époque et que nous avons sous les yeux. — On lui reprochera même plus tard, à l'assemblée coloniale, de se montrer sinon trop dévoué au Pouvoir, du moins trop peu énergique dans ses revendications. Homme de talent et d'expérience, il représentait une certaine opinion moyenne, dont il se fit l'apologiste au sein des assemblées délibérantes.

Nous voyons cependant M. Dejean de La Bâtie traiter de chimériques et peu sincères les appréhensions et les craintes dont le Gouverneur lui-même s'était fait l'écho.

Ce qui prouve bien que la plupart des colons, même les modérés, approuvaient hautement les doctrines et les actes de l'Association coloniale.

XV

L'opinion publique. — Les députés des quartiers. — Intrigues à Saint-Denis. — La camarilla. — Projet de déportation. — M. Duvaldailly. — Préparatifs belliqueux. — Le 15 février. — Réunion des députés des quartiers à l'hôtel de Jouvancourt. — Délibération. — Les députés au Gouvernement. — Vinson. — Discours de présentation des adresses. — Nouvelle réunion. — Les quatre journées. — Protestation au Procureur général. — Arrêté du 19 février. — Le Furet — Convocation des électeurs.

« L'opinion publique se manifeste et se prononce de toute part avec énergie pour demander au Gouvernement local l'exécution immédiate des lois coloniales de 1790 et de 1791. Tout le monde s'accorde à les considérer comme n'ayant pu être abrogées dans la Colonie, comme n'ayant pu être tombées en désuétude, en un mot comme ayant été ravivées et revivifiées spontanément dans notre île par la promulgation de la Charte de 1830. Le pays voit un palladium assuré contre tous les orages, dans la mise en vigueur de ces lois si sages et si *éminemment coloniales*. Tous les esprits s'accordent également sur les modifications relatives à l'électorat. »

Nous empruntons ces lignes à un très remarquable travail, divisé en quinze chapitres, sans nom d'auteur, que nous possédons manuscrit, et qui, après avoir exposé la situation au commencement de 1832, arrive à des conclusions que l'on a dû, à ce moment, qualifier de radicales. L'auteur avait pris pour épigraphe de son étude cette phrase de Montesquieu : « C'est surtout dans les petits pays qu'il est facile d'établir et de conserver la liberté politique. »

Comme on le voit, le contenu des adresses et les résolutions des comités n'étaient un secret pour personne; on en parlait publiquement, on les résumait, on les discutait dans des écrits. Même dans une réunion générale, l'ancien président, Loupy, avait pu s'exprimer ainsi :

« J'ignore comment le public est instruit de ce qui se passe dans nos réunions; mais il n'en est pas moins vrai, cependant, que rien de ce que nous faisons n'est ignoré de ce public ; j'en ai mille preuves...... »

Aussi ne tarde-t-on pas à savoir que c'était vers le quinze février que les *députés des quartiers* — ce sera désormais leur titre — devaient se rendre à Saint-Denis, porteurs des adresses émanées de chaque commune.

« La ville de Saint-Denis (1) offrait dans ces circonstances un singulier spectacle. C'est là que l'aristocratie avait son quartier général........

« Les plus singulières intrigues étaient ourdies pour empêcher de signer l'adresse ;

(1) La Serve (mémoire historique.)

l'Administration et l'aristocratie s'unissaient pour la contrebarrer. Toutes les personnes placées sous la griffe de la Caisse d'escompte, ou de tel ou tel usurier, enfin de tel membre influent de l'aristocratie, celles qui dépendaient de l'Administration par un chaînon quelconque, n'osaient signer, par la crainte d'encourir les ressentiments de ces tyrans politiques d'une nouvelle espèce.

« Ici je ne hasarde rien ; je ne parle pas par supposition ; je tiens personnellement de la bouche même de plusieurs négociants recommandables qu'ils partageaient complètement les principes de l'Adresse et qu'ils la signeraient bien volontiers, *n'était la Caisse d'escompte*....... »

M. Duvaldailly avait formellement autorisé cette présentation d'adresses dans un voyage qu'il effectua dans la Partie du Vent, deux mois environ auparavant......

« La camarilla, en apprenant que le jour était décidément fixé au 15 février pour la présentation solennelle des adresses, s'efforça de remplir de terreur l'esprit du Gouverneur. On lui avait déjà persuadé que l'Association voulait s'emparer de sa personne, l'empaqueter à bord du premier navire et le renvoyer en France, avec presque tous les principaux fonctionnaires publics. Ce fantôme le préoccupait d'une manière si fâcheuse qu'il répondit plus d'une fois à des commandants de quartier (connus pour être de l'Association) qui lui demandaient des fusils pour l'armement de la milice : Il n'en faut pas tant, un seul suffit pour se défaire de moi.

. . . .

« On agita la question de faire arrêter et de déporter incontinent douze des principaux mutins de l'Association (1) . . . . . . »

On était enfin parvenu au dernier acte de cette lutte qui, depuis dix mois, se prolongeait entre le Gouvernement et une partie de la population, lutte où — il faut le reconnaître — il avait été apporté de part et d'autre une égale modération.

Certes M. Duvaldailly n'avait pas été avare de proclamations au peuple et aux miliciens, et quelques-unes d'entre celles-ci affectaient une forme guerroyante qui était plus du domaine de la polémique d'un journal que de celui des communications administratives et officielles ; certes il avait été souvent mal inspiré ; mais les menaces du Chef de la Colonie étaient demeurées lettres-mortes et il n'avait jamais usé, pendant cette longue période, des pouvoirs extraordinaires dont il était armé par la loi.

Était-ce impuissance ? ignorance des noms des membres principaux de l'Association ?

Non. Outre que le Gouverneur lui-même, dans ses proclamations, déclare n'ignorer ni

---

(1) C'est M. Achille Bédier qui fut accusé d'avoir donné ce conseil au Gouverneur. Le *Salazien* lui en fit plus tard le reproche, ce qui donna lieu aux véhéments articles de M. Adrien Bellier.

leurs noms ni leurs actes, c'est l'ancien président de l'Association qui va lui-même confirmer cette déclaration.

« Avant cette dernière époque, dit-il, l'existence de l'Association était un secret pour le reste de la population. Mais aujourd'hui non-seulement son existence n'est plus un secret, mais ses actes mêmes, ses délibérations sont à l'ordre du jour......

« Les noms des membres du Comité directeur sont connus, ceux des membres du Comité suprême le sont aussi....... »

Disons-le, nous qui, le 2 décembre 1868, avons vu massacrer dans les rues de Saint-Denis un peuple coupable de s'être rendu à l'appel du Gouverneur, nous que le hasard a appelé — en compagnie du respectable abbé Peyrou — à la triste mission de relever les blessés et de transporter une partie des morts de cette cruelle soirée, nous qui avons vu jusqu'à quels actes criminels l'aveuglement obstiné et la peur peuvent entraîner des administrateurs (1) — disons-le hautement : Le gouverneur Duvaldailly fit acte de sagesse et montra un grand esprit de conciliation, en n'exerçant ni poursuites, ni violences contre l'Association.

---

(1) Jamais le proverbe latin « *facit indignatio versum* » ne fut plus vrai qu'après le 2 décembre 1868. Quelque jour nous retracerons l'histoire de ces événements et nous publierons les vers, en si grand nombre et pour la plupart très bien faits, qui circulèrent à cette époque.

Mais cette attitude du Gouverneur va-t-elle changer ? Dès les premiers jours de février, on apprend que toutes les forces militaires de la Colonie sont rassemblées à Saint-Denis, en prévision de l'arrivée de la députation des quartiers ; la ville est traversée chaque jour par quelque peloton de soldats ; des canons sont traînés devant l'hôtel du Gouvernement ; un poste d'artilleurs s'y tient jour et nuit.

De leur côté, les députés des quartiers avaient été invités par un membre du Comité suprême, qui inspectait alors les quartiers, à se munir d'armes « non pour attaquer, mais pour se défendre ». Cette mesure était justifiée par le bruit répandu du projet de déportation, et aussi par l'appareil militaire que déployait l'Autorité.

Dès la veille, la ville présente une animation extraordinaire. Il semble que de tous les points de l'île on se soit donné rendez-vous à Saint-Denis, pour assister à quelque grande solennité. Et n'est-ce pas,en effet,une fête nationale que la première réunion, depuis trente ans, des Représentants du pays ? S'ils n'ont pas un mandat légal, reconnu par la loi et le Gouvernement, ils n'en sont pas moins les envoyés de la population, les députés des quartiers et peuvent parler avec l'autorité que leur confère ce mandat.

« Le 16, dès 7 heures du matin, dit le procès-verbal, quarante-cinq personnes des divers quartiers de l'île, honorées de la confiance de leurs concitoyens, étaient réunies dans la salle basse de la vaste maison de M. de Jouvancourt; une foule de citoyens se pressaient dans les appartements attenants et autour des portes et des fenêtres extérieures.

« Dans une assemblée aussi nombreuse, composée d'hommes inhabitués aux débats parlementaires, délibérant presque en face d'un appareil militaire disposé contre eux, et autour desquels se mnifestait souvent l'impatience de la foule, a était naturel de craindre que quelque désordre ne se glissât. Eh bien! le calme le plus parfait a régné sans interruption dans ces longues séances, des talents inconnus s'y sont fait remarquer; mais on a été surtout frappé de l'esprit de modération et de justice qui animait l'assemblée tout entière. Les plus graves matières y étaient traitées et le ton de la discussion, par sa décence, sa dignité, a été constamment à la hauteur du sujet. Enfin, la Colonie a donné, dans cette circonstance, la mesure de son aptitude à l'exercice de ses droits politiques...... »

Dans la salle, on pouvait lire la devise de l'Association :

« Attachement et soumission à la France.
« — Garantie des droits acquis. — Etablisse-
« ment d'une assemblée coloniale. »

La délibération dura jusqu'à trois heures.

On était d'accord pour demander:

1o L'exécution immédiate des lois de 1790 et 1791 ;

2o L'élargissement des bases de l'électorat en créant six catégories d'électeurs ;

3° La convocation immédiate d'une assemblée coloniale composée de 52 membres, comme en 1803.

Il ne se rencontra de divergences que sur un seul point : l'éligibilité.

Les uns demandaient que l'éligibilité fût libre de la condition du cens.

Une deuxième opinion proposait qu'il n'y eût d'éligibles que parmi les électeurs ;

Enfin, une troisième opinion proposait d'exiger, pour l'éligibilité, un cours double de celui de l'électorat dans les six catégories.

On tomba d'accord pour maintenir les adresses dans leur forme primitive, même avec ces divergences, afin de bien établir aux yeux du Pouvoir que les députés n'entendaient pas faire œuvre de constituants, et étaient disposés à accepter avec reconnaissance toute décision qu'il prendrait, pourvu qu'elle se rapprochât des desiderata de la population.

A trois heures, les députés des quartiers, escortés d'une foule innombrable, se rendirent à l'Hôtel du Gouvernement, afin de présenter au Chef de la Colonie les adresses des quartiers. Dans cette foule, on remarquait les habitants de tous les quartiers. Détail significatif : les élèves du Collège Royal s'étaient accordé des vacances. Les externes ne parurent pas à l'école pendant les « quatre journées » ; on pouvait les voir stationnant autour de l'Hôtel de Jouvancourt ou escortant les députations. Plusieurs étaient en uniforme.

Au reste, les élèves du Collége n'étaient pas non plus restés étrangers au mouvement des 28, 29 et 30 octobre 1830.

Vinson (1) avait été désigné pour porter la parole au nom des députés.

« Vinson était — nous écrit un de ses contemporains, M. Adrien Bellier, — l'orateur de toutes les députations qui ont assailli M. Duvaldailly, depuis octobre 1830 jusqu'à la fin de février 1832. Je l'ai entendu prononcer plusieurs de ses discours, ayant derrière lui une masse imposante de citoyens qui lui donnait sa force. Il était magnifique dans ces occasions-là. Je le vois encore toisant le gouverneur, de la tête aux pieds, avec le ton du commandement plutôt qu'avec celui de la prière. »

On nous a souvent raconté que l'émotion des députés était au comble, pendant que Vinson lisait le magnifique discours de présentation des adresses, et que celle de M. Duvaldailly n'était pas moindre.

Quant à nous, qui pourrions le réciter de

(1) Sur notre demande, un de nos amis a bien voulu écrire la charmante biographie qu'on va lire. Nous ne possédons que le discours nécrologique prononcé par Amable de Sigoyer sur la tombe de Vinson. Nous regrettons doublement de ne pouvoir le publier et parce qu'il contient un juste hommage rendu à la mémoire de l'ancien maire de Sainte-Suzanne, et parce que l'auteur de ce discours, notre inoubliable ami, Amable de Sigoyer, n'a pas peu contribué, par les récits qu'il savait faire, à nous inspirer le désir d'écrire l'histoire de l'Association.

mémoire, pour l'avoir lu et relu cent fois, nous ne pouvons, sans frémir d'enthousiasme, nous rappeler les termes de cette harangue.

Qu'on en juge :

« Monsieur le Gouverneur,

« La population coloniale vient avec confiance et espoir déposer ses vœux entre vos mains. Dans le choix de ses mandataires, elle a voulu donner une garantie de son désir ardent pour le maintien de la paix et de l'ordre public, en ne conférant l'honorable mission d'être ses interprètes qu'à des hommes d'une prudence et d'une modération reconnues.

« Vous savez les maux qui tuent la Colonie, et vous en gémissez, Monsieur le Gouverneur. La Colonie en aperçoit le remède dans la salutaire institution d'une représentation coloniale ; elle vous la demande, elle attend de vous ce bienfait, pour vous proclamer son sauveur, son père !

« Par un concours heureux de circonstances, le vœu colonial a pour lui toutes les formes ordinaires de la légalité, et le pouvoir de l'accorder est dans la lettre de vos attributions ; mais ces circonstances n'existassent-elles pas, il serait moralement impossible que, en remettant entre vos mains paternelles nos destinées, la France ne vous eût pas implicitement conféré le pouvoir de nous sauver d'une ruine imminente. Assurément tous les actes faits dans un tel esprit seront les plus légitimes possibles.

« Les institutions que nous vous demandons avec instance, parce que des maux pressants nous en font un besoin urgent, découlent d'ailleurs naturellement de celles qui régissent la Métropole. Elles sont déjà notre propriété, car nous sommes Français. Les vents ont apporté sur nos rives quelques semences de ces nobles idées, dont la Révolution française a fait l'esprit du siècle; elles ont trouvé chez nous un sol propice; elles y ont germé et s'y sont développées rapidement: un tel effet flatte assurément votre cœur français.

« Quelque pénible que soit ce qui nous reste à vous dire, la vérité, l'intérêt public et le vôtre, Monsieur le Gouverneur, nous font un devoir de parler.

« Votre conscience a été trompée sur l'esprit de la population coloniale et les sentiments qui l'animent.

« Lorsque, s'appuyant sur des droits incontestables, et plaçant en vous, en votre caractère, ses premières espérances, cette population préparait, dons le calme de la réflexion, et avec la modération qui convient à la justice, l'acte respectueux et inoffensif que nous accomplissons aujourd'hui, l'alarme était semée de toutes parts. Contrairement à toutes les dispositions réglementaires, la troupe de ligne, qui veille à la sûreté des divers quartiers, se concentrait à Saint-Denis, autour de votre Hôtel; la ville était traversée par des militaires chargés de munitions; les canons étaient flambés, les armes préparées avec une impolitique affectation de publicité; l'Hôtel du Gouvernement enfin semblait se mettre en état de siége pour recevoir les mandataires de la Colonie, qui, l'olivier à la main, venaient respectueusement vous exposer ses maux et en solliciter le remède.

« Il était éminemment imprudent, Monsieur le Gouverneur, de faire retentir le bruit menaçant des armes au milieu d'une population tourmentée, aigrie peut-être par les maux présents et par les menaces de l'avenir ; au milieu d'une population chez laquelle les sentiments d'honneur ont une vivacité qui ressemble à l'exaltation.

« Organes de cette population, nous protestons solennellement de notre invariable dévouement à la France, de notre profond respect pour votre personne, dans laquelle nous voyons avec amour le représentant de la mère-patrie.

« Cependant, nous devons aussi vous le déclarer, quelques démonstrations hostiles de plus, quelques imprudentes agressions de la part de l'Autorité, pourraient appeler sur nous les derniers malheurs..... Qui pourrait en calculer les désastreuses conséquences ?.... Qui pourrait en prévoir le terme !..... Cette seule pensée fait frémir ! Si le sang était versé, ce sang serait Français ! Il retomberait tout entier sur les têtes coupables des provocateurs et la mère-patrie leur en demanderait compte !

« Quelques apparentes divergences dans l'expression d'une pensée qui, au fond, est la même, se manifestent dans les adresses des quartiers, elles proviennent de ce que chacun d'eux n'a obéi en cette occasion qu'à sa propre impulsion. Depuis l'époque de la rédaction de ces adresses les opinions se sont généralisées.

« Aujourd'hui nous, Commissaires soussignés des quartiers, agissant comme investis du mandat *ad-hoc* de nos concitoyens, nous vous déclarons, Monsieur le Gouverneur, que voici le résumé du vœu de la population :

« 1° La Colonie vous demande l'exécution des lois faites en sa faveur par l'Assemblée constituante, en 1790 et 1791, attendu que ces lois n'ont point été abrogées, qu'elles ne sont point tombées en désuétude, et qu'elles doivent être en conséquence exécutées, puisqu'elles ont conservé leur vigueur législative.

« 2° La Colonie, usant du droit qui lui a été réservé par les dites lois, de modifier la base électorale de celle du 9 avril 1790, propose de fixer les droits de l'élection et de l'éligibilité conformément au vœu exprimé dans la majorité des adresses et notamment dans celle de Saint-Denis.

« 3° Que le nombre des membres de la repsésentation coloniale soit fixé à cinquante-deux, nombre qui était celui des membres composant la dernière assemblée coloniale (an 1803).

« Attendu que la question, ainsi résumée, est essentiellement une question de légalité, les soussignés vous prient, Monsieur le Gouverneur, de ne la décider que dans un conseil extraordinaire, auquel, dans cette occasion solennelle, la population vous supplie d'appeler la Cour royale en entier et les membres du haut parquet. Il appartient spécialement au premier corps de magistrature du Pays, organe naturel des lois, de prononcer sur une semblable question.

« Les soussignés désirent également, Monsieur le Gouverneur, que vous vouliez bien convoquer à cette séance extraordinaire six des leurs, qu'ils se réservent de désigner, et qui pourront prendre part à la discussion avec voix consultative.

« Les soussignés ont, en outre, l'honneur de vous exposer que l'intérêt de la tranquillité publique réclame de vous la plus prompte réponse.

« Le grand concours d'habitants que cette circonstance réunit à Saint-Denis, avec la résolution d'y attendre la solution de cette importante question, aussi bien que la vive impatience avec laquelle les quartiers attendent le retour de leurs Commissaires, sont de nature à commander toute votre sollicitude.

« Les députés des quartiers,

« Signé : Loupy, Dupré, Benjamin Salez, F. Pajot, A. Pajot, Biberon, Vinson, C. Adam, Simon, Robinet de La Serve, Gabou, Fourchon, Champierre de Villeneuve, Daubin, Hubert-Delisle, E. Domenjod, Leroy, Sauzier, Ganofski, C. Oudin, E. Fondaumière, Lamalétie, Rétout, Conil, Ant. Fitau, Prosper Hibon, F. Ricquebourg, Lebreton K/lonet. »

Telle est cette belle harangue, où les mandataires du pays firent entendre ses réclamations avec la fermeté et la résolution qui conviennent à des hommes libres, revêtus d'un mandat de confiance, à la hauteur duquel ils entendent se montrer.

Dans l'histoire de cette Colonie, nous ne connaissons rien de plus grand que la manifestation du 15 février 1832 ; rien de plus noble et de plus digne que le discours prononcé par Vinson (1), rien de plus éloquent que les paroles où, après avoir dépeint les préparatifs militaires faits pour recevoir les députés des quartiers, l'orateur fait entendre que le peuple saurait au besoin résister par la force à d'injustes agressions.

Il serait difficile — dit le procès-verbal — de rendre l'anxiété avec laquelle le public attendait le retour de la députation.

« La France, disaient les uns, dont nous « connaissons l'esprit et les doctrines, accor- « derait sans doute nos demandes, si elle « pouvait nous voir, nous entendre ; le Gou- « verneur la représente, il est donc impossi- « ble qu'il nous les refuse.

« Tous les vœux de la Colonie mourante, « disaient les autres, tous les raisonnements « les plus logiques, toutes les réclamations « fondées sur les premiers principes de la « raison et sur les vérités les plus élémen- « taires, iront-ils se briser contre une aveu- « gle volonté?

---

(1) Nous avons toujours entendu dire que ce discours était dû à la plume de M. Chabaneau.

« Telles étaient les diverses dispositions d'esprit avec lesquelles on s'efforçait de lire dans un avenir, dont quelques minutes séparaient encore. Enfin la députation revient. L'empressement du public est tel que la salle est envahie ; toute délibération calme est impossible ; les Commissaires se retirent dans une salle séparée.

« Après une heure environ, ils reviennent prendre séance dans la salle, et M. Conil résume en peu de mots la partie la plus importante de la réponse de Monsieur le Gouverneur.

« Je suis, comme vous, Messieurs, persuadé
« des bienfaits qu'on devrait attendre d'une
« représentation coloniale, légalement cons-
« tituée : elle sauverait peut-être le pays ;
« mais mes pouvoirs ne me permettent pas
« de l'accorder. »

« Du reste, le Gouverneur promet une réponse plus explicite, particulièrement sur le contenu du discours, après qu'il se sera éclairé de l'opinion du Conseil privé.

« L'assemblée arrête que : 1° le lendemain à 11 heures, la séance sera reprise et une nouvelle députation envoyée à Monsieur le Gouverneur, pour hâter respectueusement sa réponse définitive, par des motifs d'urgence.

2° Toute la publicité possible sera donnée aux procès-verbaux des séances.

« L'assemblée se sépare au milieu des félicitations du public.

« Le 16, les membres envoyés près de l'autorité, en exécution de l'arrêté pris la veille (MM. Conil, A. Pajot, Abadie) rapportent que le Gouverneur refuse toute intervention de la magistrature, mais promet d'adjoindre à son Conseil privé, avec voix consultative, les six personnes proposées.

« Le 17, à l'ouverture de la séance, M. Conil donne lecture d'une lettre par laquelle M. le Gouverneur rétracte la parole donnée la veille, alléguant qu'à lui seul appartient le choix des lumières dont il veut être éclairé.

« Dans les profonds sentiments qui la pénètrent, l'assemblée vote à l'unanimité la protestation suivante, dont copie sera envoyée à M. le Gouverneur.

PROTESTATION

A M. LE PROCUREUR GÉNÉRAL.

« Monsieur le Procureur Général,

« La population de l'île Bourbon a exprimé, dans les adresses des différents quartiers à M. le Gouverneur la situation désespérante où elle se trouve, et le vœu énergique d'une représentation coloniale, seul moyen de la préserver des derniers malheurs. Elle appuie sa demande sur les dispositions de la Charte de 1830, immédiatement applicables aux Français des colonies, et sur les droits consacrés par les lois antérieures, non abrogées et revivifiées par la Charte.

« Ces réclamations, faites avec toute la modération qui convient à la justice, ont été repoussées avec une opiniâtre insensibilité.

« Des propositions faites dans des vues conciliatrices, d'abord accueillies par l'autorité, ont été ensuite rejetées au mépris des convenances et de la foi promise.

« En l'état, il ne reste plus à la population dont nous sommes les mandataires qu'à protester entre vos mains, Monsieur le Procureur Général, contre l'inéxécution des dispositions législatives sous l'empire desquelles la Charte nous a replacés.

« Nous protestons aussi formellement contre l'organisation de tout simulacre de représentation, qui n'aurait pour résultat que de continuer le système d'illégalité et de déception sous lequel nous gémissons depuis trop longtemps.

« A vous, Monsieur le Procureur Général, chef de la justice, chargé spécialement de requérir l'exécution des lois, et seule Autorité directement émanée du nouveau Gouvernement métropolitain, objet de notre amour, il appartient de provoquer, par tous les moyens que la loi met à votre disposition, les mesures les plus propres à nous assurer immédiatement l'exercice de nos droits politiques.

« Un tel acte, Monsieur le Procureur général, vous assurera des droits immortels à la reconnaissance des colons et préservera notre malheureuse patrie d'une imminente anarchie.

« Les députés porteurs de la protestation,

« Signé : E. Jupin de Fondaumière, Benjamin Salès, A. Lamalétie, A. Pajot, Prosper Hibon, F. Ricquebourg, Ant. Fitau,

M. Sauzier, Oudin fils, E. Domenjod, Patu de Rosemont, Jallot, F. Pajot, Robinet de La Serve, Gabou, Loupy, F. Mélanie, J. Fourchon, Notaise, Vinson, Biberon, Ch. Adam, Conil, Dupré, Ganofski, Lebreton K/lonet. »

Le 18, cette protestation est remise à M. le Procureur général par les Commissaires ; ils se rendent ensuite au lieu de leurs séances, pour s'entendre sur le compte qu'ils auront à rendre à leurs mandants et clore par là leurs opérations.

Par ce simple exposé de la marche ferme et loyale des députés des quartiers, opposée à la conduite équivoque des ennemis de toute amélioration politique, il est aisé d'apprécier la valeur des perfides insinuations, des bruits calomnieux par lesquels on avait pris à tâche d'égarer l'opinion. »

Certes — a écrit plus tard le fondateur de l'Association — si l'Association avait eu de mauvaises intentions, elle avait le champ libre et la partie belle ! La ville était en son pouvoir. Une poignée de troupes réparties sur plusieurs points et qui ne se liaient pas entre elles, ne pouvait compter comme un obstacle. La population de la ville ne demandait pas mieux que de seconder un coup de main ...... et, quant aux fiers champions de l'aristocratie, ils s'étaient soigneusement renfermés chez eux, laissant discrètement le Gouverneur se débrouiller face à face avec l'Association, dont la fleur et l'élite étaient en ce moment réunies à Saint-Denis.

Le 19 février, c'est-à-dire le lendemain du jour où se séparait la députation, le Gouverneur rendait un arrêté pour nommer une commission « chargée de proposer un projet pour la formation du Conseil général. »

Cette commission était composée de :

MM. Dalmas, directeur de l'intérieur, président,

Des Molières, procureur du roi,

Le Goff, avocat,

Lenoir, maire de Saint-Denis,

Ozoux, habitant,

Martin Flacourt, habitant.

La commission, énonce l'arrêté, se réunira le 20 et continuera ses travaux sans interruption.

Aussitôt que ce travail sera terminé, un rapport nous sera immédiatement adressé.

Le 14 avril 1832, le Gouverneur rendit un arrêté « concernant le Conseil général et l'élection de ses membres. »

Cet arrêté était à peu près conforme au projet de la commission, projet qui, déjà connu du public, avait été apprécié en ces termes par le *Furet*, organe de l'Association, dans son nº du 7 avril 1832, que nous publions in-extenso aux pièces justificatives :

« La loi électorale est arrêtée, le projet de la commission a été approuvé moyennant quelques modifications; nous éprouvons le besoin d'exprimer aux honorables citoyens que le Gouvernement avait convoqués, les remerciements de la colonie entière pour le dévouement et la bonne foi avec lesquels ils ont servi les intérêts de leurs concitoyens. Quelques nuances peuvent exister entre ce qu'ils ont conseillé à l'Autorité et ce que le pays désirerait; mais ce n'est pas dans un moment aussi critique, ce n'est pas vis-à-vis d'événements aussi sérieux que ceux dont nous sommes voisins, qu'il convient de se livrer obstinément à des discussions de théorie. »

Mais cette approbation du *Furet* n'était pas sans réserve, et, après avoir signalé certaines exceptions et restrictions du projet d'arrêté, le journal clandestin ajoutait :

« Que si cette déplorable exclusion devait ravir à la confiance de ses concitoyens, un homme dont toute la vie n'aurait été qu'un long et généreux combat en faveur des idées de notre siècle ; si, après avoir répandu parmi ses compatriotes les germes de cet esprit public dont ils vont recueillir les fruits, le défenseur intrépide de nos libertés se trouvait frappé d'une sorte de mort civile au moment de leur triomphe, nous gémirions sur la fâcheuse préoccupation qui aurait dicté à nos législateurs une mesure dont l'iniquité le dispute à l'ingratitude, et, s'il en était encore temps, nous les conjurerions de modifier cette prohibition, qui n'est pas en harmonie avec la libéralité dont le projet porte l'heureuse empreinte (1). »

Nous ne pouvons ici donner en son entier le texte de l'arrêté du 14 avril.

En voici les considérants, qui semblent être le résumé des arguments soutenus avec tant de talent et de persévérance par les membres de l'Association :

« Considérant que *depuis le 25 août dernier, le Conseil général n'a pu être réuni* ;

« Considérant que l'ordonnance royale qui forme le nouveau Conseil général n'est point arrivée, *qu'elle n'est pas même annoncée* ;

« Considérant que, dans l'état actuel des choses, *toute tentative pour former le Conseil général* d'après le mode prescrit par l'ordonnance royale du 21 août 1825 *ne produirait aucun résultat* ;

« Considérant cependant que l'époque où l'intervention du Conseil général est nécessaire approche ;

« Considérant que l'état politique des colonies et les malheurs récents que celle de Bourbon vient d'essuyer (2), rendent cette intervention plus importante, qu'il y a consé-

---

(1) Les craintes manifestées par le *Furet* ne se réalisèrent pas, puisque l'élection de Robinet de La Serve fut validée.

(2) Le cyclone de février 1832.

quemment nécessité actuelle à composer le Conseil général ;

« Considérant, que si les pouvoirs extraordinaires du Gouverneur ne lui donnent pas celui de modifier même provisoirement l'ordonnance constitutive, placé entre la nécessité de former un Conseil général pour régulariser l'action du gouvernement, et l'impossibilité de le constituer d'après les formes prescrites par l'ordonnance du 25 août 1825, *il n'a pas dû hésiter* (1) *à reconnaître, que ses pouvoirs comprennent implicitement le droit de modifier les dispositions réglementaires* ou d'exécution dans le cas où ces dispositions ne peuvent plus être exécutées ;

« Considérant que l'*élection substituée à la nomination des membres du Conseil général ne change pas les attributions, les prérogatives et les devoirs de ce Conseil, qu'elle ne fait qu'en rendre la forme plus appropriée à l'esprit de la Charte de 1830 ;*

« Que d'ailleurs l'élection présente toutes les garanties désirables envers le gouvernement et le pays ;

« Ouï dans leurs opinions les habitants notables et les magistrats convoqués par nous à cet effet ;

« Sur le rapport de la commission préparatoire formée par notre arrêtée du 19 février 1832 ;

« De l'avis du Conseil privé,

---

(1) Il avait hésité plus d'un an.

« Avons arrêté et arrêtons ce qui suit, pour être exécuté pendant une année, à moins qu'il n'en soit autrement ordonné par sa Majesté :

TITRE 1er

Art. 1er. A compter de la promulgation du présent arrêté, le Conseil général sera composé de 36 membres.

Art. 2.

Art. 3. Le nombre des membres du Conseil général sera réparti entre les diverses communes ainsi qu'il suit :

Saint-Denis	6
Sainte-Marie	2
Sainte-Suzanne	2
Saint-André	3
Saint-Benoit	4
Sainte-Rose	1
Saint-Paul	6
Saint-Leu	2
Saint-Louis	3
Saint-Pierre	4
Saint-Joseph	2
Saint-Philippe	1 (1)
	36

(1) La section de Baril, dans Saint-Joseph, avait été érigée en commune distincte par ordonnance du roi en date du 4 octobre 1830, promulguée par arrêté du 3 juin 1831. On n'avait pu faire moins que de donner à la nouvelle commune le nom de *Saint-Philippe*.

Art. 4. Les membres du Conseil général seront directement nommés par les Français nés ou domiciliés dans la Colonie, y jouissant des droits civils et politiques, et qui réuniront en outre les conditions qui seront ci-après déterminées pour être électeurs...... »

XVI

Victoire de l'Association. — Réunion générale à Saint-Denis. — Quelle fut l'œuvre de l'Association. — Opinion de Robinet de La Serve. — Opinion d'Adrien Bellier. — Les élections. — Les élus. — Double élection de Robinet de La Serve. — Les hommes de l'Association au Conseil général. — Energique protestation. — La vérité rétablie. — Conclusion.

La victoire de l'Association était complète ; le but qu'elle avait poursuivi avec tant de patience, d'énergie et de patriotisme était atteint. La Colonie allait enfin posséder un Conseil général élu. (1)

Et, comme pour lui donner une entière satisfaction, le Gouverneur s'était appuyé, pour justifier les mesures qu'il avait enfin

---

(1) Le Gouvernement ne se pressait pas de convoquer les collèges électoraux et ses intentions à ce sujet paraissaient toujours douteuses. Le Comité suprême se décida à l'aiguillonner et à donner en même temps de salutaires avertissements à l'opinion publique, en faisant imprimer par la presse des Salazes et en publiant la lettre de M. Sully Brunet à un ancien magistrat, suivie d'extraits, etc.....

Je fus chargé d'en rédiger l'avertissement et les observations qui y font suite. Cette publication ne fut point un abus de confiance et elle n'eut lieu qu'avec le consentement des plus proches parents de notre digne délégué.

La Serve (M. H.)

prises, sur les considérations émises et développées par les membres de l'Association dans leurs écrits et dans leurs discours.

Dans les premiers jours de mai 1832, se tint encore à Saint-Denis une réunion générale de tous les comités directeurs et des commissaires *ad hoc* des quartiers, chargée de réviser l'acte d'Association primitif du 15 mai 1831.

Mais, à partir de ce moment, l'Association n'exista plus que de nom. Son but était rempli.

Plusieurs de ses membres se retrouvèrent ensuite au *Salazien*, unis pour réclamer la liberté de la presse.

Mais l'on peut dire que l'Association générale avait pris fin, en même temps que fut constitué le premier Conseil général élu.

Les hommes qui composèrent l'Association générale des Francs-Créoles de l'île Bourbon ont bien mérité du pays.

Nous tenons à rapporter ici le jugement qui fut porté sur l'Association par son chef même :

« Elle était et ne pouvait être qu'une école d'enseignement mutuel, à l'effet de répandre et de propager dans le pays les idées morales et politiques. C'était une école d'esprit public et de patriotisme, à défaut de la liberté de la presse. C'était une assurance mutuelle d'aide et assistance à l'imitation de la franc-maçonnerie, contre les persécutions que ses membres pourraient avoir à souffrir ; en un mot l'Association ne devait agir que comme un être moral, hors les cas spécifiés et définis au frontispice même de l'acte qui le constitue. Elle est restée fidèle à ces principes et à ces maximes......

« Nos délégués approuvèrent la formation de l'Association et applaudirent à ses principes. L'acte d'Association leur avait été envoyé. Il était facile de prévoir à ce sujet l'opinion de M. Sully Brunet........ »

Un autre membre de l'Association, M. Adrien Bellier, écrivait en 1833 :

« Elle a fait renaître le patriotisme local, elle a ranimé l'opinion publique et lui a donné un corps. Elle a éclairé le pays sur ses droits et ses intérêts et lui a fait sentir toute la valeur de ces institutions politiques, que nous avons été les premiers à revendiquer pour lui. Elle a produit le Conseil général électif en attendant mieux. Enfin le retentissement de tout ce qu'elle a fait à Bourbon en faveur de la liberté politique de la Colonie, et les écrits qu'elle a publiés, ont produit sur l'opinion métropolitaine l'effet que nous étions en droit d'attendre. Notre cause a trouvé des défenseurs et des apologistes dans un grand nombre de journaux de France, qui, jusque-là, nous avaient été opposés ou avaient gardé le silence. ..... Les actes et les écrits de l'Association ont offert justement la preuve de ce qui était révoqué en doute par les ennemis et les contempteurs des colonies, savoir que nous avions des lumières et que nous comprenions nos droits....... »

« J'ai toujours pensé — nous dit ailleurs M. Bellier dans une lettre particulière — que, si les habitants de Bourbon n'avaient pas forcé la main à leur Gouverneur, « le Gouvernement de la Métropole n'aurait jamais » donné aux trois grandes colonies françaises, comme on les appelle, la loi de juillet ou d'août 1833 (1), qui a institué les conseils coloniaux auxquels la Révolution de février a mis fin. »

Enfin, le corps des délégués siégeant à Paris, proclama les lois coloniales de 90 et 91 « comme l'étendard autour duquel tous les colons devaient se rallier, en un mot, comme étant la base fondamentale du droit politique colonial », s'inspirant ainsi du programme même de l'Association.

Les élections eurent lieu le 8 juillet 1832.

Le chef de l'Association, Robinet de La Serve, fut honoré d'une double élection. Les communes de Saint-André et de Sainte-Suzanne tinrent toutes deux à honneur de porter leurs suffrages sur l'homme à qui on devait les résultats obtenus, sur l'apôtre du

---

(1) La loi du 24 août 1833, sur le régime législatif des colonies, fut promulguée à la Réunion le 12 octobre 1833 par M. Cuvillier, contre-amiral, major-général de la marine à Rochefort, nommé gouverneur de la Colonie le 17 février 1832 et arrivé dans la Colonie au mois de novembre de la même année.

Nous donnons aux pièces justificatives, le texte de cette loi du 24 avril 1833, qui a constitué de si larges attributions aux conseils coloniaux et le compte-rendu de notre délégué, M. Sully Brunet.

progrès dans la Colonie, le défenseur des libertés coloniales.

La commune de Saint-Benoit, ayant à élire quatre représentants, en prit trois dans l'Association, donnant ainsi un bel exemple de reconnaissance et de patriotisme.

Et le 25 août, c'est-à-dire plus de deux ans après la Révolution de juillet, eut lieu la première réunion du conseil, où figuraient dix-sept membres de l'Association. Nous guillemettons les noms de ceux-ci, dans la liste que nous donnons des membres de notre première assemblée élue :

MM. Gamin, C. Roux, « Diomat aîné », Jean-Baptiste Julienne, « Conil », Legoff, « Auguste Pajot », « Tourris aîné », « Aug. Vinson », « Abadie », « Robinet de La Serve », « J. Fourchon », André Féry, « Champierre de Villeneuve », « Hubert Delisle », Th. Ruyneau de Saint-Georges, « Patu de Rosemont », « Malavois », Philibert Chauvet, « K/anval aîné », Sallèles, Valombreuse Deheaulme, Le Goat de K/véguen, Langlois d'Abbeville, Deguigné fils, Nicolas Hibon, Baudry, « Fémy », Urbain Marin, Hoarau des Ruisseaux, Ch. Motais, « Petit de la Rhodière », « Sauzier », De Mahy, « Félix Vergoz. » (1)

---

(1) Les organes de l'Association au Conseil général eurent la plus grande charge des travaux de la session.....

Ainsi : M. Conil rédigea plusieurs rapports avec le talent le plus remarquable. Nous devons à M. Malavois

La séance d'installation du Conseil eut lieu le 25 août. Le Conseil valida lui-même les pouvoirs de ses membres.

Dès cette première séance, à l'occasion de la rédaction de l'Adresse, les hommes de l'Association firent entendre leur voix pour rendre hommage aux assemblées coloniales de la Révolution, de qui s'inspirait l'Association et pour venger celle-ci.

« Au moment — s'écrie La Serve, appuyant une motion de ses collègues et amis, Diomat et Pajot — où la représentation coloniale se réunit pour la première fois, après une interruption de 29 ans, il est naturel que nos esprits se reportent à l'époque où elle a cessé d'exister à Bourbon au mépris de nos droits les plus légitimes. Il est dans les convenances qu'au moment où le pays retrouve des organes, le premier cri de ses mandataires soit consacré à rappeler l'époque où les assemblées coloniales, après avoir *sauvé* le pays, raffermissaient l'ordre public ébranlé par les commotions de ces temps orageux ! Leurs efforts patriotiques furent comprimés tout à coup par un acte de despotisme, et l'avenir qu'elles nous préparaient s'évanouit !

---

un excellent travail sur le budget de 1832 ; à M. Vinson le rapport sur le projet de la loi municipale et celui de la commission des neuf, chargée d'indiquer les bases des divers projets de loi ; à M. Auguste Pajot le rapport sur l'instruction publique et autres objets ; à M. Patu de Rosemont le rapport sur l'organisation des gardes nationales ; à M. Abadie le rapport de la Caisse d'escompte ; enfin à M. Diomat l'excellent rapport sur les travaux publics, ouvrage complet sur la matière et qui a réuni les suffrages unanimes de l'assemblée........ LA SERVE

Et le même jour, Robinet de La Serve, exhalant enfin l'indignation qu'il avait comprimée si longtemps, vengeait en ces termes l'Association des calomnies qui la poursuivaient encore, même après la dissolution :

« Il me tardait ainsi qu'à mes amis, de pouvoir m'expliquer d'une manière aussi claire que précise......

« Des efforts qui n'avaient qu'un but exclusivement politique et patriotique, qui ne tendaient enfin qu'à susciter et à produire une représentation coloniale librement et directement élue, ont été indignement qualifiés. On les a signalés ici et en France comme n'ayant pour objet que les mesures destinées à frustrer les créanciers. C'est ainsi que les intentions les plus pures ont été calomniées et que l'on a semé partout les méfiances et les craintes. Le jour des explications est enfin arrivé pour nous.......

« La calomnie a feint de considérer la création d'un Conseil général sur un nouveau mode, comme un acheminement vers des mesures financières qui, mal interprétées, porteraient un coup mortel au crédit public. Il faut imposer silence à la mauvaise foi et éclairer les esprits trompés...... Le Ministre, trompé lui-même par des renseignements mensongers, a dit à la tribune que notre Colonie était en fermentation uniquement parce que les débiteurs ne voulaient pas payer leurs créanciers.......

« Il faut que la France apprenne que ce

fait est matériellement faux et que les bons citoyens qui ont professé ici les doctrines libérales, qui seules peuvent sauver le pays, n'ont jamais eu d'autre but que le bien public et que leurs généreuses tentatives ne voulurent jamais bouleverser l'ordre établi ni porter atteinte à la foi publique...... »

Cette fière et vigoureuse protestation est restée entière. Personne ne s'est levé ni au Conseil général où se trouvaient cependant en majorité les adversaires de La Serve, ni dans la presse, ni au banc du gouvernement, pour la combattre et la repousser.

Et aujourd'hui que cinquante années sont écoulées et que la postérité juge froidement et impartialement les hommes et les choses de cette grande époque, on se demande s'ils étaient des Créoles, des enfants de notre terre généreuse de Bourbon, ceux qui méconnurent le but et l'œuvre de l'Association et poursuivirent de leurs calomnies, jusqu'au tombeau, Nicole Robinet de La Serve.

Biographie de Nicole de La Serve

« Dans l'histoire de toutes les sociétés, on voit apparaître d'époque en époque des hommes d'un mérite supérieur, dont l'intelligence s'élève au-dessus du niveau de leurs contemporains, et qui subissent alors, par une nécessité fatale, le sort de tous les précurseurs.

Le doute, les dédains ou d'injustes soupçons, l'envie même accompagnent leurs pas, jusqu'au jour où la mort, qui les sépare du reste des hommes, fait commencer pour eux la postérité.

Dès ce moment, tous les bruits des passions humaines s'arrêtent au seuil respecté du tombeau, sur lequel plane la vérité. Seule désormais elle fait entendre sa voix, et les générations, oublieuses de leurs propres injustices, ne savent plus que décerner des éloges au dévouement infatigable du citoyen dont les conceptions profondes, brillantes utopies la veille, sont devenues aujourd'hui de sérieuses réalités.

Telle fut l'existence de M. Robinet de La Serve. Mais l'heure des réparations, quelquefois si tardive, a depuis longtemps sonné pour lui ; aussi ces pages où se trouve retracée rapidement sa noble existence, dévouée à la liberté, à l'indépendance de sa double patrie, ne seront qu'un hommage de plus, mais un hommage sincère, rendu à sa mémoire.

J. H. P. H. Nicole Robinet de La Serve naquit à Sainte-Suzanne le 10 avril 1791. Son père, issu d'une famille du Périgord, avait quitté la marine, pour s'établir à Bourbon qu'il ne devait plus quitter. Membre de l'Assemblée coloniale en 1790, il mourut peu d'années après, vers 1796, laissant du moins à son fils le souvenir de l'amour qu'il portait à la France, et à la Colonie qui l'avait adopté parmi ses enfants.

Madame de La Serve ne laissa pas dépérir entre ses mains ce noble héritage. Elle confia l'éducation de son fils aux soins éclairés des seuls professeurs de distinction qui fussent alors à Bourbon, MM. Gibert des Molières, Amouroux et Vendriès fixés à Saint-Benoit, le plus riche quartier de l'Ile à cette époque.

Les heureuses dispositions de Nicole de La Serve, et son ardeur extraordinaire pour le travail, faisaient pressentir à ses maîtres, à sa famille, les succès qu'il devait obtenir plus tard ; mais déjà les sentiments qui font les grands citoyens, exerçaient sur lui leur empire. L'amour du sol natal et la haine de la domination étrangère furent ses premières impressions politiques.

En 1809, il contribuait, avec quelques-uns de ses amis, à la défense de Saint-Paul, contre les Anglais qui pillèrent et incendièrent les magasins publics.

En 1810, il combattit encore parmi le petit nombre de créoles généreux qui opposèrent aux troupes anglaises une résistance dont l'héroïsme a fait oublier l'imprudence. (1)

Cependant l'Ile était tombée au pouvoir de l'ennemi. Nicole de La Serve, fidèle aux sentiments de patriotisme que lui avait légués son père, refusa du moins de prêter le serment d'allégeance aux Anglais. Malgré les larmes de sa mère, il partit, comme secrétaire du colonel St-Suzanne, sur le premier cartel que commandait M. Hamelin, depuis contre-amiral.

En France, Nicole de La Serve sut mettre à profit l'exil auquel il s'était condamné. Le rôle qu'il avait joué dans la défense de son pays, l'espèce de notoriété qui déjà s'attachait à son nom, n'avait pas enflé son cœur d'un sot orgueil ; aussi ne rougit-il pas de redevenir élève et d'aller s'asseoir au milieu de cette ardente jeunesse que l'amour de la patrie, la haine de la domination étrangère devaient bientôt entraîner, elle aussi, sur les champs de bataille, à la rencontre de l'ennemi. La guerre cependant laissait encore des loisirs studieux, et Nicole de La Serve, guidé par les

---

(1) On n'est jamais imprudent lorsque l'on combat pour défendre son pays. L. B.

doctes leçons de M. Massin, son chef d'institution, remportait, en 1812, le prix d'honneur de philosophie, au concours général des lycées impériaux de la capitale.

Encouragé par ce premier succès, il appliqua dès lors toutes les forces de son esprit à l'étude de ces idées libérales qui préparaient à la mère-patrie un avenir meilleur ; infatigable travailleur, on le voyait dérober au sommeil des heures toujours insuffisantes, selon lui, pour ses lectures profondes et variées ; mais les événements qui s'étaient accomplis autour de lui vinrent l'arracher à ses veilles studieuses, et, dès ce moment, commença pour lui une existence active dont la lutte et le travail se partagèrent tous les instants.

C'est ainsi que, en 1814, à l'attaque de Paris par les armées coalisées, il volait aux barrières et se rangeait avec les volontaires parisiens et quelques créoles généreux, MM. Auber de Saint-Paul, Almazy Loupy, Sully Brunet et d'autres encore, dont les noms malheureusement nous échappent, sous les ordres du maréchal Moncey, pour affronter le feu des bataillons ennemis, repousser ses charges de cavalerie et reculer, s'il était possible, l'heure honteuse de la capitulation !

Obligé, pour la seconde fois, de déposer les armes, il ne sentit pas cependant faiblir en lui, au spectacle décourageant des trahisons qui déshonoraient la France, le respect et l'amour qu'il avait voués à sa patrie. Il crut que loin des champs de bataille, et sur un autre théâtre, il pouvait encore la servir.

Aussi le 1er mai 1815, fit-il paraître son premier écrit : « l'Adresse aux bons Français, » « à ceux, disait-il, qui, abstraction faite de leurs sentiments particuliers pour Napoléon ou pour les Bourbons, aiment avant tout leur patrie. »

Dans cet écrit, où l'on est étonné de retrouver les formes rapides de nos brochures politiques, Nicole de La Serve, éclairant les bons Français sur la perfidie des alliés, qui ne cherchaient à restaurer une seconde fois le trône des Bourbons que pour affaiblir et démembrer la France, montrait déjà cette sûreté de vues et ce talent d'écrivain qui devaient bientôt se révéler avec tout leur éclat dans un plus important ouvrage.

A la même époque, fédéré du Xe arrondissement de Paris, il était au nombre des commissaires qui, après la glorieuse défaite de Waterloo, allèrent à l'Elysée offrir à Napoléon les bras du peuple de Paris, pour défendre l'indépendance nationale et l'intégrité du territoire français.

Depuis lors, jusqu'à son retour à Bourbon en 1824, il ne cessa de combattre dans les rangs de cette brillante phalange libérale, qui comptait pour chefs les Lafayette, les Dupont de l'Eure, les d'Argenson, les Benjamin Constant, les Foy, les Manuel, les Dupin, dont il fut le disciple, et qui l'honorèrent de leur amitié.

Nicole de La Serve fut, en effet, un des soldats les plus vaillants et les plus dévoués de cette armée de citoyens, qui à travers mille dangers, en face même de l'échafaud politique, lutta 15 ans pour triompher trois jours.

En 1816, il se fait recevoir avocat, et profite aussitôt de son titre pour défendre les patriotes impliqués dans le complot de l'Epingle noire ; il épouse, en 1817, la fille de M. Chevassus, l'un des directeurs du Constitutionnel, prend dès lors une part active à la rédaction de ce journal, et publie enfin, en 1819, son remarquable traité de *la Royauté suivant la Charte*. Cet ouvrage, qui fut aussitôt traduit en plusieurs langues et qui, dès son apparition, classa Nicole de La Serve parmi les publicistes distingués de l'Europe, lui valut les éloges de tous les journaux libéraux de l'époque, et un remarquable chapitre de M. Augustin Thierry, dans ses *Dix ans d'études historiques*.

La place de Nicole de La Serve était marquée désormais au premier rang ; jamais il ne recula devant ce dangereux honneur. Indigné de l'abaissement de la France, de la perte de ses libertés et des mensonges de la Charte violée chaque jour, il ne cessa de conspirer contre les Bourbons. Il faisait partie de la Vente centrale des carbonari de Paris comme député de sa Vente. C'est en cette qualité, que, en 1822, il organisa, avec ses amis politiques, les moyens de sauver la vie aux quatre sergents de la Rochelle ; mais leurs plans furent déjoués. Nicole de La Serve traduit, pour ce fait, devant la cour d'assises de la Seine avec M. Marchand, aujourd'hui juge de paix à Paris, et le peintre Meurice, ne dut d'être acquitté, qu'aux talents oratoires de son ami dévoué M. Barthe, aujourd'hui premier président de la Cour des comptes et sénateur.

Les événements marchaient d'un pas rapide, et déjà il était facile de prévoir le triomphe du parti libéral. Nicole de La Serve aimé, estimé des hommes les plus influents de ce parti, n'hésita pas cependant à renoncer au brillant avenir qui s'offrait à lui, pour retourner à Bourbon, dès qu'il apprit que sa mère était atteinte d'une cruelle maladie qui devait la conduire au tombeau. Il eut du moins la triste consolation d'arriver assez tôt pour lui fermer les yeux (1825).

Nicole de La Serve, revenu dans son pays après une longue absence, consacra désormais à son émancipation politique les hautes facultés qu'il avait déployées jusqu'alors sur un plus vaste théâtre. Il entreprit d'abord de réveiller l'esprit public éteint à Bourbon, et rédigea dans ce but plusieurs écrits, tous remarquables par une érudition profonde, le patriotisme des sentiments, l'élégance et la vigueur du style. Ses intentions ne furent pas toujours comprises, car il avait le tort d'avoir trop tôt raison. Nous ne voudrions pas réveiller des passions à jamais éteintes; mais, il faut bien le reconnaître, c'est un hommage à rendre à la mémoire de Nicole de La Serve, il proclama le premier, et fit adopter par ses compatriotes, ce principe fécond que le droit public des Français peut être revendiqué par les colonies, aussi bien que par la Métropole; il réclama presque seul en ce temps-là ce que depuis on n'a cessé de réclamer avec une remarquable unanimité : la liberté de la presse, la représentation électorale dans le débat des intérêts coloniaux, des lois faites par les colons et pour eux, l'autonomie enfin du pays.

Nicole de La Serve avait encore devancé son époque

en créant au Champ-Borne, en 1827, une vaste usine centrale : le Colosse. Complètement ruiné, comme beaucoup d'autres, par la catastrophe commerciale de 1830, il n'oublia pas cependant, au milieu des préoccupations de ses intérêts personnels, le soin des intérêts financiers et politiques du pays. C'est dans ce but, que, en 1831, il fonda l'Association coloniale. L'association réclamait les lois de 1791, qui assuraient aux colonies leur indépendance et leur autonomie; elle conseillait entre les créanciers et leurs débiteurs cette grande transaction, tant de fois calomniée, qui, si elle avait été consentie, eût peut-être alors, comme en 1848, sauvé Bourbon du bouleversement général des fortunes. (1)

Mais Nicole de La Serve, bientôt désabusé, effaça du programme de l'Association un projet qui supposait une vertu trop rare à toutes les époques, le désintéressement, et ne s'occupa plus que d'assurer les libertés politiques de son pays.

Un nouveau journal parut tout-à-coup, le *Salazien.* (2) D'où venait-il ? Nul n'aurait pu le dire ; mais de transparentes initiales au bas des articles révélaient à tout le monde le nom des créoles généreux qui luttaient pour le triomphe des idées libérales. L'Association couvrit aussitôt la Colonie tout entière. M. Duvaldailly, touché alors de ces vœux unanimes qui, dans une circonstance solennelle, vinrent se manifester publiquement devant lui, entraîné d'ailleurs par le courant des libertés qui triomphaient dans la mère-patrie, convoqua de sa propre autorité un premier conseil général électif en 1832.

Peu de temps après, parut la loi du 24 avril 1833, qui accordait aux colonies les libertés qu'elles récla-

---

(1) C'est là une erreur ; le projet d'atermoiement du Bois Rouge porte la date du 1er novembre 1830 et l'acte de constitution de l'Association a été signé le 15 mai 1831. Robinet de La Serve a lui-même pris soin d'établir qu'il n'existait aucun rapport entre ces deux actes. « L'Association — a-t-il écrit — ne s'est jamais occupée de mesures financières, quoi qu'en aient dit ses détracteurs. » L. B.

(2) Le *Salazien* ne parut qu'en 1833, sous le gouvernement de M. Cuvillier. L. B.

maient depuis si longtemps. De 1834 à 1837, Nicole de La Serve siégea dignement au Conseil colonial, où l'envoyait le vote de la majorité des habitants du quartier Saint-André, qui l'avaient adopté pour leur représentant. Nous n'essaierons pas de retracer ici la ligne de conduite suivie par Nicole de La Serve ; assez de témoignages subsistent pour la gloire de son court passage dans le vaste champ de la politique coloniale. Nous rappellerons seulement qu'il osa le premier dire à ses compatriotes de ne pas s'opposer aux mesures qui devaient amener progressivement l'émancipation générale des esclaves dans les colonies ; il conseilla la fondation du district de Salazie, auquel la culture du café et l'industrie de la soie promettent aujourd'hui une brillante part de la fortune coloniale. Nicole de La Serve a aussi contribué puissamment à l'ouverture du canal qui féconde la région magnifique du Champ-Borne.

Fatigué de ses longs travaux, et de tant d'épreuves, épuisé par l'ardeur dont son âme était pleine et qu'il apportait dans la poursuite de ses desseins, peut-être aussi rebuté par des obstacles sans cesse renaissants, Nicole de La Serve se retira, en 1837, de la vie publique. Son temps fut désormais partagé entre les graves, les hautes études dont se nourrissait sa vive intelligence et les soins que réclamait l'éducation de ses plus jeunes enfants. Maintenant que les agitations de la politique et les soucis des affaires ne venaient plus troubler les douceurs de l'union qu'il avait contractée, en 1822, avec une personne distinguée par l'élévation de son intelligence et tous les sentiments d'une âme généreuse, il voyait le bonheur domestique et les joies de la famille habiter sous son toit hospitalier, il espérait des jours heureux, quand la cruelle maladie à laquelle il a succombé vint fondre sur ce corps affaibli. Les progrès du mal avaient paru s'arrêter un moment ; mais une nouvelle et trop douloureuse épreuve, la mort d'une fille qu'il adorait, lui porta le plus rude et le dernier coup. Il s'éteignit quelques jours après, à Salazie, le 18 Décembre 1842, dans les bras de ses amis, sans que leurs efforts et leurs soins pussent retarder d'un seul instant le moment fatal.

Les habitants du quartier Saint-André, profondément touchés de sa mort, demandèrent à garder ses restes au milieu d'eux, en lui offrant un dernier et perpétuel asile, et la Colonie reconnaissante de ce que Nicole de La Serve avait souffert pour elle, voulut que sur sa tombe, élevée par une souscription patriotique, on gravât ces simples paroles qui résument sa vie :

AU DÉFENSEUR DES LIBERTÉS COLONIALES.

Biographie de Sully Brunet

(1) Brunet (Jacques-Sully) — né à Saint-Denis le mort à Paris le 186 — refusa, en 1811, de prêter le serment d'allégeance aux Anglais et fut embarqué sur un Cartel. Il se trouvait à Paris lorsque les alliés s'en approchèrent. Il prit le fusil et combattit aux barrières, ainsi qu'un grand nombre de jeunes étudiants créoles.

En 18 , substitut du procureur du roi à Bourbon, il donna, dans une affaire d'esclaves, des conclusions qui furent désagréables au gouvernement. On l'exila à Sainte-Rose, par mesure disciplinaire. On sait avec quelle énergie M. Gilbert-Boucher, alors procureur général, protesta contre l'arrêté qui venait frapper son subordonné, coupable d'indépendance.

A la suite de cette mesure, Sully Brunet quitta la magistrature, dans laquelle il refusa constamment de rentrer malgré les sollicitations de M. Girard, et prit place au barreau de Saint-Denis.

Nommé délégué de la Colonie en 1830, il conserva ces fonctions jusqu'en 1838, époque où une majorité réactionnaire étant arrivée au conseil colonial, il ne fut pas réélu.

Les étudiants créoles, présents à Paris, lui adressèrent alors la lettre suivante :

« Paris, le 28 Avril 1838

« A Monsieur Sully Brunet

à la Briantais.

« Monsieur,

« L'élection de nos délégués est un acte qui devrait rester étranger à nous, jeunes créoles, venus de nos bords lointains pour chercher quelques lumières au sein de la mère-patrie ; notre âge ne nous permettait pas de jeter notre vote dans l'urne électorale ; mais la reconnaissance est de tous les âges et nous ne connaissons pas de lois qui puissent enlever à nos cœurs le droit de se souvenir.

« Que d'autres restent froids à la perte que notre colonie vient de faire de l'un de ses défenseurs, pour nous, nous avons pensé qu'au moment où le résultat du scrutin de Bourbon venait nous affliger, nous ne devions pas laisser seulement à ceux qui n'ont pas quitté la colonie le soin d'exalter ce que vous avez fait pour elle : « Son agriculture dotée de nouveaux « éléments de progrès ; ses productions défendues con- « tre le privilège de l'industrie métropolitaine ; sa « garnison augmentée ; sa représentation devenue plus « complète, plus sincère ; l'augmentation de ses droits « et de son bien-être. » En un mot, nous avons pensé, disions-nous, que nous ne devons pas hésiter un seul instant à vous exprimer les sentiments dont nos cœurs sont remplis, nous qui vous avons vu défendant, pied à pied, les droits et les intérêts de la colonie ; nous qui avons trouvé en vous un appui dans les moments difficiles, un ami pour partager nos peines, presque un père, loin de nos familles, par les soins et les conseils les uns touchants, les autres pleins de sagesse. Mais la plume serait impuissante à rendre tout ce que nous éprouvons.

« Permettez-nous donc de profiter de votre arrivée à Paris, que nous savons prochaine, pour vous prier de venir au milieu de nous, dans l'épanchement d'un banquet patriotique, recevoir les témoignages non équivoques de notre gratitude pour les services que vous avez rendus au pays et à ses enfants.

Signé : C. P. Barrois — A. de La Serve — P. Legras — A. Lacaze — R. Le Coutour — A. Loupy — C. Legras — Amouroux — Gillot l'Etang — Ch. Robin — H. Rolland — E. Robin — F. Robert — Nas de Tourris — A. Lacaussade — Arnoux — Ch. Sigoyer — Diomat. »

Sully Brunet resta membre du comité consultatif

des colonies. Plus tard, son pays le rappela à la délégation.

En 1848, le gouvernement provisoire le nomma membre de la Commission coloniale présidée par Schœlcher. Il y soutint les idées qu'il avait toujours soutenues : l'affranchissement des esclaves, avec une juste indemnité aux colons.

Du jour où il avait été chargé de représenter son pays, Sully Brunet n'avait cessé d'appeler l'attention de ses compatriotes sur cette éventualité de l'émancipation et il leur avait dit : prenez les devants, l'émancipation sera faite par vous et avec vous, tandis que si vous persistez à la repousser, le moment viendra où elle s'imposera et sera faite contre vous et sans vous.

Les événements de 1848-1849 devaient donner raison à Sully Brunet.

En 1849, la Colonie ayant été appelée à nommer deux représentants à l'Assemblée nationale, la candidature de Sully Brunet échoua devant les rancunes et les haines des grands propriétaires. On était bien loin du temps où, revenu dans l'île pour quelques mois, il avait parcouru les communes, marchant de banquets en banquets, au milieu d'ovations jusqu'alors sans exemple à Bourbon.

En 1851, Sully Brunet et Adrien Bellier furent élus députés par les mêmes hommes qui, deux ans auparavant, avaient combattu avec acharnement la candidature de Sully Brunet.

Le coup d'état ne leur permit pas de siéger.

Depuis, Sully Brunet ne cessa de défendre les intérêts de son pays, soit dans la presse, soit au sein des comités spéciaux dont il était membre. Il avait acquis une grande notoriété à Paris et faisait autorité dans toutes les questions coloniales.

Peu d'hommes ont compté autant d'amis et d'ennemis. Mais tous les partis rendent hommage à sa droiture et à son dévouement pour la Colonie.

Biographie Auguste Vinson

François-Auguste Vinson, issu d'une famille nombreuse, mais sans fortune, de la Saintonge, naquit à Rochefort (Charente-Inférieure) le jour du mardi-gras de l'année 1797.

A l'âge de 15 ans, il fut reçu bachelier ès-lettres à Poitiers. A 20 ans (28 décembre 1816), il était officier de santé.

L'année suivante, il s'embarquait sur la flûte *l'Eléphant* qui se rendait à l'île de Bourbon.

Le pays lui plut ; il s'y fixa.

Le 26 octobre 1818, il épousa une créole, Mlle Adèle Ducastaing, fille d'un médecin du Var qui habitait le quartier Sainte-Suzanne.

L'occasion de se montrer s'offrit bientôt. Le choléra, sorti pour la première fois du delta du Gange, éclata à l'île Bourbon en 1820. M. le gouverneur Milins le chargea à cette occasion de plusieurs missions importantes et périlleuses et lui commanda sur cette maladie nouvelle un mémoire qui, envoyé en France, lui valut, en avril 1821, le titre de membre correspondant de l'Académie de médecine de Paris, bien qu'il ne fût point docteur.

De 1820 à 1830, Vinson se fit connaître par les qualités de son cœur, de son esprit ; par ses connaissances et surtout par son patriotisme. Il était né libéral et orateur. Il chérissait les lettres qu'il cultivait ; aimait la poésie, surtout l'ode et les chansons.

Rien aujourd'hui ne pourrait donner une idée de ce qu'était en 1830 la société coloniale dans les campagnes. L'absentéisme, la centralisation industrielle, les mauvaises affaires ont transformé la majorité de nos communes en un véritable désert. La solitude semble régner partout. Mais à l'époque dont nous parlons, chaque propriété — et elles étaient nombreuses — était représentée par un chef remarquable entouré de sa famille. De là un mouvement d'idées, une vitalité extraordinaire dont on aurait peine à présent à se représenter l'image. Les réunions, les soirées, les repas publics y faisaient des meetings naturels. Au milieu de cette effervescence était né un élément tout nouveau qui devait avoir de si grands résultats pour les réformes à venir, je veux parler de l'esprit public, de l'idée politique qui, préparés par le temps, surgissent surtout à l'époque de la révolution de 1830, qui fut en France une République manquée et ici une ère de libéralisme réel.

Les quartiers du Vent, Sainte-Marie, Sainte-Suzanne, Saint-André, Saint-Benoit se prononçaient surtout par de chauds partisans des promesses libérales d'un gouvernement nouveau. L'Ile entière dont l'esprit avancé, instruit, s'était bercé d'une espérance chimérique, se trouva, au lendemain de la Révolution de juillet, profondément blessée de l'oubli le plus complet. C'était presqu'un abandon. L'exaltation patriotique ne connut plus de repos. Le Quartier-Français, que sa position indiquait, placé au centre des communes dont je viens de parler, était devenu un lieu de rendez-vous, une vraie chaumière de patriotes. C'était là, sous le souffle puissant de Nicole de La Serve, que le patriotisme indépendant grondait ou bouillonnait sous la compression d'un gouvernement démodé, impropre aux besoins d'un pays qui avait à se relever par la liberté.

Les lois de la Restauration, encore en vigueur, s'opposaient aux réunions ouvertes de citoyens. On créa au Quartier-Français l'association clandestine des patriotes, un vrai club qui réunit, par un concours fortuit de circonstances exceptionnelles, l'élite la plus remarquable d'hommes supérieurs et distingués que la Colonie eût jamais possédés. Les noms des Laserve, des Vinson, des Bellier, des Loupy, des Abadie, des Perrichon, des Villiers, des Beaumont, des Camponon, des Lépervanche, des Sigoyer, des Pignolet, des Dioré, des Notaise et tant d'autres, composaient une phalange d'hommes intelligents et résolus. On voulait conquérir les franchises politiques par l'énergie et la constance des revendications; la liberté par l'ordre.

Auguste Vinson se trouva parmi les premiers à côté de Nicole de La Serve et d'Adrien Bellier.

Il avait reçu par un don du ciel une éloquence facile, entraînante, qui frappait de surprise quand on l'entendait en public, ceux-là mêmes qui le voyaient tous les jours dans la vie privée. Sang-froid, élégance d'expressions, lucidité dans les idées, netteté rare dans les mots, il avait tout ce qui fait l'orateur.

Aussi le jour où l'Association présenta son Adresse à M. le Gouverneur de Bourbon, Duvaldailly, ce fut du consentement de tous et à la prière de La Serve lui-même, qu'Auguste Vinson fut choisi pour porter la parole et discuter, si besoin était, les objections qui pourraient être faites.

Le Conseil général élu sortit de l'Association.

Auguste Vinson fut un des premiers acclamés par l'opinion publique. Une fois nommé, il appliqua au travail toute l'ardeur de sa nature.

Lorsque le Conseil général fut transformé en Conseil colonial, la voix populaire ne cessa de l'y envoyer. Orateur, président ou rapporteur, on le retrouve dans toutes les questions qui intéressent le pays.

Son activité suffisait, en outre, à l'administration de sa commune, aux besoins d'une clientèle nombreuse, à la direction d'ateliers qu'il appliquait à des entreprises importantes.

Malheureusement il ne put se contenir dans ces limites. L'industrie sucrière captivait les esprits; il s'y lança, appuyé, il est vrai, sur un homme d'une capacité supérieure, à côté duquel il espérait ne jouer qu'un rôle accessoire; mais cet homme (1) ayant disparu, il

(1) M. Vincent.

dut accepter le fardeau de la *Nouvelle-Espérance*, établissement largement conçu, réalisant de notables progrès, mais prématurément et dans des circonstances fâcheuses.

La révolution de 1848 éclata sur ces entrefaites. A cette nouvelle inattendue, la population s'assembla en masse à Saint-Denis, au Théâtre et à la Loge, afin d'aviser à ce nouvel état de choses. Auguste Vinson, retiré depuis longtemps de la politique, fut acclamé Président. Comme en 1832, il fut chargé pour porter la parole au nom de toutes les communes au commissaire général de la République Sarda-Garriga.

L'entreprise sucrière de la *Nouvelle-Espérance* fut un désastre complet. Vinson, ruiné, livra tout à ses créanciers et se retira parmi ses enfants sur la petite propriété qui avait appartenu à sa femme, où il avait fait ses débuts.

Un soir, à table au milieu d'eux, la parole lui fit défaut : une congestion cérébrale soudaine s'était produite. Tous les soins lui furent donnés. Mais un ramollissement suivit, et cette intelligence si nette et si pure se voila pour jamais.

Vinson mourut à Sainte-Suzanne, entouré de sa famille, le 2 août 1851.

Une foule immense se porta à ses funérailles. M. Adrien Bellier rappela les services de son collaborateur politique ; M. Desprez, maire, ceux rendus à la commune ; M. Amable Sigoyer, l'homme et le médecin.

La commune de Sainte-Suzanne lui éleva un tombeau où se lit l'inscription suivante :

A AUGUSTE VINSON,

MAIRE,

LA COMMUNE DE SAINTE-SUZANNE RECONNAISSANTE

COMPTE-RENDU

AUX

HABITANTS DE L'ILE BOURBON

MESSIEURS,

Votre droit public est de nouveau reconnu et consacré.

Après trente-deux ans d'une interdiction politique, la colonie renaît à la vie constitutionnelle. Des distinctions injustes sont effacées de ses codes ; des institutions libérales assurent à ses populations le bienfait des progrès ; une législature locale garantit à ses habitants un concours efficace dans l'action des pouvoirs ; une délégation dans la métropole éclaire le monarque et les chambres ; l'élection, assise sur des bases larges, permet de compter sur une représentation de tous les intérêts ; enfin, les droits acquis sont respectés et sanctionnés.

De même qu'en 91, c'est à la suite d'un grand événement que l'œuvre de justice s'accomplit pour les colonies françaises ; mais si 89, immense par ses conséquences, n'a pu se développer sans déchirement, 1830, pur d'anarchie, d'excès et de spoliation, n'a trouvé la France révolutionnaire que parce qu'on avait attenté à ses libertés.

La victoire ne fut ni l'œuvre ni la proie d'une faction. Le triomphe fut sans réaction. La France n'a répudié aucun de ses enfants ; aussi les chambres ont pu, dans l'examen de tous les intérêts, discuter mûrement ceux des colonies, afin de garantir à ses contrées, par des institutions bienveillantes, une existence à la fois durable et légale.

La constitution coloniale se posera donc au milieu de vous, non comme un fait révolutionnaire, mais comme un signe de paix, un monument de conservation, dégagé des justes appréhensions qui suivirent les savantes résolutions de la Constituante, et des terreurs qui accompagnèrent les foudres de la Convention.

C'est qu'alors, Messieurs, la nation avait tout à conquérir ; en 1830, elle avait à conserver.

Aussi, malgré les agitations inséparables d'une si violente commotion, les franchises et les droits de tous ont été respectés : *conserver* et *garantir* devinrent la pratique des assemblées législatives.

Il vous appartient donc aujourd'hui, par un concours plein de modération, de patriotisme, de respect pour le trône, et de progrès philosophiques, de réformer les défectuosités de notre organisation coloniale.

Votre constitution vous en donne les moyens et vous en attribue le pouvoir.

Ainsi, messieurs, cette institution commence une ère nouvelle pour vous. Et puisque l'un des premiers j'en ai provoqué la concession, je dois à mon pays de lui faire connaître la pensée qui a présidé à la confection de cette loi, et l'esprit dans lequel j'en ai suivi l'accomplissement.

Placé au foyer de cet incendie, qui, en trois jours, dévora une race de rois, j'ai vu se préparer, naître, se développer et s'accomplir ce grand événement, qui devait ébranler l'Europe et porter ses fruits dans les deux hémisphères.

Plein des sympathies nationales, voyant notre colonie sans représentants, espérant servir ses intérêts, je me suis en quelque sorte constituer son mandataire.

C'était à l'heure des collisions, à l'instant de la réédification des pouvoirs sur le principe fondamental de la souveraineté du peuple, qu'il convenait de revendiquer les droits des colonies, et d'accompagner cette déclaration d'une sorte de profession de foi sur les conditions qui devaient servir à faire valoir ces droits.

Il me fut facile de comprendre que l'absolutisme et l'illégalité, dont le système administratif des colonies était en quelque sorte l'expression vivante, ne pouvaient rester inaperçus dans la lutte. L'existence de ces établissements n'avait donc plus à se défendre que par les opinions libérales : tout autre système eût entraîné leur chute.

Aussi je fus heureux de rencontrer l'intérêt de mon pays d'accord avec mes convictions et les sentiments de toute ma vie.

Par opinions libérales, je n'entends point ces doctrines absolues, cette logique politique purement théorique, pour qui les faits accomplis demeurent sans valeur et qui sont autant de contre-sens en raison pratique, comme en morale ou en économie. C'est, au contraire, à les combattre que je dus surtout m'attacher ; et, pour le faire avec quelque succès, je proclamai que la nécessité de *conserver* se liait au besoin d'*améliorer*, à l'*égalité dans les libertés*, à la *cessation du trafic africain*, à la *décentralisation du régime législatif*, à la *destruction du monopole administratif*.

Se placer sur le terrain avec ces conditions, c'était disposer les esprits en faveur de notre cause.

Il importait aussi de faire comprendre que les colonies étaient à la hauteur de ces innovations ; et pour cela il fallait combattre les nombreuses préventions dont elles étaient devenues l'objet ; j'y travaillai autant par une polémique quelquefois avouée et le plus souvent anonyme, que par toutes les ressources que m'offraient des relations personnelles avec un grand nombre d'hommes politiques et d'influences de toutes les classes ; relations qui se multipliaient facilement, au gré de l'intérêt que je pouvais y rencontrer.

L'opinion publique, bientôt rendue favorable à Bourbon, n'avait pas seulement pour effet de servir notre pays, mais d'être utile au système colonial, puisqu'elle était amenée par degrés à reconnaître que ce système, encore bien qu'exceptionnel dans son caractère principal, n'était pas fondé sur la violence, l'impunité, l'illégalité.

Si tel est aujourd'hui l'état amélioré de l'opinion en ce qui nous concerne, c'est assez vous indiquer qu'elle ne nous fut pas toujours favorable.

La nation elle-même n'a pas maintenu la tranquillité à l'intérieur sans traverser des circonstances périlleuses: car l'horizon, loin d'avoir toujours été pur depuis près de trois ans, a découvert parfois des présages sinistres : les masses, amies de l'ordre et du repos, ont eu à trembler sur les destinées de la France. Elles ont dû appréhender soit des collisions européennes, soit le triomphe passager de l'anarchie ou de la témérité des passions turbulentes. Et, à coup sûr, si telle a été longtemps et souvent la position difficile de la mère-patrie, il a pu m'être permis d'en redouter le contre-coup dans la colonie; et, sous ce rapport, ma conscience m'ordonnait de ne pas laisser ses habitants s'abandonner à une complète sécurité.

Me trouvant placé, à quatre mille lieues d'eux, pour ainsi dire en sentinelle perdue ; délaissé pendant trois ans, sans la moindre communication officielle de mes compatriotes : ainsi jeté au centre des agitations, ma position fut toujours grave et souvent exorbitante.

A ceux des esprits inquiets qui attribuent à la révolution de juillet une aggravation de position pour les colonies, je répondrai qu'il y a erreur dans la manière d'en apprécier les effets : car 1830 ne fut que l'occasion, et non la cause, qui mit à nu les plaies de la société.

Aussi faut-il reconnaître que, si les quinze années de la restauration qui viennent de s'écouler ont été une suite de tranquillité pour les colonies, cet état, qu'on peut appeler un sommeil trompeur, quoique né d'un gouvernement ami et protecteur, n'en fut pas moins créé par l'illégalité et le despotisme, sous l'empire desquels il ne saurait y avoir de prospérité durable et de garantie contre l'erreur.

Cette interdiction politique devait avoir pour effet d'engendrer dans la société coloniale l'égoïsme et le désir d'expatriation, d'y faciliter les tentatives de la cupidité, et de jeter de la confusion dans les opérations, qui ne pouvaient être combinées avec les facultés du pays, c'est-à-dire avec cet intérêt public qui n'est autre que l'harmonie des intérêts privés.

Aussi la colonie avait besoin de cette grande vitalité que lui donnent tous les éléments de bien-être qu'elle renferme, pour ne pas succomber à la suite des calamités sans nombre, et de tous les genres, qui l'ont accablée.

Il est donc facile de comprendre d'où ont pu procéder les convulsions qui ont un instant agité notre population bourbonnienne.

Ainsi l'interdiction politique dans laquelle la Charte de 1814 avait placé les colonies, ou plutôt la fausse interprétation qu'on avait, dans l'origine, donnée à ce pacte, constituait un non-sens, dont les effets devaient être d'isoler tous les intérêts coloniaux de l'investigation de la nation, et dès lors de ne pas faire apprécier leur importance pour la France, et même d'arriver à rendre problématique la conservation de ces possessions éloignées, dont la mère-patrie ne connaissait l'existence que par un chiffre de quelques millions, dont elle se voyait chaque année chargée.

C'est ainsi qu'insensiblement un sentiment de désaffection allait croissant, et qu'il avait pour aliment l'ignorance et pour cause un système vicieux.

Il y avait dès lors, pour les esprits faux ou malveillants, une carrière d'autant plus vaste livrée à l'argumentation, que la malignité avait impunément et sans contrôle, pendant nombre d'années, grossi des faits isolés, que, de leur côté, la calomnie et les ambitions personnelles avaient exploités.

Ce fut toujours pour moi un étrange langage que celui par lequel on cherchait à justifier le silence des colons ou du pouvoir en présence de ces accusations. « Laissez parler, laissez écrire, disait-on : tous ces efforts viendront se briser contre le système d'isolement qui a placé les colonies en dehors des influences de la presse et sous la seule égide d'un pouvoir qui connaît la vérité. »

Comme si un silence absolu, pour la défense d'une cause violemment et sans cesse attaquée, a jamais pu contribuer à son triomphe ! comme s'il n'était pas évident que l'opinion, gangrenée peu à peu par de perfides insinuations, par des faits faux ou seulement exagérés, mais restés sans contradiction, devait réagir avec force sur les assemblées délibérantes, et forcer la main au pouvoir exécutif lui-même, malgré ses convictions contraires.

Or, ce système de silence d'une part, et de l'autre ce disparate dans les institutions des colonies comparées à celles de la mère-patrie, ne pouvaient longtemps se soutenir ; et, l'omnipotence ministérielle s'affaiblissant chaque jour, les chambres devaient bientôt se saisir du pouvoir, et procéder à une investigation qui, dès lors, ne pouvait avoir lieu qu'avec une prévention d'où devait naître l'injustice.

L'éducation du pays sur ce point était donc entièrement à faire.

Je n'aurai pas la présomption de dire que je l'ai entreprise ; mais au moins il pourra m'être permis d'assurer que moi aussi j'ai pressenti l'orage qui grondait ; que j'ai contribué à en modérer les effets et à en détourner les coups ; que j'ai aidé à calmer les irritations ; que j'ai rattaché à notre cause des hommes considérables ; en un mot, que j'ai aussi posé une pierre de l'édifice qu'il fallait reconstruire.

Ainsi, loin d'avoir sacrifié quelques conditions essentielles de l'organisation coloniale, j'ai travaillé à la consolider.

C'est dans la Charte de 1830 (art. 9), et dans les lois antérieures, que le Français colon puise la garantie de ses droits ; et ses espérances sont fondées sur sa volonté, comme sur ce sentiment de conservation qui a présidé aux résolutions des Chambres.

Celles-ci d'ailleurs n'ont pas oublié que la soumission des colonies à la mère-patrie repose sur la protection qu'elles en attendent.

Néanmoins, Messieurs, il faut bien s'entendre : car on ne doit pas voir dans cette volonté de conserver les droits acquis un système stationnaire, mais au contraire une invitation, et par suite l'obligation où se trouvent les colonies d'améliorer toutes les positions.

Il vous appartient donc de développer cette pensée d'avenir, et d'indiquer au roi, législateur dans ces questions, les innovations utiles : car, il faut en convenir, notre organisation coloniale, considérée dans l'acception la plus absolue d'une existence exceptionnelle, présente des imperfections qui, pour être effacées de ses codes, n'en laisseront pas moins subsister les droits acquis et la possibilité de les faire valoir.

Il faut donc se garder de proclamer, comme l'ont fait certaines opinions effrayées des progrès, que l'état actuel de notre société coloniale ne saurait être modifié sans l'exposer à périr : car il convient d'être bien convaincu que c'est l'espoir dans l'avenir qui désarme le philantrope de bonne foi ; qu'il fait violence à ses sympathies, parce qu'il se console en espérant du temps et du bon esprit des colonies.

L'avenir vous appartient donc : à vous de l'exploiter avec fruit, et pour vous et pour ceux qui vous entourent. L'esprit ardent du novateur ne pourra rien lorsque vous aurez volontairement calculé, appliqué et mis en pratique des mesures de progrès.

Je répéterai donc ce que j'écrivais dans la colonie, il y a deux ans : *Bourbon sera ce que les habitants le feront.*

L'on doit établir au premier rang des améliorations la disposition prise par la colonie, de son propre mouvement, et qui a placé tous les hommes libres dans une égale condition.

Depuis longtemps j'avais compris qu'il y avait justice à appeler dans la société politique cette classe de citoyens, qui avait fourni au pays des industriels éclairés, des défenseurs contre l'ennemi extérieur, et, à l'intérieur, de puissants amis de l'ordre.

Aussi ai-je constamment combattu en faveur de l'égalité complète, comme seul moyen d'une fusion entière et de bonne foi.

Ce système et ma conviction m'ont porté à réprouver la traite, proscrite par vous aussi.

Chacun a compris que nous n'étions plus à cette époque et sous la puissance des considérations qui élevaient ce trafic au rang des spéculations approuvées par la morale.

Les temps sont changés ; les mœurs et l'éducation des nations repoussent la traite ; et sans qu'il soit permis pour cela d'accuser le passé, d'en flétrir les actes ou d'en détruire les effets, il faut reconnaître que proscrire la traite, c'est satisfaire aux vœux d'une sage philanthropie et faire triompher la morale.

Il importe donc que la colonie recherche avec soin les moyens d'attacher au sol, et de familiariser au travail laborieux de nos champs et de nos usines, l'homme libre, dont le nombre, toujours croissant, doit concourir au recrutement des ateliers.

Déjà vous avez tenté cette importante innovation... Pour n'avoir pas complétement réussi, on ne saurait en dénier l'efficacité, mais peut-etre en accuser seulement des mesures mal combinées.

La décentralisation de l'administration, le droit de voter vos impôts et d'en déterminer l'emploi, le pouvoir législatif exercé sur les questions d'intérêt local, sont de puissants éléments d'avenir qui vous donnent une grande influence sur les destinées du pays.

Bourbon pourra, sur le champ, mettre à profit les attributions dévolues au conseil colonial : car il n'existe point au milieu de vous ces germes de collision et ces jalousies qui tendraient à détourner l'attention du bien public, auquel elle est due tout entière.

Qu'on soit bien convaincu que l'opinion en France attend beaucoup des lumières et du patriotisme des habitants de la colonie.

Je suis conduit, messieurs, à vous parler des événements qui, un instant, ont agité la colonie à la suite du grand drame de juillet.

Je n'en rechercherai point les causes ; je n'interpréterai la pensée de personne ; je veux croire et je crois que de part et d'autre il y a eu loyauté. Que les partis en présence s'accusent, je l'admets. . . mais que l'homme éloigné, qui observe en silence, ne comprenne pas tout ce que peut, de bonne foi, l'effervescence des opinions politiques, c'est ce qu'il ne m'est pas donné d'admettre. Aussi, à chacun sa responsabilité morale : car il ne peut y avoir de juge, dans un tel conflit, que la conscience. Mon devoir à moi c'est de dire quelle a été ma conduite dans cette occasion.

Forcé d'étudier les événements de quatre mille lieues, éclairé, mais peut-être trompé par des rapports divers dictés par des sentiments opposés, j'avais à me prémunir contre les influences, et à demeurer impartial observateur de ces discordes, dont seulement je devais chercher à modifier les causes et à étouffer le retentissement en France.

En respectant les deux camps qui divisaient le pays, j'ai rempli le devoir d'un mandataire de toute la population : car si j'avais dû en servir un au détriment de l'autre, je changeais mon rôle en celui d'un homme de parti, et j'aurais dès lors franchement résigné mes fonctions.

J'ai donc dû combattre les opinions qui faisaient des uns des anarchistes, des autres des adversaires du gouvernement de juillet, et de tous des ennemis de l'ordre et de l'autorité métropolitaine.

Je crois avoir accompli ma tâche. J'entends par conséquent répudier toute participation qu'on voudrait m'attribuer en faveur des uns ou des autres. C'est le pays, pris dans son ensemble, que j'ai défendu ; et pour celui qui prendra soin de considérer la conduite de la métropole envers la colonie, et la faveur dont celle-ci a continué de jouir dans toutes les discussions publiques et dans tous les écrits, il demeurera évident que j'ai satisfait à toutes les obligations que m'imposait ma position.

Je ne m'arrêterai pas à vous énumérer tout ce que j'ai fait depuis trois ans, et à vous rappeler les différents actes des pouvoirs métropolitains auxquels j'ai concouru directement ou indirectement. J'en pourrais citer quelques-uns qui ont déjà reçu votre approbation, et d'autres qui, quoique inaperçus, agissent d'une manière utile sur la colonie ; mais je me fixerai, comme au plus digne et au plus sérieux, aux deux lois du 24 avril qui deviennent la constitution coloniale (1).

Il faut d'abord s'entendre sur le point de départ.

La Charte de 1830 n'a fait autre chose que de substituer pour les colonies le règne des lois au régime exclusif des réglements, qui n'avait pu être induit de la Charte de 1814 que par une interprétation forcée et très contestée sous l'empire même de cette Charte.

Il n'y avait pas, de cette nouvelle position, à tirer nécessairement l'induction qu'on devait doter nos établissements d'outre-mer d'assemblées législatives, mais bien que des lois *particulières* étaient désormais indispensables pour les régir.

Il y avait là, il faut en convenir toutefois, une impossibilité d'application, ce qui dut commander encore l'interprétation, et faire rechercher, par les voies légales, un mode d'exécution raisonnable.

Trois opinions se trouvaient en présence.

La première, comme je viens de le dire, appliquant littéralement l'article 64 de la Charte, voulait que les colonies, sans assemblées locales, fussent exclusivement soumises à des lois faites par les pouvoirs métropolitains, sur *toutes* matières de leur régime ; système qui entraînait nécessairement l'admission de députés coloniaux dans la chambre élective.

---

(1) Cet écrit a un caractère tellement individuel que je n'ai dû y associer personne ; à chacun sa pensée et le droit de la publier ou non. Néanmoins, j'ai besoin de dire qu'il a toujours régné un accord parfait entre les deux mandataires de l'île Bourbon ; et que M. Azéma, en cessant de faire partie du conseil des délégués, a emporté des témoignages d'estime de ses collègues.

La deuxième consistait à penser qu'il y avait devoir et nécessité de donner aux colonies des assemblées délibérant sur les intérêts locaux, sans leur enlever le droit de participer à la représentation nationale.

La troisième enfin voyait dans chaque colonie un état politique séparé, quoique nationalement réuni à la France sous un sceptre commun ; mais pouvant *légalement* se constituer, et rester affranchi de tout contrôle des chambres métropolitaines.

L'état effectif de *colonies* dans lequel se trouvent nos établissements me semblait trancher la difficulté. Ils sont pour la France européenne des parties de l'empire, devant participer à l'exercice des droits qui appartiennent à tous les citoyens, et concourir à la confection des lois qui doivent les régir.

De quel principe par conséquent tirer le droit à la possession d'une législature *indépendante* et *absolue* ?

L'éloignement peut constituer un argument de raison et de nécessité pour *modifier* le principe absolu, mais non pour faire d'une *colonie* un être à part et souverain ; ce qui ne pourrait avoir lieu que par un contrat entre la métropole et sa colonie, ou par la rupture violente de l'unité de nationalité.

C'est ce qui fait que la Constituante conservait son omnipotence parlementaire, tout en instituant des assemblées législatives dans chaque colonie.

C'est en vertu du même droit de souveraineté métropolitaine que les colonies anglaises ont été organisées.

Aussi, après juillet, ai-je été l'un des premiers à proclamer que le droit public du colon est le concours à la représentation nationale pour les intérêts généraux, et *l'exercice dans les colonies du pouvoir législatif pour les intérêts de localités*. Mais ce droit législatif spécial ne pouvait être entendu que comme dérivant de la nécessité, et non de l'omnipotence coloniale ; autrement il faudrait considérer que les lois émanées de la métropole ne sont que le produit de la violence et de l'abus de la force, ce qui fut vrai pour le décret du 16 pluviôse an 2.

Je n'ai point varié dans cette opinion qu'il y avait justice, raison et utilité de laisser dans les attributions des assemblées coloniales toutes les questions *de régime intérieur ou d'intérêt exceptionnel*. Ma correspondance, mes écrits et toutes mes démarches, en font foi ; et je ne cesserai pas de plaider en faveur d'une opinion qui me semble la seule infaillible pour concilier le droit, la raison et la possibilité de faire le bien des populations coloniales. Mais je dirai en même temps que les pouvoirs, qui auraient dû en agir ainsi, ont pu limiter la délégation, et que, l'ayant fait, tout n'en est pas moins légal, même en cessant d'être juste.

Il faut avouer toutefois que les attributions énumérées dans l'article 2 tiennent à des intérêts généraux ou mixtes, et que ce n'est pas là que le reproche peut être applicable.

Loin, dès lors, de pouvoir accuser la loi d'avoir attribué à la législature la connaissance de questions d'intérêt purement local, on reconnaîtra qu'en accordant aux ordonnances ce qui, dans le premier projet, avait été rangé sous la puissance législative, *les concessions d'affranchissement*, on a fait un pas en faveur de nos droits.

Mais espérons que l'époque n'est pas éloignée où la métropole, rentrant à notre égard dans des voies de confiance entière, nous restituera ce qu'elle a pu croire sage de soustraire maintenant aux délibérations de nos assemblées locales.

L'expérience sera donc notre meilleur juge : car plus l'usage que vous aurez fait des attributions législatives sera calme, modéré et dans des vues d'amélioration sociale, plus les susceptibilités métropolitaines s'émousseront ; et plus les théories académiques, avec lesquelles on prétend régenter les peuples et gouverner les Etats, auront perdu de leur pernicieuse influence.

Soyez bien persuadés, messieurs, qu'il y a dans la volonté du pouvoir royal un sentiment bien prononcé de conservation, ce qui détruit jusqu'à la crainte d'abus possible de la délégation faite par l'article 3. Cette autorité, modératrice par essence, et sans cesse dans un état de résistance aux volontés subversives ; elle sert même de point d'arrêt aux innovations trop brusques vers lesquelles tend toujours la représentation nationale.

Une expérience fort longue vous a d'ailleurs démontré combien le pouvoir royal est ami de la paix et gardien des droits acquis.

Ne perdez pas de vue que, lorsque, dans la séance du 20 avril, un orateur de l'extrême opposition (M. de Tracy) revendiquait pour la législature le droit de déterminer les concessions d'affranchissement, « pour que la chambre puisse, dit-il, être maîtresse d'examiner, si elle le trouvait bon, la question de *rachat forcé* » le ministre répondait : « Qu'est-ce qu'un affranchissement ? C'est un contrat avec le propriétaire pour que l'esclave sorte de ses mains. Si vous voulez procéder par voie de contrainte, je n'ai rien à dire ; mais si vous voulez éviter que des questions de cette nature soient agitées ailleurs, vous ne devez pas les soulever ici, vous devez les laisser au domaine des ordonnances. »

Le président de la Chambre ajoutait : « A moins qu'on ne veuille introduire un affranchissement forcé, une expropriation pour cause d'utilité publique ; probablement l'on n'a pas l'intention de faire un emprunt à ce sujet, de forcer les maîtres des colonies aux affranchissements. *Nous voulons que ce soit une législation qui leur plaise, qui leur soit agréable, et non odieuse.* »

M. Salverte répliquait : « Sans doute nous ne voulons pas des affranchissements par contrainte, mais des affranchissements volontaires de la part des maîtres..... Sans doute il faut que les formes de l'affranchissement leur soient agréables, et non pas odieuses ; nous sommes d'accord avec l'honorable préopinant. »

Ainsi, messieurs, vous venez de lire la pensée du gouvernement, celle de la majorité parlementaire et celle d'un grave orateur de l'opposition. Il en résulte une sorte de convention solennelle sur la nature de la délégation faite aux ordonnances, et sur l'esprit dans lequel elle doit être exécutée.

Il y a donc unanimité de volonté pour maintenir vos droits : car le pouvoir ministériel, en recevant un mandat pour régler les concessions d'affranchissement, reçut en même temps *l'injonction* de n'agir que dans une forme *agréable*, et non pas odieuse aux colons.

L'ordonnance du 12 juillet 1831, à laquelle toute cette discussion a donné un caractère de stabilité, fait de l'affranchissement une pure question de propriété, puisque le libre arbitre du maître doit suffire pour faire un homme libre.

Cette libérale disposition du pouvoir royal nous a été salutaire dans la discussion.

Les ordonnances pourront aussi déterminer les dispositions pour l'amélioration du sort des esclaves ; ce qui n'implique nullement la possibilité de restreindre le droit de propriété. La preuve en est dans cette condition législative que les améliorations doivent être *compatibles avec les droits acquis.*

Ainsi partout des garanties sont assurées aux habitants des colonies. C'est même dans une loi constitutive, faite sous l'empire de la souveraineté nationale, que les représentants de la nation viennent les reconnaître et les proclamer de nouveau.

Dès l'instant où le régime des habitations est rentré dans la compétence des assemblées coloniales, et que les pénalités à prononcer par les tribunaux doivent faire l'objet d'un code spécial, il en résulte que, par ce mot *améliorer*, on n'a entendu que les dispositions relatives à l'hygiène du noir et aux soins à donner à son état moral. Ainsi ce qui se rattache à l'alimentation, au vêtement, à la surveillance médicale, à la pratique religieuse et au travail, sera de nature à motiver l'intervention du pouvoir royal.

Remarquez bien toutefois qu'il y a, dans le travail, des droits acquis avec lesquels il faut harmoniser les dispositions d'amélioration, puisque la loi en impose l'obligation. Cette réserve a été stipulée pour mettre le colon à l'abri même des appréhensions qu'a fait naître l'ordre en conseil anglais, du 2 novembre 1831, qui avait multiplié les jours de repos pour les noirs.

Le colon est complètement dans la légalité en exigeant le travail de son noir six jours de la semaine ; il y a là droit acquis, qui ne saurait souffrir de modification *imposée*.

Il ne faut pas perdre de vue que cette attribution laissée aux ordonnances n'est que la continuation du système qui depuis près de deux siècles a mis la population noire sous la tutelle du souverain. Cette médiation entre le maître et l'esclave est la base des édits royaux qui ont statué sur l'esclavage. Notamment, l'édit de mars 1685, ayant toujours force de loi, a réglé toutes les matières qui intéressent le sort de l'esclave.

D'ailleurs, indépendamment des garanties que vous rencontrez dans les nouvelles institutions, il ne vous aura pas échappé que l'ordonnance législative ne pourra être rendue qu'après avoir consulté les *conseils coloniaux* ou les *délégués* ; formalité qui devra être mentionnée dans l'ordonnance même comme ayant été observée ; autrement cette loi ne saurait recevoir d'exécution, puisqu'elle manquerait d'un de ses éléments de légalité.

C'est ainsi que le ministère de la marine comprend cette disposition.

On ne saurait nier qu'il n'y ait dans ce préalable obligé une garantie nouvelle, puisque ce recours forcé à un conseil admet la réflexion, l'étude, en un mot tout ce qui sert à donner à une disposition législative un caractère de maturité et de réserve.

On n'a pas, soyez-en bien convaincus, créé un conseil des délégués pour dédaigner les observations et même les remontrances qu'il est en droit de faire, et pour se charger ainsi d'une grande responsabilité.

Ce conseil, pour n'être que consultatif, n'en aura pas moins une position politique reconnue.

Il eût été à désirer, cependant, qu'au lieu de l'option laissée au gouvernement de consulter le conseil colonial ou ses délégués, on eût adopté le projet du ministère, qui voulait le renvoi seulement aux colonies.

Mais si les chambres ont cru devoir le délier de l'obligation légale qu'il voulait prendre, dès l'instant où le gouvernement a reconnu qu'il y avait justice de recourir à l'avis des colonies, au préalable de toute décision, il faut croire que ce qui est devenu pour lui un droit d'option ne se convertira pas en une marche contraire à celle qu'il voulait adopter.

Je dirai même que, s'il devait dévier de cette route, à moins d'urgence dans l'adoption d'une mesure, il serait du devoir des délégués de décliner leur juridiction au profit des conseils coloniaux.

D'ailleurs, messieurs, le ministère s'est, en quelque sorte, lié envers les délégués ; car dans une communication qui leur fut faite le 29 janvier dernier, il s'en expliquait en ces termes : « J'ai reconnu avec vous, messieurs, qu'il fallait considérer comme un principe essentiellement conservateur à l'égard des colonies celui qu'avait consacré l'Assemblée constituante, et d'après lequel *aucune loi* sur des matières qui les intéressent ne doit être rendue qu'après qu'elles auront été consultées. J'ai rendu hommage à ce principe en appelant en 1832......

« Le gouvernement a montré également le même respect pour le même principe en introduisant dans l'article 3 (régime législatif) une disposition qui veut que dans les affaires à régler par le pouvoir royal, les colonies soient préalablement entendues. »

Cette manifestation volontaire des intentions du ministère ne saurait se convertir en un mensonge officiel alors surtout qu'il nous a, dans tout le travail préparatoire et dans la discussion de nos institutions donné de si éclatants témoignages de sa protection.

L'énumération des matières sur lesquelles les conseils coloniaux sont appelés à statuer (art. 4) eût présenté des causes de nombreux conflits pour les cas imprévus dans le départ des attributions. Il importait de les éviter à des distances aussi grandes de la métropole, sans quoi l'on en aurait certainement induit un désir d'envahissement de la part des assemblées locales ; alors que de son côté le gouverneur, dans la crainte d'être accusé par le ministère de faire des concessions, se serait souvent dispensé de présenter à la délibération des conseils coloniaux des questions dont la solution aurait importé au bien-être de la colonie et même à la marche régulière des affaires.

Ainsi l'adoption de cette formule, *tout ce qui n'est pas réservé aux lois de l'Etat et aux ordonnances royales*, a le mérite d'avoir clairement démarqué les attributions accordées à ces deux pouvoirs éloignés : d'où suit qu'on a détruit toute possibilité d'un conflit.

Lorsque vous procéderez à l'organisation de vos municipalités, vous pourrez leur donner la constitution que vous jugerez la plus propre à servir les intérêts du pays, sans vous astreindre à suivre strictement le système de France.

Les communes, je le crois, doivent être autant de petites cités fédératives. Leurs assemblées doivent s'abstenir de toutes discussions politiques, et devraient réunir toutes les attributions administratives et de police. La colonie forme ensuite unité d'action dans le conseil colonial chargé de stipuler les intérêts généraux et politiques. C'est dans cet esprit que j'ai cru utile d'insister pour qu'on ne renouvelât pas, dans la loi, la disposition de l'article 8 du premier projet, qui donnait au conseil colonial des attributions municipales, et plaçait à son égard les communes dans une dépendance de tous les instants ; tandis qu'il me semble utile d'en faire autant d'assemblées représentatives.

Aussi, dans ma manière de voir, tout le mécanisme de l'administration intérieure du pays se diviserait au profit de la commune. Il en résulterait une grande simplification du travail central ; une diminution dans les charges ; une exécution plus facile et plus approprièe aux besoins. En un mot, l'administration pratique doit être dans la commune, l'action politique dans l'assemblée coloniale.

Vous reconnaîtrez (art. 5 et 6) qu'encore bien que les traitements du gouverneur, du personnel de la justice et de la douane, soient placés en dehors de votre action parlementaire, vous n'en possédez pas moins le droit d'observations, sur ces diverses parties du service, et le vote absolu du budget.

Vous êtes, sous ce dernier rapport, dans une position analogue à celle de la chambre des députés.

Il convient par conséquent de bien s'entendre sur l'exercice de la faculté qui vous est laissée.

En France le refus de voter le budget est possible, mais non probable. C'est là un moyen purement politique, qui, exercé à la rigueur, ne pourrait avoir pour objet que de faire violence au gouvernement dans le choix de ses ministres : car le ministère nouveau, créé dans la majorité, entraînerait l'obligation d'un vote favorable du budget qui viendrait d'être refusé au ministère remplacé.

Dans une colonie, s'abstenir de voter l'impôt serait un refus de concours qui compromettrait le pays. Le budget n'est donc pas un moyen de gouvernement comme en France ; mais uniquement une question d'administration, ce qui, il faut même en convenir, rend les besoins du pays plus faciles à satisfaire ; tandis qu'en France, l'autorité faisant quelquefois une question de portefeuille de ce qui devrait n'être qu'un examen impartial des questions financières ou d'économie, l'on voit les intérêts matériels sacrifiés au désir de ne pas faire éprouver un échec à un ministre. Cela est d'une vérité malheureusement incontestable, et tellement palpable que nous voyons journellement la volonté d'un ministre l'emporter sur les intérêts et les industries les plus importants à ménager ou à protéger.

Cet inconvénient, vous n'avez donc pas à en subir les conséquences, puisque les questions de gouvernement doivent toujours être étrangères à vos délibérations.

Dans votre contrôle sur la répartition des fonds, vous avez le droit de retrancher, sur les diverses subdivisions des services, des allocations équivalentes à des traitements plus ou moins onéreux pour le pays, mais non pas de voter spécialement la suppression des salaires d'un emploi. Au gouvernement seul appartient le droit d'organiser le service public dans les limites assignées par le budget. Au surplus, soyez-en bien convaincus, ce ne sera jamais en vain que vous aurez éveillé l'attention du gouvernement, soit sur les charges d'un personnel d'administration trop pesant pour la colonie, soit même sur la nécessité d'une réforme dans le système ou dans le personnel.

Mais il est une partie du budget qui, entièrement livrée à votre seule appréciation, peut motiver la manifestation de vos volontés absolues, sans l'inconvénient de blesser en rien les justes susceptibilités du gouvernement du roi : je veux parler de tout ce qui tient aux travaux d'utilité publique. Là, le pouvoir exécutif pourra, devra même indiquer les mesures qu'il jugera convenable de faire adopter ; il combattra, dans le sens de ses convictions, les opinions opposées ; mais le vote du conseil, approbatif ou improbatif, deviendra toujours la loi suprême.

Dans le budget devront figurer pour mémoire les dépenses des services militaires ; mais il ne vous sera pas échappé, messieurs, qu'obliger l'administration locale à recueillir l'avis du conseil colonial sur l'emploi des fonds destinés à ces services, c'est témoigner à la colonie une confiance, dont elle saura d'autant plus de gré qu'elle n'aura pas à s'imposer pour cet objet, dont les charges sont supportées par l'Etat (art. 7.)

En attribuant au gouverneur le droit de prononcer l'exécution provisoire des décrets (art. 8), c'est lui indiquer que toutes mesures d'urgence ou de nature à opérer un bien quelconque devront motiver la mise à exécution immédiate.

L'article 9 n'est que la reproduction d'une sage disposition de la Charte, utile pour donner le temps aux convictions de se modifier.

Dans l'article 10 vous trouvez une sorte d'initiative laissée aux assemblées coloniales. Pour les matières de votre compétence vous pouvez soumettre au gouverneur un mémoire, c'est-à-dire lui exposer dans les plus grands détails les projets de décret qui vous sembleront utiles au pays.

C'est ainsi que le gouverneur, mis en demeure, considérera avec d'autant plus d'attention la nature de votre supplique qu'il comprendra qu'une résistance aveugle de sa part pourrait motiver une adresse au roi ; moyen grave et d'un effet d'autant plus efficace que l'usage en serait réservé seulement pour les difficultés évidemment insolubles sur les lieux.

Vous ne pourrez voir dans l'art. 11 que de simples attributions réglementaires propres à coordonner le service et à en assurer l'exécution.

Il n'appartient pas au gouverneur de laisser la colonie une année entière sans réunion du conseil, puisque le budget doit être voté chaque année ; mais il peut arriver cependant telle considération grave qui puisse déterminer ce haut fonctionnaire à dissoudre l'assemblée. Dans cette position extraordinaire, il a fallu laisser au roi le temps d'apprécier la conduite de son représentant, avant d'obliger celui-ci à se placer de nouveau en présence d'une assemblée qui, quoique renouvelée, pourrait se reproduire avec les mêmes éléments que l'ancienne. C'est pourquoi il a paru juste que le gouverneur ne fût pas obligé à une nouvelle convocation avant dix mois à partir de la dissolution.

Cette prévoyance est tout entière dans l'intérêt de la paix.

Je n'ai pu ignorer, messieurs, votre désir de voir porter à trente-six le nombre des membres du conseil ; mais je dois vous avouer qu'il nous a fallu renoncer à la possibilité de faire triompher vos vœux sur ce point ; car le ministère dans son premier travail, d'accord avec la commission de législation, avait fixé ce nombre à dix-huit seulement ; et s'il a voulu consentir, sur la réclamation des délégués, à le porter à trente (art. 13), c'était nous annoncer qu'il avait atteint la limite des concessions. Et comment alors supposer qu'il eût été possible de le déterminer, pour Bourbon, à rompre l'uniformité sur une question où il n'y avait nulle raison de s'en écarter?

Vous ne rencontrerez dans les art. 14, 15 et 16, aucune disposition de nature à motiver des explications.

Il n'en est pas ainsi de l'art. 17, relatif au serment à prêter. Ici, messieurs, nous avons complètement triomphé des dangereuses subtilités du travail de la commission qui avait pour organe M. Passy. Vous devez vous souvenir par quels arguments l'on voulait arriver à placer les colonies hors la Charte, et, dès lors, à les priver des garanties assurées à tous les Français par ce pacte national.

Dans ma manière de voir, c'était une véritable pétition de principe, dont il fallait repousser l'application pour en éviter les conséquences.

Nous avons réclamé avec une énergique raison contre cette entorse donnée à la Charte, et nos efforts, vous le voyez, ont été couronnés de succès.

Après une disposition toute réglementaire (18), nous arrivons aux fonctions des délégués (19).

C'est ici l'occasion de vous dire un mot du droit des colonies à la représentation nationale.

Il ne nous a pas paru opportun d'en réclamer l'application ; peut-être même n'étions-nous pas suffisamment autorisés sur ce point capital : aussi la question est-elle laissée entière pour être traitée par les conseils coloniaux, avec la maturité qui convient à un objet aussi grave et dont la solution peut à un haut degré influer sur les destinées des colonies.

Si je crois devoir qualifier cette question de matière de la plus sérieuse gravité, je n'entends pas pour cela émettre une opinion qui, en raison de ma position, pourrait peser dans la balance. Qu'il me suffise seulement de vous dire que les délégués des quatre colonies ont été *unanimes* sur la nécessité de s'abstenir, de réserver tous les droits, et de laisser ainsi aux assemblées coloniales le soin d'apprécier l'utilité ou le danger de prendre à la représentation nationale une part directe.

Mais en l'absence de députés aux Chambres, vous retrouverez dans la réunion des délégués *en conseil* une garantie qui n'est pas sans force ; car ce conseil, établi législativement, stipule non pas seulement auprès du ministre de la marine, mais auprès du gouvernement du roi.

J'éprouve le besoin de vous dire que ce conseil a compris la gravité et l'importance de la mission qu'il avait à remplir. Les mandataires coloniaux, d'abord étrangers les uns aux autres, avec des vues souvent divergentes, des idées différentes, et même des instructions peu concordantes entre elles, ont triomphé sur-le-champ des entraves qui semblaient devoir s'opposer à une complète union.

Réunis, ils sont devenus forts ; forts, ils se sont fait écouter ; et peut-être que leur intervention n'a pas été dédaignée, et que leurs opinions n'ont pas toujours été sans influence dans les résolutions des pouvoirs législatifs.

Aussi, messieurs, plus l'importance des fonctions de délégué grandit, plus vous devrez rechercher des garanties morales dans ceux qui seront l'objet de votre choix ; car ne l'oubliez pas..., le bien, comme le mal, produit par vos mandataires, peut être immense ; encore que faire le bien ne devra presque toujours consister qu'à empêcher le mal ; tandis que faire le mal peut se résoudre à laisser les événements se développer sans obstacle.

Les art. 20 à 23 n'ont besoin d'aucun commentaire. L'ordonnance d'application de la loi du 19 avril 1831, sur les colléges électoraux, faite en vertu de la délégation accordée par ce dernier article, a déterminé les seules propriétés mobilières pouvant concourir à établir le cens. On n'a dû comprendre que celles qui donnent lieu à un impôt ou servent à l'exploitation d'un établissement industriel.

Un arrêté local indiquera la manière de constater la possession des propriétés et leur valeur.

J'ai désiré faire compter au colon le travail produit par l'emploi des ouvriers ou journaliers libres, engagés par contrat. Il me paraîtrait juste d'estimer que chaque homme libre engagé doive compter au colon pour l'équivalent d'un esclave recensé.

J'arrive enfin à la répartition des trente membres du conseil colonial.

Je suis fâché de n'avoir pu connaître votre intention à cet égard ; mais en l'absence d'instruction de la colonie, nous avons dû opérer sur deux bases : la première, la division du personnel par égales parties pour les deux districts de l'île ; la deuxième, en déterminant la répartition d'après la population de chaque arrondissement électoral. Agir ainsi, c'était suivre le système de la métropole et ne créer de privilége pour aucune localité.

Quant au nombre des colléges, nous avions pensé pouvoir le faire établir égal à celui des mairies ; mais indépendamment d'une grande difficulté de répartition dans laquelle on serait tombé avec le personnel de trente, le nombre de six colléges fixé pour la Martinique, et seulement de sept pour la Guadeloupe, malgré une étendue double de Bourbon, rendait impossible le succès de la demande de douze colléges pour notre île. Néanmoins on voulut bien consentir à nous accorder huit arrondissements électoraux ; et dès lors vous comprenez, messieurs, que l'importance de Saint-André en richesse et en population motivait suffisamment la création d'un collége spécial ; de même que la force de la population de Saint-Joseph et de Saint-Philippe, et surtout les grandes distances qui séparent la majeure partie des habitants de ces communes de celle de Saint-Pierre, ont dû me faire insister sur l'utilité d'un collége spécial, sans lequel ces quartiers eussent été, de fait, privés de concourir à l'élection.

En définitive, messieurs, nous avons cherché à établir une balance équitable et utile de tous les intérêts. De mon côté j'ai compris que plus mon opinion pouvait faire loi, plus je devais m'affranchir des souvenirs d'affection, de personne ou de localité, en général de ces considérations qui ne servent qu'à fausser le jugement.

Au total, de grands désordres ont été empêchés, des avantages remarquables ont été obtenus : c'est là l'analyse de tout ce qui a été fait depuis trois ans. Et, pour arriver à un tel résultat, vous savez combien la haute confiance dont le ministre de la marine jouit dans les deux chambres nous a été utile.

Vous n'ignorez pas non plus quelles salutaires inspirations il a trouvées dans la Direction des colonies.

Vous avez vu ma conduite et mes doctrines exposées à nu. Je vous ai de même fait connaître mon opinion sur les deux lois du 24 avril, aussi bien que sur l'esprit du gouvernement du roi et des deux chambres. En un mot, je ne vous ai rien dissimulé. J'ai poussé même la franchise, je dirai presque la témérité, jusqu'à me permettre de vous indiquer une sorte de règle de conduite dans l'application des deux lois : c'est, messieurs, que j'ai cru pouvoir compter sur votre indulgence.

Maintenant, votre jugement m'est dû : je l'attends avec ce calme du citoyen qui croit avoir religieusement accompli une mission difficile.

Vous avez droit d'être sévères, je le sais : car, précipitant les événements, devançant vos instructions, me faisant arbitre de vos volontés et interprète de vos droits et des besoins du pays, j'ai parlé pour la population et en son nom. J'ai même contribué à faire hâter le vote des chambres lorsque le conseil général en sollicitait le sursis : sous ce rapport j'ai désobéi à vos ordres.

Si vous m'accusez d'imprudence, peut-être reconnaîtrez-vous qu'il y avait aussi quelque courage et certaine générosité à en agir ainsi : car celui qui échoue est sans excuse, sans que le succès puisse toujours le justifier.

Qu'il me soit néanmoins permis de vous supplier de déposer jusqu'aux souvenirs de vos divisions ; dans votre union vous trouverez des éléments de bien-être et de force.

Le présent vous est assuré ; l'avenir ne saurait faillir pour vous, si vous écoutez la voix amie qui vous parle.

Enfin s'il arrivait, messieurs, que vous trouvassiez dans vos institutions, comme j'en ai le salutaire espoir, des garanties d'avenir, ce serait le plus beau jour de ma vie que celui où, recueillant les témoignages de votre gratitude, je pourrais m'écrier : « *Et moi aussi j'ai contribué au bien-être de mon pays.* »

SULLY-BRUNET.

Paris, 13 mai 1833.

LOI DU 24 AVRIL 1833

CONCERNANT LE RÉGIME LÉGISLATIF DES COLONIES

TITRE Ier. — *Des lois coloniales*

Article Ier. — Dans les colonies de la Martinique, de la Guadeloupe, de Bourbon et de la Guyane, le conseil général sera remplacé par un conseil colonial dont les membres seront élus et les attributions réglées conformément aux dispositions de la présente loi.

2. Seront faites par le pouvoir législatif du royaume : 1° les lois relatives à l'exercice des droits politiques ; 2° les lois civiles et criminelles concernant les personnes libres, et les lois pénales déterminant pour les personnes non libres les crimes auxquels la peine de mort est applicable ; 3° les lois qui régleront les pouvoirs spéciaux des gouverneurs en ce qui est relatif aux mesures de haute police et de sûreté générale ; 4° les lois sur l'organisation judiciaire ; 5° les lois sur le commerce, le régime des douanes, la répression de la traite des noirs, et celles qui auront pour but de régler les relations entre la métropole et les colonies.

3. Il sera statué par ordonnances royales, les conseils coloniaux ou leurs délégués préalablement entendus ; 1° sur l'organisation administrative, le régime municipal excepté ; 2° sur la police de la presse ; 3° sur l'instruction publique ; 4° sur l'organisation et le service des milices ; 5° sur les conditions et les formes des affranchissements, ainsi que sur les recensements ; 6° sur les améliorations à introduire dans la condition des personnes non libres, qui seraient compatibles avec les droits acquis ; 7° sur les dispositions pénales applicables aux personnes non libres, pour tous les cas qui n'emportent pas la peine capitale ; 8° sur l'acceptation des dons et legs aux établissements publics.

4. Seront réglées par des décrets rendus par le conseil colonial, sur la proposition du gouverneur, les matières qui, par les dispositions des deux articles précédents, ne sont pas réservées aux lois de l'Etat ou aux ordonnances royales.

5. Le conseil colonial discute et vote, sur la présentation du gouverneur, le budget intérieur de la colonie.

Toutefois le traitement du gouverneur et les dépenses du personnel de la justice et des douanes sont fixés par le gouvernement, et ne peuvent donner lieu, de la part du conseil, qu'à des observations.

6. Le conseil colonial détermine, dans les mêmes formes, l'assiette et la répartition des contributions directes.

7. Le conseil colonial donne son avis sur toutes les dépenses des services militaires qui sont à la charge de l'Etat.

8. Les décrets adoptés par le conseil colonial, et consentis par le gouverneur, sont soumis à la sanction du roi.

Néanmoins, le gouverneur aura la faculté de les déclarer provisoirement exécutoires.

9. Les projets de décrets que le conseil colonial n'aura pas adoptés, et ceux dans lesquels il aura introduit des amendements qui ne seraient pas consentis par le gouverneur, ne pourront être représentés dans la même session.

10. Le conseil colonial peut faire connaître ses vœux sur les objets intéressant la colonie, soit par une adresse au roi, s'il s'agit de matières réservées aux lois de l'État ou aux ordonnances royales, soit par un mémoire au gouverneur, s'il s'agit d'autres matières.

11. Le gouverneur rend des arrêtés et des décisions pour régler les matières d'administration et de police, et pour l'exécution des lois, ordonnances et décrets publiés dans la colonie.

12. Le gouverneur convoque le conseil colonial; il le proroge et peut le dissoudre.

Dans ce dernier cas, un nouveau conseil doit être élu et convoqué dans un délai qui ne peut excéder cinq mois pour la Martinique, la Guadeloupe et la Guyane, et dix mois pour l'île de Bourbon.

Le gouverneur fait l'ouverture et la clôture de la session.

Il nomme un ou plusieurs commissaires pour soutenir la discussion des projets de décrets qu'il présente au conseil colonial.

Ces commissaires doivent être entendus quand ils le demandent.

TITRE II — *De l'organisation des conseils coloniaux*

13. Le conseil colonial sera composé de trente membres dans chacune des colonies de la Martinique, de la Guadeloupe et de Bourbon, et de seize à la Guyane.

Les membres du conseil colonial sont élus, pour cinq ans, par les colléges électoraux, dont l'organisation est réglée au titre suivant.

Chaque collége électoral élit le nombre de membres fixé par le tableau annexé à la présente loi.

14. Les fonctions de membre du conseil colonial sont gratuites.

15. Le conseil colonial se réunit une fois chaque année en session ordinaire.

Le gouverneur peut le convoquer en session extraordinaire.

A l'ouverture de chaque session, le conseil élit un président, un vice-président et deux secrétaires.

16. Le conseil colonial ne peut s'assembler qu'à l'époque et dans le lieu indiqués par la proclamation du gouverneur.

Ses délibérations ne sont valables qu'autant que la moitié plus un du nombre de ses membres y a concouru, et qu'elles ont été rendues à la majorité absolue des suffrages exprimés.

Les séances du conseil colonial ne seront point publiques ; mais l'extrait des procès-verbaux de ses séances sera imprimé et publié à la fin de chaque session.

17. Chaque membre du conseil colonial prêtera, lorsque ses pouvoirs auront été vérifiés, le serment dont la teneur suit :

« Je jure fidélité au roi des Français, obéissance à la Charte « constitutionnelle, aux lois, ordonnances et décrets en vi« gueur dans la colonie. »

18. Le conseil colonial a seul le droit de recevoir la démission d'un de ses membres. En cas de vacance par option, décès, démission ou autrement, le collége électoral qui doit pourvoir à la vacance sera convoqué par le gouvernement dans un délai qui ne pourra excéder un mois.

19. Les colonies auront des délégués près le gouvernement du roi, savoir : la Martinique, deux ; la Guadeloupe, deux ; l'île de Bourbon, deux ; la Guyane, un.

Le conseil colonial nommera dans sa première session les délégués de la colonie, et fixera leur traitement.

Pourra être choisi pour délégué tout Français âgé de trente ans et jouissant des droits civils et politiques.

Les délégués, réunis en conseil, sont chargés de donner au gouvernement du roi les renseignements relatifs aux intérêts généraux des colonies, et de suivre auprès de lui l'effet des délibérations et des vœux des conseils coloniaux.

La durée de leurs fonctions est égale à la durée des fonctions du conseil colonial qui les a nommés.

Toutefois, ils ne cesseront de les remplir que lorsqu'il auront été remplacés.

TITRE III. — *Des colléges électoraux, des capacités électorales et des éligibles*

20. Sera électeur tout Français âgé de vingt-cinq ans accomplis, né dans la colonie ou qui y sera domicilié depuis deux ans, jouissant des droits civils et politiques, payant en contributions directes, sur les rôles de la colonie, trois cents francs à la Martinique et à la Guadeloupe, et deux cents francs à l'île de Bourbon et à la Guyane, ou justifiant qu'il possède dans la colonie des propriétés mobilières ou immobilières d'une valeur de trente mille francs à la Martinique et à la Guadeloupe, et de vingt mille francs à l'île de Bourbon et à la Guyane.

21. Sera éligible aux fonctions de membre du conseil colonial tout électeur âgé de trente ans accomplis, payant en

contributions directes six cents francs à la Martinique et à la Guadeloupe, et quatre cents francs à l'île de Bourbon et à la Guyane, ou justifiant qu'il possède dans la colonie des propriétés mobilières ou immobilières d'une valeur de soixante mille francs à la Martinique et à la Guadeloupe, et de quarante mille francs à l'île de Bourbon et à la Guyane.

22. La justification du cens électoral, ainsi que du cens d'éligibilité, pourra résulter cumulativement, dans les proportions établies par les deux articles précédents, de la cote des contributions directes en principal et centimes additionnels, et de la possession de propriétés ou portions de propriétés non imposées.

23. Une ordonnance royale déterminera, avec les modifications qu'exigent les circonstances locales, l'application, à chacune des colonies, des dispositions réglementaires de la loi du 19 avril 1831 sur les élections.

TITRE IV. — *Dispositions diverses.*

24. Sont abrogées toutes dispositions de lois, édits, déclarations du roi, ordonnances royales et autres actes actuellement en vigueur dans lesdites colonies, en ce qu'elles ont de contraire à la présente loi.

Les établissements français dans les Indes Orientales et en Afrique, et l'établissement de pêche de Saint-Pierre et Miquelon, continueront d'être régis par ordonnances du roi.

RÉIMPRESSION

du

SALAZIEN

de 1830

LE SALAZIEN

FEUILLE POLITIQUE ET LITTÉRAIRE

DE L'ILE BOURBON

Un des premiers actes du Conseil général a été de voter une Adresse au Roi et une aux Chambres. Nous avions pensé que les gazettes légalement autorisées se seraient fait un devoir de porter à la connaissance de leurs abonnés ces deux pièces importantes; le temps qui s'est écoulé depuis qu'elles ont été faites, ne nous laisse plus l'espoir de les voir publier par ce moyen. A quoi attribuer un semblable silence? L'autorité se serait-elle opposée à cette publication? Nous ne pouvons le croire, il serait par trop extraordinaire qu'on refusât au pays de savoir ce que ses représentants ont dit en son nom au Roi des Français, et aux Chambres appelées à prononcer sur nos destinées! Quoi qu'il en soit et afin de répondre à la juste et légitime impatience des habitants de notre île, nous nous empressons d'enregistrer aux archives du Salazien ces deux adresses, que le pays a également droit et intérêt à connaître.

ADRESSE AU ROI

SIRE,

L'ile Bourbon voyait avec douleur le projet de constitution coloniale soumis sans son intervention aux délibérations des Chambres, et ses droits exposés aux vicissitudes politiques de ces Assemblées, lorsque la clôture de la session vint lui apprendre que ses destinées n'avaient pas encore été fixées par la législature,

Si l'incertitude des ordonnances qui la régissent, si les vices d'une organisation qu'elle subit depuis trop longtemps, inspiraient à une généreuse population la légitime impatience d'en être affranchie, elle savait aussi qu'il est des nécessités dont le joug ne saurait être brisé sans exposer le corps social aux plus déplorables perturbations.

Cependant notre métropole nous avait replacés au rang d'où nous n'aurions jamais dû descendre, et l'art. 64 de la Charte nouvelle avait expliqué, en le modifiant, l'art. 73 de la Charte ancienne, si arbitrairement interprété contre nous.

Notre intervention dans la confection de nos lois était écrite de nouveau dans le pacte fondamental, et nous n'avions plus à redouter les erreurs que pouvaient commettre des législateurs éloignés, ignorans de nos besoins, étrangers à nos mœurs et sans connaissance de nos localités.

Réhabilités dans nos droits, nous pouvions en revendiquer toutes les conséquences, et réclamer l'exercice des prérogatives que la France elle-même nous avait reconnues. Mais entre le besoin de respecter ce qui existait, malgré ses imperfections, et la perspective d'un avenir si brillant d'espérances, notre prudent patriotisme sut concilier tous les intérêts, et il se borna à solliciter quelques modifications à des ordonnances dont l'esprit ni le texte n'étaient plus en harmonie avec l'ère nouvelle qui s'ouvrait pour nous.

SIRE, c'était surtout au milieu d'une population formée d'élémens étrangers et opposés entre eux que nous avions entendu et compris toute la portée de vos royales paroles : « EN ATTENDANT LES LOIS NOUVELLES, « OBÉISSANCE EST DUE AUX LOIS EN VIGUEUR ; LA RAISON « POLITIQUE LE PROCLAME, LA SURETÉ DE L'ÉTAT LE « DEMANDE. »

Une hésitation naturelle de la part de nos administrateurs ne leur permit pas d'accueillir d'abord nos réclamations, mais le moment étant venu où le vœu public, qui de toute part se manifestait, allait être nécessairement consulté.

Sous le régime de l'ordonnance du 21 août 1825, un Conseil général était établi comme un des pouvoirs constitutifs de notre pays.

Ce Corps, émanation directe du gouvernement local, qu'il était appelé à contrôler, avait cessé d'exister le 31 décembre dernier, aux termes même de sa création.

L'impossibilité de le reconstituer d'après les errements surannés de l'ordonnance du 1825, l'indispensabilité de ce Corps, rouage essentiel de notre administration, enfin l'urgence de son institution, furent reconnues avec la plus étonnante unanimité.

En conséquence le Gouverneur, usant de ses pouvoirs extraordinaires, arrêta, le 12 avril dernier, qu'un Conseil général, composé de 36 membres, serait constitué au moyen de l'élection directe dont cet acte régla les conditions et posa les limites.

Sur ces entrefaites, le rapport de l'honorable M. Passy, et les amendemens de la commission dont il était l'organe, sont parvenus à l'île Bourbon, avec l'ordre de votre ministre de la marine de les communiquer au Conseil général, pour avoir son avis.

Cette dévolution, conséquence nécessaire de notre intervention dans la législation qui nous concerne, était peut-être due aux organes d'une population qui, depuis longtemps, a été signalée comme digne de quelque intérêt, par la franchise avec laquelle elle est entrée dans la voie des améliorations. Mais par-dessus tout, Sire, nous avons aimé à y reconnaître l'effet de cette bienveillance particulière que votre gouvernement n'a cessé de nous témoigner depuis l'heureux avénement de Votre Majesté.

Cependant l'examen approfondi du projet et des amendemens qu'il a subis, exigera de notre part l'attention la plus soutenue, et il va nous engager dans des travaux d'autant plus délicats qu'ils doivent être soumis à la haute sanction de la législature métropolitaine.

Il nous faudra combattre des calomnies, détruire des erreurs, éclaircir des doutes trop nombreux sur la vivacité de nos sympathies avec les doctrines de notre Mère-patrie, et sur la sincérité de nos vœux pour la réforme de notre système colonial.

Nous dirons que sans le rétablissement des principes proclamés par l'Assemblée constituante, il ne peut exister pour nous ni repos dans le présent, ni sécurité dans l'avenir.

Sire, l'application de ces principes fut suivie, il est vrai, de graves désordres parmi nous; mais la terrible expérience que nous en avons faite, nous a montré comment d'utiles et profondes modifications pourront en consacrer l'usage et en prévenir l'abus, et nous aurons recours au gouvernement de VOTRE MAJESTÉ pour faire triompher au sein des Chambres ces doctrines avec lesquelles chacun de nous est identifié.

Nous réclamerons de la loyauté de votre ministère, mieux informé, contre l'assimilation que l'on établit entre nous et les Antilles ; et sans entendre séparer notre sort du leur, nous ferons remarquer la différence immense qui, à beaucoup d'égards, ne permet pas de nous confondre avec elles.

L'empressement avec lequel notre Colonie avait demandé, bien avant l'heureuse révolution qui vous a appelé au Trône, l'abolition des distinctions entre la population blanche et celle des hommes de couleur, prouvera, à ceux qui nous méconnaissent, que VOTRE MAJESTÉ, toujours attentive à prévenir les vœux des peuples qu'elle gouverne, n'a fait cette fois que seconder ceux de la population que nous représentons.

L'esclavage, ce prétexte si fécond en déclamation contre nous, cette institution si malheureusement liée à notre existence, et qui ne saurait être un obstacle au développement des idées généreuses parmi nous, pas plus qu'il n'en a arrêté les progrès dans les Etats-Unis d'Amérique, au milieu desquels vous avez fait, SIRE, l'apprentissage du malheur et de la liberté ; cet esclavage enfin, dont le joug est adouci par nos mœurs, ne sera plus un reproche contre nous, lorsqu'on saura que le temps, dans sa marche progressive, la disproportion des sexes, le nombre toujours croissant des affranchissemens et l'heureux anéantissement de la traite menacent nos ateliers d'une inévitable dépopulation.

Vos ministres pourront dire que notre législation locale a fait disparaître dès longtemps les châtimens infligés aux moindres délits des esclaves par des ordonnances métropolitaines ; et ceux qui nous accusent seront frappés de la douceur des peines, qui, appliquées à de graves méfaits, portent le caractère d'une véritable impunité.

Il sera alors établi que là où notre intervention a pu se faire sentir, elle a été toute favorable à la cause des esclaves, et qu'à cet égard, la philantropie la plus susceptible ne pourrait demander rien de plus à notre humanité.

Toutes ces choses doivent être dites à notre métropole, parce que nous espérons beaucoup de la bonne foi avec laquelle elles seront accueillies, en même temps qu'elle peut compter sur l'exacte vérité qui nous les dicta.

Mais pour qu'elles puissent éclairer la conscience de nos législateurs, il faut que nos propres méditations aient pu s'appliquer à la loi proposée, et comme on ne doit pas douter de l'activité qui va nous animer dans cet important travail, nous osons, SIRE, nous reposer sur la haute intervention de VOTRE MAJESTÉ, pour obtenir qu'on ne nous juge qu'après nous avoir entendus.

Cette mesure, qui ne peut ni prolonger ni interrompre la session des Chambres, paraîtra d'autant plus indispensable, outre que la justice la commande, que notre Représentation coloniale peut seule transmettre au gouvernement le véritable vœu de notre pays.

Sire, quelle que soit la légitime préoccupation des Français de l'île Bourbon, au moment où leur avenir va être débattu sur un théâtre éloigné, leurs inquiétudes ne sauraient leur faire oublier tout ce qu'ils vous doivent de reconnaissance pour la protection dont vous les honorez ; et leurs vœux pour le bonheur de votre règne seront toujours aussi sincères que leur attachement à cette Mère-patrie, dont les belles destinées ont été confiées aux libérales mains de VOTRE MAJESTÉ.

Daignez recevoir, SIRE, l'assurance de notre profond respect.

Les Membres du Conseil général électif de l'île Bourbon,

ADRESSE AUX CHAMBRES

MESSIEURS LES PAIRS,

MESSIEURS LES DÉPUTÉS,

Après une interruption de trente années, la Représentation coloniale de l'île Bourbon rentre enfin à la vie politique, heureuse mille fois que cette salutaire restauration ait pu s'accomplir sans trouble, sans secousse ! Depuis trente ans notre population impatiente contenait son ardeur et étouffait ses regrets (*) ; depuis trente ans elle attendait et attendrait encore, si le gouvernement local n'eût pris l'initiative que lui imposait la rigueur de ses devoirs. Les arrêtés locaux du 12 avril et du 26 mai impriment à l'existence du Conseil général ce sceau de légalité sans lequel les meilleures institutions conduisent à d'inévitables catastrophes.

La Représentation coloniale librement et directement élue, déclare que la force seule put la dissoudre, il y a trente ans, et que depuis cet acte funeste d'oppression, elle n'a pu avoir d'interprètes légaux, ni de ses vœux ni de ses besoins. Elle déclare que son intervention dans les mesures législatives qui la concernent, est un droit imprescriptible que la violence peut suspendre, mais jamais anéantir.

Le premier devoir de la Représentation coloniale, après cette protestation solennelle, est de porter au sein des Chambres l'expression de son profond respect et de son inaltérable fidélité pour la Mère-patrie ; mais elle doit la vérité à la France, elle ne balancera pas à la manifester tout entière.

Ce n'est point en dehors du pays, mais au sein du pays lui-même, que réside toute autorité légitime ; cette opinion, longtemps combattue, ne rencontre plus

---

(*) MM. C. Roux, Legoff, Kéranval, Julienne, Salèles, Baudry et Fémy, ont cru devoir protester contre cette adresse.

de contradicteurs, et sur sa base inébranlable se fonderont désormais toutes les sociétés nouvelles. Dès qu'un pays n'intervient pas activement dans sa législation par lui-même ou par des représentans, librement et directement élus, on peut dire avec vérité que la tyrannie l'a frappé et qu'il est tombé sous le joug.

Nous ne pouvons croire que la noble France, que la France libérale de Juillet, veuille nous imposer ce joug aussi lourd qu'humiliant. Nos droits sont écrits dans la Charte de 1830 ; nous nous y réfugions avec une entière confiance. Elle porte en effet cette disposition si féconde et si riche d'avenir : « LES COLONIES « SERONT RÉGIES PAR DES LOIS PARTICULIÈRES. » Or il n'y a point de loi dans le vrai sens de ce mot, sans le consentement de la Société que l'acte appelé Loi doit régir. Les lois ne sont et ne peuvent être que l'expression de la volonté générale du pays auquel elles doivent s'appliquer. Il résulte de ces principes incontestables, de ces vérités proclamées par la France elle-même, que nous, colons et citoyens de l'île Bourbon, nous ne saurions demeurer étrangers à la confection des lois destinées à nous régir.

Nous le dirons avec franchise, si la France a montré quelque hésitation à notre égard, c'est que les faits qui nous concernent ne lui sont pas connus, on paraît craindre que, dans un pays où vivent ensemble des classes qu'on croit opposées et ennemies, des institutions libérales ne servent qu'à cimenter le despotisme des unes au détriment des autres. Rien ne justifie cette appréhension dont nous respectons les motifs honorables. A Bourbon nous n'avons qu'une seule classe de citoyens ; fondus depuis longtemps, les blancs et les hommes de couleur sont aujourd'hui complètement identifiés.

Entre eux aucune rivalité, aucune inimitié, aucune haine ; union étroite et franche, vive et inaltérable sympathie. Cette heureuse fusion, opérée dès longtemps par nos mœurs, n'a été sanctionnée par la loi qu'aux sollicitations vives et pressantes de notre ancien Conseil général, antérieurement à la révolution de juillet. Quant aux esclaves, leur sort est loin d'être aussi déplorable qu'on le suppose ; une juste réciprocité de service et de protection les associe en quelque sorte à nos familles, et ils trouvent dans notre intérêt même la garantie la plus sûre de l'amélioration progressive de leur condition. Nous ne venons pas au reste préconiser ici l'esclavage : il afflige à juste titre les amis de l'humanité, mais depuis l'abolition de la traite, secondée par la multiplicité des affranchissements et par la disproportion des sexes, le temps le détruit avec rapidité ; bientôt le but sera atteint sans qu'il soit nécessaire de violer la Charte, d'attenter aux droits acquis et de sacrifier la classe instruite et civilisée des hommes libres à la population ignorante et encore barbare des esclaves.

On prétend qu'il y a incompatibilité entre la Charte et le régime d'exception sous lequel nous sommes placés. Mais on l'ignore donc? les législateurs sages n'ont jamais méconnu l'empire des faits et des circonstances ; des institutions vicieuses qu'ils ne pouvaient brusquement détruire, ne les empêchèrent jamais d'en fonder tout à côté de contraires et de meilleures. Les lois les plus libérales ont été promulgées au sein même de l'esclavage.

Pour nous en tenir à un exemple que la France ne répudiera pas, ces états de l'Union, si vantés aujourd'hui, ont-ils ajourné la liberté sous prétexte que leur sol nourrissait encore des esclaves dont les fers ne pouvaient être que successivement brisés ? Non assurément, ils sont libres en attendant que les esclaves puissent l'être. Ces faits et une juste appréciation des principes viennent donc concurremment détruire des objections qui, d'ailleurs, tombent d'elles-mêmes devant l'article 64 de la Charte.

Si nous invoquons l'application des principes, que nos paroles ne soient pas mal interprétées, loin de nous la coupable, la funeste pensée d'altérer en rien les rapports intimes qui nous unissent à la France ! ils font notre gloire et tout notre bonheur.

Nos réclamations s'arrêteront toujours là où le lien qui nous rattache à la Mère-patrie pourrait s'affaiblir ou se relâcher. Français ! jamais nous ne cesserons de l'être. Nous voulons même oublier nos justes droits, nous voulons tout recevoir de l'affection de notre Mère-patrie et de la protection qu'elle nous doit.

La Représentation coloniale vient d'en donner un mémorable exemple ; elle succède à un Conseil général élu par le pouvoir, et dont les fonctions étaient purement consultatives, eh bien! elle l'a solennellement déclaré; elle se renfermera avec rigueur dans les mêmes attributions, jusqu'à ce que la métropole elle-même soit venue les élargir et les étendre.

Notre confiance sans bornes dans la justice des Chambres ne sera pas trompée; déjà nous en avons un gage certain: le projet de loi relatif au régime législatif des colonies a été envoyé à notre examen, et l'initiative nous en est en quelque sorte dévolue.

La Représentation coloniale va s'occuper sans relâche de cet important travail; elle le fera précéder d'un rapport où la vérité dans tout son jour nous vengera des calomnies dont nous ne cessons d'être l'objet. Nous vous démontrerons le grave inconvénient qu'il y aurait à jeter dans un moule unique les institutions destinées à des colonies diverses qui, pour avoir sur quelques points des intérêts identiques, ne présentent pas moins, sous d'autres rapports également importants, les plus remarquables dissemblances.

L'expression de nos vœux et de nos sentimens était un devoir qu'il nous est doux d'avoir rempli. Nous espérons de votre justice et de votre puissant concours que toute discussion sur notre sort sera ajournée jusqu'à la réception de notre travail. C'est là que les faits dénaturés seront rétablis, et que nous prouverons que si nous repoussons les lois subversives, nous appellerons de tous nos vœux les réformes sages qui peuvent améliorer le sort du pays sans troubler sa tranquillité

Le *Salazien* reproduira dans ce numéro les observations des Délégués des Colonies sur le projet de loi coloniale, présenté par le Ministre de la marine à la Chambre des députés.

Ce document, si important à connaître pour les populations coloniales, sera sans doute bien accueilli de nos compatriotes. Ils y verront en même temps, l'énonciation claire et précise de leurs droits politiques, et la manière habile avec laquelle ils ont été défendus.

La publication de ces observations est en outre un hommage que nous prétendons rendre aux lumières et au patriotisme des Délégués de notre Colonie, si dignes de la confiance dont ils ont été investis.

Le *Salazien* retrouve d'ailleurs, dans ce document officiel, ses propres doctrines et déclare qu'il ne s'en écartera jamais.

OBSERVATIONS des délégués des Colonies, réunis en conseil à Paris, sur le projet de loi relatif au régime des Colonies, présenté par le Ministre de la Marine à la Chambre des Députés.

MESSIEURS,

La Révolution de Juillet a placé les Colonies françaises dans une situation nouvelle, dont elles sont loin de décliner les conséquences.

La Charte de 1830 a déclaré que le régime des ordonnances y ferait place à celui des lois. Les colons français ont reçu comme ils le devaient ce gage d'estime et d'intérêt de leurs frères de la mère-patrie, et n'éprouvent pas moins vivement qu'eux le besoin d'acquérir et de conserver toutes les garanties reconnues justes, et réclamées comme nécessaires par les autres citoyens français.

Ce besoin, ils l'éprouvent d'autant plus vivement, que jusqu'à présent la déclaration de la Charte n'a eu d'autre résultat que celui de faire pressentir les changements notables qu'on se propose d'apporter à leur constitution, et de rendre plus urgentes la promulgation de la loi destinée à les opérer.

Qu'elle qu'en soit la forme, les habitants des colonies l'accueilleront avec reconnaissance,

1° Si elle leur assure un moyen légal de faire connaître leurs besoins divers, et de défendre leurs intérêts de toute nature, tant auprès de l'autorité locale qu'auprès de toutes les branches du pouvoir dans la métropole ;

2° Si elles les fait réellement jouir du droit commun à tous les Français, celui de voter l'impôt et la somme des contributions auxquelles leurs ressources peuvent faire face, et d'en vérifier l'emploi lorsque la dépense est locale.

Ces bases une fois posées, Messieurs, nous entrerons sans autre préambule dans l'examen de la loi présentée à la Chambre des députés par le Ministre de la Marine, dans la séance du 15 décembre dernier.

Nous n'aurons pas besoin de dire longuement qu'elle ne suffit pas à nos vœux. Dans son Exposé des motifs, le Ministre de la Marine lui-même a reproduit une partie de nos objections ; et comme il l'a fait sans les combattre, il nous a donné le droit de croire que sa propre conviction n'était ni bien absolue, ni bien entière, en faveur du travail qu'il a pourtant adopté.

Quant à l'objection préjudicielle que ce même ministre a cru devoir alléguer contre l'existence d'une législature locale en rapport avec ce qui existe dans les îles anglaises, il serait difficile de la soutenir sérieusement, puisque les faits se sont chargés d'y répondre. La population des colonies anglaises et françaises est identique ; et, sans aller chercher des élémens de Chambre haute, auxquels personne ne songe, si la division du pouvoir législatif en deux sections était reconnue nécessaire ou même utile, il ne serait pas plus difficile d'en trouver les élémens dans les colonies françaises qu'il ne l'est dans les colonies anglaises de trouver de quoi composer ce qu'on y appelle *Chambre d'assemblée* et *Chambre du Conseil*.

A la Jamaïque, la plus grande des Antilles anglaises, par exemple, les élémens de constitution politique sont un gouverneur, un conseil et une assemblée générale. Cette dernière est le résultat de l'élection directe ; le conseil qui forme l'autre section du pouvoir législatif, se compose de douze membres nommés par le roi, et pris parmi les éligibles à l'autre assemblée.

A Monserrat, l'une des plus petites îles de l'Archipel, les élémens constitutifs du gouvernement sont les mêmes ; seulement le conseil n'est composé que de six membres.

Toutefois nous ne dissimulons pas, Messieurs, qu'en raison de notre éloignement et de diverses autres circonstances qui tiennent aux bases mêmes de notre existence, il est difficile que nous soyons dotés d'institutions aussi complètes que celles dont jouissent nos heureux compatriotes métropolitains, qui ont encore sur nous cet avantage joint à tant d'autres ; mais ces difficultés, qui, à la vérité, nous sont propres, ne peuvent suffire à justifier la suppression de tous nos droits; car alors il eût été dérisoire de les proclamer; mieux eût valu venir redemander à la Chambre la révocation pure et simple de l'article 64 de la Charte. Il y eût eu violence, il est vrai; mais au moins il n'y eût pas eu déception. Ici, Messieurs, nous ne saurions quel autre nom nous pourrions donner à la consécration du système selon lequel a été conçu le projet de loi.

Ce n'était pas ainsi que les délégués des colonies avaient compris la pensée de la Charte de 1830, dans le premier travail que, sur la demande même du ministre, ils lui avaient adressé. C'est à vous, Messieurs, à juger qui, du ministre de la marine ou de nous, est resté plus fidèle à l'esprit de l'article 64.

La voie nouvelle dans laquelle il s'agissait d'entrer indique la nécessité de remonter aux travaux de la seule assemblée qui fût partie des mêmes bases que la Charte de 1830. Aussi c'est de l'esprit et des dispositions de la loi du 28 septembre 1791 que le conseil des délégués a cru devoir se bien pénétrer.

En partant du principe que les colonies devaient désormais être régies par des lois particulières, et en admettant pour le moment que leur éloignement ne leur permette pas l'envoi direct de députés dans la Chambre, il ne restait plus qu'un moyen pour adapter utilement et rationnellement aux colonies les formes du gouvernement représentatif; c'était de les doter, comme l'avait fait la Constituante, d'assemblées ou conseils législatifs. Or ces conseils ne peuvent, sans mentir à leur origine, exister, s'ils ne sont investis, sauf la sanction royale, du droit de voter l'impôt et les lois de régime intérieur ou d'intérêt local.

Nous n'avons réclamé pour ces conseils d'autre initiative que celle qui peut s'exercer par voie d'adresse. Nous trouvions bien placé dans les mains du représentant du gouvernement métropolitain le droit de présentation de tous les projets de loi; mais aussi nous avions pensé que c'était faire une part assez large à l'influence qu'il peut être utile d'exercer sur les délibérations des assemblées locales.

Du reste, toutes les lois d'un intérêt mixte entre la métropole et les colonies, toutes celles qui émanent plus spécialement du principe de la souveraineté nationale, nous n'avons jamais songé à en soustraire la moindre partie à la décision des Chambres dans la mère-patrie.

C'est vous dire, Messieurs, que nous avions suivi pas à pas la répartition des attributions et des pouvoirs législatifs telle que l'avait fixée la loi du 28 septembre 1791.

Certes cette loi n'avait pas eu pour objet de déshériter la métropole de ses droits de souveraineté ; mais les législateurs dont elle était l'ouvrage avaient compris qu'outre le vote de l'impôt, dont l'incapacité ne peut être établie que par la suppression avouée de tous les droits politiques, il existe encore aux colonies bien d'autres intérêts, dont la protection ne peut exclusivement appartenir au pouvoir exécutif, et dans lesquels cependant la législature métropolitaine n'a pas de motifs d'intervenir :

1° Parce que ces questions tiennent à un ordre d'idées qui n'a pas d'analogue dans les habitudes et les besoins des autres parties de l'empire ;

2° Que, par conséquent, les données suffisantes peuvent manquer journellement à la discussion ;

3° Que ces données réclament une étude spéciale, rendue d'autant plus difficile par le renouvellement des Chambres, que les électeurs métropolitains n'ont pas de raisons spéciales pour l'exiger des mandataires les plus dignes de leur confiance.

D'ailleurs la responsabilité ministérielle attachée à la sanction royale restait pour satisfaire aux susceptibilités les plus ombrageuses, s'il pouvait en surgir sur l'adoption d'un système qui se présentait avec la garantie des délibérations de l'assemblée de 1791. Au lieu de cela, qu'a fait le projet ministériel ? Il s'est peu occupé de mettre le texte de la loi en contradiction avec les principes proclamés dans l'exposé de ses motifs. C'était un régime législatif qu'il annonçait ; c'est une simple institution départementale dont il a préparé l'organisation.

Après avoir placé dans le partage des chambres métropolitaines toutes les questions qu'à une exception près nous y trouvons très bien assignées, il absorbe dans celui des ordonnances tout ce que l'article 64 de la Charte avait sans doute en vue de faire rentrer sous le régime de la loi, et dont le sentiment de la justice et des convenances locales devaient faire presque en totalité le lot naturel des conseils législatifs coloniaux.

Aussi la répartition faite par le projet ne laisse-t-elle à peu près à ces conseils que ce qui forme en France les attributions d'un conseil général de département; car ce serait une dérision trop forte que d'alléguer qu'on leur laisse le vote de l'impôt alors que le projet de loi rend *obligatoire* cette partie de l'impôt que l'administration présente comme irrévocable, et qu'il ne reste plus de liberté d'allocation que pour celle que les besoins de l'intérêt de localité rend à peu près irréductible.

C'est à votre bonne foi, Messieurs, que nous en appelons. Si vous êtes convaincus que la déclaration de la Charte de 1830 doit être suivie de quelque chose de réel, vous accueillerez nos représentations, et ferez immédiatement justice des principes erronés qui ont faussé toutes les bases du projet de loi qui vous est soumis.

Dans cette confiance, nous passerons aux réclamations que le texte même des articles nous force de faire entendre. Si vous ne repoussez pas les principes qu'il était de notre devoir de mettre sous votre protection, nous osons espérer qu'il nous sera facile de nous faire entendre de vous sur le mode de leur application.

Nous n'appelons votre attention que sur les articles que nous désirons voir amender, et ne reproduirons qu'à la fin de nos observations le texte général de la loi modifiée.

ARTICLE 2.

Nous ne proposerons à l'article 2 qu'un seul retranchement, c'est celui *des règles à suivre pour les concessions d'affranchissement.*

L'affranchissement proprement dit n'intéresse que la société coloniale, c'est à elle qu'il doit appartenir de fixer les garanties qu'elle croit devoir exiger d'un affranchi, afin qu'il ne devienne pas un jour à charge au public. Le gouvernement de la métropole n'a intérêt à intervenir dans ces actes qu'au moment où l'affranchi est appelé à la jouissance des droits politiques qui l'associent définitivement à la grande famille du royaume. Il s'agit alors d'un droit de souveraineté qui ne peut être exercé que par les trois branches du pouvoir métropolitain, et ce pouvoir en reste investi par la disposition de l'art. 2, qui attribue aux Chambres et au Roi la législation relative à la jouissance des droits politiques dans les colonies.

ARTICLE 3.

L'instruction publique, les améliorations à introduire dans la condition des personnes non libres qui seraient compatibles avec les droits acquis; le système de pénalité qui est applicable à cette classe pour tous les cas qui n'emportent pas la peine capitale, nous ont paru plus convenablement placés dans les attributions de la législature locale. Nous vous proposons donc de les renvoyer à l'article 4. Que si nous n'avons pas fait de réclamations au sujet des gardes nationales ou milices, c'est que nous avons été forcés de reconnaître que ces troupes ne sont pas aux colonies seulement astreintes à un service sédentaire, mais qu'elles y sont par essence des troupes mobiles; qu'elles sont sujettes à de fréquens déplacemens et au service militaire le plus actif, et que, de tout temps, ce service a été considéré comme suffisant pour justifier une dispense générale des obligations de la conscription pour tous les Français nés dans nos établissemens d'outre-mer. Par toutes ces causes, l'organisation et la discipline de cette troupe nous a paru devoir rester exclusivement dans les mains de l'autorité royale.

ARTICLE 4.

Les retranchemens que nous avons proposés de faire à l'art. 3 nous amènent à vous proposer la rédaction suivante pour l'art. 4:

« Seront soumis au conseil colonial par le gouverneur les projets d'arrêtés d'intérêt local, notamment en ce qui concerne :

« 1° Les recettes et les dépenses municipales, les plantations de vivres, la police rurale, les dessèchemens, les bureaux de bienfaisance, les dons et les legs au-dessous de 1,000 francs;

« 2° L'organisation municipale; les améliorations à introduire dans la condition des personnes non libres qui seraient compatibles avec les droits acquis; le système de pénalité qui est applicable à cette classe pour tous les cas qui n'emportent pas la peine capitale; les règles à suivre pour les concessions d'affranchissemens; le régime des habitations; les travaux publics; les routes royales; les chemins vicinaux et de passage; les concessions; la santé publique; les banques et comptoirs d'escompte; les emprunts, les acquisitions, échanges ou aliénations d'immeubles domaniaux; les prisons; les hospices; l'instruction publique et les encouragemens à donner à l'instruction primaire; les récompenses à accorder pour des services signalés rendus à la colonie; l'assiette et la répartition de l'impôt; le budget colonial; l'emploi des fonds de réserve et des fonds votés extraordinairement pour des dépenses spéciales, et toutes les matières d'intérêt local qui ne sont pas comprises dans les articles 2 et 3. »

ARTICLE 5.

Dans la division des matières que nous avons faite dans l'article 4, nous avons eu pour but d'assurer une plus grande promptitude aux décisions pour lesquelles la sanction du gouverneur doit être une garantie suffisante aux yeux de tous; c'est ce qui nous conduit à vous proposer pour l'article 5 la rédaction suivante:

« Lorsque le conseil colonial aura adopté les projets d'arrêté qui doivent lui être soumis conformément à l'article précédent, ou que les amendemens qu'il aura proposés auront été consentis par le gouverneur, celui-ci pourra rendre les arrêtés exécutoires; ils ne seront définitifs qu'après avoir reçu la sanction royale en ce qui concerne les matières énumérées au second paragraphe de l'article précédent, mais ils seront définitifs, sans avoir besoin de la sanction royale, en ce qui concerne les matières énumérées au premier paragraphe. »

Si vous jugiez à propos, Messieurs, de nous faire quelques objections sur les changemens que nous proposons, nous croyons qu'il ne nous serait pas impossible de les résoudre. Ce que nous nous bornerons à vous dire ici par avance, c'est que le système que nous cherchons à faire prévaloir a pour lui la justice et l'expérience, et qu'il est en même temps le plus propre à l'introduction graduelle et sans secousse de toutes les améliorations dont l'ordre social est susceptible. L'Angleterre s'est fort bien trouvée d'y avoir persévéré.

Quoiqu'il ne soit pas pour elle de droit public, que les colonies de conquête soient fondées à en réclamer les bienfaits, elle ne l'a pas moins étendu à plusieurs d'entre elles, telles que Tabago, la Dominique et Montserrat. Ce système n'a jamais contrarié aucune des modifications que le gouvernement de la métropole britannique a désiré voir admettre dans l'organisation intérieure de ses colonies; et, si parfois il a entraîné quelque retard, loin de lui en faire un reproche, c'est encore un de ses mérites: car c'est par la sage lenteur de ces délais que de grands malheurs ont pu être évités, sans qu'il en soit résulté aucune entrave réelle pour l'autorité administrative émanée de la métropole.

ARTICLES 7 ET 8.

Nous vous en proposerons la suppression. Cette suppression, Messieurs, est la conséquence inévitable de la liberté du vote de l'impôt que nous avons déjà réclamée, car l'article 7 ne peut être admis que comme la condamnation absolue de cette réclamation. L'exercice d'un droit emporte avec lui la faculté de s'abstenir, et, comme nous l'avons dit, si les dispositions de l'art. 7 nous étaient imposées, ce ne serait plus qu'un simple enregistrement qui serait laissé aux colonies: dès lors leur droit, n'étant pas satisfait, resterait tout entier, et vous ne pourriez, Messieurs, vous refuser à leur assurer un autre moyen d'exercer celui commun à tous les Français, la participation à l'examen et au vote des contributions, dont chaque membre de la société doit être juge.

Au reste, si la Chambre consentait à rendre à cette délibération toute la liberté qui lui appartient, vous pouvez bien croire, Messieurs, que dans des contrées si éloignées de la métropole, qui, par leur faiblesse, ont tant besoin de sa protection, et pour qui la force de l'autorité fait presque une condition d'existence, les conseils ne seraient jamais tentés de refuser des allocations justes, sans renoncer cependant aux économies qui seraient reconnues compatibles avec le bien du service, et aux réclamations d'allégemens dont la justice pourrait être rendue incontestable.

ARTICLE 10 devenu 8

Dans cet article comme dans tous ceux où se trouve mentionné le *Conseil privé*, les délégués ont pensé que cette dénomination était tout-à-fait superflue. Le gouverneur sentira toujours sans doute le besoin de s'entourer de la plus grande quantité de lumières possible, et par conséquent le besoin de l'existence d'un conseil; mais ce conseil ne doit ni gêner ni alléger sa responsabilité. Dès lors la loi constitutive n'a pas eu à faire une mention spéciale, ni à connaître de son organisation. C'est ce qui nous a déterminés à substituer, dans les articles du projet que nous joignons à ce travail, aux mots conseil privé, alternativement ceux de *conseil* ou simplement *conseil de gouvernement*, quand il ne peut y avoir d'incertitude sur le sens de l'expression.

ARTICLE 16 devenu 14.

Nous n'avons à y signaler qu'une omission qui a sans doute échappé à la rédaction : ce sont les mots d'*obéissance à la Charte* avant ceux *aux lois et ordonnances*.

ARTICLE 18 devenu 16.

Ce n'est également que comme rectification de rédaction que nous en proposerons une nouvelle pour le paragraphe de cet article relatif aux délégués, qui nous a paru devoir être ainsi conçu :

« Les délégués réunis en conseil sont chargés de donner *au gouvernement du roi*, et aux *commissions formées dans le sein des chambres*, dans les cas prévus par l'art. 2, les renseignements relatifs aux intérêts généraux des colonies, et de suivre l'effet des délibérations et des vœux du conseil colonial. »

La substitution de ces mots « Gouvernement du roi » à ceux-ci, « Ministre de la marine, » n'est que la conséquence de l'emploi des mêmes mots dans le premier paragraphe du dit article. Il va sans dire que ce n'est pas seulement au « ministre de la marine » que les délégués doivent des renseignemens relatifs aux intérêts généraux des colonies, et que c'est auprès de toutes les branches du pouvoir métropolitain qu'ils doivent suivre l'effet des vœux et des délibérations du conseil colonial.

Ce devoir et ce droit sont une conséquence inséparable de la nature de leur mission. Il ne faut pas perdre de vue qu'en admettant même que la Chambre accueillît toutes nos réclamations, la représentation des intérêts coloniaux serait encore bien moins complète que celle des intérêts du moindre arrondissement européen, tandis qu'on ne peut se dissimuler que la nature et la diversité de ces intérêts exigeaient peut-être au contraire un droit de défense plus complet. C'est à cette considération puissante que l'assemblée constituante avait sans doute obéi, lorsqu'en même temps qu'elle dotait les colonies de législatures locales, elle n'en admettait pas moins leurs députés dans le sein de l'assemblée métropolitaine.

Nous vous l'avons déjà dit, Messieurs, pourvu que le gouvernement consente à nous accorder pour nos intérêts ce que nous ne pouvons sacrifier dans les garanties inhérentes à nos droits comme citoyens français, nous ne réclamons pas la plénitude de ceux que l'assemblée constituante avait trouvé juste de reconnaître ; mais dans ce système de compensation ce n'est pas porter bien loin l'exigence que de demander à être *entendus* dans le sein des commissions des chambres ; nous sommes même forcés d'ajouter qu'il y aurait justice à ce que les délégués pussent l'être même à la tribune, lorsqu'il s'agira d'y débattre ou les intérêts matériels, ou les intérêts moraux de ces contrées. Cette dernière faveur, nous n'en avons pas fait l'objet d'une demande formelle, nous en abandonnons le sort à votre équité. Chaque jour un maître des requêtes, sans autre caractère politique que la plus temporaire des commissions, use de ce privilège au profit d'un pouvoir qui a tant d'autres moyens de faire défendre ses plans ou ses projets. Cette manifestation d'une opinion simplement consultative, si vous l'accordiez aux délégués des colonies, ne serait qu'une compensation bien faible de la privation où elles sont de tout organe effectif dans les délibérations mentionnées à l'art. 2. Sous ce rapport même elles vont se trouver placées dans une situation plus défavorable que celle que leur avait faite l'autorité royale, lorsqu'elle était leur seul arbitre. Car alors une loi de la métropole, quelle qu'elle fût, n'était loi de la colonie qu'après un second examen constaté par l'enregistrement des conseils souverains.

ARTICLE 20 devenu 18.

« Il est reconnu qu'aux colonies, dit le ministre « dans son exposé, la valeur du signe monétaire, re- « lativement à celle des denrées, est de beaucoup in- « férieure à la valeur du même signe sur le terri- « toire continental du royaume.

« Cette proportion est au moins de 1 à 3. Si l'on « avait dû partir du taux de 200 francs adopté pour « la France par la loi du 19 avril 1831, il aurait fallu, « en suivant la proportion dont il s'agit, fixer le cens « électoral des quatre colonies à 600, 400 et 300 fr. »

Après un raisonnement si péremptoire, il est permis de s'étonner que le ministre ait reculé devant sa conclusion, et de se demander si c'était bien le cas de dévier d'un principe avoué ou d'en outrer les conséquences, ou s'il n'eût pas été plus rationnel et plus sage d'entrer avec mesure et prudence dans un système basé sur l'électorat, dans un pays où rien de semblable n'avait encore été essayé, et où les circonstances de la famille politique semblaient indiquer au début le besoin de sages restrictions.

Nous l'avions déjà dit au ministre, et il vous le répète, page 18 de son exposé : « Ce n'est que graduel- « lement et après bien des années d'épreuve que la « France est arrivée au cens électoral de 200 francs. » Était-ce ici le cas de ne tenir aucun compte des rapports exacts du signe monétaire, au risque de multiplier le nombre des électeurs dans une proportion funeste pour la tranquillité du pays, en l'élevant au-dessus de ce qu'il est en France eu égard à la population libre, qui peut seule servir de terme de comparaison ? « Vous jugerez, a dit M. le ministre, page 19 de « son exposé, si ces chiffres (du cens électoral) doivent « subir les augmentations demandées par les délégués. »

Ainsi, Messieurs, la question est encore tout entière devant vous ; c'est le ministre lui-même qui s'est chargé de reproduire, sans leur rien opposer, les argumens qui militent contre le texte de sa loi. Nous aimons à penser que cette circonstance n'échappera pas à l'équité de votre décision. D'ailleurs, si l'on pouvait craindre que la propriété foncière fût seule représentée par suite de l'adoption de nos observations, qu'on écoute M. le ministre lui-même, page 13 de son exposé :

« A la Martinique et à la Guadeloupe le taux des « patentés de première classe est supérieur au cens « exigé pour l'égibilité ; le taux des patentés de troi- « sième classe est égal au cens exigé pour l'électoral. »

Après ces aveux, les délégués de ces deux colonies seraient coupables s'ils ne persistaient dans leur demande du taux de 600 fr. pour le cens électoral. Les délégués de l'île Bourbon, par suite de considérations qui sont propres à leur île, demandent le maintien du cens électoral à 300 fr., tel que l'a proposé le ministre; le délégué de la Guyanne, fondé à trouver dans ce qui concerne sa colonie une analogie de position, demande que le cens électoral y soit aussi fixé à 300 fr. La différence apparente qui existe entre ces propositions et celles faites au nom des Antilles s'explique par l'inégalité existante entre le prix des patentes, qui suffit pour placer les impôts de ces deux catégories dans le rapport de 1 à 2.

ARTICLE 21 devenu 19.

Quant au cens de l'éligibilité qui fait l'objet de l'art. 21 du projet de loi, loin d'avoir des réserves à faire contre la fixation du cens, nous devons vous dire que les délégués de Bourbon proposent de l'abaisser au chiffre de 400 fr., ce qui amènera cette colonie à une identité de fixation avec celle de Cayenne, en laissant d'autre part dans une situation analogue l'une vis-à-vis de l'autre les colonies de la Martinique et de la Guadeloupe, où le cens d'éligibilité est fixé à 800 fr. L'élévation des patentes dans ces deux dernières îles explique et justifie cette différence. Sur ces bases, qui sont celles du projet de loi, nous acceptons tous les résultats, quels qu'ils soient, du cens d'éligibilité ainsi fixé, parce qu'avec tous les esprits impartiaux qui ont étudié la question, nous n'hésitons pas à proclamer que c'est d'un système électoral combiné avec toute la circonspection que demande une matière aussi délicate que dépendront et le maintien de l'ordre public et le sort même des nouvelles institutions.

ARTICLE 23 devenu 21.

D'après l'assimilation faite entre Bourbon et la Guyanne, et aussi par des raisons qui lui sont propres, Bourbon demande qu'il soit tenu compte par chaque noir recensé d'un vingtième au lieu d'un vingt-quatrième, ainsi que le portait le projet. Les délégués des autres colonies ne demandent, en ce qui les concerne, aucun changement à la proposition ministérielle.

Arrivés au terme de nos observations, nous ne pouvons cependant les clore, Messieurs, sans vous rappeler une considération à laquelle nous avons déjà plusieurs fois fait allusion, et qui doit dominer toute la question.

La Charte de 1830, en relevant les citoyens français qui habitent au-delà des mers de l'état exceptionnel dans lequel ils étaient placés par rapport à la jouissance des droits politiques, a eu pour objet sans doute de leur en assurer un véritable usage ; or cet usage, c'est par une participation effective à la représentation nationale qu'il se manifeste.

Si l'intérêt mutuel de la France et de ses colonies dicte à ces dernières le sacrifice d'une partie de leurs droits, vous ne nierez pas, Messieurs, qu'une compensation aussi complète que possible leur soit due : car ce n'est ni par une illusion ni par une déception qu'on peut satisfaire ou éluder un droit absolu. Cette compensation relative, les colonies la trouveraient dans le bienfait d'une *véritable législature locale*. C'est dans ce but que nous vous avons proposé d'amender le projet de loi du ministre ; mais si vous ne croyez pas devoir accueillir nos réclamations, si vous pensez enfin, Messieurs, devoir proposer l'adoption du projet ministériel, comme alors vous n'aurez rien institué de législatif, mais seulement un système municipal et départemental, vous reconnaîtriez avec nous sans doute que le droit politique des citoyens français d'outre-mer est resté tout entier, et que le seul moyen d'y satisfaire est de leur rendre la faculté d'envoyer directement des députés à la Chambre. Car enfin, Messieurs, vous ne voulez pas d'ilotes : et ce serait en faire que de priver une partie de vos concitoyens des garanties locales dont ils étaient prêts à se contenter, et en même temps de les soumettre à des lois où ils n'auraient d'autre part qu'une obéissance passive, et à des taxes dont ils n'auraient pu contester le mérite ni vérifier l'emploi.

Signé : DE FLEURIAU, DE COOLS, délégués de la Martinique ; A. DE LACHARIÈRE, A. FOIGNET, délégués de la Guadeloupe ; AZÉMA, SULLY BRUNET, délégués de Bourbon ; FAVARD, délégué de Cayenne.

PROJET DE LOI

Sur le régime législatif des Colonies, modifié par les propositions du Conseil des délégués.

Louis Philippe, etc., etc.

TITRE I. — DES LOIS COLONIALES

(Comme au projet ministériel.)

ARTICLE 1

Dans les colonies de la Martinique, de la Guadeloupe, de l'île Bourbon et de la Guyanne française, le conseil général est remplacé par un conseil colonial, dont les membres sont élus et dont les attributions demeureront réglées conformément aux dispositions de la présente loi.

ARTICLE 2

Seront faites dans la forme établie pour la confection des lois du royaume : les lois civiles et criminelles concernant les personnes libres ; les lois pénales qui déterminent, pour les personnes non libres, les cas où la peine capitale est applicable ; les lois sur le commerce et le régime des douanes ; l'organisation judiciaire ; la jouissance des droits politiques ; la répression de la traite des noirs ; et toutes les lois que le gouvernement du roi jugera nécessaires pour régler les relations entre la métropole et les colonies.

ARTICLE 3.

Il sera statué par ordonnances royales sur tout ce qui concerne la police des cultes, la police de la presse, l'organisation et le service des gardes nationales et les recensemens.

Seront entendus préalablement, tant aux colonies qu'en Europe, le conseil de gouvernement, auquel seront adjoints deux membres du conseil colonial et les délégués de la colonie.

ARTICLE 4.

Seront soumis au conseil colonial par le gouverneur les projets d'arrêtés d'intérêt local, notamment en ce qui concerne :

1° Les recettes et les dépenses municipales, les plantations de vivres, la police rurale, les desséchemens, les bureaux de bienfaisance, les dons et les legs au dessous de mille francs.

2° L'organisation municipale, les améliorations à introduire dans la condition des personnes non libres, qui seraient compatibles avec les droits acquis ; le système de pénalité qui est applicable à cette classe pour tous les cas qui n'emportent pas la peine capitale ; les règles à suivre pour les concessions d'affranchissemens ; le régime des habitations ; les travaux publics ; les routes royales ; les chemins vicinaux et de passage ; les concessions ; la santé publique ; les banques et comptoirs d'escompte ; les emprunts ; les acquisitions, échanges ou aliénations d'immeubles domaniaux ; les prisons ; les hospices ; l'instruction publique et les encouragemens à donner à l'instruction primaire ; les récompenses à accorder pour des services signalés rendus à la colonie ; l'assiette et la répartition de l'impôt ; le budget colonial ; l'emploi des fonds de réserve et des fonds votés extraordinairement pour des dépenses spéciales.

Et toutes les matières d'intérêt local qui ne sont pas comprises dans les articles 2 et 3.

ARTICLE 5.

Lorsque le conseil colonial aura adopté les projets d'arrêtés qui doivent lui être soumis conformément à l'article précédent, ou que les amendemens qu'il aura proposés auront été consentis, le gouverneur pourra rendre ces arrêtés exécutoires : ils ne seront définitifs qu'après avoir reçu la sanction du roi en ce qui concerne les matières énumérées au second paragraphe de l'article précédent, et seront définitifs, sans avoir besoin de la sanction royale, en ce qui concerne les matières énumérées au premier paragraphe.

ARTICLE 6. (Comme au projet.)

Lorsque le conseil colonial ne donnera point son assentiment au projet qui lui aura été présenté, ou lorsqu'il proposera des amendements qui ne seront point consentis par le gouverneur, le projet ne pourra être représenté qu'à la session suivante.

ARTICLE 9 devenu 7. (Comme au projet.)

Le conseil colonial peut émettre un vœu, soit par une adresse au roi, lorsqu'il s'agira des matières comprises dans les articles 2 et 3, soit par un mémoire au gouverneur, lorsqu'il s'agira des matières comprises dans l'article 4.

ARTICLE 10 devenu 8. (Comme au projet.)

Le gouverneur fait en conseil de gouvernement les projets d'arrêtés sur les matières indiquées en l'article 4.

Il nomme un ou plusieurs membres du conseil de gouvernement pour donner au conseil colonial des explications sur les différentes matières qui sont presentées à ses délibérations.

ARTICLE 11 devenu 9. (Comme au projet)

Le gouverneur fait en conseil de gouvernement les réglements d'administration et de police, rend les décisions et donne les instructions réglementaires pour l'exécution des lois et ordonnances royales publiées dans la colonie, sans les soumettre au conseil colonial.

ARTICLE 12 devenu 10. (Comme au projet.)

Le gouverneur convoque le conseil colonial. Il le proroge et peut le dissoudre de l'avis du conseil de gouvernement ; mais dans ce dernier cas il doit en convoquer un nouveau dans un délai qui ne pourra excéder cinq mois pour la Martinique, la Guadeloupe et la Guyanne, et dix mois pour l'île Bourbon.

Le gouverneur assiste aux séances d'ouverture et de clôture.

TITRE II. — DE L'ORGANISATION DU CONSEIL COLONIAL.

ARTICLE 13 devenu 11. (Comme au projet.)

Le conseil colonial sera composé de trente membres dans chacune des colonies de la Martinique, de la Guadeloupe et Bourbon, et de seize à la Guyanne française.

Les membres du conseil colonial sont élus pour cinq ans par les colléges électoraux, d'après les règles prescrites au titre suivant, leurs fonctions sont gratuites.

Les membres du conseil colonial seront répartis par arrondissemens électoraux, conformément au tableau annexé.

ARTICLE 14 devenu 12. (Comme au projet.)

Le conseil colonial tiendra annuellement une session, à l'ouverture de laquelle il nommera un président, un vice-président et deux secrétaires.

Le gouverneur pourra, de l'avis du conseil de gouvernement, convoquer extraordinairement le conseil colonial.

ARTICLE 15 devenu 13. (Comme au projet.)

Le conseil colonial ne peut s'assembler qu'à l'époque et dans le lieu indiqué par la proclamation du gouverneur.

Il ne peut délibérer que lorsqu'il se trouve au nombre de la moitié plus un du total de ses membres.

Il ne peut prendre de résolution qu'à la majorité absolue des membres présents.

Pendant les dix premières années, à partir de la promulgation de la présente loi, les délibérations du conseil colonial auront lieu à huit-clos ; mais l'extrait des procès-verbaux de ses séances sera imprimé et publié à la fin de chaque session.

ARTICLE 16 devenu 14.

Chaque membre du conseil colonial prêtera, lorsque ses pouvoirs auront été vérifiés, le serment dont la teneur suit :

« Je jure fidélité au roi des Français, obéissance à la Charte, aux lois et ordonnances en vigueur dans la colonie. »

ARTICLE 17 devenu 15. (Comme au projet.)

Le conseil colonial a seul le droit de recevoir la démission d'un de ses membres. En cas de vacance par option, décès, démission ou autrement, le collége électoral qui doit pourvoir à la vacance sera convoqué par le gouverneur dans un délai qui ne pourra excéder un mois.

ARTICLE 18 devenu 16.

Les colonies auront des délégués près le gouvernement du roi, savoir : la Martinique, deux ; la Guadeloupe, deux ; l'île Bourbon, deux, et la Guyanne française, un.

Le conseil colonial nommera, dans sa première session, les délégués de la colonie, et fixera leur traitement.

Pourra être choisi pour être délégué tout Français âgé de trente ans, et jouissant des droits civils et politiques.

Les délégués réunis en conseil sont chargés de donner au gouvernement du roi, et aux commissions formées dans le sein des chambres dans les cas prévus par l'art. 2, les renseignemens relatifs aux intérêts généraux des colonies, et de suivre l'effet des délibérations et des vœux du conseil colonial.

La durée de leurs fonctions est égale à la durée des fonctions du conseil colonial.

Toutefois ils ne cesseront de les remplir que lorsqu'ils auront été remplacés.

ARTICLE 19 devenu 17. (Comme au projet).

Le conseil colonial désignera, avant la clôture de la session, deux de ses membres pour assister au conseil de gouvernement, dans le cas prévu par le second paragraphe de l'article 3 ci-dessus.

TITRE III. — DES COLLÈGES ÉLECTORAUX, DES CAPACITÉS ÉLECTORALES, ET DES ÉLIGIBLES.

ARTICLE 20 devenu 18.

Pour être électeur, il faudra :

Etre âgé de 25 ans révolus ;

Etre né dans la colonie, ou y avoir été domicilié pendant 2 ans;

Jouir des droits civils et politiques;

Payer en contributions directes à la Martinique et à la Guadeloupe 600 fr.; à l'île de Bourbon et à la Guyanne, 300 francs.

ARTICLE 21 devenu 19.

Pourra être élu au conseil colonial tout électeur âgé de trente ans révolus, si d'ailleurs il peut justifier qu'il paie en contributions directes, à la Martinique et à la Guadeloupe, 800 fr., et à l'île Bourbon et à la Guyanne, 400 francs.

ARTICLE 22 devenu 20. (Comme au projet).

Pour établir le cens déterminé par les art. 20 et 21, on pourra cumuler la contribution foncière en principal et en centimes additionnels, l'impôt des patentes et le nombre des noirs mentionné à l'article ci-après.

ARTICLE 23 devenu 21.

Il sera tenu compte, par chaque noir recensé de tout sexe au-dessus de quatorze ans, à la Martinique et à la Guadeloupe, du trentième; à la Guyanne française et à l'île Bourbon, du vingtième de la somme fixée par l'art. 20 pour former le cens électoral.

La même valeur sera donnée à chaque noir dans le calcul du cens d'éligibilité.

ARTICLE 24 devenu 22. (Comme au projet).

Une ordonnance royale déterminera, avec les modifications qu'exigent les localités, l'application aux colonies des principes posés par la loi du 19 avril 1831, sur les élections à la Chambre des députés.

TITRE IV. — DISPOSITIONS DIVERSES.

ARTICLE 25 devenu 23. (Comme au projet).

Sont abrogées toutes dispositions de lois, édits, déclarations du roi, ordonnances royales, et autres actuellement en vigueur dans lesdites colonies, en ce qu'elles ont de contraire à la présente loi.

ARTICLE 26 et dernier, devenu 24. (Comme au projet).

Les établissemens français dans les Indes orientales, en Afrique et à Saint-Pierre et Miquelon, continueront d'être régis par des ordonnances du roi.

On lit dans le journal le *Temps* du 9 octobre 1832, l'article suivant :

Colonies. — Bourbon

Ce qui se passe depuis deux ans dans les établissemens à esclaves offre un spectacle bien digne d'attention : des complots qui tendaient à l'anéantissement des classes libres ; des insurrections étouffées dans le sang, la destruction par les nègres de plantations et d'usines à sucre, attestent un état de crise dont il importe de constater la cause et de prévenir les effets. Ailleurs, les colonies par nous perdues s'arment pour résister aux expériences de la métropole britannique. Et les Etats-Unis, dans le sein même du Parlement, se voient menacés d'une lésion par les provinces du sud, si la question d'émancipation dont il s'agit, vient à être agitée.

Tous ces événemens ont une influence positive sur nos relations commerciales. De son côté le colon français, mécontent du présent et inquiet sur son avenir, s'irrite et réclame des institutions et des garanties.

Nous nous bornerons, quant à présent, à quelques considérations sur la quasi-révolution opérée à Bourbon. Déjà les journaux ont entretenu le public de l'existence d'une Société patriotique, formée dans cette île, et des actes qui en sont émanés.

Les uns attribuaient l'impulsion donnée à l'opinion, à quelques habitants obérés qui, suivant eux, auraient eu la pensée de s'emparer des rênes de l'administration pour se soustraire à la poursuite de leurs créanciers. D'autres ne voyaient dans ce mouvement qu'une imitation de la révolution de juillet, un désir de conquérir une représentation utile au pays ; un besoin universellement senti de se soustraire par réaction au joug imposé au pays au profit d'une famille.

En effet, M. de Villèle, lors de sa toute puissance, abandonna à M. Richemont Desbassyns, son beau-frère, la surveillance de l'administration des colonies. Celui-ci réunit des commissions un système gouvernemental, une organisation judiciaire, des établissemens de banque ; tout cela fut fait et mis à exécution de 1825 à 1828. Le système gouvernemental fut une amélioration ; seulement il se composait d'un personnel trop considérable. Ce nouveau mode d'administration eût été avantageux à Bourbon, si le patronage institué au ministère n'eût imposé des hommes à sa dévotion dans toute les branches du service, et même dans les conseils destinés à éclairer le gouvernement. Le pays n'eut plus une volonté à lui, tant l'investigation de M. Desbassyns pénétrait dans les moindres détails, et tant aussi sa volonté brisait toute résistance.

L'organisation judiciaire dépouilla la colonie de garanties positives, viola des droits acquis, proscrivit le ministère de l'avocat, déplaça le siége de la cour pour faciliter l'influence du gouvernement. D'autres dispositions irritantes s'y rencontrent.

Enfin, une caisse d'escompte vint jeter le désordre dans toutes les transactions, consommer la ruine du pays, et élever les profits des actionnaires à plus de 30 pour cent.

Tous ces différens actes avaient porté le mécontement à son comble.

La révolution de juillet ne fut donc qu'une occasion qui, en donnant naissance à l'explosion de sympathie pour la cause nationale, permit à la population de manifester son juste mécontentement contre l'administration et ses agens. Ces derniers opposèrent une résistance positive à la marche des événemens. L'ordre arrivé en février 1831 de nommer des députés, fut exécuté par l'ancien conseil général, malgré les *protestations* des communes. Dès ce jour une opposition s'organisa. On dénia, à juste titre, aux députés ainsi nommés le droit de se dire les organes de la majorité. Les statuts pour une association furent arrêtés, ils avaient pour texte : *attachement et soumission à la France, garantie des droits acquis, et établissement d'une assemblée coloniale.*

Cette association avait pour directeurs des hommes de capacités, et pour fondateur un patriote de cœur et désintéressé qui, à Paris, avait été persécuté et emprisonné sous le ministère de Villèle. Des comités et des clubs furent établis dans toutes les communes. Une presse clandestine répandait les écrits. Après dix mois d'existence, cette association adressa des pétitions et des députations au gouverneur pour réclamer l'établissement d'une assemblée législative librement élue. Ces députations se composaient de blancs et d'hommes de couleur ; c'est alors qu'une collision parut imminente. D'un côté l'on voyait, dans la ville, l'association déclarant ses séances publiques et permanentes ; de l'autre, le gouverneur entouré de toute la garnison, les armes chargées. Ce magistrat, lorsque cette sorte d'hostilité eut cessé et qu'il fut libre dans ses volontés, prit un arrêté prescrivant la réunion d'un conseil colonial consultatif composé de trente-six membres élus par des colléges électoraux. Cette mesure, il pouvait, il devait la prendre ; elle aura ramené la paix et rétabli l'ordre. D'un autre côté, le représentant du roi, en refusant l'établissement d'une assemblée législative, a compris ses devoirs. C'est à la France qu'il appartient de déterminer les attributions d'une assemblée coloniale, et non aux colonies de se les adjuger (*).

Depuis cette époque, 12 avril, toutes les opinions se sont rapprochées, et la fusion opérée promet des élections propres à assurer la tranquillité du pays, et à fournir au gouvernement métropolitain des données exactes sur les besoins de la colonie.

L'annonce d'un changement de gouverneur avait produit un bon effet. La colonie, fatiguée et souffrante, était cependant rassurée sur les suites du complot formé par les esclaves; mais on appréhendait une famine et on réclamait de tous les points de la colonie l'armement et l'organisation des milices, comme seul moyen de sécurité intérieure, dans ce pays qui n'a que 300 hommes de garnison.

Les améliorations ordonnées par la métropole au profit des classes inférieures, s'opéraient avec la participation entière et franche des habitans, à Bourbon, comme à la Martinique et à la Guadeloupe. L'état des choses était fort satisfaisant sur ce point.

Partout la traite est détruite; la fusion des classes blanches et de couleur s'opère par les mariages. L'admission des hommes de couleur aux places d'officiers, et le placement de leurs enfans dans les colléges, où les blancs seuls pouvaient entrer il y a deux ans encore; les affranchissemens se multiplient, et de nécessaires et justes déplacemens ou révocations de fonctionnaires ont été effectués. D'où l'on doit induire que le ministère a sagement introduit des innovations utiles. Mais il n'aura pour ainsi dire rien fait s'il ne

(*) L'assemblée constituante avait d'autres principes sur cette matière. Elle déclare que les colonies comme formant des sociétés distinctes si non différentes de leur métropole, ont des droits politiques indépendans de la volonté métropolitaine et qu'elles ne tiennent que de la nature. En un mot, cette illustre assemblée reconnaissait que les lois coloniales du régime intérieur, devaient se faire par le concours de la métropole et de la colonie, chacun ayant à l'égard de l'autre l'initiative et le veto. Nous aurons plus d'une fois occasion de développer cette doctrine dans le *Salazien*.

(*Note de l'Editeur*).

s'empresse de faire donner à ces établissemens les institutions qui leur sont dues. Il faut faire une large part de régime intérieur aux conseils coloniaux; donner, comme contre-poids, de l'unité au pouvoir exécutif; prévenir les perturbations qui se manifestent dans les possessions anglaises, en s'assurant du vœu des colons dans les mesures d'émancipation; détruire tout ce qu'a de gigantesque le personnel de l'administration; d'impraticable et d'injuste le système judiciaire; éviter d'envoyer aux colonies des fonctionnaires inconnus et qui ne seraient pas en possession de l'estime de leurs concitoyens. Dans ces pays d'exception plus qu'ailleurs, il faut de la capacité.

Le ministère doit, dès l'ouverture de la session, présenter des projets de loi sur la constitution coloniale, car ils font partie obligée du programme de la Chambre.

CONSEIL GÉNÉRAL

De l'île Bourbon. — Session de 1832.

RAPPORT fait au nom de la Commission (*) chargée de présenter le projet de loi relatif au régime législatif des colonies, par M. Conil, député de Saint-Denis.

Séance du 25 octobre 1832.

Messieurs,

Les colonies sont des sociétés dont l'existence ne doit pas dépendre uniquement de leurs métropoles.

Leur position, leurs habitudes, leurs besoins tout leur donne des droits à des garanties particulières, tout leur impose d'autres principes de conservation. Le législateur qui sans avoir égard à ces accidens, les livrerait à l'inflexibilité d'une règle générale et uniforme, les exposerait aux plus redoutables dangers.

(*) Cette commission était composée de MM. Laserve, K/anval, Saint-Georges, Le Goff et Conil.

Il leur faut sécurité dans le présent, confiance dans l'avenir, car ce n'est pas d'elles qu'on peut dire qu'elles ne périssent jamais.

Ces deux élémens de vitalité doivent être le résultat de la protection que les métropoles leur accordent, et des libertés publiques dont elles les font jouir.

Par la protection, leur sûreté extérieure est garantie, tandis qu'une bonne constitution maintient leur régime intérieur à l'abri de toute vicissitude perturbatrice : ainsi se fondent et se perpétuent les rapports d'affection et d'intérêts entre des nationaux placés originairement sous l'empire d'une loi commune.

Ce n'est pas que, dans un temps donné, une colonie ne puisse aspirer à son émancipation : L'accroissement de ses forces, les progrès de sa civilisation, et la marche du siècle l'entraînent vers un démembrement qui, s'il n'est pas toujours nécessaire, est souvent inévitable. Mais, pour qu'elle arrive à ce point où la soumission n'est plus qu'un joug, il faut que la protection soit devenue un fardeau, que l'oppression ait remplacé la tutelle. Ainsi les liens ne peuvent se relâcher que lorsque la métropole tend à les briser, car il n'est ni naturel ni logique, que les garanties promises et dues à sa conservation étant respectées, le plus faible s'isole du plus fort, et repousse l'égide d'une puissance amie. Mais par dessus tout, ces velléités de séparation ne peuvent germer qu'au sein d'un pays dont l'étendue et les ressources offrent à sa population la possibilité de conquérir son affranchissement, et la certitude de le conserver.

Hors de là, on ne rêve que des chimères et l'on ne fait que des mutineries, tentatives malheureuses qui provoquent la défiance et légitiment l'arbitraire.

Sans ces conditions, les rapports des colonies sont par leur intérêt même liés à une soumission éclairée envers l'état dont elles dépendent, et celui-ci doit se montrer d'autant plus juste, qu'il ne pourrait craindre de voir tourner contre lui l'exercice des droits dont il leur assure le maintien.

Sous ce rapport la France ne saurait concevoir de légitimes inquiétudes sur ses possessions ; elle peut être généreuse sans avoir à redouter leur ingratitude ; et plus les institutions dont elle les dotera seront larges et libérales, plus elle étendra les gages de l'amour qu'elles doivent lui porter.

Telle fut la pensée qui présida longtemps aux destinées des colonies ; c'est sous son influence que leur prospérité atteignit ce degré d'élévation, dont le souvenir excite à la fois les regrets et les espérances.

Sous le régime absolu, alors que la prépondérance des parlemens, barrière souvent impuissante contre les empiètemens du pouvoir royal, n'opposait à ses volontés qu'une résistance plusieurs fois malheureuse et toujours contestée, la magistrature coloniale exerçait paisiblement le droit de remontrance et de sursis aux ordonnances des rois, et cette prérogative dont l'usage devint fréquemment en France le signal des plus graves catastrophes, s'accomplissait sans secousse dans ces pays lointains que la sollicitude de leur gouvernement avait placés sous cette sauve-garde précieuse, autant que nécessaire. Plus tard, lorsque la liberté succéda au despotisme, la nation fière de sa souveraineté, respecta les limites que lui imposaient les droits des colons, et la Constituante les consacra dans des instructions à jamais mémorables, où tout le système de l'organisme colonial fut déroulé avec une admirable précision. Il était donné à cette illustre assemblée d'atteindre, dans cette matière délicate aussi bien que dans toutes celles qui fixèrent ses regards, le point de perfectibilité autour duquel nous verrons les législatures suivantes graviter longtemps sans pouvoir jamais s'en écarter.

De sanglantes utopies remplacèrent bientôt le calme de ces premiers travaux, et la révolution qui dut frapper de terreur tous les ennemis du nom Français, confondit dans cette proscription les colonies entières où elle voulut importer la mortelle hostilité de ses principes.

Heureux les colons qui purent se soustraire à ces formidables envahissemens ! Ils ne durent qu'à leur énergie la conservation de leur existence ; tandis que les horribles saturnales de Saint-Domingue offraient au monde civilisé le spectacle des doctrines philanthropiques pratiquées par la barbarie.

Ces catastrophes ne prirent leur source que dans la violation du DROIT COLONIAL ; elles furent la conséquence de la confusion des limites si habilement posées par la constituante. La force métropolitaine voulut s'immiscer dans le régime intérieur de ses possessions d'outre-mer, et leur imposer ses lois. On conçoit que ces théories, jetées imprudemment au milieu des populations ennemies, durent porter leurs funestes fruits. Le massacre et l'incendie ne parurent plus que des moyens énergiques mais nécessaires; chez les uns de se venger d'une trop longue humiliation, chez les autres de conquérir leur affranchissement.

Parce qu'il fallait que l'oracle s'accomplît : PÉRISSENT LES COLONIES PLUTOT QU'UN SEUL PRINCIPE ! Holocauste offert à une opinion en délire, leur immolation pouvait seule assouvir la haine qu'elles leurs inspiraient !

Cependant, celles que leur position ou leur résistance empêchèrent de succomber sous ces violentes attaques, poursuivaient le cours de leur paisible existence, et pourvues de leur législature intérieure, elles bravaient les mesures qu'une faction ennemie dictait à leur métropole.

Ainsi se réalisaient pour elles les prévisions qui, en déterminant ce qui appartenait à leur régime intérieur et à la législation métropolitaine, avaient posé les principes sans lesquels un régime colonial n'est ni praticable ni possible.

L'Empire qui renversa bien d'autres libertés, ne pouvait respecter celles des colons, et profitant de la turbulence qui avait signalé la carrière de quelques assemblées coloniales, il les détruisit pour y substituer son omnipotence. Toutefois, les pouvoirs qu'il conféra à ses administrateurs présentaient encore assez de garanties, de protection et de stabilité en faveur des établissemens dont il leur confia la direction ; et pour parler de ce qui nous est plus personnel, le général Decaen sut faire tourner, au profit de notre législation particulière, l'autorité dont il fut revêtu.

Français, nous nous associâmes à la gloire française, et comme nos concitoyens nous pûmes oublier la liberté parmi la longue ivresse de nos triomphes. La Charte vint ensuite nous sevrer de la gloire sans nous rendre nos libertés ; mais par une sorte de compensation, elle promit aux colonies des lois qu'elle ne leur donna jamais. Le bon plaisir des ordonnances, l'influence de ceux qui les dictaient, absorbèrent les derniers vestiges de nos immunités, et nous livrèrent comme une pâture à l'ambition de quelques hommes.

Il faut pourtant être juste envers la Restauration, elle ne fut pas hostile pour les colonies, et leur bien-être matériel fut l'objet de sa sollicitude d'autant plus constante, que ceux qui l'exploitaient ne lui permirent pas de sommeiller.

Mais pour l'attacher au sol qu'il a vû naître ou qu'il a adopté, il faut à l'homme d'autres avantages que ceux de la fortune. Un pays sans institutions comme sans annales, sans passé comme sans avenir, ne peut lui inspirer qu'une affection passagère et subordonnée aux intérêts qu'il procure. Aussi la prospérité des colonies ne tournait-elle depuis long-temps qu'au profit des spéculateurs, et l'esprit d'émigration semblait-il inhérent à la qualité de colon.

Pendant que la France soutenait, avec une si admirable constance, la lutte déclarée à ses libertés, le rôle de spectateur passif ne convenait ni à l'énergie de nos sentimens, ni à la vivacité de nos sympathies ; et nul de nous qui n'aspirât à porter aussi dans ce grand drame le tribut de sa coopération, la portion de ce patriotisme que le défaut d'institutions ne nous permettait pas de dépenser ici. De là ce long assoupissement de l'esprit public au sein de notre population. Elle préférait consacrer son intelligence à l'exagération des produits du sol, plutôt que de l'user devant la spéculative contemplation de notre système colonial, dont l'amélioration lui semblait rejetée dans le vague indéfini d'un chimérique avenir.

Voilà qu'un jour, épuisée, exténuée par ses propres excès, elle se réveilla ardente, ambitieuse, avide d'institutions, disposée à ne rien négliger pour les obtenir. On ne voulut reconnaître dans ce changement si inopiné qu'un nouvel abus de cette activité qui fut si malheureuse lorsqu'elle se prostitua à des intérêts purement matériels.

C'était une erreur ; le retentissement d'une révolution, plus belle dans son origine qu'elle ne fut généreuse dans ses conséquences, ne s'était pas inutilement fait entendre parmi nous ; et la Charte régénérée nous avait replacés dans l'intégrité de nos droits. Aussi notre patriotisme éclata-t-il en sincères transports, et confiant, il demanda ce que la justice de notre métropole devait peut-être lui accorder, ne fût-ce qu'à titre de récompense ?

Mais des obstacles s'opposaient encore à ce que les bienfaits d'une émancipation politique nous fussent tout d'un coup dévolus. De fâcheux antécédens avaient pu faire redouter des collisions au sein de la population libre, et l'on semblait reculer devant la consécration des préjugés qui l'avaient jusque-là divisée.

C'est ici surtout, Messieurs, que nous allons entrer dans notre localité toute spéciale pour n'en plus sortir ; c'est à l'occasion de cette injuste prévention dont on veut nous rendre victimes, qu'il nous faut proclamer vérité des faits qui la détruisent, et en parlant de l'anéantissement entier, absolu, sans retour, de toute distinction entre les diverses classes libres, nous devrons dire la libérale satisfaction avec laquelle nous l'avons accueilli, et le généreux empressement qui nous l'avait fait solliciter.

Lorsque l'Europe saura qu'à Bourbon, la différence des droits fondée sur celle des couleurs a disparu en présence des principes qui la proscrivaient, que nos mœurs avaient devancé la loi, et que ces priviléges de caste, restes décrépits d'une législation surannée, n'excitent d'autres regrets que celui de la domination qu'ils ont trop long-temps exercée, on sera moins disposé à contester nos progrès dans la civilisation, et notre aptitude pour les institutions qui en sont la conséquence.

Mais l'esprit de défiance qui anime des législateurs mal informés est fécond en prétextes, si la classe des hommes de couleur ne réclame rien, si sa position sociale est désormais irrévocablement fixée, une autre partie de la population, non moins intéressante et plus malheureuse, excite leur sollicitude et semble motiver leurs restrictions.

L'esclavage existe aux colonies, et à côté d'une institution pareille peut-on jeter les bases d'un pacte libéral qui ne profiterait qu'aux oppresseurs ?

Voilà ce que se demandent des philosophes, amis sincères de l'humanité ; voilà ce que contestent les apôtres d'un système qui, sous le masque de la philanthropie, poussent à l'anéantissement des colonies, dussent-ils y arriver par l'extinction de tous les colons.

Convaincre la bonne foi, éclairer des doutes consciencieux et des âmes timorées, est une tentative devant laquelle nous ne reculerons jamais ; c'est un devoir que nous accomplirons avec autant de franchise que d'indépendance ; mais combattre des convictions déjà faites, détruire des assertions mensongères et n'avoir pour juges que ceux qui les inventent ou les exploitent, ce serait nous jeter dans un cercle sans issue et faire l'essai de l'impossible.

Aussi nous verra-t-on, Messieurs, aborder tout ce qui se rattache à cette question si délicate, sans passion comme sans préjugés, sans hésitation comme sans crainte. En réclamant le maintien de ce qui est, nous saurons respecter ce qui devrait être, et distinguant dans l'esclavage sa légalité de sa légitimité, nous abandonnerons celle-ci aux déclamations des utopistes et nous prouverons celle-là aux publicistes qui ne doivent établir la loi que sur le positif des sociétés qu'elle concerne.

La servitude personnelle a existé dans presque tous les gouvernemens anciens, et son origine était attachée à leur constitution. Le droit de la guerre, la naissance, l'aliénation de sa propre liberté, fesaient les esclaves et en portaient souvent le nombre à des proportions extraordinaires eu égard à celui des citoyens. Enfin et comme si toutes ces sources n'avaient pas suffi, la personne du débiteur devenait la proie du créancier qu'il ne pouvait pas payer, institution que nos lois n'ont fait que mitiger en maintenant la contrainte par corps.

A la différence des principes modernes qui n'ont jamais reconnu la servitude comme fondée sur le droit, les principes anciens la fesaient découler à la fois du droit des gens et du droit civil. Aussi l'autorité des maîtres était-elle absolue, et l'usage de ce genre de propriété était aussi bien consacré que l'abus qu'on en pouvait faire.

Le christianisme qui réforma les mœurs, dut faire tourner au profit des esclaves la salutaire influence qu'il exerça parmi les hommes ; les malheureux étaient plus spécialement dans son domaine.

Il n'est pas inutile de signaler ici la différence qui distingue l'esclavage autrefois consacré par les nations, de celui introduit dans les colonies; l'un, s'exerçant entre des populations rivales et pourtant homogènes, devait inspirer à celle qui y était soumise des regrets d'autant plus naturels, qu'elle imposait souvent à ses maîtres la supériorité de son intelligence: l'autre, conquête de la civilisation sur la barbarie, de l'esprit sur la matière, n'a frappé que des peuplades vouées par leur apathie à une éternelle enfance, et qui semblaient racheter par la perte de leur liberté, les avantages matériels qu'elles trouvaient dans leur asservissement.

L'intempérie du climat n'imposait pas aux anciens la dure nécessité de confier à des mains esclaves la culture de leurs terres, tandis que le soleil des tropiques est mortel pour ceux qu'il n'a pas déjà brûlés. Objets de luxe dans la maison du maître, les uns ne servaient qu'à satisfaire sa vanité; instrumens indispensables pour d'utiles labeurs, les autres fertilisent le sol qu'eux seuls peuvent faire prospérer. Ce n'est pas que leurs bras, dépouillés de fers, ne pussent devenir aussi productifs; mais avant d'arriver à ce point où le goût du travail germera dans leurs âmes dégradées, il faudra que de nombreuses améliorations aient adouci leurs mœurs; que le temps et le progrès des lumières concourrent à cette salutaire réforme, car il est écrit que l'esclavage doit cesser! Institution vicieuse, qu'elle subisse la condition de son existence, mais que des mains imprudentes ne viennent pas en précipiter le cours à travers d'épouvantables catastrophes!

Lorsque l'Europe eut conquis le Nouveau-Monde, et pendant que les explorations de ses voyageurs ajoutaient chaque jour à ses possessions, elle sentit que ces découvertes seraient inutiles pour elle, si des cultivateurs harmonisés avec un ciel de feu, ne venaient pas s'implanter dans ces pays, à la fois féconds et meurtriers. Ce besoin se joignant aux idées religieuses, dont l'empire était alors si puissant, on alla demander à la côte d'Afrique, des hommes qui, en échange de l'esclavage où on les réduisait, reçurent les lumières de la foi et les eaux du baptême.

Tel fut longtemps le prétexte qui légitima la traite. Tels furent les élémens de la population noire dans les colonies ; mais celles-ci existaient alors à peine, elles furent étrangères à tous les calculs ; leurs métropoles seules les conçurent et les mirent longtemps à exécution comme un privilége qu'elles s'étaient réservé.

Elles dirent à l'européen dont elles favorisaient l'émigration : « Tu trouveras par telle latitude des terres « fertiles et des bras pour les travailler ; je te con« cède le tout à condition que tu iras braver les ma« ladies qui t'y attendent, les dangers qui t'y entou« rent ; mais je t'impose, par dessus tout, la recon« naissance perpétuelle de ma suzeraineté et les avan« tages qu'elle me procurera. »

Tel fut le contrat. Tel il a été pratiqué par tous ceux qui y concoururent.

Cependant le voile de la religion perdait tous les jours son prestige, et la philosophie qui devait détruire tant de préjugés, accomplissait sa mission en signalant les abus et l'immoralité de la traite : l'Europe n'en continuait pas moins ce commerce, et ses gouvernements lui accordaient une prime, lorsqu'ils n'en exerçaient pas le monopole.

Leurs lois se combinant avec cet ordre de choses, reconnurent, sanctionnèrent ces propriétés à face humaine, et ceux qui les possédaient durent se reposer à l'abri de cette protection qui leur était spontanément offerte.

Ainsi, quand on reproche aux colons la honte de l'esclavage qu'ils maintiennent, lorsque ce prétexte les tient écartés de la grande société dont ils font partie, n'ont-ils pas raison de se plaindre de cette injustice, de s'élever contre cette iniquité?

Auteurs ou complices de cette création, les métropoles l'ont naturalisée aux colonies, leurs vaisseaux l'y ont importée, leurs enfants en ont eu les premiers profits ; et maintenant que des yeux plus éclairés en ont découvert, mis à nu la tache originelle, la faute retombera sur nous tout entière ! nous devrons expier par la ruine de nos fortunes, par la perte de notre existence, les torts qui ne furent pas les nôtres, le retour à des principes que nous n'avons pas violés !

La loi qui nous servit de patronne, va se tourner contre nous, et détruisant son propre ouvrage, elle nous punira d'avoir été confians dans ce qu'elle nous promettait!

Sa force pourrait bien nous lancer dans cet abîme, mais le droit ne saurait nous y conduire, et c'est ce droit que nous invoquerons toujours lorsque l'arbitraire menacera nos foyers.

Ce n'est pas que notre résistance n'ait aussi ses modifications, et pour être légale elle n'est pas sans limites. Il nous faut suivre le cours des idées généreuses qui doivent renouveler toutes les vieilles sociétés, rester en arrière de ce grand progrès ce serait légitimer les hostilités qui nous menacent. Mais en attendant qu'une heureuse transition nous fasse sortir d'un état essentiellement précaire, nos mœurs ont senti ce qu'elles devaient faire en faveur de l'humanité: et c'est ici, surtout, que nous pouvons avec orgueil nous montrer tels que nous sommes; non que, poussant à l'excès le colonialisme, nous exaltions en utopistes le bonheur de ceux qui nous entourent, mais nous réduisant au rôle d'historien, nous racontions, ce que d'autres loueront peut-être, avec un soin qu'on ne suspectera pas de partialité.

On conçoit la haine entre des situations rivales, on excuse l'inimitié, lorsqu'elles n'a pas le caractère de lâcheté. Mais ces deux sentimens peuvent-ils germer au sein de la population libre, vis-à-vis de ses esclaves? une supériorité incontestable et incontestée, ne laisse d'accès qu'à la générosité de celui qui l'exerce; et le plus faible trouve dans sa faiblesse même une protection qui ne lui manque jamais.

Aussi, les noirs sont-ils l'objet de notre constante sollicitude, et notre humanité qui allège leur joug, ne veut d'autre récompense que celle que l'on trouve dans l'accomplissement d'un devoir. Associés à nos lares, compagnons de notre bonne fortune, étrangers à nos revers, ils nous rendent en travail le prix bien insuffisant des peines qu'ils nous donnent.

Leurs sueurs parurent devenir plus profitables lorsque la culture de la canne à sucre s'introduisit parmi nous; mais par une immédiate compensation, notre industrie créa des routes pour faciliter les transports, et elle demanda à grand frais les ingénieuses machines qui multiplient le travail de l'homme en diminuant ses efforts; aussi l'on peut dire que le sort matériel des esclaves, n'a jamais été plus heureux que depuis la création de ces dispendieux ateliers.

Que, s'il est vrai de dire les abus dont cette fabrication a été la source, il n'est pas moins exact de convenir que leurs auteurs, frappés de la réprobation publique, marchent au milieu de l'indignation qu'ils inspirent, et que cette condamnation extra-légale ne les soustrait jamais à celles dont les tribunaux savent les atteindre.

Enfin, et comme une plus grande somme de services mérite une plus grande somme de récompenses les affranchissements multipliés avec plus de générosité peut-être que de prévoyance, ont dû prouver que le besoin de conserver n'était pas incompatible avec la nécessité de réformer.

Ce serait un examen intéressant pour le philosophe que celui du changement qui s'opère dans l'homme esclave de la veille, affranchi du lendemain. Investi de ses droits, alors que jusque-là il n'avait connu que des devoirs, il entre dans une société nouvelle pour lui, et dans laquelle un état équivoque de manumission n'a pu qu'imparfaitement l'initier.

C'est cette situation qui, jointe à des différences de couleur, motiva sans doute les préjugés dont les affranchis et leurs descendants furent si longtemps victimes aux colonies. La loi d'abord libérale pour eux se hérissa graduellement de restrictions, d'humiliations, de pénalités ; elle semblait, par ces distinctions, vouloir les rappeler à la bassesse de leur origine.

Mais ces prévisions étaient imprudentes, elles flétrissaient le bienfait et transformaient en ennemis des hommes qu'une politique plus habile aurait solidarisés avec la société qui les repoussait ; ajoutez à cela la vanité humaine, toujours avide de domination, et vous aurez la solution de cet affligeant problème.

Mais si des lois absurdes, et des habitudes plus absurdes encore, avaient naturalisé de révoltantes réprobations, les lumières devaient les abolir ; et, toutes les fois que la France dota ses colonies d'institutions généreuses, l'île Bourbon se montra jalouse de les faire tourner au profit des hommes de couleur.

Sous son assemblée coloniale et avec les doctrines de la Constituante, elle les admit à la participation de tous les droits civils et politiques ; et l'Empire qui lui ravit sa représentation, rétablit, presque en même temps ces distinctions abolies.

Sans attendre les événements de 1830, son conseil général, organe en cela des vœux de tous, proposait au ministère de faire disparaître les barrières entre les deux classes libres, et une désuétude imminente allait atteindre ces lois, lorsque la révolution de juillet nous trouva tous disposés à les oublier.

Aussi la transition s'est-elle faite parmi nous sans collisions, sans secousses, et au premir essai que nous avons fait de nos droits politiques, de louables efforts ont sanctionné par de nombreux suffrages la sincérité d'une fusion que nos principes avaient appelée. (*)

Mais pour maintenir cet état de choses, il est indispensable que notre régime intérieur, repose sur des bases aussi larges que solides, et tant que la population libre sera en possession de ses imprescriptibles droits, on ne verra plus ressusciter les préjugés qui la séparèrent.

La Charte qui pour nous aussi doit être une vérité, n'a pas entendu nous promettre en vain les lois qu'elle nous destine ; et pour être conséquente avec elle-même, elle a consacré notre intervention directe dans tous les actes qui nous concerneront.

Toute loi qui ne sera pas le résultat de cette combinaison, sera violatrice de nos libertés, attentatoire à nos droits, usurpatrice de nos prérogatives. Français ! nous invoquons le droit-public de tous nos concitoyens, et sans nous dépouiller de cette qualité, on ne peut nous ravir les garanties qui la conservent.

Telles étaient nos espérances, nous avons presque dit nos illusions, lorsque le projet du gouvernement sur notre régime législatif et plus tard, les amendements de la commission de la chambre élective, sont venus ébranler notre confiance et affliger notre patriotisme.

(*) Le collége électoral de Saint-Denis qui ne contenait que 18 électeurs, appartenant à la population de couleur, a donné 87 suffrages à M. Louis Elié qui en fait partie ; il n'a manqué à ce citoyen que 11 voix pour devenir membre du conseil général.

A Saint-Louis, M. Louis de Magdeleine, homme de couleur, a obtenu 9 suffrages, la majorité était de 12.

Toujours mis au ban du monde civilisé, il semble que la liberté n'est pas faite pour nous ; et nouveaux ilotes, le contrat social n'est encore pour nous qu'une abstraction.

Serons-nous assez heureux, Messieurs, pour faire entendre notre voix jusqu'ici méconnue ? pourrons-nous dissiper tous les doutes, combattre toutes les erreurs, et détruire toutes les préventions ? c'est la tâche qui nous a été imposée ; la métropole va décider si vous l'avez accomplie.

Votre commission a pensé, et vous avez dit avec elle, qu'il ne suffisait pas pour la colonie de témoigner sa surprise contre les restrictions dont le projet est entouré ; mais qu'il fallait encore user largement de la voie des amendemens, qui pourront le rendre exécutable. Imitant en cela la commission de la chambre, vous avez voulu qu'un projet s'élevât à côté de deux autres, et ce sont les dispositions du troisième qui seules ont votre assentiment.

Nous allons en faire connaître l'esprit, en développer les motifs, et notre devoir sera rempli.

Le titre du projet, quel que fût d'ailleurs son insignifiance, n'a pas dû être conservé tel qu'il avait été originairement rédigé. Des considérations de haute convenance ne nous permettent pas, Messieurs, de séparer notre sort de celui des Antilles ; il existe entre elles et nous des points de contact tels, que les mêmes principes doivent exercer sur eux la même influence ; mais l'état de ces colonies, leurs besoins intérieurs, leurs répugnances plus ou moins fondées, tout nous est inconnu ; et notre civilisation serait à la fois injuste et présomptueuse, si elle s'imposait à des pays qui, la possédant peut-être au même degré, ne la modifient que pour obéir à des nécessités que nous ne pouvons comprendre. D'un autre côté, les Antilles doivent être jalouses de conserver, dans leur intégrité, les doctrines qu'elles professent, et qui, à beaucoup d'égards, diffèrent des nôtres ; et la loi qui, au milieu de ces nuances bien tranchées, viendrait s'interposer, pour les fondre et les assimiler, pourrait commettre des erreurs d'autant plus inexcusables qu'elles auraient pu être plus facilement évitées. En conséquence, il a fallu dès le début de notre travail, établir notre position toute particulière, et prendre une précaution d'isolement, commandée à la fois par la nature des choses et par la gravité des intérêts qui doivent les régir.

Notre projet amendé par l'île Bourbon, n'est donc destiné qu'à l'île Bourbon, et ses dispositions seront aussi étrangères pour les Antilles, que les exigences de celles-ci resteront hors du domaine de notre investigation.

Tel est l'esprit qui a présidé à notre examen. Il était très important de fixer à cet égard l'opinion de nos législateurs.

L'article premier des projets qui nous ont été soumis, réglait les attributions des conseils coloniaux, dont il proclame la création. D'après les prévisions de ces mêmes projets, nous avons substitué à cette locution, celle qui renvoie à une ordonnance organique la formation de ce conseil. Nous aurons à expliquer bientôt cet amendement, et nous en réservons les motifs pour un moment plus opportun.

Mais un mot inséré à dessein dans cet article, quoiqu'il eût pu paraître inutile, a besoin d'être justifié. Nous disons que les membres du conseil colonial seront *directement* élus. Assurément, ainsi qu'on l'a fait observer dans la discussion, cette précaution n'était pas nécessaire. Toutefois et lorsqu'il s'agit de droits politiques, il est important de ne rien laisser à l'arbitraire des interprétations, ni à la mauvaise foi des controverses. Ainsi le principe de l'*élection directe* a dû être posé comme fondement de la constitution du conseil colonial.

Une autre modification résultait des travaux de la commission de la chambre élective ; elle a fixé notre attention et nous ne saurions trop la maintenir.

Le projet du gouvernement semblait faire considérer le conseil colonial comme remplaçant le conseil général, tel que l'avait institué l'ordonnance du 21 août 1825.

Cette transition était vicieuse ; son esprit pouvait nous perpétuer dans la déplorable situation où cette ordonnance nous a placés. Le conseil général ancien, sans attributions comme sans mandat, ne pouvait convenir qu'à une administration ourdie en haine des franchises coloniales. Instrument du pouvoir qui l'avait créé, il obéissait à son institution en exprimant timidement de modestes vœux; il oubliait son caractère toutes les fois que le patriotisme de ses membres, se roidissant contre les prétentions exagérées de l'autorité, transformait en judicieuse critique l'insignifiant contrôle qu'elle avait cru demander à la servilité.

On conçoit que de pareils précédens devaient effrayer notre susceptibilité et nous ne pouvions les passer sous silence.

Le rôle purement consultatif, ne va ni à la dignité des mandataires du peuple ni à l'importance d'une assemblée qu'ils composent. Il faut que dans la sphère de son activité, un corps de représentans marche l'égal des autres pouvoirs dont il est le contre-poids, et c'est le vicier que le réduire à ne former que des vœux trop souvent méprisés.

Ainsi, l'héritage de l'ancien conseil général ne saurait être accepté par le conseil colonial futur. Le pays veut être doté d'un plus riche patrimoine.

Ici, Messieurs, va commencer la série des attributions que nous avons voulu conférer à cette assemblée. Ici vont se présenter les restrictions dont nous vous avons entretenus, et que nous ne pouvons consacrer sans la dépouiller de son plus utile caractère. Vous nous avez chargés de le proclamer ; si la division que vous avez adoptée n'est pas confirmée par la métropole, elle aura substitué la déception à la réalité, sur laquelle vous aviez droit de compter.

Le grand partage des matières législatives, fait par la Constituante, trouvait ici sa naturelle application, mais pour s'y soustraire on a réveillé des souvenirs bien propres en effet à effrayer ceux qui, par un éternel défaut de logique, confondent le principe avec ses abus, et repoussent le bien parce que le mal n'est pas impossible.

Le décret constitutionnel de 1791, quoiqu'il fût établi sur des bases trop démocratiques, et qui ne sauraient convenir à l'époque actuelle, ne recélait pas dans son sein tous les désordres, dont il devint l'origine ; d'autres causes influaient alors sur les esprits, et l'exagération des idées, résultat peut-être immédiat d'une trop longue oppression de la pensée, ne se fit pas sentir seulement aux colonies ; la France elle-même n'en subit-elle pas la cruelle expérience, et l'exercice de sa liberté fut-il toujours exempt de licence?

Ses ennemis n'ont-il pas trop conclu de ces excès qu'elle n'était pas digne de l'émancipation, et ce prétexte n'a-t-il pas été invoqué toutes les fois qu'on a voulu l'asservir ?

Pourquoi faut-il que, s'emparant à son tour de ces argumens, toujours reproduits et toujours réfutés, elle impute aux doctrines les torts qui furent ceux des hommes, et qu'elle veuille punir dans les enfans les fautes de leurs pères?

Une autre considération a paru déterminer les doutes de la commission, dont l'honorable M. Passy était rapporteur ; elle a dit : « Les colonies anglaises sont pourvues, il est vrai, de législatures locales, qui exercent dans toute leur plénitude les droits qu'on ne saurait impunément leur ravir, mais les fréquentes collisions qui résultent de cet exercice, l'opposition que les chambres coloniales élèvent souvent contre les bills du parlement, l'expérience enfin, imposent à la France l'obligation de ne suivre qu'avec prudence les précédens qu'on invoque. »

Cette commission a ajouté : « L'Angleterre a si bien senti ces inconvéniens qu'elle n'a pas accordé de législature aux colonies conquises. »

Ainsi c'est par assimilation qu'on veut nous juger, et de ce que nos frères devenus sujets anglais, sont toujours traités en ennemis, on conclut que nous devons être rangés dans la même catégorie.

La Grande-Bretagne, qui, en matière de colonisation, peut se proclamer notre maîtresse, soit fort bien ce qu'elle doit à ses nationaux et aux sujets conquis. Les uns fiers de leur titre, ne souffriraient pas qu'on leur contestât les prérogatives qu'il leur confère ; et partout où flotte leur pavillon, ils exercent comme il appartient à tout Anglais, le droit de concourir à leur législation et de voter les subsides.

Les autres, au contraire, subissant un joug, mis à la merci de leur vainqueur, ne rencontrent que dans sa générosité la *grande Charte* qui ne fut pas faite pour eux.

Mais cet exemple est-il heureusement choisi? et pour savoir ce qu'elle doit faire à notre égard, la France a-t-elle besoin de semblables modèles?

Qu'un vaincu reçoive la loi, le sort de la guerre l'y a condamné, et le conquérant ne trouve peut-être que dans les entraves dont il l'entoure, la garantie de la soumission qu'il lui impose.

Mais des Français seront-ils traités en ennemis malheureux par leurs compatriotes triomphans? et ceux-ci n'ont-ils pas pour gage de notre affection le légitime orgueil d'appartenir à leur grande famille?

L'article 2 de votre projet, règle les matières sur lesquelles la législation métropolitaine devra statuer seule, dans les formes établies pour la confection des lois du royaume.

En présence de la Charte qui nous doit des lois et rien que des lois, on s'étonnera sans doute que nous ayons circonscrit leur domaine et demandé aux ordonnances les dispositions qui devraient venir de plus haut.

Cette objection aurait été fondée si ces deux actes avaient pu être soumis quant à nous aux mêmes précautions d'exceptionnalité. Mais la législation ne saurait subir les restrictions, que des mesures ministérielles peuvent supporter sans inconvéniens, et l'autorité du conseil colonial ne devait pas être élevée comme rivale de l'omnipotence parlementaire.

Et même dans ce cas, nous avons conservé pour notre pays une part assez grande d'intervention pour que les erreurs possibles ne puissent jamais lui porter atteinte; les attributions du conseil colonial donneront la mesure de nos salutaires prévisions.

Ici une question s'est élevée, qui, décidée négativement tant par le gouvernement que par la commission de la chambre, ne nous paraît pas avoir été suffisamment débattue, et sur laquelle il nous eût importé de revenir si votre projet avait voulu la résoudre.

La colonie aura-t-elle des députés à la chambre élective? A cet égard, la majorité de votre commission a pensé que ni les objections du ministre ni celles de l'honorable M. Passy, ne pouvaient consacrer la résolution adoptée par les deux premiers projets; mais en attendant que cette question ait été plus mûrement réfléchie par vous, nous n'avons pas dû en provoquer la solution.

Beaucoup de raisons qui pourront recevoir en temps et lieu de plus utiles développemens, vous détermineront peut-être à émettre le vœu d'une représentation au sein de la chambre élective, pourvu toutefois que la législature locale ne perde rien de son influence ni de son autorité.

C'est en effet sur celle-ci que reposent les droits particuliers des colons ; elle seule peut stipuler, dans les limites de la loi, les intérêts spéciaux du pays qui l'a nommée.

Nous vous avons dit, Messieurs, que les projets laissaient dans les attributions de la législation métropolitaine, une foule de matières qui lui sont étrangères, ou dans lesquelles son intervention pourrait devenir dangereuse pour nous. Cette distribution n'a pas dû être conservée, et nous l'avons circonscrite dans ses justes limites.

Votre projet spécifie les matières sur lesquelles la haute puissance législative devra s'exercer ; ce sont,

Les lois civiles et criminelles concernant les personnes libres ;

Les lois sur le commerce et le régime des douanes ;

Celles relatives à la repression de la traite des noirs ;

Enfin, les lois de relations entre la métropole et l'île Bourbon.

La nécessité et l'utilité de cette distribution se font assez sentir. Les lois civiles et criminelles, concernant les personnes, ne peuvent varier que sur des points fort rares, quant à leur application à la colonie. La fortune, la vie et l'honneur du citoyen français, ne pouvaient être abandonnés aux oscillations d'une représentation coloniale, ni à l'incertitude des ordonnances. Tout ce qui tient à de si hauts intérêts doit se débattre dans une sphère non moins relevée, et les influences de localité, toujours funestes, deviendraient coupables si elles modifiaient à l'infini des droits si éminemment précieux.

Quant aux autres matières, il suffirait de les énoncer pour se convaincre que la métropole ne devait pas s'en départir.

Toutefois, il n'échappera pas à la haute intelligence des chambres, que le respect dû par la colonie aux lois de douanes, cesserait devant l'impérieuse nécessité. Un article additionnel y a pourvu.

Nous entrons maintenant dans la seconde division que vous avez établie. Ici va se faire sentir d'une manière plus directe et plus utile votre intervention, droit inhérent à votre qualité.

Vous avez conféré aux ordonnances royales le droit de statuer sur la législation pénale, applicable aux esclaves et aux engagés non français.

Sur l'organisation administrative et judiciaire.

Sur la jouissance des droits politiques.

Sur la police du culte et de la presse.

Sur l'instruction publique et sur l'organisation et le service des gardes nationales.

Vous avez préféré laisser toutes ces matières dans les attributions du pouvoir royal plutôt que de les conférer à la législature, parce que chacune d'elles affecte plus ou moins votre régime intérieur, et que vous devez rencontrer plus de connaissance de vos besoins particuliers auprès du gouvernement qu'au sein des chambres.

Plus de célérité dans la confection de ces actes, plus d'opportunité pour leur mise à exécution, doivent résulter de cette dévolution.

Toutefois plusieurs voix se sont élevées parmi vous, pour rendre à la législature la pénalité contre les esclaves pour le cas emportant le dernier supplice.

On a dit : l'esclave devient une personne quand il commet un crime, si telle n'était pas la présomption, la loi qui le punirait serait absurde.

Ceci posé, et puisque vous le traitez comme une personne jouissant de son libre arbitre, soyons conséquens et laissons-le sous l'empire de la loi qui punit les personnes, surtout lorsqu'il s'agit de la privation de la vie.

Ces raisons n'ont pas semblé concluantes à la majorité du conseil, et on a craint que l'abolition de la peine de mort ne vînt enlever au maître le seul frein que la loi puisse imposer à la perversité de l'esclave, et au pays la plus nécessaire des garanties contre les complots qui pourraient menacer la sûreté intérieure.

Nous avons placé sous le bénéfice des lois pénales pour les individus non libres, les engagés non français, dont la colonie est pourvue et dont elle se pourvoira sans doute encore.

On conçoit la raison d'une semblable exception, elle est toute favorable à ces hommes qui, ne connaissant pas la délicatesse de notre ordre social, ne pourraient sans injustice subir ses exigences.

Qu'on ne perde pas de vue que la législation criminelle pour les esclaves, est beaucoup plus douce que celle qui s'applique aux personnes jouissant de leur liberté.

Quant aux autres dispositions de notre article 3, on voit qu'elles ont trait à la fois au système de notre régime particulier et aux prérogatives des citoyens ; il a donc fallu les placer sous la double intervention de la législation locale et de la volonté du roi. C'est de la concurrence de ces deux pouvoirs que sortiront le maintien de notre sûreté et la solennité des mesures qui l'auront consacrée.

Après cette division nous arrivons à la troisième ; celle qui concerne exclusivement le conseil colonial. Les matières portées aux articles 2 et 3 exceptées, cette législature locale exercera son autorité sur toutes les autres, qui ne sont en effet que des règlements d'intérieur. Il est inutile de les énumérer, toutefois, nous avons dû reconnaître au conseil, le droit de préparer les modifications à introduire dans les lois civiles, concernant les personnes libres.

Cette dévolution résultait de la nature des choses, car où connaîtra-t-on mieux le pays que dans le pays même ; et si, à beaucoup d'égards, il y a homogénéité de droits entre les colons et les métropolitains quant aux intérêts réglés par la loi civile, il n'existe pas moins pour les premiers des nécessités de position, qui ne sauraient être laissées au vague des controverses, ni aux incertitudes de la jurisprudence.

Nous avons réservé aussi à la représentation coloniale, les améliorations à introduire dans la condition des esclaves. Ici surtout, l'autorité qui voudrait intervenir autrement que par des mesures de surveillance, menacerait notre existence et méconnaîtrait nos droits. Nous devons le lui déclarer, nous voulons améliorer, mais nous ne consentirons jamais à suivre une route qu'une prudente expérimentation peut seule *aplanir*.

L'article 5 s'explique assez par lui-même, et il confie au gouverneur, représentant du roi, le droit de rendre exécutoires les arrêtés du conseil colonial.

Le titre second traite des attributions du conseil colonial ou plutôt de la manière dont il exercera celles qui lui sont départies.

Vous avez voulu avec raison, qu'il enregistrât les lois faites par la métropole sur les matières civiles et criminelles, et qu'il pût surseoir à leur mise à exécution, à l'exception toutefois de celles qui seraient relatives à l'état et à la capacité des personnes.

Les motifs de cette précaution et de ces limites, sont assez facilement appréciables, une exécution même provisoire de ces lois pourrait jeter le trouble dans nos transactions et deviendrait un malheur, souvent irréparable; et à cet égard il n'y avait pas de raison pour enlever au conseil colonial un droit dont l'exercice résulte, pour ainsi dire, de la position des lieux.

Les articles suivans règlent le mode de confection des ordonnances royales sur les matières énoncées en l'article 3, et des arrêtés qui règleront celles comprises à l'article 4.

Pour les ordonnances royales, elles peuvent sans inconvénient être préparées au sein de la Colonie, et celle-ci a dû également être appelée à sanctionner les projets qu'elle n'aurait pas proposés.

Quant aux arrêtés proprement dits, le gouverneur et le conseil en ont tous deux l'initiative, et cette concurrence est à la fois rassurante pour le gouvernement et pour la représentation.

Outre ces arrêtés, le conseil colonial peut émettre des vœux par une adresse au roi et aux chambres, sur les matières comprises à l'article 2.

Le droit de pétition accordé à tous les Français, ne saurait être refusé à un corps de représentans.

Nous voici au budget. Le vote de l'impôt est la sanction de toute autorité parlementaire. Si vous le lui enlevez vous la réduisez à un rôle insignifiant.

Il faut convenir que les projets ne se sont pas montrés généreux à cet égard, et la circonspection avec laquelle ils ont marché, indique, de leur part, une étrange défiance.

Vous êtes vous-mêmes, Messieurs, entrés pour ainsi dire, dans ces appréhensions, et vous avez dépouillé le conseil d'une de ses plus belles prérogatives.

Vos intentions ne sauraient être trop louées, vous avez voulu imposer silence à vos détracteurs, et calmer des craintes qui prenaient leur origine dans l'exaltation qu'on vous supposait.

Mais, après avoir sacrifié à ces considérations, vous ne pouviez laisser votre pays exposé aux exagérations d'un budget disproportionné avec les services utiles.

Lorsque l'organisation administrative sera préparée, nous pourrions indiquer les grandes réformes que l'état actuel des choses doit subir, et là on fera ressortir tout ce qu'il y a d'écrasant pour nous dans la complication des rouages qu'on a multipliés à l'infini.

Cette œuvre appartiendra à la première législature qui suivra l'adoption du projet actuel ; c'est alors seulement que le pays jouira d'une véritable liberté.

Sans préjuger ce que fera le conseil colonial, vous avez tracé deux profondes divisions dans vos dépenses.

La première renferme le gouvernement colonial, dans lequel nous ne comprenons que le traitement du gouverneur et ce qui tient à son service particulier; le service des douanes et le service judiciaire.

La seconde contient toutes les autres dépenses à la charge de la colonie.

Vous nous avez chargés, Messieurs, de déclarer que dans ces dépenses vous n'entendiez pas comprendre le service de l'administration de la marine.

En effet; ce n'est pas dans l'intérêt de la colonie mais uniquement dans celui de la métropole que celle-ci entretient parmi nous un luxe dispendieux d'employés de cette administration.

Ces agens sont étrangers à notre régime intérieur, les frais qu'ils occasionnent doivent être donc rangés dans ceux de protection et de défense que l'état doit faire pour nous.

L'article que nous examinons, porte comme une disposition sacramentelle, que les dépenses comprises dans la première division sont *obligatoires*, et les secondes *facultatives*.

On s'étonne sans doute, et des esprits judicieux en ont fait la remarque, que l'on établisse une représentation et qu'on lui enlève le vote de l'impôt, car c'est le lui enlever que ne pas lui permettre de le refuser.

Cette anomalie s'explique et se légitime par la nécessité de notre position, et la prudence ne permettait pas de laisser les services en souffrance si le conseil ne voulait pas décréter les subsides.

D'un autre côté, l'exception devait être restreinte dans ses véritables exigences, et enlever au conseil colonial plus de prérogatives, c'eût été le réduire à un contrôle purement passif.

Ainsi, lorsque le gouvernement local, le service des douanes et le service judiciaire, sont pour toujours assurés, il faut laisser à des élus du peuple la faculté de signaler son mécontentement contre une administration qui n'est pas toujours bienveillante.

On a craint aussi que les dépenses obligatoires une fois établies comme telles, la colonie n'ait à subir des traitemens exagérés en faveur des employés des services. Mais il a été répondu à cette objection que la France, économe pour elle-même, ne se jetterait pas à notre égard dans une inutile prodigalité en nous imposant des fonctionnaires trop richement dotés, et dans tous les cas, les observations que le conseil colonial aura le droit de faire, trouveront auprès de l'autorité supérieure l'accès qu'elles mériteront.

....

....

Les dernières dispositions de cet article sont des conséquences de celles qui précèdent et en règlent l'exécution. Il est inutile de vous les signaler car ce n'est pas à nous que peut s'adresser le reproche de vouloir diminuer l'impôt direct pour réduire en proportion le nombre des électeurs de la classe de couleur. Dans cette occurrence, comme dans bien d'autres; l'assimilation de l'île Bourbon avec les Antilles nous a été funeste.

L'article 12 confère au conseil colonial le droit de régler les budgets communaux, mais sur le vote des conseils municipaux seulement.

C'est surtout dans les franchises municipales que réside la base des institutions d'un pays, et à moins d'affecter une omnipotence dangereuse et menaçante contre les municipalités, qui devront bientôt émaner du vœu du peuple, le conseil colonial devait consacrer le respect qu'il portera toujours aux communes, source première de toute autorité.

L'article 13 permet au gouverneur de nommer des commissaires pour soutenir les projets d'arrêtés qu'il présente au conseil colonial ; ce droit ne peut lui être contesté.

L'article 14 confère au même fonctionnaire le droit de faire les réglements nécessaires pour l'exécution des lois, ordonnances et arrêtés. Toutes ces attributions sont essentiellement du ressort du pouvoir exécutif, dont le gouverneur est le chef ; il était donc indispensable de les lui maintenir.

L'article 15 fixe le mode de convocation du conseil, et donne au gouverneur le droit de le dissoudre. C'est une prérogative que nul de nous ne pouvait mettre en question.

Mais les projets qui nous ont été soumis voulaient, qu'en cas de dissolution, le conseil colonial de l'île Bourbon fût convoqué de nouveau dans un délai de dix mois.

Ici, Messieurs, nous ressentons encore l'effet de cette influence bureaucratique, qui veut régler nos destinées à 4500 lieues de nous. Le ministère ne voit l'île Bourbon que dans ses cartons, et rien de ce qui la concerne ne doit être réglé sans son intervention.

Que lui importe que pendant le délai de dix mois, notre pays soit livré aux inquiétudes d'une position équivoque et aux irritabilités des passions politiques; l'intéressant pour lui c'est de ne pas se départir de son autorité, de ne pas lâcher un des fils au moyen desquels il fait mouvoir tous les rouages de notre organisation.

De semblables considérations ne pouvaient nous arrêter, et les convenances des ministres ne devaient pas nous faire abandonner notre colonie à tout ce qu'il y a de périlleux dans un défaut de représentation, légalement établie.

En conséquence, nous avons réduit à trois mois le délai après lequel le nouveau conseil devra être convoqué. Cet espace de temps est bien suffisant pour que l'opinion publique puisse apercevoir les torts de l'administration ou ceux de la représentation coloniale, et pour qu'une réélection rende à chacun la justice qui lui sera due.

L'article 16, premier du titre 3me, traite de l'organisation du conseil colonial.

Nous avons fixé le nombre de ses membres à 36. Plusieurs voix se sont élevées contre l'exiguité de ce nombre, elles ont craint que le conseil ne dégénérât en coterie, et qu'en outre, cette fixation trop restreinte, ne laissât en dehors de la représentation, des capacités, des notabilités dont l'opposition ou les lumières se seraient plus utilement exercées au sein de l'assemblée.

Ces motifs ne vous ont pas paru suffisans, et vous avez persisté dans le chiffre que vous aviez établi.

Nous avons admis le renouvellement du conseil par cinquième et par série. L'utilité de cette mesure se fait assez comprendre.

Enfin, nous avons réglé la répartition de manière à maintenir un constant équilibre entre les deux parties de l'île, il est de la dernière urgence que l'une ne domine pas l'autre.

Vous avez voulu, eu égard aux localités, que la session du conseil s'ouvrît du 1er au 15 avril de chaque année. C'est l'époque où la saison permet de voyager, et où les travaux des habitations ont cessé. Ces deux convenances ne sauraient être trop respectées si l'on veut que les conseillers coloniaux se rendent à leur poste et y exercent paisiblement leurs fonctions.

L'article 18 n'a pas besoin d'explication.

L'article 19 règle un point fort important, celui de la publicité des séances. La métropole s'exagérant l'incandescence de nos imaginations, a craint, dominée toujours par la distinction des classes, que la publicité ne devînt une source de collisions entre elles. Nous ne partageons pas ses craintes, nous qui savons avec quelle paisible dignité se sont accomplies, il y a peu de mois, les opérations électorales, nouvelles pour la génération qui y participait.

Mais pour combiner ce que nous devions à la prudence et à la nécessité, nous avons établi que les séances ne seraient rendues publiques que par ordonnance royale, rendue sur la proposition du conseil.

Toutefois, comme il convient que les commettans jugent à chaque instant leurs mandataires, il est réglé que les travaux du conseil colonial seront publiés durant la session.

L'article 20 traite du serment des conseillers coloniaux.

Vous avez vu, Messieurs, avec quelle précaution les projets s'abstenaient de prononcer le nom de Charte, comme si son retentissement devait être funeste parmi nous.

Nous n'avons pas dû sanctionner cette ingénieuse exception. La Charte est notre pacte puisque nous sommes Français. C'est elle qui déclare tous les citoyens égaux devant la loi ; c'est elle qui garantit nos propriétés, qui nous assure le droit de publier nos pensées, qui nous fait jouir de notre liberté individuelle, c'est elle enfin qui règle notre droit public.

Nous soustraire à ses dispositions, c'est mettre en question tout ce que nous avons de plus cher, c'est nous dépouiller de notre caractère national.

Ainsi les conseillers coloniaux devront lui jurer obéissance, serment fécond en résultats et au moyen duquel les représentants pourront plus d'une fois repousser des tentatives alarmantes pour notre sécurité.

L'article 21 est presque réglementaire.

L'article 22 traite des délégués.

Nous aurions pu établir dans ce qui précède, votre droit à des représentans aux chambres, mais votre article qui ne préjuge en rien cette question, n'est fait que pour le cas où le gouvernement persisterait dans le système qu'il paraît avoir adopté.

Vos délégués dans ce cas ont dû être soumis à des conditions de cens, telles que le bien du pays doit être comme lié à leur propre existence, et vous exigez qu'ils possèdent à Bourbon, où ils devront avoir résidé trois ans au moins, des propriétés pour une valeur de mille francs.

Le conseil colonial qui les nomme, fixe l'indemnité à laquelle ils ont droit. Il les constitue pour cinq ans et peut les révoquer, droit essentiellement attaché au mandat ; enfin il peut les réélire.

Leurs fonctions sont déterminées par l'article 24, et nous y avons ajouté le droit d'être entendus comme commissaires coloniaux auprès des Chambres, toutes les fois que les intérêts des colonies y seront débattus.

C'est une transition à une véritable représentation, l'essai que vous en ferez prouvera sans doute aux moins clairvoyans, que la députation au sein des chambres, avec une législature coloniale, ne présente que des avantages réels sans inconvéniens possibles.

Les fonctions des délégués sont à la fois si honorables et si pénibles pour celui qui veut les remplir, que vous n'avez pas dû permettre que vos mandataires fussent distraits de leurs devoirs par d'autres emplois publics ; il ne faut pas d'ailleurs que votre confiance serve uniquement l'ambition de ceux qui en seront investis.

L'article 25, au titre des dispositions diverses, énonce le principe général de l'égalité de tous les colons français sans distinction de couleur.

Puissent ceux qui suspectent encore nos intentions, trouver dans la proclamation de ce droit, la preuve de toute notre sincérité et le mépris des préjugés que nous avons heureusement secoués!

L'article 26 consacre pour l'avenir aux affranchis qui sont actuellement en possession de leurs droits politiques, la conservation de cette jouissance. C'est surtout en pareilles matières que la rétroactivité de la loi serait odieuse!

Le roi règlera par ordonnance et dans les formes que nous avons fixées, l'époque à laquelle les affranchis exerceront leurs droits politiques.

Nous avions établi ce principe, Messieurs, lorsque le projet de loi et le rapport de l'honorable M. Martin du Nord, sur les droits civils et politiques des hommes de couleur, nous ont été officiellement communiqués.

Cette circonstance nous force à exprimer notre opinion sur ce projet et sur les amendemens qu'il a subis.

Nous devons dire, Messieurs, que le projet du gouvernement satisfaisait aux besoins des affranchis, sans devenir effrayant pour les propriétaires d'esclaves.

Votre commission avait pensé toutefois, que l'affranchissement n'étant qu'un retour au droit naturel, il y avait une sorte d'injustice à prolonger pendant dix ans le stage politique de l'affranchi.

Elle estimait que ce délai réduit à 5 ans était plus que suffisant, surtout en maintenant pour les affranchis la condition de savoir lire et écrire, afin qu'ils puissent jouir des droits politiques.

Mais les amendemens de la commission de la chambre, ont fait un nouveau projet, dont les dispositions ne sont pas rassurantes.

Elles tendent à établir une lutte judiciaire entre le maître et son esclave qui se prétendra libre de fait. C'est l'acheminement le plus direct à la révolte et peut-être à des crimes.

Vous ne sauriez les repousser avec trop d'énergie, d'abord parce qu'elles sont inutiles pour notre localité; et en second lieu, parce qu'elles peuvent devenir effrayantes.

L'article 27 confère à une ordonnance royale, le réglement du mode d'élection.

Ici, Messieurs, nous sommes chargés de faire observer, que relativement aux élections, vous ne souffririez pas que les esclaves ne fussent pas comptés comme élémens du cens.

L'arrêté du 12 avril dernier dont le conseil général actuel est le produit, doit servir de base à l'ordonnance royale qui interviendra sur cette matière.

Cet arrêté reconnaît comme pouvant constituer le cens, les esclaves dont il évalue le prix à mille francs.

On ne saurait, Messieurs, se départir de cette prévision.

On le dit et on le répète à satiété, les colonies sont des pays d'exception, parce qu'il y existe des propriétés à esclaves : et par quel vice de raisonnement ces esclaves ne seraient-ils pas pris en considération lorsqu'il s'agit de régler l'exception elle-même ?

Enfin, si l'on veut conserver à la classe des hommes de couleur les droits électoraux, il est important de n'en attribuer l'exercice qu'à un fait matériel et indépendant de la fixation de l'impôt.

L'article 28 abroge toutes les dispositions actuellement en vigueur et qui sont contraires à votre projet.

Enfin deux articles additionnels permettent au gouverneur, sur la demande du conseil colonial, de rendre provisoirement exécutoires les projets d'ordonnances royales sur les matières énoncées en l'article 3.

On conçoit quels graves inconvéniens il y aurait à attendre sur des matières urgentes, la réponse du ministère ; mais comme cet usage pourrait devenir abusif, et neutraliser pour ainsi dire la prérogative royale, une prudente précaution exige que l'exécution provisoire ait été demandée par la majorité des trois quarts au moins du conseil colonial.

Le cas de guerre, temps exceptionnel et de nécessité pour une colonie surtout, ne pourrait être régi par les dispositions ordinaires du droit, et vous y avez pourvu en autorisant le gouverneur de prendre toutes les mesures que votre conservation lui indiquera.

Dans ces circonstances, les lois de douanes pourront même être modifiées, car avant tout, il faut que vous puissiez vous procurer les objets indispensables à votre existence, alors que la métropole ne pourra pas vous les fournir.

Tel est le rapport que vous avez confié à la commission dont j'ai l'honneur d'être l'organe. Elle ne se flatte pas d'avoir reproduit dans toute son énergie, la discussion approfondie de ce projet, qui a fixé toutes vos méditations, mais elle croit n'avoir rien négligé de ce qu'il y a eu de saillant dans ces délibérations dont la colonie peut justement s'énorgueillir.

Une ère nouvelle s'est ouverte pour vous, vous y êtes entrés, Messieurs, avec la conscience que donnent de bonnes intentions et un patriotisme à toute épreuve. Vous allez attendre le résultat de vos travaux avec une légitime impatience, mais si contre votre espérance, la métropole ne vous rendait pas la justice qui vous est due, vos concitoyens plus équitables, reconnaîtraient que vos généreux efforts étaient dignes d'un meilleur succès, et dans tous les cas, les principes que vous avez proclamés, ne seront pas sans influence sur l'avenir de cette intéressante colonie.

Approuvé et adopté dans la séance du 24 octobre 1832.

Coxil, secrétaire.

EXAMEN

Des dispositions de l'arrêté local du 12 avril 1832, relatives aux carencés mobiliairement, aux séparés de biens judiciairement, et aux pères exclus de la jouissance des droits politiques, résultant des biens de leurs enfans mineurs.

« Jura non in singulas personas
« sed generaliter constituuntur. »

DIGESTE.

« Les lois ne doivent point être
« faites pour diriger des personna-
« lités contre quelques individus,
« mais bien pour les intérêts géné-
« raux de la société. »

Mars 1833.

L'arrêté du 12 avril 1832 ne devant avoir qu'une année d'existence, a besoin d'être renouvelé et chacun de ses articles va être soumis à la révision du gouvernement local.

La petite faction qui a si long-temps combattu avec et autour de l'ex-gouverneur pour repousser la représentation élective que la colonie demandait ; qui ensuite, a fait tous ses efforts pour fausser l'arrêté électoral arraché à M. Duvaldailly ; qui ensuite, s'est démenée pour fourvoyer les élections qu'elle ne pouvait plus empêcher ; et qui enfin n'a que trop réussi à annuler et à paralyser le conseil général électif, obtenu après tant d'obstacles et de peines ; cette petite faction anticoloniale, illibérale et rétrograde, ne s'agite pas avec moins d'activité aujourd'hui, afin de circonvenir notre nouveau gouverneur et lui faire partager ses erremens favoris.

Si nous sommes bien informés, elle lui demande non seulement de conserver l'exclusion donnée aux séparés de biens judiciairement, mais de plus, renchérissant encore sur l'arrêté du 12 avril, elle exige que le fameux article 12 soit retouché de manière à repousser définitivement les carencés mobiliairement, *à quelque titre que ce soit.*

Le public se rappelle le mémorable arrêt rendu par la cour royale, à l'occasion de cet article, et l'éclatant démenti donné par elle à M. le directeur de l'intérieur et aux auteurs de la quasi-loi électorale du 12 avril. L'intention de ces *quasi-législateurs* était d'exclure les carencés, ce n'était un secret pour personne. Mais ils s'y étaient pris fort maladroitement dans leur article 12 : la passion raisonne mal, les jurisconsultes qui avaient aidé à fabriquer cet article, aveuglés par ce sentiment peu honorable, ne s'étaient point aperçus qu'ils violaient tout à la fois le bon sens, la langue française et le droit civil. La cour royale crut devoir dans sa sagesse et son équité, corriger une disposition vicieuse, évidemment dictée par un esprit de haine et de récrimination. Elle ne voulut point se rendre l'organe de pareils sentiments et elle repoussa toute solidarité à ce sujet. Espérons qu'il en sera de même de M. le contre-amiral Cuvillier, décidant ici non pas seulement comme juge mais comme législateur.

En cédant à la nécessité qui leur faisait accorder une représentation élective au pays, les principaux auteurs de l'arrêté du 12 avril 1832, ont voulu se venger en insultant au moins une partie des vainqueurs, dans des dispositions destinées à leur jeter de la boue ; dispositions qu'aucuns précédents ne justifient et qui sont sans exemple dans les codes politiques de notre métropole et des autres nations.

L'exclusion donnée aux carencés mobiliairement, aux séparés de biens judiciairement, et aux pères à l'égard des propriétés de leurs enfans mineurs, dans le cas où il y aurait un procès-verbal de carence contre le père ; cette triple exclusion, disons-nous, n'existe point dans les lois politiques de notre métropole, et nous n'en avons jamais vu de traces dans les législations étrangères. Certaines gens abusent de l'ignorance dans laquelle on est à l'égard de ces lois métropolitaines à Bourbon, pour affirmer effrontément que les dispositions dont il s'agit s'y trouvent. C'est un mensonge, *le failli seul est exclus en France*. Ces dispositions sont une nouveauté, une singularité, une invention toute spéciale à Bourbon. Examinons les motifs sur lesquels on prétend les fonder.

I

Quelques carencés mobiliairement sont des fripons ou présumés tels ; donc tous les carencés mobiliairement sont suspects de friponnerie et comme tels doivent être exclus de la jouissance des droits politiques, résultant des immeubles et des esclaves attachés au sol, qu'ils recensent conformément à la loi?

Quelques séparés de biens judiciairement ont employé ce moyen ou sont présumés l'avoir employé pour duper leurs créanciers ; donc tous les séparés de biens judiciairement sont suspects d'avoir voulu duper leurs créanciers et comme tels doivent être privés de la jouissance des droits, etc.

Voilà l'absurde logique et l'inique manière de raisonner des auteurs de la triple exclusion demandée.

Il faut remonter aux lois du comité de salut public, ou aux catégories de la chambre introuvable pour rencontrer des exemples de cette manière de procéder en législation. Les extrêmes se touchent, et il n'y a pas si loin qu'on le pense du bonnet rouge à l'éteignoir. N'avons-nous pas vu les mêmes têtes porter tour à tour ces deux emblêmes ?

Ne sont-ce pas de véritables catégories de suspects que vous créez ici, et dans lesquelles vous assimilez le débiteur malheureux à l'homme de mauvaise foi? Ne proposez-vous pas de lancer législativement l'outrage contre tous les citoyens qui seront dans telle ou telle classe ? Ne voulez-vous pas que tout électeur mobiliairement carencé soit condamné à une peine de police correctionnelle, par la privation des droits politiques résultant des propriétés qui lui confèrent ces droits ? Les articles 9 et 42 du code pénal sont formels à cet égard.

Enfin ne renversez-vous pas cette maxime fondamentale de notre droit civil : *La bonne foi se présume toujours ; c'est à celui qui allègue la mauvaise foi à la prouver* ? Que dis-je, ne prétendez-vous pas interdire même à celui que vous flétrissez de la suspicion de mauvaise foi, les moyens de prouver que vous êtes injustes à son égard ?

Ne mêlez-vous pas le ridicule à l'odieux, lorsque vous créez cette étrange et nouvelle espèce de délit : « Tout électeur ou éligible, qui n'a pas de mobilier en

« propriété et qui, par suite d'une condamnation judi-
« ciaire, ne pourra fournir pâture à l'huissier, qui se
« présentera pour saisir mobiliairement, est coupable
« et sera puni correctionnellement. »

Ce délit ne vous paraît-il pas tellement monstrueux, que vous voulez priver le criminel non seulement des droits résultant de ses propriétés personnelles, mais même de ce qui lui viendrait de sa femme ou de ses enfants ?

Votre prétention n'est-elle pas plus absurde et plus odieuse, quand vous voulez l'exercer dans un pays où il ne reste ni argent ni crédit ? dans un pays où toutes les affaires sont arrêtées et en stagnation ? dans un pays qui a été écrasé par une épouvantable série de malheurs et de calamités de tout genre ? enfin dans un pays où les liquidations ne peuvent s'opérer, vu les circonstances, l'absence du numéraire, la mort du crédit, la dépréciation des propriétés, etc. etc. ?

Si jamais la situation du débiteur a pu inspirer de l'intérêt et de l'indulgence, n'est-ce pas dans de pareilles circonstances ? Et bien, ce sont celles que vous choisissez précisément, pour inventer contre eux une rigueur, inconnue partout ailleurs, en un mot *pour les ostraciser !*

Dans d'autres temps, dans d'autres pays, on a vu le noble de naissance, le patricien, accabler de ses mépris et de ses dédains le roturier, le plébéien, et faire tous ses efforts pour le priver de ses droits de citoyen ou les annuler entre ses mains. Ici, ce sont les hommes à argent qui veulent éliminer et flétrir les hommes sans argent. C'est le créancier qui ne peut supporter et souffrir l'égalité politique avec le débiteur. Mais le principe et la cause sont identiques dans les deux situations. C'est l'orgueil, c'est le privilège, c'est l'injuste prééminence, que quelques hommes veulent s'arroger sur leurs concitoyens. C'est la pire, la plus ignoble, la plus démoralisante des aristocraties, parce qu'elle a les vices communs à toutes les autres sans en avoir les qualités. Aristocratie qui n'a pour elle, ni le prestige de la naissance, ni l'illustration des souvenirs, ni l'éclat que peuvent jeter les talens et le courage, ni les titres d'aucuns services rendus à la chose publique. En un mot, Aristocratie d'argent, mélangée de quelques restes de l'ultra-royalisme de la Restauration,

Pour la personnaliser par une image il faut se figurer *un coffre-fort coiffé de l'éteignoir*.

Ne voit-on pas effectivement en elle ce qui caractérise essentiellement les corporations aristocratiques les plus illibérales ? L'aversion pour la publicité, l'horreur de la liberté de la presse, le mépris pour le patriotisme, qu'elle considère comme une niaiserie indigne d'un homme positif, l'incrédulité aux sentimens généreux, enfin cette répugnance instinctive pour tout ce qui tient au développement intellectuel, moral et politique de notre population ?

Pour entrer dans cette aristocratie, pour en faire partie, il n'est pas nécessaire de faire preuve de naissance, encore moins de vertus ou de talents, *il suffit d'avoir de l'argent et de bien payer ses billets*. Soyez mauvais citoyen, mauvais fils, mauvais frère, faux ami, homme de mauvaise foi dans les affaires, usurier à 36 carats : peu importe, si d'ailleurs vous avez de l'argent et que vous payez à l'échéance. La fortune, la plus mal acquise de notoriété publique, est un titre suffisant.

L'homme qui réussit dans les affaires, fût-ce par des moyens honteux, SERA HONORÉ ET CONSIDÉRÉ. L'homme qui s'est ruiné, fût-il d'ailleurs irréprochable, SERA REJETÉ, CONSPUÉ ET VILIPENDÉ. Le succès justifie tout, mais le malheur est un crime.

« Payez et vous serez considéré » : voilà la devise et le mot de passe de la corporation. Peu importe encore une fois, par quelles voies l'argent est entré dans le coffre-fort. S'il y est, tout est dit. Tels sont les professeurs de morale, qui se montrent si sévères à l'égard des malheureux débiteurs carencés mobilialrement et des séparés de biens.

Cette considération exclusive de l'argent dans les colonies françaises, est une des choses qui nous font le plus de tort dans l'opinion de notre métropole.

Quelles idées libérales, quels sentimens généreux, quels principes d'humanité, peut-on attendre d'un peuple qui se conduit par de pareilles maximes ?

C'est cependant la continuation de ce système, que les chefs de la corporation demandent avec instance à M. le contre-amiral Cuvillier, et la triple exclusion n'en est que la conséquence.

II

Quelques malins vont moins brutalement en besogne, ils n'accusent point de friponnerie la masse des carencés mobiliairement et des séparés de biens judiciairement. Ceux-là se bornent à dire que les hommes de ces catégories, sont dans un état d'affaires désespérées, qu'ils ne possèdent plus que fictivement, qu'en conséquence, ils sont sans intérêts dans les affaires publiques de la colonie, et ils partent de ce dernier point pour motiver l'exclusion proposée contre eux.

Nous demanderons d'abord à ces malins, de quel droit, en vertu de quel examen justificatif, après quel débat judiciaire, le gouvernement local prononcerait-il que la situation des hommes de ces catégories est désespérée et qu'ils doivent être en conséquence privés de la jouissance des droits politiques, résultant des propriétés qui leur restent, soit en propre, soit à leurs femmes ?

Si la femme séparée de biens judiciairement, possède des propriétés capables de conférer les droits électoraux, pourquoi en priver le mari s'il n'est point soupçonné de fraude, et tenu comme convaincu par la perte des dits droits ? Le [illegible] n'est-il pas intéressé aux affaires publiques de la [illegible] par ces biens possédés par sa femme ? Ici donc le mari ne peut être exclus que comme RÉPUTÉ MALHONNÊTE HOMME PAR LE SEUL FAIT DE LA SÉPARATION JUDICIAIRE. C'est l'outrage lancé législativement contre des gens que l'on réduit à l'impossibilité de se défendre.

Mais que direz-vous à l'égard du père carencé que vous voulez priver des droits politiques, résultant des biens de ses enfants mineurs ? prétendrez-vous que l'existence de ces biens liquides, l'intéresse moins, l'attache moins au sort de la colonie que s'ils lui appartenaient en propre ?

Oui, vous le prétendez ; cela résulte évidemment de l'exclusion que vous prononcez contre eux, et ici nous vous prenons en flagrant délit : ici nous allons mettre votre âme à nu et prouver ce que vous êtes.

Tous les moralistes, tous les législateurs, ont unanimement proclamé ce principe fondamental : « *Nullus est affectus qui vincat paternum.* — Il n'y a pas de sentiment plus fort que l'amour paternel. »

Il suffit d'avoir un cœur et d'être père pour reconnaître cette vérité. Eh bien, vous êtes venus lui donner un démenti formel. Vous avez dit et converti en une disposition législative, qu'un homme tient plus à la société par les biens qu'il possède que par ceux possédé par ses enfants, que l'amour de l'argent, que le vil et sordide intérêt personnel du père, était plus fort à vos yeux, vous offrait plus de garanties que l'amour qu'il a pour ses enfans.

Honte à mon pays que vous déshonorez par une semblable législation! Honte à vous surtout qui en êtes les auteurs! J'ignore si vous êtes père ou si vous ne l'êtes pas. Mais assurément vous n'avez pas de cœur.

Aujourd'hui que les illusions sont dissipées et que personne ne rêve plus aux fortunes promptement acquises, il est bien reconnu que les hommes qui ont fait de mauvaises affaires dans cette colonie, y sont à demeure pour le reste de leurs jours. Qu'ils s'y trouvent bien ou mal, qu'ils soient européens ou créoles, qu'ils soupirent après la France ou que le sol natal de la colonie ait pour eux des charmes, ce n'est pas la question. La nécessité les enchaîne ici. Il faut qu'ils vivent et qu'ils meurent à l'île Bourbon.

C'est aux hommes qui sont dans cette position que, par une dérision cruelle, on vient dire qu'ils ne sont pas suffisamment intéressés au sort de la colonie. Et qui est-ce qui leur tient ce langage? ce sont, en général, des oiseaux de passage, qui ont fait leur pelote, comme on dit vulgairement, qui déjà ont envoyé en France une partie de leur fortune, et qui fleront à tire-d'ailes, aussitôt qu'ils auront pu enlever l'autre. Après leur départ LA FIN DU MONDE. Advienne que pourra de la colonie. Ces hommes positifs daigneront-ils y consacrer un souvenir? s'il leur arrive, en ce temps-là, d'y penser quelquefois, ne souriront-ils pas de la sottise et de la crédulité des bonnes gens qui, étant à poste fixe à Bourbon, les ont pris pour chefs de l'île, sans songer que l'intérêt de ces hommes POUR LESQUELS L'INTÉRÊT EST LE SEUL GUIDE, n'était pas le même que le leur.

Mais quels sont donc ces gens à mauvaises affaires dans la colonie? ne pourrait-on point les caractériser par quelques traits généraux? Ici M. le président de la cour royale va parler pour moi. Qu'on relise le mémorable discours prononcé par M. Monginet, à l'audience solennelle du 9 juin 1832 (*), et l'on verra de quelle manière ce magistrat en a dépeint la généralité. Ce langage ne peut être suspect dans l'organe impartial de la justice, et dans la bouche de l'homme qui avait été le mieux placé dans la colonie pour apprécier la conduite et la moralité de la masse des débiteurs. Il a tracé avec autant de force que de fidélité, cet ensemble de circonstances, qui ont entraîné et précipité la colonie dans la situation déplorable où elle se trouve : « Concours de circonstances telles, dit M. Monginet, « que ceux-là même qui y ont échappé, ne doivent « attribuer leur bonheur qu'au hasard de leur position « ou à cet esprit de timidité qui, dans les affaires, tient « si souvent lieu de prudence. »

Ainsi ce sont les hommes les plus intelligens, les plus actifs, les plus entreprenans, les plus courageux, qui, sauf quelques exceptions attribuées plutôt au hasard de la position, ont été le plus maltraités dans la catastrophe financière de la colonie. M. le président de la cour royale se trouve avoir parfaitement et lumineusement expliqué pourquoi LA PETITE FACTION ARISTOCRATIQUE DU PAYS, tient tant à la triple exclusion des carencés, des séparés de biens et des pères carencés. Ces catégories où sont les hommes les plus maltraités dans la culbute générale, se composent, en grande majorité, d'individus intelligens, actifs, entreprenans et courageux. LA PETITE FACTION OBSCURANTISTE craint l'ascendant de leurs lumières et de leur caractère. Incapable de les combattre dans l'arène du talent et de la publicité, elle veut les ostraciser. De là la triple exclusion.

III

Parlera-t-on encore de la vieille histoire tant rebattue d'une prétendue guerre des débiteurs contre les créanciers, afin de motiver la dite exclusion ? eh oui sans doute on en parlera ! Ce vieux mensonge, qui devrait être complètement usé, tant on s'en est servi souvent, sera de nouveau remis sur le tapis. Mais à

(*) Gazette du 10 juin 1832.

qui pourrait-il en imposer aujourd'hui? Tranchons le mot et sans façon : il faut être imbécile pour y croire ou de la plus impudente mauvaise foi pour faire semblant d'y croire. Aujourd'hui tout le mal, que des mesures extraordinaires de finance auraient pu empêcher, est consommé : ce serait le médecin après la mort. Il faudrait pour toute réponse mettre aux petites maisons, l'homme qui viendrait maintenant proposer des mesures de ce genre. Personne ne les espère, ni ne les craint plus. Encore une fois, il faut donner de suite un brevet de bêtise ou de fausseté à celui qui dira qu'il faut sous ce rapport priver les débiteurs de leurs droits d'électeur ou d'éligible.

IV

Après avoir passé au crible de l'analyse et mis à néant les raisons avancées pour appuyer la triple exclusion, il ne reste comme fondement réel et caché de ces dispositions, que l'esprit de haine et de vengeance qui les a dictées, en se combinant avec les motifs personnels de « la petite Aristocratie d'argent, « mélangée de quelques restes de l'ultra-royalisme de « la Restauration. »

Ce n'est point d'ailleurs une spécialité absolument particulière à Bourbon ; c'est un vieux débat que l'on retrouve partout, avec cette différence seulement, qu'ici la Démocratie n'est point en cause, mais bien la classe moyenne, représentant les intérêts de la démocratie dans ce qu'ils peuvent avoir de légitime.

Veut-on savoir de quelle manière des hommes illustres et qui avaient acquis le droit de parler de ces matières, ont caractérisé les aristocraties d'argent? écoutons :

« Les riches ne se contentent pas d'être riches, quoi« que ce soit un très bel avantage. Ils veulent encore « humilier ceux qui ne le sont pas. » (Le comte Destutt de Tracy, pair de France.)

« Tout ce qu'on n'accorde pas de puissance et d'hon« neur aux grandes fortunes, elles le regardent comme « une injure. » (Montesquieu.)

« Une des choses qui révoltent le plus les gens riches « sans talens, remarque Jhon Adams, c'est la considé-

« ration dont jouissent les hommes à talens, qui ne « sont point riches. Ils sont ordinairement portés à re- « garder ces derniers comme des ennemis. »

Voilà tout simplement l'explication de ce qui se passe en petit dans notre bicoque de Bourbon. Les hommes peuvent bien changer de théâtre, mais les passions ne changent pas.

Ainsi les riches, ici, veulent humilier ceux qui ne le sont pas; ils considèrent comme une injure ce qu'on ne leur accorde pas de puissance et d'honneur; ceux d'entre eux qui sont sans talens (et malheureusement c'est le plus grand nombre), sont révoltés de la considération dont jouiraient des hommes à talens qui ne sont pas riches, si les institutions libérales, qui donnent naturellement une grande prééminence aux capacités intellectuelles, s'établissaient et se consolidaient dans le pays. En attendant, ils sont portés à considérer ces derniers comme des ennemis.

Ce n'est pas moi qui affirme tout cela, remarquez bien: ce sont Destutt-Tracy, Montesquieu et John Adams. J'ajouterai qu'il y a d'honorables exceptions à ce que je viens de dire d'après ces grands maîtres, comme il y a des exceptions à toutes les règles. Je ne parle que de la majorité et non de la totalité.

En vain objecterait-on, que nos riches de Bourbon, seraient presque des gueux en Angleterre, qu'ils ne figureraient en France que dans la classe moyenne; en un mot, que ces hommes qui lèvent la tête à Bourbon, et qui veulent trancher du privilége, seraient confondus dans la foule, et trop heureux de réclamer l'égalité dans ces pays plus fortunés.

Peu importe, tout est relatif; ils n'en sont pas moins les riches et les plus riches à Bourbon, et veulent primer en conséquence.

Aux îles de Jersey et Guernesey la féodalité régnait encore vers la fin du dernier siècle. Ces seigneurs féodaux allaient en sabots, étaient vêtus d'étoffes grossières, et vivaient dans de chétives maisons très mal meublées. Mais ils primaient sur un peuple encore plus pauvre qu'eux, et n'en étaient pas moins les seigneurs du pays.

Le savant et judicieux historien de l'Amérique, Robertson, observe que chez les *Natchez*, l'inégalité dans les biens possédés par ces pauvres sauvages, avait conduit à une singulière distinction entre les riches et le reste de la tribu. Les premiers étaient appelés *respectables*, et les autres *puants*. « The former were called Respectable, the latter the stinkards. » (Robertson's history of america B. IV.)

Nous avons à Bourbon des riches qui veulent à toute force devenir *respectables*, et qui procèdent à imposer au reste de la colonie, la dénomination correspondante chez les Natchez, en commençant à l'appliquer aux pauvres carencés et aux séparés de biens.

V

En France la loi ne prononce aucune peine contre la déconfiture la mieux prouvée, et l'on veut à Bourbon qu'elle condamne correctionnellement la simple présomption de déconfiture, résultant à tort ou à raison d'un procès-verbal de carence mobiliaire. Il ressort en effet des articles 9 et 42 du code pénal que la privation des droits d'élection et d'éligibilité, est une peine correctionnelle.

N'y aurait-il pas excès de pouvoir de la part du gouvernement local, s'il créait à Bourbon une nouvelle espèce de délit, inconnu en France, en y appliquant une peine déclarée correctionnelle par le code pénal?

(Ce moyen, qui n'est ici qu'indiqué, a été développé dans le mémoire présenté à la cour royale par M. de La Serve, dans l'affaire électorale des carencés. Voyez le dit mémoire, section 4.)

CONCLUSION

Sous quelque rapport qu'on envisage la triple exclusion, on la trouve tout à la fois, absurde, odieuse et ridicule; contraire à la raison, à la morale, à l'équité et aux lois qui nous régissent. On peut résumer ainsi ces trois dispositions: Insulte au malheur, outrage aux sentimens les plus sacrés de la nature, catégories de suspects injuriés législativement, classe de citoyens condamnés sans jugement à une peine correctionnelle: le tout pour satisfaire les passions haineuses de quelques meneurs et gratifier la petite aristocratie du pays.

Article 8 de la Charte.

« Les Français ont le droit de publier et faire imprimer leurs opinions, en se conformant aux lois.
« La Censure ne pourra jamais être rétablie. »

DE L'INFLUENCE

DES INSTITUTIONS SUR LES PEUPLES

Parcourez la terre, partout où vous trouverez un peuple courbé sous l'arbitraire, sous le despotisme, vous rencontrerez un sol sans culture, des hommes indolens, supportant le présent sans idée d'avenir, courbant machinalement leur front sous le joug qu'on leur impose. Parlez-leur de patrie, de nationalité, ils ouvriront des yeux stupides et vous diront : Le czar est notre maître, nous cultivons ses champs, nous mourons pour lui. Ils ne connaissent rien au-delà.

Visitez les Etats-Unis, l'Angleterre, la France, partout l'industrie se manifeste, les champs sont cultivés, l'homme sent qu'il est à son aise, sa respiration est libre, son cœur bondit à l'idée de patrie. Son esprit est calme parce que ses intérêts sont représentés, et qu'il exerce une part active soit par lui, soit par ses représentans, dans les pouvoirs de l'état.

Chez le premier, tout est arbitraire, tyrannique ; la pensée même est esclave. Il y a des brutes, il n'y a point de citoyens : tout est soumis à la volonté absolue d'un seul homme, la vertu y est inconnue, à moins que l'obéissance passive qui dégrade n'en soit une.

Chez les seconds, tout est bonheur, l'homme rendu à sa dignité ne connaît d'autre limite que la loi. Le présent lui est garanti, l'avenir se montre sans nuages ; la patrie fait palpiter son cœur, il l'aime avec exaltation parce qu'elle est pour lui la source du bonheur. Ses intérêts particuliers sont garantis par les intérêts généraux, il participe au pouvoir de l'état, il est assuré que l'arbitraire, qui seul pourrait lui nuire, ne saurait se montrer, parce que la presse, ce palladium des libertés publiques, sonnerait l'alarme et le rétablirait dans ses droits. L'un est l'instrument passif de la brutalité d'un monarque absolu ; l'autre agit d'après sa conviction, raisonne l'obéissance et ne reconnaît que la loi.

Suivez ce Proconsul qui va prendre possession du gouvernement d'une province au nom de son maître ; voyez avec quel soin il éloigne les capacités, l'indépendance dans le choix de ses conseillers. C'est que l'arbitraire n'a pas besoin des lumières qui feraient sa condamnation ; il lui faut de la nullité, de la souplesse, une condescendance sans bornes. On ne sait trop ce qui doit le plus étonner, de l'astuce jésuitique du premier, ou de la vanité des autres qui ne doivent leur élévation qu'à la conscience qu'on a de leur incapacité.

En France, un Préfet vient-il prendre les rênes d'un département ? Il lit sur tous les visages : estime, amour, si tu fais le bien ; haine et vindicte publique, si tu fais le mal. Pour lui la voix du peuple est la voix de Dieu ; il choisit ses conseillers parmi les capacités qu'elle lui désigne, et comme le bonheur de tous est le but et la fin qu'il se propose, il s'entoure des lumières et repousse les nullités. C'est en vain que le ministère, pour le plier à ses volontés, l'enveloppe de son égide et l'enlève aux tribunaux, qui ne peuvent l'appeler à leur barre que d'après une permission du conseil d'état, la presse l'a déjà traduit à la sienne s'il a forfait ; l'animadversion générale le poursuit, et son supplice commence au sein même de l'impunité.

Si les institutions ont tant d'empire sur le caractère national, comment s'étonner qu'à Bourbon où l'arbitraire a toujours régné, où les administrés, régis par des ordonnances, réduits à la taille, aux corvées, sans droits politiques, sans participation à leurs affaires, viciés par des institutions tyranniques, n'aient pas encore cette élévation, ce feu sacré qui fait le citoyen, et que cette obéissance passive dont on leur a fait une habitude, soit devenue pour eux une seconde nature ! Le siècle marche et l'île Bourbon régénérée ne restera pas en arrière. L'amour du pays se fera sentir, prendra de la force, de la vigueur, à mesure que le bien-être des institutions se propagera ; et le pouvoir, dégagé de toutes les haines, de toutes les petites susceptibilités administratives, se trouvera plus fort de l'amour des administrés que de la tyrannie de ses employés.

Ce jour est au moment de naître. Paix et oubli, mes chers concitoyens, pour ces hommes d'autant plus petits qu'ils veulent paraître plus grands, qui, dans leurs missives officielles, vous ont dépeints comme incapables de jouir avec modération des bienfaits des institutions libérales ; qui à l'ombre de ce glorieux Drapeau Tricolore qui les protège et les étouffe, veulent retarder notre émancipation ; et, violateurs des lois fondamentales, cherchent à y substituer, par des arrêtés surpris, leur volonté et leurs passions. Le temps, l'expérience mettront un terme à ces abus ; et, déçus de leurs chimériques espérances, ces mêmes hommes, instruits par le bonheur dont nous jouirons, se réfugieront dans le Giron de la colonie, et aux palpitations de leur cœur, sentiront qu'ils ont enfin une patrie.

Quant à nous, vétérans de la liberté, nous qui n'avons jamais brigué les faveurs du pouvoir, dont les poitrines sont vierges de ces hochets qui ont fait faillir tant d'autres, nous ne cesserons de tympaniser l'arbitraire, d'appeler de tous nos vœux des institutions en harmonie avec nos besoins, et si le succès couronne nos efforts, le bonheur dont jouiront nos concitoyens sera pour nous la plus douce des récompenses.

Extrait du *Cernéen* (journal de Maurice.)

« Après le Conseil législatif nous est venue la liberté de la presse, qui du moins nous a été octroyée entière et sans restriction. Nous avons seulement à nous plaindre des pénalités excessives que contient la loi qui l'établit, et de quelques termes qui laissent aux tribunaux une trop grande latitude d'interprétation. Dans les circonstances extrêmement graves, où la colonie s'est trouvée, la presse lui a été d'un bien grand secours ; mais, quoique les services qu'elle a déjà rendus aient été considérables, ils sont encore loin de ceux qu'il est permis d'en espérer. Il est du reste, dans l'intérêt du public, de se montrer extrêmement libéral à son égard. Il ne saurait trop lui prodiguer d'encouragement, il en recueillera le fruit au centuple.

« Une remarque assez essentielle à faire, est l'erreur où se trouvaient ici un certain nombre de personnes, à l'égard de l'effet que produirait la presse libre. On s'imaginait qu'elle était inséparable de la licence, qu'elle ne pourrait manquer de répandre, parmi la population esclave, des notions incompatibles avec l'ordre et la tranquillité publique, et que pour quelques avantages qu'elle présentait en apparence, semblable à la boîte de Pandore, elle contenait pour ce pays tous les maux. On a eu lieu de voir au contraire, combien ces appréhensions étaient fausses, que la propriété, l'ordre, la légalité, ne pouvaient avoir d'armes plus efficacement défensives, et que si elle était le palladium de toutes les libertés, elle l'était aussi de tous les droits. »

DE LA LÉGALITÉ DE LA LIBERTÉ

DE LA PRESSE A L'ILE BOURBON

« Forcé de choisir entre deux devoirs,
« il suivit le devoir le plus fort. »

(Montesquieu, éloge du Maréchal de Berwick.(

Les propectus du *Mascarehnas* et du *Salazien* ont suffisamment établi que la liberté de la Presse était *un droit acquis et actuel*, ouvert aux Français de la colonie comme à ceux d'Europe. Nous allons examiner les objections élevées contre la promulgation immédiate, à l'île Bourbon, des lois françaises qui règlent l'usage de la Presse, et qui nous feraient jouir sans délai du droit que nous réclamons.

Avant d'entrer en matière, achevons de développer ce qui a été dit par le *Mascarehnas*, relativement à l'objection tirée de ce que les colonies doivent être régies par des lois particulières.

N'oublions pas que cette disposition de l'art. 64 de la Charte, est toute en faveur des colonies, et non pas à leur détriment.

« *Les colonies doivent être régies par des lois par-*
« *ticulières*, dit l'assemblée constituante, parce qu'il ne
« serait pas juste de les assujétir à des lois qui pour-
« raient être incompatibles avec leurs convenances lo-
« cales et particulières. »

Aussi c'est uniquement dans l'intérêt et au profit des colonies que les lois métropolitaines doivent être modifiées dans celles de leurs dispositions qui ne cadraient pas avec les convenances locales et particulières de ces contrées. Ce n'est pas pour leur refuser les bienfaits des lois métropolitaines, c'est au contraire pour leur approprier ces bienfaits selon les différences que peuvent présenter leur état social et leurs localités. *La disposition de l'article 64, n'est donc ni restrictive ni odieuse; elle est favorable aux colonies* : Voilà son véritable esprit. Personne assurément n'osera le contester.

Si une loi métropolitaine peut sans inconvénient être transportée et appliquée en entier dans la colonie, elle doit l'être et n'a pas besoin de modifications pour devenir une loi particulière de la colonie, à plus forte raison, quand l'application de cette loi, loin de faire craindre des inconvénients offre à la colonie les plus grands avantages ; à plus forte raison, lorsque l'expérience de cette application a été faite sur des colonies semblables et qu'elle a été couronnée du succès.

Rapprochons ces principes généraux, de la question actuelle.

Les lois françaises sur la Presse, peuvent être promulguées à l'île Bourbon, sans subir préalablement de modifications. Elles peuvent devenir par la promulgation, LOIS PARTICULIÈRES DE LA COLONIE, sans avoir besoin d'être remaniées et retouchées pour lui être appropriées. L'expérience qui en a été faite à Maurice, me dispense d'entrer à ce sujet dans l'examen rationnel de la question, car l'expérience est encore plus péremptoire et plus concluante que le raisonnement. On ne peut réfuter un fait avéré.

Ces préliminaires étant établis, posons bien la question que nous avons à examiner.

Les Français de l'île Bourbon sont actuellement saisis du droit ouvert en leur faveur par l'article 7 de la Charte promulguée et jurée dans la colonie. **LA CENSURE EST ABOLIE A L'ILE BOURBON COMME A PARIS** : voilà ce qui ne peut être contesté que par des hommes étrangers aux notions du droit public, s'ils sont de bonne foi. (*)

(*) Voyez les Prospectus du *Mascarenhas* et du *Salazien*.

On objecte : « que la nécessité qui est la première « et la plus forte des lois, s'oppose à ce que la presse « soit livrée à la licence, *par la suppression de fait* « de la Censure *abolie de droit*. Qu'en effet il n'existe « dans la colonie aucune loi qui règle l'usage de la « liberté de la presse ; qu'en conséquence, supprimer « la Censure, ce serait décréter la licence. Que le gou- « verneur ne peut aux termes des ordonnances en « vigueur, improviser des lois pénales en matière de « crimes ou délits, et, qu'il ne peut également, sans « l'ordre du roi, rendre exécutoires dans la colonie, « les lois de la métropole. »

Nous reconnaissons avec nos adversaires que le Gouverneur ne peut faire des lois pénales, si ce n'est en matière de simple contravention ; (*) mais en est-il de même de la promulgation actuelle des lois métropolitaines sur la Presse, et de l'application de l'article 63, § 2 de l'ordonnance du 21 août 1825, au fait de cette promulgation ?

L'ordonnance du 21 août 1825, n'a pu prévoir les cas extraordinaires et vraiment exorbitants de la révolution de juillet 1830, de la promulgation d'une nouvelle Charte constitutionnelle à Bourbon, enfin de l'ouverture d'un droit nouveau au profit des habitants de cette colonie. Cette ordonnance n'a pu prévoir qu'un jour la Censure serait abolie à Bourbon, sans que le ministre de la marine eût pensé à pourvoir à son remplacement en ordonnant au Gouverneur de promulguer les lois métropolitaines qui règlent la matière.

Puisqu'on argue de la nécessité, convient-il de l'invoquer pour nous priver du droit ouvert en notre faveur par l'article 7 de la Charte, et ne serait-il pas plus juste et plus logique de dire, qu'il y a nécessité pour le Gouverneur de rendre exécutoires dans notre île, les lois métropolitaines sur la Presse, parce qu'autrement l'abolition de la Censure, sans ces lois, nous ferait tomber dans la licence ?

Nécessité pour nécessité, convient-il mieux de priver toute une population d'un droit précieux, en violant la

---

(*) Nous observons, en passant, que M. le gouverneur a cependant violé cette prohibition, en appliquant une peine correctionnelle à une nouvelle espèce de délit, inconnu en France. (Voyez l'article 12 de l'arrêté local du 10 avril dernier.)

(Note du Rédacteur.)

Charte à son égard, que de violer l'article 63 d'une simple ordonnance royale, en négligeant une formalité que l'oubli d'un ministre a négligé de remplir? Il faut ajouter de plus, nous le répétons, que cet article 63, n'a pu prévoir le cas si extraordinaire et si exorbitant qui se présente.

Violation pour violation, vaut-il mieux violer les articles 7 et 70 de la Charte constitutionnelle, que l'article 63, § 2 de l'ordonnance du 21 août 1825 ?

Notre gouverneur doit-il plus de respect à cette ordonnance vicieuse, qu'à la Charte des Français ?

La transition du régime des ordonnances à celui de la Charte, transition à laquelle M. le contre-amiral Cuvillier a lui-même applaudi, n'a-t-elle pas déjà exigé que son prédécesseur violât la dite ordonnance, au profit des principes de la nouvelle Charte ?

Convient-il que ce soit la colonie qui souffre et qui soit privée de l'exercice de son droit, pour épargner au Gouverneur la crainte vague et vaine d'engager ce qu'il appelle sa responsabilité? Et quelle responsabilité craint-il donc d'engager, grand Dieu ! la responsabilité d'un acte de justice envers le pays, la responsabilité d'un bienfait !

Quelle idée fait-on donc des Ministres ? Sont-ils jaloux de la justice qu'on rend aux peuples, sans leur permission ? Du bien que l'on fait, sans leur ordre ?

Est-ce un crime que d'exécuter la Charte, et de faire régner les lois les plus chères aux Français ?

Je dis et je soutiendrai à la face du monde que craindre en pareille matière la désapprobation des ministres, c'est les calomnier et leur faire la plus grande injure ; c'est surtout calomnier notre excellent Roi, notre Roi patriote et libéral, notre Roi qui a dit, déclaré et répété, que les excès même de la Presse à l'égard de sa propre personne, ne changeaient rien à son opinion bien arrêtée depuis long-temps ; « Que la liberté de la Presse était la plus précieuse des libertés et l'instrument par excellence de la civilisation. »

Mais, dit-on, le Gouverneur va écrire de suite en France pour solliciter l'ordre du Roi, de mettre à exécution les lois dont il s'agit. Ce ne sera qu'un délai de quelques mois, et toutes les formes auront été remplies.

Depuis trop longtemps on nous berce par de semblables leurres. Mais nous savons maintenant à quoi nous en tenir. Nous savons que s'il est facile d'écrire de Bourbon au ministère, il est très difficile d'en recevoir des réponses. Il y en a qu'on attend vainement depuis plus de quinze ans. La révolution de juillet est faite depuis deux ans et demi, et nous sommes toujours dans *le statu quo*, malgré les efforts qui ont été faits de toute part, pour activer la solution des questions coloniales.

M. Duvaldailly a long-temps accueilli nos demandes, en protestant qu'il allait écrire, ou qu'il avait écrit au ministre pour obtenir permission ou autorisation. Si la partie vivante et énergique de la population coloniale, n'eût catégoriquement témoigné son impatience au 15 février 1832, nous n'aurions pas obtenu l'acte du 12 avril suivant ; le Gouverneur attendrait encore l'ordre du Ministre.

Nous n'appréhendons certainement aucune malveillance de la part de ce dernier ; mais nous savons qu'il est accablé par les affaires métropolitaines, absorbés par l'état de fermentation de la France et de l'Europe, et nous craignons, tout à la fois, la force d'inertie et les intrigues de la bureaucratie du ministère.

Pourquoi d'ailleurs nous affecter d'un inutile délai ?

Quelle énormité demandons-nous donc ici au Gouverner ?

S'agit-il de créer quelques magistratures nouvelles dans la Colonie au profit de la population ? non. — Quelques pouvoirs constitués ? non. — D'altérer ou modifier les rapports actuels de la colonie avec la métropole? non.

Il s'agit uniquement de l'exercice d'un droit individuel et personnel à tout Français quel qu'il soit ; en un mot, de ce droit de penser et d'écrire qui n'est autre chose qu'une partie de la liberté individuelle et personnelle, de la liberté d'agir, ainsi que tous les philosophes, les publicistes et les législateurs en conviennent aujourd'hui. Il ne résulte de la liberté de la Presse qu'une puissance morale et d'opinion. Tout gouvernement qui craint cette puissance, s'avoue par là en état de prévarication. Tout gouvernement qui craint les lumières et la publicité est coupable, et péché par le fait actuel ou par l'intention. Ces vérités sont aujourd'hui triviales dans le monde civilisé.

Dire que Louis-Philippe ou ses ministres, ou les Chambres législatives de France, désapprouveront la mise en œuvre de la liberté de la Presse à Bourbon, c'est dire, en d'autres termes, qu'ils sont ennemis du développement moral et intellectuel de la colonie, c'est dire qu'ils veulent la maintenir dans un état de faiblesse et d'hébétude, et en un mot, qu'ils veulent en entraver la civilisation. Je le répète, le dire c'est calomnier la France et le Roi ; c'est leur prêter gratuitement les idées étroites, mesquines et INGÉNÉREUSES de quelques bureaucrates inférieurs du ministère de la marine.

Le simple bon sens indique que le Gouverneur qui est sur les lieux, est plus apte et mieux placé pour apprécier la convenance et l'opportunité d'une semblable mesure, que le Roi et le Ministre qui n'ont jamais vu la colonie, qui en sont éloignés à 4,000 lieues, et qui ont bien d'autres affaires sur les bras.

Faut-il le dire enfin, car c'est le secret de la comédie : que l'autorité jalouse et tracassière qui a rédigé l'ordonnance du 21 août, qui en a dicté spécialement l'article 63, n'était ni Charles X, ni son ministre ? En admettant que le pouvoir du DICTATEUR COLONIAL de la rue Pigal, ait survécu dans les bureaux de la marine au pouvoir même de la branche aînée des Bourbons en France, on ne peut supposer, du moins sans outrages pour le ministre, que ce dernier n'en soit au moins affranchi. L'ordonnance du 21 août n'est par rapport à lui qu'une lettre morte, et qui n'est plus animée par l'esprit jaloux et despotique qui en a façonné les articles. A l'égard du ministre, il nous sera permis au moins de dire : MORTA LA BESTIA, MORTO IL VENENO.

C'est donc faire un anachronisme évident de supposer que les idées et les sentimens généreux et libéraux de Louis-Philippe et de ses ministres, interprètent aujourd'hui l'ordonnance du 21 août, comme elle l'était avant la révolution de juillet.

C'est faire un anachronisme palpable de supposer, qu'en appréciant la position du Gouverneur, placé entre la nécessité de violer la Charte ou cette ordonnance, ils puissent se prononcer en faveur de l'ordonnance contre la Charte.

M. Duvaldailly qui ne représentait à Bourbon que Charles X et le ministère Polignac ; M. Duvaldailly, qui n'agissait que contrairement à ses propres principes et à ses idées politiques, puisées à une semblable source, a engagé bien autrement sa responsabilité par l'arrêté du 12 avril 1832, tout imparfait qu'il soit. Cet arrêté qui viole si ouvertement l'ordonnance du 21 août 1825 et la prérogative royale, a établi dans la colonie un pouvoir constitué, électif, populaire. Si ce pouvoir s'est montré, dans sa majorité, faible inhabile, en un mot, s'il n'a pas été ce qu'il aurait dû être, c'est encore plus la faute de l'inexpérience du pays, que celle de l'arrêté du 12 avril. Eh bien, qu'a dit le Ministre en apprenant la nouvelle de cet acte ? Il ne s'est plaint que d'une chose, c'est que le Gouverneur ne l'eût pas accordé plus tôt.

M. Duvaldailly, dans la position désavantageuse où il était à l'égard du nouveau gouvernement métropolitain, a bien pu risquer de prendre en faveur de la population coloniale une résolution aussi radicale et qui ne tendait à rien moins qu'à changer la constitution de la colonie ; et M. l'amiral Cuvillier qui est l'émanation directe du pouvoir né de juillet 1830, n'oserait faire ce qui n'est que la moindre des choses comparativement à l'arrêté du 12 avril.

En vérité, nous prend-on donc pour des enfans, lorsqu'on affecte la crainte d'encourir le blâme du Roi et du ministère, si l'on se permettait d'affranchir la Presse à Bourbon, conformément à la Charte et aux idées dominantes en France ?

Eh que fait au roi et au ministère que la Presse soit libre sur le rocher de Bourbon ?

Ou ils sont indifférents pour nous, ou ils s'intéressent à nous. S'ils sont indifférents, peu leur importe. S'ils s'intéressent, ils approuveront sans doute. Mais il est défendu à qui que ce soit, de les soupçonner de malveillance à notre égard. Cela est surtout défendu à l'homme qui les représente ici, et il faut de toute nécessité les soupçonner de malveillance pour craindre leur censure dans l'acte dont il s'agit.

S'il est une question sur laquelle tous les partis soient d'accord dans notre métropole, c'est assurément LA LIBERTÉ DE LA PRESSE.

Le libéral du juste-milieu, le républicain d'extrême-gauche et le royaliste légitimiste, avec toutes les nuances intermédiaires entre ces trois points, réclament également LA LIBERTÉ DE PENSER ET D'ÉCRIRE, comme un des biens les plus précieux, et comme la condition de vie nécessaire de la société française. Au-dessus de tous les partis, la voix de notre Roi-citoyen proclame cette vérité comme son immuable pensée.

De quel côté donc, le représentant de Louis-Philippe pourrait-il redouter des reproches, s'il nous mettait en possession de ce bien, que la France entière s'accorde à louer et à vanter?

Eh quoi, le gouvernement anglais a affranchi la Presse chez des sujets conquis! A trente lieues de notre rivage, Maurice jouit de ce bienfait; et nous qui sommes Français, Français d'origine, Français toujours, nous qui avons à la liberté de la Presse un droit positif, acquis et ouvert; nous qui sommes saisis de ce droit, en vertu de la loi fondamentale promulguée et jurée chez nous; nous qui venons en revendiquer l'exercice au nom de la bonne foi, du bon sens, et avec les armes d'une irréfragable logique, on nous refuserait cette jouissance par l'allégation de mauvaises et insoutenables raisons!

Et l'on pourrait croire que cela se passera de notre part, avec une lâche et stupide condescendance!

Non. Nous ferons d'abord ici tout ce qu'il sera humainement possible de faire pour obtenir justice et satisfaction immédiate; pour prendre notre bien partout où nous le trouverons, si on ne veut pas nous l'accorder de bonne grâce.

Mais en même temps, nous tournerons nos regards et nos efforts vers la métropole, et nous lui transmettrons nos plaintes avec toute l'énergie dont nous sommes capables.

Nos paroles, qu'on n'en doute pas, auront du retentissement. Toutes les trompettes du journalisme leur serviront d'échos en France, et elles iront éclater, s'il le faut, jusqu'à la tribune même des Chambres, où nous ne manquerons pas d'organes. Une semblable cause ne chômera pas d'interprètes et de défenseurs sur les bancs du juste-milieu comme sur ceux des extrémités.

Si Monsieur le contre-amiral Cuvillier, au lieu d'engager avec la population libérale de Bourbon un déplorable conflit, en lui refusant la justice qu'elle demande, accordait à la colonie la promulgation des lois françaises sur la Presse, il acquerrait des droits éternels à la reconnaissance du pays, quoiqu'il ne fît en cela que remplir un devoir. Il pourrait compter en toute confiance sur l'entier dévouement de cette population, et principalement des hommes de tête et de cœur, qui en sont l'élite. Nous le considérions tous comme le bienfaiteur de la colonie.

NOUVELLES DE L'EXTÉRIEUR

Dans la séance du 28 décembre dernier, le Ministre de la marine a présenté à la chambre des Pairs un projet de loi nouveau, sur le régime législatif des colonies.

Ce projet conforme, dans la plupart de ses dispositions à celui présenté dans la précédente session, a subi cependant de notables amendemens, surtout en ce qui concerne les conditions de l'électorat et de l'éligibilité ; ainsi à Bourbon, il faudra pour être électeur ;

Etre âgé de 25 ans révolus ;

Etre né dans la colonie, ou y être domicilié depuis deux ans ;

Jouir des droits civils et politiques ;

Payer en contributions directes 200 francs ou justifier de la possession de propriétés, d'une valeur de 20,000 francs.

Pour être élu, tout électeur âgé de 30 ans révolus, si d'ailleurs il justifie qu'il paye, en contributions directes, 400 francs, ou qu'il possède une propriété d'une valeur de 40,000 francs.

Ces amendemens sont favorables à la classe moyenne et les rédacteurs du *Salazien* s'estiment heureux de les avoir dès long-temps sollicités.

On ne perdra pas de vue que le cens, adopté par le Ministre, est celui dont la partie libérale du Conseil général a demandé inutilement la fixation.

Nous aurons l'occasion de revenir sur ce projet.

Est-ce que le gouvernement local veut encore garder le secret sur la présentation de cette loi, ou craint-il de donner raison à l'opposition, en étant obligé d'approuver aujourd'hui le projet ministériel qu'il a combattu et fait combattre tant que ces modifications n'ont été que l'œuvre de la minorité du Conseil général?

Il serait bien que la *Gazette officielle* nous en dit un mot.

DISCOURS

Prononcé, à l'ouverture de la Cour royale de Limoges, par M. le Procureur général, l'année dernière. (Extrait du *Cornéen.*)

« Le ministère public est l'œil de la justice; il en est le gardien dans son temple; il est le conservateur de l'ordre social. Il est chargé spécialement de faire exécuter les lois; il prépare les jugemens qui en prescrivent l'application, et c'est par ses ordres qu'ils sont ramenés à exécution. Ainsi il commence l'ouvrage des Tribunaux, et il y met le complément. Les lois fondamentales, les principes qu'elles consacrent, *les libertés de la nation, sont particulièrement placés sous l'égide tutélaire de sa vigilante autorité.*

« Forte de son unité, de son indivisibilité, chargée dans tout le royaume de travailler au même but, cette institution offre un moyen facile et sûr de correspondance entre le gouvernement et l'ordre judiciaire. C'est par cet intermédiaire que le premier a connaissance de la marche de la justice jusque dans les sentiers les plus étroits et les plus éloignés; que les Cours et les Tribunaux reçoivent les lois, les instructions, les dispositions et les communications qui les concernent.

« Le ministère public est, dans l'ordre judiciaire, ce que le système des nerfs est dans le corps humain, le principe de tout mouvement et de toute sensation.

« Nous ne pouvons passer sous silence les hautes relations qui existent entre M. le Procureur-général et et M. le Ministre de la justice. (Ici le gouvernement.)

« Ici le cercle de ses attributions s'agrandit. Le ministère public ne se bornera pas à instruire le gouvernement des attentats qui portent le désordre dans le sein de la société, tels que les meurtres, les incendies ; mais son premier devoir est de lui faire connaître les complots qui ont pour objet de renverser la constitution ou l'un des pouvoirs établis par elle.

« Il doit faire plus, il doit, avec un noble courage,
« dans ses rapports où il fait connaître au ministre la
« situation politique du ressort confié à sa garde,
« fixer ses regards sur les fautes, les erreurs, dans
« lesquelles le Gouvernement peut être entraîné, et
« lui signaler l'influence des lois destinées à mettre en
« mouvement la loi constitutionnelle de l'Etat, les ef-
« fets heureux de cette constitution exécutée avec sin-
« cérité. Il ne doit pas lui laisser ignorer surtout les
« motifs des défiances populaires s'il s'en est mani-
« festé ; défiances funestes, qui furent en tout temps
« l'avant-coureur du bouleversement des empires!
« Mais, en lui parlant du mal, il doit lui indiquer
« respectueusement, sans timidité, sans pusillanimi-
« té, le remède.

« Un Procureur-général qui ne saurait que flatter
« le Pouvoir qui l'a nommé, serait pour ce dernier
« un dangereux ami, et il ne serait pas celui de son
« pays. »

....

« De si hautes fonctions ne devront être confiées ni à l'extrême jeunesse ni à l'inexpérience ; ce serait faire descendre la magistrature de ce rang élevé qu'elle conserva toujours en France dans la considération publique ; ce serait compromettre les plus grands intérêts de la société.

« On éloignera aussi du Tribunal de la loi les ennemis de la chose publique.

« La garde de nos institutions ne saurait être confiée à ceux qui en désireraient ou qui en prépareraient la ruine. Telle sera, n'en doutons pas, la règle de conduite de tout Procureur général que le sentiment de la justice anime.

....

« Le travail de l'audience est peut-être, de tous ceux qui lui sont confiés, le plus important ; car c'est le moment décisif où la distribution de la justice va être faite. En abordant cette enceinte, nous touchions au sanctuaire où la sagesse rend ses oracles.

« S'il n'apporte à l'accomplissement de ce devoir qu'un zèle tiède, qu'une attention légère ; s'il n'a pas fait une étude approfondie des lois, de la jurisprudence des arrêts, de la doctrine ; s'il n'a pas médité sur ces idées mères, desquelles découlent toutes les règles qui seules éclairent une législation obscure ou controversée ; s'il n'a pas eu la constance de lire ces énormes dossiers de pièces devant lesquels la paresse s'épouvante, et que dédaigne de parcourir un esprit plus amoureux de briller pour lui-même que d'éclairer les juges, quel secours pourra-t-il apporter à la justice ?

« Il jettera devant elle une lumière pâle et trompeuse........ ; il l'égarera ; et la partie dont le bon droit aura été sacrifié s'écriera avec douleur, ainsi que cet ancien Spartiate : O dieux, donnez-moi la force de supporter l'injustice !......

« Disons, Messieurs, quelle est la tâche du ministère public en de telles occurrences.

« Une contestation qui embrasse les plus grands intérêts s'agite devant une Cour attentive. Toute une ville, toute la contrée assistent à ces débats. L'état, l'honneur, la fortune d'un citoyen, d'une famille, sont soumis au jugement des magistrats.

« Les droits de chaque prétendant sont soutenus avec un zèle éprouvé ; les défenseurs ont développé toutes les ressources de la dialectique ; ils ont profondément ému par l'inspiration de l'éloquence.

« La balance de la justice flotte encore incertaine ; les avis sont partagés. Les juges attendent avec une religieuse impatience que la certitude vienne remplacer cet état de doute et d'anxiété dont le désir d'être juste fait un tourment pour la conscience.

« Le ministère public se lève : l'attention redouble. Il a tout vu, tout compulsé, tout examiné, pièces, procès-verbaux, contrats ; il a médité longtemps sur les principes. Il parle ; écoutez-le. Son récit est simple, rapide. Tout va au but. Les détails accessoires et éloignés sont élagués : c'est une surcharge inutile. Un trait, un aperçu éclairent bien des obscurités. Il avance à travers les obstacles dont on a embarrassé sa marche, il perce, il se fait jour. Il dépouille la question. Il saisit vivement, fortement la difficulté. La lumière jaillit d'une discussion nerveuse et savante. Ce qui paraissait auparavant insoluble n'est plus qu'un ingénieux sophisme. La certitude a fait place à la conviction ; la vérité est démontrée..... ; et, comme s'il manquait quelque chose à son triomphe, s'élevant par degrés aux grandes considérations de l'ordre, de la morale et de la philosophie, l'organe de la loi déroule les vastes conséquences de la victoire qu'il vient de remporter. Il a justifié, en quelque sorte, la justice elle-même.

L'orateur termine, en signalant l'amour du travail, et la force d'âme ou le courage civil comme des qualités essentielles au ministère public.

« Nous l'avons dit dans une autre circonstance, nous croyons devoir le redire en ce jour : Cette vertu est d'autant plus nécessaire aux officiers du ministère public que, n'étant plus inamovibles comme sous l'ancienne monarchie, et étant dépendants par leur position, ils doivent se relever aux yeux des peuples par l'indépendance du caractère. Elle est essentielle à leur considération personnelle, et elle ajoute à la force morale du gouvernement. « Le courage du magistrat est « le véritable palladium de la justice. » Quelle protection le faible opprimé peut-il espérer si le ministère public ne sait par sa fermeté déjouer la brigue, écraser la calomnie? Quelle résistance opposera-t-il à l'émeute s'il ne peut, comme Molé, montrer un front calme aux séditieux, et leur dire qu'il y a loin encore de leurs poignards à la poitrine de l'homme juste?

« Avec quelle énergie repoussera-t-il des ordres arbitraires s'il n'ose, comme d'Aguesseau, s'opposer à l'exécution d'actes attentatoires aux libertés nationales? Le Procureur-général avait refusé de conclure à l'enregistrement d'une bulle de Rome destructive des libertés de l'église gallicane ; il part pour Versailles afin de rendre compte de son courageux refus à un roi despote et dévot : « Allez, lui dit sa noble compa« gne, oubliez devant le roi, femme, enfants, perdez « tout, hors l'honneur. » L'honneur fut sauvé, et avec lui tout le reste. »

SUR LES CONSÉQUENCES

DE L'ORDONNANCE DU 10 AVRIL 1833

Les articles que nous avons publiés sur l'ordonnance du 10 avril, ayant, nous le croyons, suffisamment démontré tout ce qu'elle renferme de violent, de passionné et d'attentatoire aux droits des personnes; nous ne reviendrons plus sur ce texte, mais nous entrerons dans quelques considérations sur ces conséquences à peu près certaines.

L'opinion s'est prononcée sur cet acte, et l'a unanimement condamné. Si le pouvoir persiste à vouloir, contre toute raison, le maintenir, il se prépare de sérieux embarras, et l'administration de M. le contre-amiral Cuvilier, qui semblait devoir être si calme et si paisible, pourrait bien être plus agitée que ne l'a été aucune de celles qui l'ont précédée. En effet, à l'arrivée de M. le Gouverneur actuel dans le pays, le combat que s'étaient livré l'administration de M. Duvaldailly et les apôtres des doctrines coloniales, venait de se terminer. Une faible concession avait satisfait aux exigences manifestées, et l'espoir d'obtenir satisfaction sur les vœux exprimés par le Conseil général de l'époque, avait été pris comme équivalent à la réalité. Les rapprochemens s'étaient opérés entre les dissidences les plus tranchées; tout semblait annoncer que désormais les intérêts du pays se discuteraient sans aigreur, parce que les communications dans le Conseil général avaient usé les préventions âpres qui roidissaient l'une contre l'autre les deux opinions rivales qui le partageaient. La nouvelle administration n'avait donc rien de mieux à faire que de maintenir cet état de choses, jusqu'à ce que les institutions définitives, promises par la métropole, lui fussent parvenues; et puisque les hommes qu'on s'était plu à représenter comme si avides de changemens et même de renversemens, se trouvaient satisfaits de cette position transitoire, il semble que leurs adversaires auraient dû s'en contenter également.

Mais, dans ce que nous nommons la nouvelle Administration, il n'y a de nouveau en réalité que son chef. Seul il est étranger aux intérêts et aux vieilles passions qui dominent le corps qui lui est subordonné; mais aussi, il est également étranger aux hommes et aux choses du pays, et par cela même, il se trouve forcément entraîné dans les voies que lui présente son entourage administratif, comme étant les seules qu'il puisse parcourir avec sûreté. De là les erreurs qu'il peut et doit nécessairement commettre ; de là l'ordonnance du 10 avril ; de là encore les conséquences qui en sortiront.

Nous le disons avec une entière conviction, il y aurait tout à la fois inconvenance et injustice à faire porter sur M. le Gouverneur des reproches qui ne doivent s'adresser qu'à ceux qui l'ont, à dessein, compromis par l'acte que nous avons signalé aux justes ressentimens du pays. L'opinion éclairée de la Colonie n'aura pas ce tort ; elle sait qui elle doit accuser ou innoncenter. Pour nous qui avons vu arriver parmi nous le Gouverneur, avec tant de confiance et d'espérance, (bien différens en cela de ses conseillers actuels), nous nous efforcerons toujours d'appeler autour de sa personne les égards et les respects que son caractère, plus encore que sa haute position, commande. Mais nous sommes bien éloignés de vouloir prendre avec les membres moins élevés de l'administration, le même engagement ; nous avons trop bien appris à les connaître, pour ne pas nous montrer aussi sévères envers eux, qu'ils ont été injustes et provocans à notre égard.

Ceci posé et avant de présenter le tableau des fâcheuses conséquences que produira l'ordonnance du 10 avril, nous demanderons comment il a pu se faire que M. le chef du haut parquet ait souffert que cet acte ait été surpris à la religion trompée de M. le Gouverneur? Défenseur de la loi et des droits de tous, M. le Procureur-général pouvait-il, devait-il se taire devant une infraction aussi manifeste, ne devait-il pas y opposer la plus opiniâtre résistance, et en fin de cause, protester contre cette violation criante? Assurément, son opposition, soutenue avec le talent que nous nous plaisons à lui reconnaître, eût éclairé M. le Gouverneur, qui, indubitablement, eût refusé sa sanction.

Mais, nous dira-t-on, qui vous assure que cette opposition n'a pas eu lieu?

Nous répondrons à cette objection par l'existence de l'ordonnance elle-même, qui, sans aucun doute, n'eût pas été rendue si le refus de concours de M. le Procureur-général eût été fortement motivé. Et en admettant même qu'une opposition a été formée, nous dirons sans crainte de nous tromper, qu'elle a été molle, et en cela plus dangereuse qu'une adhésion pure et simple, puisqu'elle a donné lieu de penser à M. le Gouverneur que les motifs d'opposition manquaient de solidité. Nous offrons encore comme preuve de cette dernière assertion l'ordonnance elle-même.

Est-il en effet présumable que dans une discussion sur une question de législation aussi importante, la haute capacité de M. le Procureur-général ait pu être domptée par la puissance de talent d'adversaires dont nous connaissons la portée ? et, par exemple, serait-ce l'argumentation des deux Conseillers coloniaux qui aurait fait reculer M. le Procureur général ? Nous ne ferons pas à ce magistrat le tort de le penser. Disons-le donc : M. le Procureur-général a adhéré, ou n'a résisté que mollement.

Arrivons aux conséquences de l'ordonnance du 10 avril, et d'abord, offrons en première ligne la résurrection de la presse clandestine, moyen justifié par l'odieuse subjection à laquelle la pensée, dans ce pays Français, est condamnée par ceux qui se disent les représentans immédiats du plus libéral des gouvernemens modernes. Hé ! sans elle, quel moyen resterait-il aux victimes de l'ordonnance du 10 avril ?

Heureux les conseillers de cet acte, que cette arme active repose aux mains d'hommes assez généreux, pour n'en pas faire contre eux un cruel usage ! et assez modérés pour l'avoir laissée dormir aussi longtemps qu'une imprudente excitation n'est pas venue les avertir que le moment de la saisir était arrivé.

Rénovation du pacte qui, pendant trois ans, a réuni en faisceau des hommes énergiques et éclairés, à qui il n'est pas facile d'en imposer. Les liens de ce pacte, distendus pendant la trêve qui vient d'être rompue, n'ont point perdu leur élasticité, et le repos n'a point usé leur force.

Résistance déjà proclamée comme devant se manifester au sein des colléges électoraux où les motifs de protestation surabonderont. Conflit nécessaire entre le pouvoir et la partie de la population qui s'opposera. Retour aux dissentimens haineux qui ont trop long-temps affligé le pays, et qui semblaient calmés pour toujours. Réappel aux passions qui, régnant dans les colléges électoraux, laisseront à douter si leur intérêt plutôt que l'intérêt général, n'aura pas dominé les choix.

Nous pourrions porter plus loin cette énumération ; mais fatigués des couleurs attristantes du tableau que nous venons de tracer, nous jetons aux conseillers de l'ordonnance du 10 avril notre pinceau, pour qu'ils s'en servent à effacer de leur œuvre, le malencontreux article 12.

P.

MILICES

Une question extrêmement grave et intéressant essentiellement le pays, occupe en ce moment M. le Gouverneur ; c'est celle qui concerne la réorganisation des Milices..
Comment ne pas nous en occuper nous-mêmes, quand des dispositions qui vont être prises peuvent naître des fermens de discorde? quand certaine partie de la population se verra imposer des chefs avec lesquels aucune sympathie ne peut exister, et qui ne peuvent espérer ni la confiance, ni les suffrages des habitans-miliciens?

La milice est la première garantie de notre conservation, le moyen direct et immédiat de la sûreté de nos foyers, c'est l'institution éminemment coloniale. Qu'on y songe bien ; cette question est capitale, fort sérieuse et plus grave qu'on ne le pense peut-être. Quant à nous, nous sommes forcés d'en prendre l'occasion de demander si M. le Gouverneur connaît assez et les individus et les localités pour décider, tout d'abord, des choix qu'il faut faire dans l'intérêt de l'ordre intérieur et du gouvernement même?

Jusqu'ici, ce sont les brevets qui sont demandés ; mais ces brevets portent-ils avec eux le portrait moral de chaque individu auquel ils appartiennent, pour qu'à leur seul examen, M. le Gouverneur puisse se croire suffisamment renseigné?

En un mot, en licenciant les milices, on a voulu sans doute mieux faire et créer pour l'avenir un corps compact, dont les membres comprissent les mots : PATRIE et HONNEUR, qui fussent tout à la fois dévoués au Roi-citoyen, et spécialement attachés au pays qu'ils doivent soutenir et défendre en toute occasion.

Telles ont été, nous n'en doutons pas, la pensée généreuse et la bienveillante intention de M. le Gouverneur ; mais est-ce sur le rapport d'un seul individu de chaque quartier, intéressé peut-être à s'entourer des gens de sa couleur politique, que M. le Gouverneur va décider ses choix ? La population ne sera consultée, nous dit-on, ni comptée pour rien ? passive, faut-il qu'elle approuve et reçoive des chefs qu'elle ne peut estimer ? Mais, si l'élection directe ne peut avoir lieu il existe des conseils municipaux dans les communes ; il y existe des corps de notables, qui, réunis avec les commandans même, peuvent présenter des listes sur lesquelles des choix convenables à tous peuvent avoir lieu.........

Nous ne faisons qu'indiquer ici quelques-unes des précautions qui pourraient être prises dans la circonstance, à moins que sur le sol de Bourbon, tout ce qui est tant soit peu libéral, doive être soigneusement proscrit.

Ce qui est libéral ici, est également réclamé par l'intérêt colonial et par le bon sens. Pour quiconque connaît nos localités, il est évident que jamais la milice ne sera organisée dans un quartier, et cela en dépit de toutes les ordonnances, tant qu'il y aura désaffection et méfiance entre la majorité de la population de ce quartier et les chefs qui lui seront imposés.

Puissent ces avis salutaires parvenir à M. le Gouverneur ! puisse-t-il, s'il le veut bien et le bonheur de ses administrés comme nous le supposons, ne prononcer qu'après les plus mûres réflexions, et en consultant un corps déjà institué, véritable organe du pays, dont le parti anti-colonial et antilibéral voudrait annihiler les faibles attributions.

DES VILLES ET DES CAMPAGNES

EN FRANCE

DES VILLES ET DES CAMPAGNES

A BOURBON

Quand on jette les yeux sur notre belle France, l'admiration est le premier sentiment que l'on éprouve. Dans ce moment surtout où, sortie à peine d'une révolution qui aurait fait crouler tout autre empire, on la voit, d'une main puissante, comprimer les factions qui tendent à l'égarer, et de l'autre, panser les blessures faites par cette même révolution à son industrie agricole, manufacturière et commerciale. Les autres impressions ne tardent pas à se présenter en foule : nous admirons ses beaux génies, ses orateurs brillans et courageux, sa Charte, qui nous appartient aussi, et la tendance de tout son peuple, à la tête duquel marche notre Roi-citoyen, vers cette perfectibilité humaine, crue jadis impossible. Les villes de France sont très remarquables et méritent d'attirer tous nos regards. Leur rôle est admirable : vastes foyers de lumière, elles sentent que leur mission est d'éclairer les campagnes qui font ombre, par leur ignorance, aux tableaux que présente la civilisation urbaine. On ne voit qu'associations de bienfaisance ; les presses ne sont pour ainsi dire plus une spéculation : partout elles versent à pleines mains, à de vils prix, quatre francs par an par exemple, les conseils et les connaissances que l'on ne saurait trop payer. Par mille canaux elles conduisent dans le cœur du pays, cette civilisation nouvelle qui marche toujours appuyée et sur les idées du plus pur libéralisme, et sur la philantropie la plus consolante. Écoles primaires, caisses de bienfaisance, écoles rurales, hôpitaux de charité, préceptes, méthodes nouvelles, tout est employé par les villes, rien n'est oublié par elles. Les plus beaux noms, ceux qui, du temps de la gothique France, n'étaient prononcés qu'avec terreur par le peuple, sont à la tête de toutes les associations de bienfaisance, et semblent vouloir, à force de services rendus à la cause de l'humanité, lui faire oublier l'orgueil aristocratique de leurs nobles aïeux. Ce sont les Larochefoucault, les

Lafayette, les Montmorency, etc. Que c'est beau! que c'est digne d'éloges! que l'on nous dise quelle gloire valut jamais celle-là.......

Si les villes offrent ce spectacle si noble, les campagnes de France ont bien besoin de cet immense intérêt qui leur est porté. Dans une grande partie de nos départemens, le paysan ne sait pas lire; aveugle imitateur du passé, il fait ce que son père a fait, comme celui-ci imitait le sien. Plein de préjugés, c'est à peine s'il commence à entrevoir le jour de la civilisation; souvent même il repousse la lumière qui lui est offerte, non parce qu'il en est ébloui, mais parce qu'il la croit dangereuse. La vieille routine, c'est tout ce qu'il connaît. Aussi sa misère et son ignorance sont effrayantes.

Mais l'esprit philantropique ne se rebute pas, plus il rencontre d'oppositions plus il cherche à les surmonter. Le gouvernement de son côté, et par gouvernement nous entendons les trois pouvoirs, prépare de bonnes lois; les lois départementales et communales, seront des véhicules puissants qui forceront le peuple à s'occuper de ses propres affaires et à y prendre une large part. Rien, comme chacun le sait, ne seconde mieux le merveilleux effet des écoles primaires et des journaux à bas prix, que ces lois d'intérieur, d'affaires domestiques, qui viennent tenter, comme un séduisant appât, l'homme des campagnes pour le faire entrer dans la vie publique.

En France, tout se fait par les villes et le gouvernement pour le peuple des campagnes. On sent, comme le disait notre Henri IV, que PATURAGE ET LABOURAGE SONT LES DEUX MAMELLES NOURRICIÈRES DE L'ÉTAT. Aussi, dans quelques années, la civilisation aura fait, dans ce beau pays, une marche gigantesque. Rien ne résiste à la civilisation, elle chemine quelquefois lentement, mais elle avance toujours et son flambeau éclaire de plus en plus.

A Bourbon les villes méritent-elles l'éloge que nous venons de donner à celles de France? Leur sollicitude pour les campagnes est-elle aussi vive, aussi bienfaisante? Cela se peut bien; mais nous n'en savons rien.........

N'étant pas observateurs habiles, voici tout ce que nous voyons.

Ce qui nous frappe dès l'abord dans notre capitale, (nous ne parlerons que d'elle) c'est un esprit mercantile poussé à l'excès. Spéculer sur tout est la seule pensée. On ne s'occupe jamais d'institutions politiques ou de bienfaisance. Que faire d'institutions? Vite faire fortune, et après, secouer de ses pieds la poussière coloniale pour aller jouir en France; dites-nous, n'est-ce pas assez? (1)

Ensuite, la ville se présente sous un autre aspect: elle aime singulièrement le pouvoir absolu. Et pourquoi? par une raison toute naturelle; c'est que vivant sans cesse dans l'atmosphère du pouvoir, à force d'en respirer l'air enivrant, ses habitants finissent par se croire une partie même de ce pouvoir. On dîne au gouvernement; le soir, Madame danse au gouvernement; y a-t-il une mesure coloniale importante à prendre? on est appelé avec honneur et consulté par le gouvernement. Une disette se fait-elle sentir? le riz du gouvernement est là. Le feu prend-il à votre maison, les pompes du gouvernement sont là. Les seules presses qui existent dans le pays, elle les possède. (2)

Le Gouverneur, se reposant sans doute sur les chefs de service, n'est pas encore sorti de sa bonne ville, au grand regret des habitants. (3)

Mais le Directeur de l'intérieur? Oh! c'est tout autre chose! Le directeur de l'intérieur ne quitte jamais Saint-Denis; est-ce qu'il est payé pour aller consulter les besoins des habitants de « l'intérieur? le plus souvent.

Et les campagnes, qui les administre donc? Personne. Qui veille à leur conservation, à leur prospérité? Personne. Les presses du moins les éclairent. Non. La censure est là avec son vaste « éteignoir. » La

---

(1) Nous devons à la vérité de dire que la très-grande majorité des habitants de Saint-Denis, instruite par nos malheurs, a reconnu qu'il n'y avait de prospérité possible pour tout le pays, que lorsque l'agriculture serait florissante, et en ce qui touche le progrès que l'esprit patriotique a fait dans la capitale, l'accueil que notre journal y a reçu, en est une preuve incontestable. (Note de l'Editeur.)

(2) Du moins jusqu'ici.

(3) Nous apprenons avec plaisir que M. le Gouverneur commence sa tournée aujourd'hui. (Note de l'Editeur.)

Censure !...... et la Charte ? La Charte pour Bourbon est un mensonge. Diable !..... Mais comment les campagnes existent-elles donc ? nous allons vous le dire.

Les habitants des campagnes à Bourbon, sont aussi loin de ressembler à ceux des campagnes de France, que les villes de France ressemblent peu à celles des colonies.

En général, les habitants propriétaires sont des hommes dignes d'éloges ; sans cesse aux prises avec les difficultés, leur esprit acquiert mille lumières. Il faut qu'ils soient cultivateurs, administrateurs, médecins, architectes, mécaniciens, industriels, commerçants ; que l'éducation des animaux ne leur soit pas étrangère ; surtout qu'ils soient juges impartiaux ; les punitions et les récompenses, ils les tiennent dans leurs mains, et, en administrant sans cesse la justice, ils s'aperçoivent bien vite de celle qu'on leur doit.

Toujours en lutte avec la nécessité, ils apprennent ce que peut la patiente et persévérante industrie. Loin de se rebuter, ils redoublent d'efforts. A leur sage ténacité tient leur fortune. Sans secours ni protection du Gouvernement, sans institutions aucunes, leurs forces doivent croître avec leurs besoins, sans cela pas de salut pour eux. Attachés au sol, ils sentent vivement les besoins de leur pays, ils réclament avec énergie les moyens d'y satisfaire, et loin de recevoir la lumière, comme les habitants des campagnes de France, ce sont eux qui la répandent. Calomniés ici, calomniés en Europe, ils savent ce que peuvent la patience et l'opiniâtreté, et ils patientent et ils s'opiniâtrent.

Ne comptant pas sur l'autorité, les habitants veillent eux-mêmes à leur conservation. Le feu prend-il chez celui-ci, tous y courent. Cet autre a-t-il besoin de vivres, on partage avec lui. Chacun maintenant l'ordre sur sa propriété, on se passe de la police que l'on n'a pas. De cet ensemble, de ce secours mutuel naît une sorte de confraternité ; cette confraternité soutient leur courage, et du courage naissent tous ces efforts que les propriétaires font pour lutter contre leur mauvaise fortune et l'oubli injurieux dans lequel on les laisse. Ils forment enfin faisceau, s'aident et se protégent mutuellement : voilà tout le mystère de leur conservation.

CONCLUSION

N'est-il pas fort plaisant que l'on répande en France, dans les campagnes, les institutions libérales, par le motif que leurs populations sont ignorantes; et qu'à nous on nous les refuse, par le motif que nous ne sommes pas assez éclairés pour jouir de leurs bienfaits.

SEULE RESSEMBLANCE ENTRE LES CAMPAGNES DE FRANCE ET CELLES DE BOURBON,

La misère !!!!!

Le bruit se répand que le *Salazien* doit faire des publications menaçantes pour l'ordre public; c'est une tactique des adversaires de ce journal, et ceux qui le dirigent ne doivent pas la laisser passer inaperçue.

Cette accusation sur hypothèse, ce moyen d'agiter les esprits au nom d'un amour exclusif pour la paix publique, pourraient produire contre le *Salazien* l'effet que s'en promet la malveillance si l'on ne s'empressait de le prévenir par les explications qui vont suivre.

Les colons propriétaires et pères de famille, qui ont pris personnellement la charge de faire jouir, par anticipation, la colonie, des bienfaits d'une presse non asservie, ont compris qu'une semblable tâche leur imposait une responsabilité morale envers eux-mêmes, envers leurs compatriotes, coopérateurs de cette œuvre du plus pur civisme, et envers le pays tout entier, dont ils doivent partager à perpétuité la bonne et mauvaise fortune.

Il n'est donc pas à craindre que d'imprudentes publications trouvent place dans un journal dont la sage circonspection est garantie par tant d'intérêts.

Le *Salazien* servira la cause coloniale, par tous les moyens légitimes qui seront en son pouvoir, telle est sa noble mission. Il sera l'organe et le propagateur de toutes le vérités utiles; à cet égard sa liberté est sans limite, il n'a aucun intérêt personnel à ménager, point d'abus à protéger, point d'ambition à servir, sa voix libérale ne saurait être étouffée.

En dissidence avec l'administration, notamment sur l'application des principes que la Charte a posés pour tous les Français, l'opposition du *Salazien* sera toute consciencieuse, et jamais systématique ; en respectant la personne du représentant de notre Roi-citoyen, il saisira avec empressement toutes les occasions d'éclairer sa religion sur les actes de son administration, sans lui vouloir susciter des embarras, qui pourraient nuire à la chose publique.

Mais dans ce pays où les droits des citoyens ne sont pas suffisamment garantis contre les actes arbitraires du pouvoir, le *Salazien* se fait un devoir d'accorder une grande latitude à la légitime défense des victimes de ce pouvoir et aux avocats de leur cause ; il proclame donc le principe de la résistance morale à la puissance oppressive, et le respect et la protection au malheur opprimé.

Quant à l'homme privé, la liberté de ce journal n'ira jamais jusqu'à lui, et d'après l'expression d'un écrivain distingué LA VIE DE L'HOMME PRIVÉ DOIT RESTER MURÉE ; telle est la morale du Salazien sur ce point.

Ses directeurs jugent avec impartialité et de sang-froid, les diverses productions qui leur sont adressées ; ils ne doutent pas que leurs justes observations ne soient toujours accueillies par ses honorables rédacteurs.

Telles sont les explications franches et sincères que le *Salazien* a cru devoir donner à ses abonnés ; maintenant il abandonne à ses adversaires le vaste champ des commentaires et des interprétations ; à cet égard il leur fera beau jeu, en dédaignant désormais toutes les inculpations et accusations dénuées de fondement.

* *

C'est avec douleur que nous avons vu en lisant l'adresse de la Chambre des députés au Roi, que la plus légère mention n'y était pas faite des colonies ; une telle omission nous paraissait peu bienveillante de la part de la représentation nationale, et nos réflexions étaient pénibles quand nous pensions qu'il nous fallait cependant attendre la fixation de notre sort d'une assemblée qui ne nous accordait même pas un souvenir au début de la campagne législative. Toutefois nous nous plaisions encore à croire cette omission involontaire, partant indifférente ; c'était là notre triste consolation : mais cette consolation n'était-elle même qu'une illusion, et nous n'avons pu nous défendre d'un sentiment de bien profonde affliction, quand parcourant les discussions parlementaires auxquelles le projet d'adresse a donné lieu, nous avons pu nous convaincre que c'était à une cause bien pire qu'un déplorable oubli, que nous devions attribuer le silence obstiné de la Chambre à notre égard.

En effet, un honorable membre, M. Auguis, a proposé d'ajouter au 18me paragraphe un article supplémentaire qui devait, sinon nous venger de l'abandon dédaigneux dans lequel nous sommes relégués depuis la révolution de juillet, du moins nous rendre l'espoir que nous ne serons pas éternellement retranchés du pacte fondamental des Français, mais cet article additionnel qui n'était qu'un retour à la Charte, n'a pas obtenu de la majorité les honneurs de l'adoption.

Ainsi la Chambre des députés s'est refusée à rappeler au gouvernement ou au Roi qu'il existait des colonies françaises auxquelles la constitution avait reconnu des droits politiques !

Nous livrons cet étrange refus à la méditation sérieuse de nos lecteurs ; nous craindrions de sortir des bornes de la modération que nous nous sommes imposée, si nous disions les cruelles pensées qu'il nous inspire. Il nous suffit quant à présent, de le constater comme un fait, comme une manifestation qui indique assez le mauvais vouloir qui nous poursuit.

Voici cet article rejeté : (Extrait du *National.*)

« Sire, nos colonies attendent avec impatience le régime légal et constitutionnel qui leur est annoncé et garanti par la Charte de 1830. Il est temps que le régime des lois soit mis, dans ces malheureuses contrées, à la place du régime des ordonnances. Le besoin de décentralisation se fait peut-être encore plus sentir dans la France d'outre-mer que dans la France métropolitaine.

« Les colonies soupirent après les lois qui doivent les régir, qui seules peuvent y rendre facile l'administration intérieure, efficace, l'action du gouvernement et possible la fusion des opinions.

« Ce n'est qu'alors que la haine des castes entre elles pourra perdre sa force ; que nos colonies qui, sous le triple rapport de la marine, du commerce et de la géographie militaire, sont d'une si grande importance, se confondront dans un amour commun de la mère-patrie, c'est en puisant dans la générosité de nos institutions la juste part qui leur revient, qu'elles rendront plus étroits les liens qui les attachent à la France. »

SUR LA QUESTION DES SUCRES

Lorsque M. Humann, rapporteur de la commission du budget, s'exprimait en ces termes devant la Chambre des députés, le 3 février 1832 : « Si nous ne faisons « pas des augmentations de droits sur les sucres, des « articles additionnels à la loi, c'est parce qu'au tarif « de cette denrée se rattache un des grands intérêts de « notre industrie manufacturière, la prime d'exporta- « tion des sucres raffinés dont la fixation exige des « connaissances spéciales que votre commission ne « possède pas. »

Lorsqu'il exprimait le désir « que le gouvernement « présentât dans la session même un projet de loi, « ayant pour objet d'augmenter de 10 francs en prin- « cipal le droit d'entrée des sucres bruts des colonies « françaises, et celui des sucres terrés en proportion ; » nous dûmes comprendre que si ce député parvenait jamais au pouvoir qu'il convoitait depuis long-temps, il userait de son influence dans les conseils du gouvernement pour convertir en proposition, ce qu'il n'exprimait alors que comme un simple vœu.

Il n'y a pas manqué, et la session suivante était à peine ouverte que le ministère présentait ce projet.

Nos lecteurs ont pu voir dans la *Feuille Hebdomadaire*, les motifs exposés par M. d'Argout, à l'appui de cette loi et à travers la phraséologie parlementaire, ils ont dû découvrir combien l'intérêt colonial était d'un mince poids dans les déterminations du gouvernement.

Il en sera toujours ainsi, tant que les colonies n'auront pas à la fois des législatures locales et des représentants aux Chambres ; elles seront constamment sacrifiées parce que la majorité ne les connaît pas et que la minorité les déteste.

Et cependant, le besoin de véritables organes fut-il jamais plus impérieux que dans cette importante conjoncture ? Tout leur avenir financier va être débattu, peut-être est-il même déjà réglé, alors que nos intérêts et nos droits n'auront pas même été consultés, alors qu'aucune voix, si ce n'est celle de quelques officieux amis, ne se sera élevée contre tout ce qu'il y a de désastreux pour nous dans l'adoption d'un semblable projet (1).

Malheureux colons ! cultivez, fertilisez péniblement vos campagnes, imposez-vous toutes sortes de privations, ne répugnez à aucune espèce de sacrifice, supportez des intérêts énormes, élevez à grands frais vos sucreries, perfectionnez vos produits, hypothéquez votre avenir, celui de vos enfans, réparez les ravages des ouragans qui, périodiquement, vous désolent, vous trouverez au delà des mers des hommes qui confisqueront à leur profit vos sueurs et votre industrie ; ils s'enrichiront de vos dépouilles, et leur avidité vous ravira même l'espoir d'une situation moins déplorable (2).

« Parce que le sucre est une matière essentielle-
« ment imposable, et dont la taxe doit s'accroître
« avec la consommation. . . . . »

Entouré de tous les documents que la statistique lui fournit, éclairé ou trompé par les renseignements que l'intérêt, contraire aux colonies, s'empresse de lui prodiguer, le Ministre n'hésite pas à lancer le firman ; ceux qui le sollicitent sont tout-puissants de position et de richesses ; ceux qui doivent le subir, n'ont pour eux que leur résignation et leur humilité.

Mais enfin, nos réclamations, pour être dédaignées, n'en sont pas moins équitables, et si nous ne pou-

(1) Il est juste de dire, d'après la correspondance de M. Sully Brunet, notre délégué, qu'il a bien compris la question, et qu'il l'a plaidée de manière à mériter plus de succès.

(2) Quoique la loi sur la tarification du sucre nous ait causé de justes alarmes, nous ne pouvons croire que la France veuille jamais consommer la ruine complète des Français d'outre-mer.

(Note de l'Editeur.)

vons nous flatter de les voir accueillies, il ne nous faut pas encourir le reproche de ne les avoir pas fait entendre; l'injustice s'emparerait encore de notre silence comme d'une adhésion.... D'ailleurs les colonies ont des droits: tôt ou tard mieux connus, ils seront mieux jugés et les précédents qui pourraient les compromettre ne doivent pas passer inaperçus parmi nous.

Le sucre est ESSENTIELLEMENT IMPOSABLE, dit-on: ce triste privilége lui est commun avec une foule d'autres matières, et aux yeux intéressés du fisc tout est imposable, lorsque l'impôt doit être productif.

Les jouissances du riche, l'aliment du pauvre sont souvent confondus dans une même perception, et il est à remarquer, à la honte de l'humanité, que la balance, lorsqu'elle n'est pas égale, penche toujours en faveur de la classe la plus aisée.

Mais si l'impôt est attaché à la matière, la fixation n'en est pas cependant arbitraire, et le législateur doit le modérer, non suivant les besoins du trésor, mais d'après les ressources du producteur. La soif toujours croissante des recettes doit cesser, là où il ne serait plus possible de la satisfaire sans absorber la totalité du produit.

La loi qui fixa à 41 fr. 25 c. par 100 kilogrammes, le droit du sucre brut de l'île Bourbon, fut faite à une époque où cette denrée obtenait sur les marchés de la métropole une valeur vénale, presque double de celle d'aujourd'hui. Pendant 17 ans cette loi a été maintenue, quoique notre sucre fût successivement tombé, jusqu'à ne nous représenter que 15 à 17 fr. net les cent livres, c'était, il faut en convenir, une matière SUFFISAMMENT IMPOSÉE que celle dont le tarif égalait toujours, et surpassait souvent la valeur intrinsèque.

Toutefois, nous nous fîmes des habitudes conformes à cet état de choses. Après les folies où une sorte de fièvre de production nous avait précipités, nous commencions à revenir au positif de notre situation, et si la culture de la canne ne nous offrait plus les prestiges qui nous séduisirent trop longtemps, elle nous promettait, au moins, des résultats que notre économie dans les dépenses et le perfectionnement de la fabrication, tendaient à améliorer.

Voilà qu'un projet de loi vient renverser tous nos calculs, et nous enlever même l'illusion. Notre ruine est arrêtée, non qu'elle doive être la conséquence instantanée de la mesure qui nous frappe, mais parce que le principe qu'on va établir atteindra successivement nos revenus, nos propriétés, le crédit colonial tout entier, et nous fera passer par toutes les horreurs d'une lente agonie.

Si du moins, ce projet favorisait, même à nos dépens, l'industrie nationale, nous ferions avec moins de regret les sacrifices qu'il va nous imposer, dans la conviction que nos compatriotes en profiteraient ; mais cette consolation nous est enlevée, et comme toutes les déterminations équivoques, il froisse tous les intérêts, et n'en protége aucun, si ce n'est celui des colonies étrangères, nos rivales, qui pourront désormais alimenter avec plus d'avantage la consommation de notre métropole.

Mais le trésor en profitera-t-il ? La fraude, cette ressource que nous ne voulons ni ne pouvons employer, va recevoir une prime d'encouragement, et l'étranger s'y livrera avec d'autant plus d'activité qu'il ne trouvera plus nos denrées en concurrence de sa contrebande.

On nous place sur l'abîme, et l'on ne nous laisse aucune planche de salut ; car si l'on aperçoit dans un an, ainsi que cela est inévitable, que les prévisions du fisc ont été trompées, on viendra par suite du même système augmenter encore le droit pour arriver au chiffre demandé, et ainsi d'exagérations en exigences, l'on finira par nous contraindre à délaisser notre culture.

Et c'est ainsi qu'on entend la protection qu'on nous doit ! tandis que le ministère nous oblige à recevoir les produits des manufactures françaises ; qu'il a réservé pour les nationaux le droit exclusif de nous approvisionner, et qu'il nous défend de livrer à des étrangers les produits de notre sol ; cet échange dût-il nous procurer autant de bénéfices que l'état actuel nous fait supporter de pertes ; est-il juste d'aggraver nos charges parce que le trésor veut augmenter ses revenus ? Le contrat n'était donc pas réciproque, ou bien si on le viole impunément parceque nous sommes les plus faibles? Dans l'un et l'autre cas, il n'y a ni générosité ni justice, et la France, notre mère, désavoue ce que l'on propose en son nom.

Que le Ministre vienne après cela, nous vanter la faveur particulière dont il nous honore, sa constante sollicitude pour nos intérêts; nous n'avons plus foi en ses paroles, lorsque les faits les démentent si hautement. Ce projet est-il son œuvre? c'est une abdication complète de cette PATERNITÉ dont on nous entretient si souvent: la proposition lui est-elle imposée par des influences puissantes? il n'est donc qu'un instrument des volontés qu'il désapprouve, et il ne nous offre plus la sécurité qui doit nous faire vivre.

Mieux vaudrait pour nous, peut-être, que ces opinions dont on nous fait tant de peur, que ces hommes qu'on nous peint comme des espèces de CROQUEMITAINES, prêts à dévorer les colons et les colonies, fussent décidément appelés à prononcer sur notre sort. (*)

Nous leur répondrions au moins, par leurs propres principes; nous leur dirions la sympathie que nous éprouvons pour leurs doctrines; et lorsque nous invoquerions devant eux le droit public qu'ils ont proclamé et qui nous protége aussi, l'humanité qui reculerait d'horreur devant les trop brusques développements de leurs théories, nous verrions leurs mains amies s'étendre vers nous, car ils nous connaîtraient, et nous ririons peut-être de la trop longue frayeur qu'ils nous auraient inspirée.

Mais au lieu de maximes certaines, arrêtées, il nous faut combattre des demi-convictions, des ménagements de partis, des transactions de juste-milieu qui, cédant le terrain pouce à pouce, nous entraînent avec eux à une inévitable catastrophe. Ce n'est ni de la protection ni de l'abandon; c'est une situation sans avenir, un avenir sans espérance, pastiche politique où l'on trouve de tout sans que rien y domine.

9 Mai 1833. C.

(*) Nous ne partageons pas l'opinion de l'auteur sur cette proposition dubitative, quelque déplorable que soit la direction du Ministère pour les colonies, il nous semble plus raisonnable que leur sort soit confié à des opinions modérées.

(*Note de l'Editeur.*)

AGRICULTURE

MOYEN PRÉSERVATIF CONTRE LA MALADIE DES MAÏS

Nous pensons qu'il est utile de faire connaître à la population agricole de cette île, un préservatif qui vient de nous être indiqué contre la maladie qui afflige nos maïs, et qui détruit en partie les espérances qu'avait fait naître une année exempte de coups de vent.

C'est à une personne récemment arrivée de France, et qui a longtemps habité le Jura, que nous devons les renseignements dont nous faisons part au public.

Chacun sait que le maïs est en grande culture dans le Jura et dans plusieurs départements du midi de la France. Pendant plusieurs années cette précieuse céréale y a été sujette aux effets désastreux de la maladie qu'elle éprouve en ce moment à Bourbon et à Maurice, et ce n'est qu'à l'aide du chaulage qu'on est parvenu à en arrêter les progrès. Ce procédé, employé avec succès depuis nombre d'années contre la carie ou charbon des blés, a été rapporté avec détail dans la *Feuille Hebdomadaire* du 17 avril dernier. Elle le publiait en faveur des personnes qui s'adonnent encore dans le pays à la culture du blé, et ne savait point probablement, qu'il eût été appliqué, avec le plus grand avantage, à la semence du maïs. Nous ne doutons pas que ceux de nos abonnés qui ne reçoivent point la *Feuille Hebdomadaire*, ne nous sachent gré de leur donner un extrait de cet article.

« Après avoir choisi le grain le plus sain et le mieux « nourri, on le lave à plusieurs reprises. Lorsqu'il « est bien égoutté, mais encore humide, on jette des- « sus de la chaux vive réduite en poudre fine, que « l'on mêle bien exactement avec le grain. Plus elle « a conservé sa causticité, mieux elle vaut. Une livre « de chaux pulvérisée peut suffire au chaulage de 25 « à 30 livres de grain, qu'on peut semer six heures « après, mais mieux encore le lendemain, et même « quelques jours plus tard. »

L'opération du chaulage est fondée sur l'observation, qui a reconnu que la carie des blés est due à un champignon parisite et microscopique (*l'urédo des blés*), qui en attaque le grain, en consume la fécule, et le remplit d'une poussière noire. Il est très vraisemblable que dans la maladie qui nous occupe, le maïs subit une altération analogue, avec cette différence que le grain n'est point consumé sur la tige par l'urédo, mais que le germe auquel s'est attaché ce champignon, est tellement altéré par lui pendant le développement, que la plante qui en provient est toujours faible, maladive, et se couvre de panachures. Ce sont ces panachures qui lui font alors donner les noms de *maïs guingam et maïs canadart*. Si quelques plants ont joui d'une végétation vigoureuse jusqu'au moment de la floraison, à cette époque ils sont comme subitement frappés de feu dans leur partie la plus tendre, et ne tardent pas à devenir rachitiques et difformes.

Le raisonnement nous semble donc ici d'accord avec l'expérience, pour inviter les habitans à mettre en pratique le moyen que nous venons de leur indiquer.

Nous ne nous étendrons pas sur les caractères de la maladie qui fait l'objet de cet article : elle est bien connue de tous les habitans, et presque tous n'en ont que trop éprouvé les désastreux effets. Très peu de localités ont échappé à ses ravages, et l'on pourrait citer un grand nombre de propriétaires auxquels elle a fait perdre plus des trois quarts de leurs récoltes. En attaquant également les maïs plantés en novembre et ceux plantés en janvier et février, ce fléau a mis en défaut la prudence des colons, et leur a fait éprouver dans cette culture, plus de perte que n'eût pu occasionner un coup de vent.

Cependant il s'est accrédité que l'une des personnes les plus marquantes de la colonie avait publiquement révoqué en doute, l'existence de cette calamité, et qu'elle en avait pris texte pour tourner en ridicule le prétendu caractère *plaignard* des habitans de Bourbon. Cette manie de se plaindre, aurait-elle fait entendre, ne trouvant plus d'alimens par la cessation de la crainte des coups de vent, avait inventé ce nouveau sujet de doléances.

EXTRAIT

De l'ouvrage de M. Lacharières, député de la Guadeloupe, sur le système de colonisation suivi par la France.

« Si nous examinons maintenant la manière dont la France a procédé et procède encore à l'égard de ses colonies, nous verrons qu'elle ne les a point dotées d'institutions locales et spéciales, qu'elle n'en a point appelé les habitans à participer à la discussion de leurs intérêts, à la confection de leurs lois, mais au contraire qu'elle a suivi, à leur égard, le principe de la centralisation dans sa plus grande rigueur; de sorte qu'elles n'ont possédé en elles-mêmes aucun principe de mouvement, elles ont vécu d'une vie empruntée. Les choses sont portées si loin à cet égard, que lorsqu'il s'agit, par exemple, de rétablir un pont emporté par une crue d'eau ou de faire toute autre construction d'une nécessité urgente, il faut que le devis, fait sur les lieux par les ingénieurs des ponts et chaussées, soit envoyé au ministère de la marine pour y être approuvé. Ce n'est que lorsqu'il est de retour, si toutefois il ne s'est pas égaré, après avoir couru les chances de deux navigations, après avoir parcouru 4 ou 5 mille lieues, qu'il peut-être mis à exécution.

N'est-il pas également contraire aux règles du bon sens que leurs lois particulières et locales, soient l'ouvrage d'une commission uniquement composée d'européens qui siège à Paris à deux mille lieues des plus voisines ?

« Certes, M** est un magistrat très-distingué, M*** est un député instruit et consciencieux; mais ce ne sont pas ces messieurs qui, réunis dans une des salles du ministère de la marine à des collègues généralement aussi étrangers qu'eux aux colonies, pourront s'occuper avec connaissance de cause de questions qui les concernent, c'est comme si, pour nous servir d'une comparaison triviale, un tailleur se chargeait de faire un habit pour une personne dont il n'aurait pas la mesure. L'habit paraîtrait toujours excellent jusqu'au moment où il serait question de l'adapter. C'est alors, et alors seulement, qu'on s'apercevrait qu'il est trop court ou trop long, trop large ou trop étroit, et force serait d'en faire un autre.

« Aussi, on peut dire qu'il existe au ministère de la marine une fabrique toujours occupée de lois et d'ordonnances coloniales. Son travail ressemble à celui de Pénélope ; il consiste à faire et défaire.

« De là ces changemens continuels dans la législation et les formes administratives des colonies. Les colons ne concourant point à l'assiette de l'impôt, c'est au ministère qu'on décide toutes les questions qui concernent le budget et le maniement des finances ; aussi a-t-on souvent à se plaindre d'abus et de fausses mesures qui n'ont point lieu et ne peuvent avoir lieu dans les colonies anglaises.

« Parlerons-nous de places créées pour certaines personnes? Un pareil système conduit à ces deux résultats qui en sont les conséquences funestes mais nécessaires. On s'habitue à mépriser les lois : on est disposé à sacrifier l'intérêt du gouvernement à celui des particuliers.

« On méprise les lois, parce que les voyant se détruire mutuellement les unes les autres, on considère celles qui paraissent comme destinées à périr à leur tour, et on ne leur reconnaît point ce caractère de stabilité, qui seul peut inspirer le respect.

« On sacrifie les intérêts du gouvernement à ceux des particuliers : c'est ce qui a lieu dans un état républicain ou constitutionnel. Cela vient de ce que, dans un état despotique, le trésor appartient au gouvernement qui y puise, quand il lui plaît, et en dispose comme de sa chose et quand il le juge à propos. Et, comme la faveur plutôt que la justice, le guide quelquefois dans la manière dont il en dispose, l'expert, par exemple, est persuadé qu'en décidant en faveur du gouvernement, il ne fait que nuire à un particulier sans procurer aucun avantage à la chose publique.

« Dans les pays, au contraire, où les citoyens participent à l'assiette de l'impôt, ils considèrent, et avec raison, le trésor comme la chose publique, et ne sont jamais disposés à favoriser des particuliers à ses dépens, par cette maxime qxe l'intérêt de tous doit l'emporter sur l'intérêt d'un seul.

« Administration, lois, mœurs, vertus privées et publiques, tout se tient dans l'édifice social. Un défaut dans une des parties se fait sentir dans toutes les autres, et atteint les individus eux-mêmes.

« Lorsque les citoyens jouissent d'une certaine intervention dans le gouvernement, ils contractent l'habitude de s'occuper des questions d'un intérêt général. La communication des particuliers avec l'État fait naître la communication des particuliers entre eux. L'esprit d'association se forme, toutes les branches en profitent, surtout l'agriculture. Les découvertes utiles se propagent, les bonnes méthodes triomphent des vicieuses, les lumières se répandent.

« Il n'en est pas de même, lorsque c'est le gouvernement qui agit. Il crut devoir, il y a quelques années, s'occuper de l'amélioration de notre agriculture. Le dessein était louable ; mais comment s'y prit-il ? On commença par former une commission de savans siégeant auprès du ministre, et l'on se mit à l'ouvrage. Le résultat fut une espèce d'instruction rurale signée du ministre. Si l'on se fût adressé à un mauvais plaisant, et qu'il eût voulu profiter de l'occasion pour faire tomber le ministère dans le ridicule et faire rire à ses dépens, il n'aurait pas mieux réussi.

« On apprenait gravement aux colons, que les engrais tirés des parcs favorisent la végétation des cannes. On leur conseillait, pour détruire les insectes, d'allumer la nuit des feux autour des pièces de cannes, afin que les papillons et les mouches, qui produisent ces animaux nuisibles, fussent s'y brûler les ailes. On proposait aux habitans, pour détruire les rats, l'introduction d'un animal qui leur fît la guerre. Lequel ? c'est ce qu'on ne disait pas. Et dans le cas où ils ne pourraient point se procurer un pareil auxiliaire, on les engageait à employer un *secret* (ce sont les termes de la dépêche) connu des Anglais. On se disait : comment un moyen mis en usage par toute une nation peut-il être un secret ? et si c'est un secret, comme le prétend le ministre, avant de nous recommander de nous en servir, il faudrait nous le faire connaître.

« On s'occupait ensuite de l'introduction d'un poisson appelé *goramis*, qui remplacerait, assurait-on, la morue. Pour bien saisir tout le ridicule de la chose, il faut savoir que nos rivières ne sont que des torrens, et que la Guadeloupe seule consomme 3,966,441 kilog. de morue.

« Cette instruction était remplie de sottises et de naïvetés de ce genre. On aurait cru que c'était une plaisanterie sans le sérieux qu'y mettait le ministre, l'importance qu'il y attachait. C'était, disait-on, *une preuve de sa sollicitude éclairée pour les colonies.*

« On ne doit pas considérer ce que nous avons dit comme des reproches adressés aux personnes. Ce sont des résultats nécessaires d'un système vicieux, le ministère voulant se mêler exclusivement de nos affaires, a dû commettre beaucoup d'erreurs, quelquefois même des injustices, et nous avons vu qu'il n'avait pas su toujours se préserver du ridicule. »

« Aucun banqueroutier, failli ou débiteur insolvable,
« ne pourra être admis dans les assemblées primaires
« ni devenir ou rester membre, soit de l'assemblée na-
« tionale, soit des assemblées administratives, soit des
« municipalités.

« Il en sera de même des enfans qui auront reçu ou
« qui retiendront à quelque titre que ce soit, une por-
« tion des biens de leur père mort insolvable,
« sans payer leur part virile de ses dettes.

« Ceux qui, étant dans l'un des cas d'exclusion ci-
« dessus, en feront cesser la cause rentreront dans les
« droits de citoyen actif. »

(*Décret du 22 décembre 1789*).

« Sont exclus de l'exercice des droits de citoyen ac-
« tif, ceux qui, après avoir été constitués en état de fail-
« lite ou d'insolabilité prouvé par pièces authentiques
« ne rapportent pas un acquit général de leurs cré-
« anciers. » (Constitution de 91.)

Tels sont les textes sur lesquels un défenseur officieux du gouvernement local, vient de publier un Ecrit justificatif de l'article 12 de l'arrêté du 10 avril dernier.

Il semblait que le *Salazien* avait assez énergiquement et plus victorieusement encore, démontré tout ce qu'il y avait d'illégal, d'injuste et d'arbitraire dans cet article, pour qu'il pût s'en référer à la conscience publique dont il n'était que l'impression ; et nous ne pensions pas qu'une imprudente apologie d'une semblable immoralité, dût nous faire revenir sur une discussion épuisée pour nous, et fastidieuse pour nos lecteurs.

Nous croyions au contraire, que, revenus de ce premier enivrement du triomphe, les auteurs et les conseillers de ce malencontreux article, n'étaient pas à se repentir de l'avoir jeté comme un nouveau brandon de discorde au milieu de notre paisible population.

Nous nous étions trompés, les fauteurs de ce petit coup d'état ont paru jaloux de repousser le reproche d'ignorance qui leur a été adressé, et ils ont lancé dans le public la justification que nous allons combattre. On nous rendra, cette fois, la justice de reconnaître que si nous recommençons la lutte nous n'en sommes pas les provocateurs.

A la lecture seule du texte commenté par l'écrivain de l'administration, nous nous sommes demandé, et cette réflexion aura été générale, comment une autorité qui repousse avec énergie les institutions qui nous furent accordées par la Constituante, a pu venir puiser dans les actes de cette assemblée, les armes qu'elle emploie contre nous. Lorsque, pleins d'un saint enthousiasme, nous réclamons pour la colonie, l'application des lois de 1790 et 91, l'on sourit de pitié, l'on nous traite de visionnaires, heureux lorsque là s'arrête la calomnie.... Mais faut-il restreindre nos droits politiques, s'agit-il de flétrir une partie de la population, on invoque ces mêmes lois, on les interprète, on les torture, et l'absolutisme s'en empare pour légitimer son arbitraire. Il nous semble (et qu'on nous permette cette comparaison) il nous semble voir Louis XVIII, implorant le droit divin pour reconquérir son trône, et les décrets de la Convention pour ne pas payer ses dettes.... Qu'on soit donc, une fois pour toutes, conséquent avec soi-même; veut-on les lois de 90 et de 91 ? nous ne les déclinons pas, nous les voulons aussi dans toute leur étendue, avec toute leur libéralité ; et l'on ne nous verra pas répudier les garanties qu'elles nous donnèrent, pour nous en tenir aux exclusions mal interprétées qu'elles renfermaient. Cette discussion aura cependant ce bon résultat que, pour nos adversaires eux-mêmes, CES LOIS SONT BON-

NES A QUELQUE CHOSE, et NOUS EN PRENONS ACTE. Reviennent plus tard les lieux communs oratoires, les protestations bégayées, les grincemens de dents, lorsque nous voudrons rattacher la chaîne qui unira les assemblées futures à l'ancienne assemblée coloniale, qui, QUOIQU'ON EN PUISSE DIRE, SAUVA LE PAYS ; nous aurons la mesure de la sincérité de ces démonstrations, et ceux qui ont pu être dupes de cette comédie, connaîtront aussi le jeu des acteurs.

Cette digression indispensable pour établir la moralité de la question, ne nous a pas fait perdre de vue le point à discuter ; nous y revenons.

Le décret de 1789 et la constitution de 91, ont-ils voulu exclure les carencés, comme l'a fait l'arrêté du 10 avril 1833 ?

La négative n'est pas douteuse, et la préoccupation qui animait le rédacteur de l'écrit que nous critiquons, a seule pu l'empêcher d'arriver à cette conséquence.

Les rédacteurs du *Salazien* n'ont jamais soutenu que les individus dont l'insolvabilité aurait été authentiquement démontrée, dussent être appelés aux opérations électorales ; ils ont dit au contraire (numéro 7), après avoir établi que les faillis devaient être exclus des colléges « quant à ceux en déconfiture, la raison de les « exclure est encore plus péremptoire, car la déconfi- « ture est l'état de celui dont tous les biens ont été « discutés, qui ne possède plus rien, et il est inutile « de dire que le citoyen, dans ce cas, ne sera ni élec- » teur ni éligible ; puisque pour être porté sur les lis- « tes il faut nécessairement posséder et recenser. »

Ainsi nous ne nous sommes constitués ni les défenseurs des faillis, ni les défenseurs des insolvables ; nous avons dit au contraire que les uns et les autres devaient être exclus de toute participation aux opérations électorales, mais qu'il fallait avant tout apporter la preuve authentique de l'insolvabilité ou de la faillite.

Nous différons en cela avec l'avocat du gouvernement, qui considère comme présomption suffisante et légale de l'insolvabilité, l'existence d'un ou de plusieurs procès-verbaux de carence, alors que, suivant nos principes fondés sur la saine pratique du droit élémentaire, ces procès-verbaux ne prouvent que l'absence d'un mobilier inutile pour constituer le cens.

Le décret et la constitution invoqués, reconnaissaient aussi que l'insolvabilité devait être AUTHENTIQUEMENT prouvée, et cette précaution indiquait assez que le législateur n'entendait pas alors substituer une présomption éloignée à une preuve positive.

Quelques détails historiques sur ce qui a précédé et suivi ces dispositions, ne seront pas inutiles pour en faire apprécier l'étendue.

Mirabeau arrivait aux états-généraux, l'âme pleine de fiel contre les nobles qui l'avaient repoussé des élections de sa province. Cet homme qui devait tant faire pour le peuple en haine des classes privilégiées dont il était sorti, et qui méconnurent la portée de son génie, Mirabeau, tribun par position, et patricien par goût, avait sondé la profondeur des plaies de l'ordre social qu'il était appelé à reconstruire ; il avait vu le tiers-état, luttant contre les priviléges de la noblesse, et celle-ci prête à succomber, aussitôt que ses féodales prérogatives lui seraient enlevées. Il avait vu l'insolence des débiteurs qui, après avoir ruiné une foule de créanciers, se réfugiaient dans leurs terres grevées de substitutions, pour y étaler encore le luxe insultant de leurs prodigalités. Il avait vu les committimus, les lettres de répit et de surséance, les conflits de juridiction, enlever le gentilhomme dissipateur aux poursuites du marchand roturier, et il avait juré de faire cesser cette trop longue et trop frauduleuse impunité.

A cette époque n'était pas insolvable qui voulait ; la justice n'était impuissante que contre le fort, le faible redoutait ses arrêts. Mirabeau craignit l'influence de la caste privilégiée au sein des assemblées politiques, et il en ferma les portes à tous ceux qui jusque-là, s'étaient joué de la sainteté de leurs engagemens.

C'était une précaution morale, c'était le premer pas vers le retour aux principes de l'éternelle équité ; il la proposa pour la première fois le 27 octobre 1789, et au milieu des murmures du parti aristocratique de l'assemblée, il en développa les motifs :

« Vainement, disait-il, vous avez aboli les privilé-
« ges et les ordres, si vous laissez subsister cette pré-
« rogative de fait qui dispense l'homme d'un certain
« rang, de payer ses dettes ou celles de son père, qui
« fait languir le commerce, et qui trop souvent dévoue

« l'industrie laborieuse de l'artisan et du boutiquier, à « soutenir le luxe effréné de ce que nous appelons si « improprement L'HOMME COMME IL FAUT. »

Cette proposition appuyée dans sa première partie, qui excluait les faillis et les insolvables, par Laroche-foucault-Liancourt et Barnave, fut convertie en décret le 22 décembre suivant.

Elle fut reproduite lors de la discussion de la constitution de 1791, et Thouret, rapporteur des comités de révision, demanda d'après leur vœu UNANIME qu'elle fût retranchée de l'acte constitutionnel, et il produisit les motifs de cette opinion à la séance du 11 août 1791 : « Quand nous arrivons à l'insolvabilité, dit-il, « qui n'est plus la faillite des commerçans, mais celle « de tous les citoyens ; lorsqu'un citoyen est réduit à « l'état d'insolvabilité, par des événemens politiques « ou autres qui ne procèdent pas évidemment de sa « faute, comme cela est fréquent, il paraît impossible « qu'une loi générale transporte de la banqueroute à « la faillite, de la faillite à la simple insolvabilité, « une disposition véritablement dégradante et qui « équivaut à la dégradation civique. »

Mirabeau n'était plus, mais les mâles accents de son éloquence vibraient encore aux oreilles de ses collègues, la place où il s'était assis restait inoccupée, (*) et l'assemblée n'avait pas encore secoué le joug que cet homme extraordinaire lui avait imposé.

L'article repoussé par les comités, fut adopté par la Constituante, avec cette modification toutefois qu'on exigea que l'insolvabilité fût authentiquement prouvée, et que l'exclusion ne s'étendît plus aux enfans des pères morts insolvables.

Le but était atteint, la morale était vengée, les privilèges avaient disparu, et les nobles étaient redevenus citoyens. Aussi la Constitution de 93 ne renferma-t-elle plus l'exclusion prononcée par celle de 91. Cette fois l'exclusion ne fut prononcée que contre les citoyens en état d'accusation ou condamnés à des peines afflictives et infamantes. (Art. 5, 6 de l'acte constitutionnel du 24 juin 1793.)

(*) Mémoires du marquis de Ferrières.

La constitution de l'an 3 n'admettait pas à l'exercice des droits de citoyen les individus :

1° En interdiction judiciaire pour cause de fureur, de démence ou d'imbécillité.

2° Ceux en état de faillite, ou les héritiers immédiats détenteurs à titre gratuit, de tout ou partie de la succession d'un failli.

3° Ceux en état de domestiques à gage.

4° Ceux en état d'accusation.

5° Ceux enfin frappés par un jugement de contumace, tant que le jugement n'était pas anéanti.

Elle ajoutait : « L'exercice des droits de citoyen n'est suspendu que dans les cas exprimés à l'article précédent. » (Constitution du 5 fructidor an 3. 22 août 1795. Art. 13 et 14.)

La constitution de l'an 8 ne fit que reproduire les mêmes causes de suspension des droits civiques dans son article 5.

Enfin le sénatus-consulte organique des 18 mai 1804, ne s'occupa plus des conditions auxquelles était subordonné l'exercice des droits de citoyen, il s'en référait aux actes antérieurs.

Tel fut le droit politique des Français jusqu'à la Charte de 1814.

Celle-ci, ni les lois qui la modifièrent ou l'abrogèrent, ne crurent pouvoir renouveler les exclusions prononcées par la constitution de 91. Elles s'en référèrent aux principes généraux du droit, et les faillis seuls furent frappés d'interdiction.

Sous la Charte de 1830, la loi électorale a été conforme à ces doctrines, et elle n'a pas étendu davantage le cercle des incapacités.

Ceci posé, il est facile de conclure que le décret de 89 et la constitution de 91, que nous sommes cependant loin de répudier, n'ont statué que pour un ordre de choses différent de celui où nous nous trouvons, et qu'ils avaient été rédigés en haine d'une classe de citoyens dont l'animadversion publique fit bientôt justice.

Mais admettons que ces actes soient encore en vigueur, faudra-t-il en inférer que l'arrêté du 10 avril 1833 n'a pas excédé les bornes des pouvoirs conférés au Gouverneur ? Telle est la question.

Qu'on raisonne tant qu'on voudra sur l'insolvabilité, qu'on cite avec emphase Toullier, Merlin et Domat, on aura beau torturer l'opinion de ces auteurs, on n'arrivera jamais à cette solution: « qu'un procès-verbal de carence est une preuve authentique d'insolvabilité. » Celle-ci ne s'entend que de la situation d'un débiteur qui, après avoir été discuté dans tous ses biens, se trouve dans l'impossibilité de satisfaire à tous ses engagemens.

Dire dans ce cas qu'un citoyen ne peut plus être électeur ni éligible, est au moins inutile, puisqu'il est nécessairement dépossédé de tous ses biens dont le cens ne peut dès lors lui profiter.

Ainsi la Constituante avait été conséquente avec le principe de la possession, lorsqu'elle avait exclu les insolvables; et si les constitutions suivantes n'ont pas répété cette exclusion, c'est qu'elles n'ont pas jugé convenable d'exprimer une idée superflue.

Nous reconnaissons en conséquence que le Gouverneur avait essentiellement le droit d'éliminer les insolvables, et si là s'était arrêtée la proscription, nul n'aurait osé élever la voix pour la combattre. Mais, au lieu d'exécuter cette loi qu'on invoque, on va plus loin qu'elle ; on la méconnait, on la viole, et l'on dit : « Tout individu carencé mobiliairement est insolvable. »

Ni la Constituante, ni les assemblées qui lui succédèrent, n'osèrent aller jusque-là ; et ce qu'elles n'ont pas voulu faire, l'arrêté local l'a entrepris et l'a consommé.

Il a flétri les quatre cinquièmes au moins de la colonie, en établissant contre tous les débiteurs une suspicion légale de mauvaise foi ; il les a frappés dans leur honneur, dans leurs droits et dans leur état.

Le législateur colonial, avons-nous dit, a excédé les bornes de ses pouvoirs ; c'est vers ce point surtout que se sont dirigés tous les raisonnemens de l'article de commande, afin de laver cette disposition du reproche d'illégalité.

Le *Salazien*, ne reviendra pas sur les motifs qu'il a déjà développés et dont le public est aussi bien pénétré que nous. Nous pouvons affirmer que la question a tellement été comprise, qu'au moment actuel, il n'est pas un homme de loi, qui, l'examinant à l'écart de tout esprit de parti, ne la résolve dans le même sens que nous. Le Gouvernement l'a si bien senti, que dérogeant à ses habitudes de mutisme, il est presque descendu dans l'arène de la polémique pour justifier son acte. A-t-il voulu ramener l'opinion ou l'insulter de nouveau? C'est ce que nous ne saurions affirmer; car, en présence de l'indignation publique soulevée par cet article 12, un écrit apologétique décèle plutôt une intention provocatrice, que le désir d'éclairer les esprits.

Mais l'administration et ses agens nous l'ont dit depuis long-temps: l'impopularité est une des conditions d'un bon gouvernement, et ils ne négligent rien pour lui procurer, en ce genre, le point culminant de la perfectibilité. Les y voilà rendus, il ne leur reste plus qu'à descendre.

La formation d'un conseil général électif, et arrachée à la mauvaise volonté de M. Duvaldailly et aux répugnances de ses conseillers, fut, comme on le sait, l'origine des divisions qui agitent le pays. Le parti groupé autour de l'ex-Gouverneur détestait autant les libertés coloniales que la liberté reconquise par la métropole; mais il reconnut aussi le danger qu'il y aurait eu à résister plus longtemps aux exigences de notre population. Ne pouvant refuser une représentation directe, il voulut la vicier dans son principe, comme plus tard il la neutralisa dans ses conséquences. Aussi l'arrêté du 12 avril 1832 ne fut-il que l'expression de son mécontentement, et son fiel s'y distilla tout entier dans l'article 12.

M. Duvaldailly violait-il l'ordonnance organique du 21 août 1825 en accordant une assemblée élective? assurément oui. Mais il y aurait injustice et inconvenance à lui reprocher cette infraction, alors que nous la sollicitâmes nous-mêmes avec une énergie dont la colonie reconnaissante gardera longtemps le souvenir. Mais s'il violait la constitution du pays, pouvait-il également porter atteinte aux droits des personnes? Non; car ces droits préexistans dans chaque colon et inhérens à notre qualité de Français, avaient été placés hors de son influence; il les avait reçus entiers, il devait les rendre intacts.

On reconnaît si bien que l'état des personnes ne pouvait devenir l'objet de modifications quelconques de la part de l'autorité locale, « qu'on s'efforce de soutenir que cet état n'a pas été altéré par la disposition exceptionnelle de l'article 12. »

Nous n'avons besoin que de la définition donnée par l'écrivain officiel, pour prouver que l'article en discussion est attentatoire à cet état.

Respecte-t-il l'autorité paternelle, lorsqu'il enlève au père carencé le droit de représenter ses enfans qui ne le sont pas ? Respecte-t-il l'autorité maritale, lorsqu'il défend à l'époux séparé de biens de se prévaloir du cens de son épouse ? Mais quelques-uns de ces pères sont des débiteurs de mauvaise foi ; plusieurs de ces maris n'ont fait prononcer leur séparation de biens, que pour frustrer leurs créanciers.

Et qu'importe à la loi politique la moralité ou l'immoralité du citoyen ? Jamais une loi de cette nature doit elle s'en remettre entre le créancier et le débiteur ? Les tribunaux ne sont-ils pas constitués maintenant pour rendre à tous une bonne et égale justice ? D'ailleurs s'il y a de la mauvaise foi chez plusieurs débiteurs, vous êtes forcés de convenir que quelques-uns, en petit nombre, se sont exécutés avec loyauté. Est-ce donc à dire que ces citoyens honorables, dont vous-même vous proclamez la loyauté, devront supporter la peine d'une faute qu'ils n'ont pas commise, et les confondrez-vous dans la proscription générale que vous lancez contre tout homme qui doit ?

Jusqu'ici une maxime avait prévalu ; qu'il vaut mieux absoudre mille coupables que de condamner un seul innocent. Législateur du 12 avril, il vous appartenait de donner un démenti à ce salutaire principe !

Mais vos doléances contre les débiteurs sont, elles-mêmes, démenties par vos actes publics. Le Conseil général dont la majorité vous était si dévouée, si obséquieuse, si amie ; le Conseil général, que tous ceux qui coopérèrent à l'arrêté du 12 avril 1832 avaient pour ainsi dire envahi, l'a proclamé lui-même dans son adresse au Gouverneur.

« Les positions changées, les fortunes détruites, « n'ont point ébranlé l'ordre public, et l'action de la « loi ne fut jamais plus immédiate ni plus respectée « que depuis que le malheur des temps a dû s'éten- « dre aux situations qui paraissent devoir toujours de- « meurer à l'abri de ses coups. »

Ainsi lorsque vous exhumez le décret de 89 et la constitution de 91, vous oubliez que les circonstances ne sont plus les mêmes ; que le décret et cette constitution devaient porter le dernier coup aux abus de l'ancien régime, et qu'enfin ces abus, loin de s'être reproduits ici, sous l'empire de la loi qui est forte pour tous et contre tous, n'ont pas même essayé de reparaître, tant est grand le respect qu'on professe pour elle.

Quelle grande soif d'ordre public vous inquiétait donc, lorsque vous arrachiez au Gouverneur la mesure si irritante de l'article 12? Quelques-uns de ceux que vous aviez voulu écarter de la représentation coloniale y avaient été portés; les vîtes-vous pousser en aveugles au trop brusque développement des libertés publiques? Les vîtes-vous hostiles au pays, faire des propositions subversives de sa tranquillité! Non. Leur modération vous étonne et peut-être que leurs capacités excitèrent votre dépit.

Ces antécédens, si la haine personnelle ne vous animait pas, ne devaient-ils pas calmer vos factices alarmes? et n'était-il pas au moins inutile de lancer dans le pays ce germe de nouvelles dissensions?

Vous dites qu'il faut bien distinguer entre l'exclusion et l'interdiction : que celle-ci est une peine, mais que l'autre est essentiellement dans le domaine du législateur.

Mais lorsque la constituante faisait la loi des lois, lorsqu'elle discutait et fixait le droit public des Français, elle doutait elle-même si elle avait le pouvoir de prononcer une *dégradation civique* en excluant les insolvables du sein des assemblées politiques. Les hommes supérieurs qui prirent tous la parole dans cette occurrence, n'imaginèrent pas alors la distinction que nos publicistes coloniaux ont si habilement découverte. C'est qu'à cette époque si brillante de notre histoire, l'état du citoyen n'était pas abandonné aux caprices du pouvoir ni aux manœuvres de l'oligarchie et une misérable argumentation n'avait pas encore déclaré la guerre aux véritables principes.

Ce que la Constituante n'admettait qu'avec répugnance, ce que les législatures suivantes ne voulurent pas consacrer, le gouvernement local avait d'autant moins le droit de le décréter, que sa loi constitutive le lui interdisait en termes formels. Nous pensons à cet égard avoir établi pertinemment dans nos précédens articles la véritable limite des pouvoirs du Gouverneur, et nos raisonnemens n'ont pas même été entamés,

L'exclusion ne ressemble pas à l'interdiction, répétez-vous ; mais qu'est-ce que l'interdiction ? C'est la privation prononcée par le juge. Celui-ci applique la peine au délit, après un examen approfondi du fait, de ses circonstances, et surtout après avoir entendu l'accusé en contradictoire défense.

Mais votre exclusion dans le cas qui nous occupe, qu'est-elle autre chose qu'une peine prononcée par le législateur *à des faits préexistans*, sans formalité, sans contradiction, en l'absence de ceux qu'elle frappe et en rétroagissant contre eux.

Il y avait de la mauvaise foi chez certains débiteurs, tous les débiteurs sont de mauvaise foi, avez-vous dit, et nous les atteignons tous ensemble, non pour leur improbité future mais pour leur déloyauté passée. Voilà qu'elle a été votre logique de parti et votre doctrine arbitraire ; vous avez donné à la mesure toute l'acerbité de la peine, sans l'entourer des formes protectrices et solennelles d'une condamnation.

La société, ajoutez-vous encore, ne peut confier la manutention de ses intérêts à ceux qui n'ont pas su diriger leurs propres affaires.... Cette vieille objection ne mérite plus qu'on la réfute. Quelle liaison nécessaire y a-t-il entre les principes de l'économie domestique et ceux de l'économie publique? Celle-ci se mesure-t-elle à l'échelle rapetissée de l'autre ? et si vous craignez l'homme qui, lancé dans la sphère politique, néglige ses intérêts particuliers, préférerez-vous celui qui, dans le vaste domaine de la chose publique, exploiterait à son profit individuel les accidens de position que la confiance de ses concitoyens lui aurait procurés? Préférence égoïste, qui livrerait la société aux misérables intrigues de la rapacité et aux étroites combinaisons de l'agiotage.

Assurément, l'intelligence dans les spéculations privées, n'est pas exclusive des capacités qui constituent l'homme public; heureux celui qui les réunit toutes. Mais lorsque nous jetons un regard autour de nous, nous sommes forcés de nous demander si la colonie est riche en ce genre de cumul.....

Si vous excluez ceux qui ont compromis leur fortune, parce qu'ils paraissent indignes de la confiance publique, il vous faudra exclure aussi ceux qui, ménagers de leur avoir, sont cependant notés par leur profonde incapacité. Que vous restera-t-il après cette double élimination?

Qu'on ne parle donc plus de cette présomption qui signale comme un homme dangereux, celui qui n'a pas su conserver son patrimoine. La colonie sait à quoi elle doit attribuer les désastres qui l'ont frappée, et elle ne commet pas l'injustice de punir dans les individus la faute des événemens.

Mais si vous entrez dans ce champ des catégories où vous arrêterez-vous? Bientôt vous exigerez que tout électeur produise son bilan lorsqu'il déposera son vote, et si l'actif ne vous paraît pas assez liquide, si le passif vous semble trop fort, vous rejetterez comme insolvable tout homme dont la fortune ne sera pas entièrement liquide.

Négocians, apportez donc vos carnets d'échéances; Marchands, vos inventaires; Habitans, le bordereau de vos inscriptions; voici venir le grand jour de la liquidation générale, le pays serait en danger si la position d'un seul électeur demeurait inaperçue.

Renvoyons donc à l'esprit de parti ce système subversif de toute idée généreuse, et disons que le législateur colonial a été trompé ou qu'il n'a pas sondé la profondeur de l'abîme dans lequel il nous précipitait.

Nous pourrions pousser plus loin cette réfutation, mais ainsi que nous l'avons dit, les opinions sont faites sur cette question et nous voulons éviter des redites.

Le gouvernement est sourd à nos réclamations; il marche sans s'inquiéter de nos plaintes; il a raison. Il sait que nous n'appellerons jamais l'insurrection au secours de nos droits méconnus.

Ainsi, que le défenseur officieux du pouvoir reçoive à loisir les félicitations de ses amis, les serremens de mains de ses acolytes, les coups d'œil protecteurs de l'autorité; nous ne lui envions pas cet innocent triomphe. Son ivresse sera d'autant plus vive que les succès ne la lui ont pas rendue familière. A lui les honneurs et les complimens; pour nous l'humilité et la calomnie. Ce rôle nous convient et nous le remplissons avec résignation: mais vienne aussi le jour où une véritable représentation coloniale pourra faire entendre sa voix indépendante, et l'on verra alors de quel côté sera le bon droit. Ce jour nous est promis, nous l'attendons avec calme. On l'a dit depuis long-temps : *les partis qui ont de l'avenir ont de la patience.*

— La pensée circule lentement dans notre petit pays, parce que les diverses opinions qui le partage n'ont point encore d'organes dans la publicité. Si une polémique vivifiante était établie entre les journaux de la colonie, les objections venant heurter immédiatement une proposition émise, l'auteur y répondrait à son tour. Il en résulterait un débat qui, tout à la fois, intéresserait, éclairerait le public et le mettrait à même de prononcer en connaissance de cause sur les questions ainsi soumises à son examen.

En attendant que la liberté de la presse ait pu prendre à Bourbon, cette allure naturelle et régulière, les Rédacteurs du « *Salazien* » sont réduits à recueillir ce qui se dit dans les conversations particulières pour connaître les observations de la critique. Cette marche est lente et défectueuse, mais c'est la seule qu'ils puissent suivre en ce moment. Il nous a donc fallu un assez long intervalle afin d'apprécier et généraliser les objections élevées contre notre premier numéro. Nous nous proposons aujourd'hui d'expliquer certains points de notre doctrine, qui paraissent avoir été mal entendus.

Des personnes ont cru voir dans le premier article du « *Salazien* » « une déclaration de guerre des pau- « vres contre les riches. » Cette supposition est une erreur manifeste. Le *Salazien* est le partisan le plus déclaré du système d'organisation politique, fondé sur la prépondérance de la classe moyenne ou intermédiaire. Il ne veut pas plus de la Démocratie que de l'Aristocratie, et fera bonne guerre à l'une comme à l'autre. Il voue à l'animadversion les courtisans du peuple comme les courtisans du pouvoir, et déteste également les démagogues et les fauteurs de toute espèce d'aristocratie.

Est-il nécessaire d'ajouter, que ce système proclamé par les esprits les plus sages et les plus libéraux, est celui qui a prévalu en France ? Que la révolution de juillet et le trône constitutionnel de Louis-Philippe; s'appuient sur cette base? Qu'enfin dans notre métropole, et en dépit de deux minorités dissidentes, la grande majorité de la nation ne veut pas plus de l'aristocratie de naissance ou de richesse, que de la démocratie?

Il nous semble que ces faits sont trop avérés pour avoir besoin de démonstration.

Est-ce à dire maintenant que nous prétendons jeter un vernis défavorable sur tout homme, parce qu'il est riche?

A Dieu ne plaise! Honneur aux richesses bien acquises et bien employées! Honneur à la fortune, quand elle sert de véhicule aux idées libérales et d'instrument aux sentimens généreux! L'argent est une puissance, et cette puissance devient une source de bienfaits, quand elle est placée entre les mains de l'homme éclairé et sincèrement ami de son pays. Nous voulons dire à ce sujet toute notre pensée et de la manière la plus catégorique. Nous affirmons qu'entre deux candidats qui se présenteraient, à patriotisme et à talens égaux, pour la députation ou toute autre fonction publique non salariée, il faut sans hésiter donner la préférence au plus riche. Le plus riche a plus de moyens d'influence, plus de moyens de faire le bien. C'est celui qu'on doit choisir. S'il n'y avait qu'une légère inégalité de talens, il faudrait encore donner la préférence à l'homme riche sur celui qui ne l'est pas.

Ne voyons-nous pas, en effet, sur les bancs de la gauche et du centre-gauche de la Chambre des députés, les plus grands propriétaires, les premiers négocians et manufacturiers de France y siégeant comme adversaires déclarés de l'aristocratie des riches? De même que nous y voyons aussi des hommes de la première noblesse luttant contre les préjugés et les prétentions de l'aristocratie de naissance.

L'homme riche qui conserve des idées libérales et des sentimens généreux, en est cent fois plus estimable et mérite d'être plus estimé. Fréon, excellent homme, excellent citoyen, un douloureux souvenir rappelle ici naturellement votre nom! car vous étiez le modèle que nous aimions à citer sous ce rapport comme tant d'autres! vous rendiez la richesse honorable, plus qu'elle ne vous honorait! jamais on ne fit meilleur et un plus bel usage de la fortune la plus loyalement acquise!

vous manquez aux amis du pays, et nous le répétons tous les jours. Descendu trop tôt dans la tombe, recevez encore une fois cet éloge que vous adresse un organe qui n'a jamais flatté.

Voilà l'exemple que nous proposons à tous les favoris de la fortune. Qu'ils soient comme lui les partisans et les défenseurs de notre liberté coloniale; qu'ils revendiquent avec nous ces institutions libérales sans lesquelles il n'y a plus d'avenir pour Bourbon, et nous serons les premiers à appeler sur eux l'estime, la confiance et les suffrages de nos concitoyens.

Il est donc faux, sous tous les rapports, de dire que le *Salazien* ait déclaré la guerre aux riches. Nous repoussons cette imputation comme une calomnie; mais il est vrai que nous nous sommes prononcés et que nous nous prononçons de nouveau contre le système appelé *aristocratie des riches*, système détestable et que nous avons justement qualifié dans notre premier numéro.

On s'est plaint et l'on a cru voir des injures et des personnalités dans cet article. Cependant nous n'avons désigné personne, nous n'avons attaqué qu'un système, et nous renvoyons le reproche qu'on nous adresse à Destutt-Tracy, Montesquieu et John Adam, dont nous avons cité des passages et emprunté les qualifications qu'on incrimine. Nous aurions pu sous ce rapport, multiplier les citations et nous en aurions trouvé de plus fortes et de plus offensantes dans une foule d'auteurs célèbres, moralistes, historiens, orateurs de la chaire, etc. Ainsi nous n'avons pas soutenu avec Montaigne *que tout homme pécunieux est avaricieux*. (Essais, liv. 1, ch. 40). Nous n'avons pas emprunté les couleurs sombres et les plus dures paroles de Bourdaloue, pour peindre l'orgueil et l'envie de dominer s'insinuant presque toujours dans le cœur des riches, ainsi que le prétend cet illustre prédicateur. (1) Enfin, malgré la sévérité de notre langage, nous n'avons pas été jusqu'à dire avec l'abbé de Montgaillard: l'Aristocratie des hommes à argent *est la plus dédaigneuse, la plus insolente et la plus grossière des aristocraties.*

---

(1) Voyez les sermons de Bourdaloue.

(Paroles textuelles de l'auteur. — Histoire de France pendant la Révolution. — Année 1789). Rien d'aussi acerbe, d'aussi amer, n'est sorti de notre plume. Cependant on vante tous les jours Montaigne, comme le peintre fidèle du cœur humain. L'éloquence, la saine morale et la sagesse de Bourdaloue, sont portées aux nues ; et Montgaillard passe pour un historien et un publiciste très modéré dans ses doctrines. Quant à nous qui sommes restés en arrière de leur sévérité, en ne parlant pas d'après nous, mais en citant les paroles d'auteurs plus modérés que ces trois derniers, nous sommes des exagérés et nous disons des injures aux gens, quoique nous ne nommions personne. Y a-t-il ombre de justice en tout cela ?

Nous le répétons, en finissant, honneur et considération publique à tous ceux de nos concitoyens qui, favorisés de la fortune, se placeront à la tête de notre civilisation, et seront les promoteurs et les partisans des institutions libérales que nous demandons. Que ceux-là soient portés à la représentation coloniale, comme à tout autre poste d'honneur et de confiance. Mais exclusion et rejet partout à l'égard de cette petite faction *anti-coloniale et anti-libérale* (car c'est tout un) qui a « aversion pour la publicité et la « liberté de la presse, mépris pour notre patriotisme « local, et répugnance pour tout ce qui tient au dé- « veloppement moral, intellectuel et politique de notre « population. »

CONSIDÉRATIONS

Sur le projet de législation coloniale présenté à la Chambre des députés dans la séance du 16 décembre 1831.

Les réflexions qu'on va lire étaient écrites en août 1832 ; mais elles n'avaient pu être publiées à cette époque, dans un pays Français où il n'a pas été permis jusqu'à ce jour de livrer à la presse des opinions contraires aux vues du ministère et à celles de ses principaux agens. Mais aujourd'hui ces réflexions seront imprimées, grâce au désintéressement des éditeurs du *Salazien*. Les écrivains qui ne se sentent pas la force de supporter plus long-temps l'avilissant mutisme auquel ils étaient condamnés, trouvent enfin dans les colonnes de ce journal, désavoué par la censure, mais goûté de la colonie, une latitude refusée encore aux défenseurs des seuls principes sur lesquels un peuple, qui réclame les institutions qui lui sont dues, peut établir ses droits.

L'auteur de l'écrit qu'on soumet ici aux méditations des bons citoyens a cru devoir, avant de livrer au jugement public ses réflexions sur la loi coloniale élaborée dans les bureaux de la marine, signaler ce qu'il y a de rigoureux, d'injuste, dans l'empêchement apporté à la publication du moindre examen des institutions coloniales qui semblent les plus propres à nos localités. On est autorisé à croire qu'on s'est fort peu inquiété de l'accueil que fera la colonie à cette loi, discutée et votée pour elle sans la coopération de ses organes *directs*. Qu'elle la reçoive ! qu'elle y obéisse ! c'est tout ce qu'on lui demande.

Art. 1er. de la Charte de 1830, promulguée à l'île Bourbon.

« Les Français SONT ÉGAUX devant la loi, quels que soient d'ailleurs leurs titres et leurs rangs. »

Art. 64. « Les colonies seront régies par des LOIS particulières. »

Art. 66. « La présente Charte et TOUS LES DROITS qu'elle consacre demeurent confiés au patriotisme et au courage des gardes nationales et de TOUS LES CITOYENS FRANÇAIS. »

« Les lois et ordonnances antérieures, en ce qu'elles ont de contraire à la réforme de la Charte, sont et demeurent NULLES ET DE NUL EFFET. » (Dispositions particulières de la même charte.)

OBSERVATIONS PRÉLIMINAIRES

L'île Bourbon, comme on le sait, n'a jusqu'à présent ressenti d'autres effets de l'impérissable révolution de juillet que l'arboration du drapeau tricolore et la recomposition de son conseil général CONSULTATIF par un mode d'élection qui laisse encore beaucoup à désirer. Elle n'a cessé depuis le 30 octobre 1830 de réclamer une VÉRITABLE représentation coloniale. Non seulement elle ne l'a pas obtenue (1), mais elle a été même gouvernée depuis ce jour mémorable, où elle imposa de son propre mouvement aux agens de Charles X, les nobles couleurs de la nation, plus arbitrairement qu'elle ne fut à aucune autre époque. Privée de tous les bienfaits de la Charte, il lui a été même interdit de faire entendre ses vœux et ses plaintes, que la censure étouffe plus soigneusement encore qu'aux beaux jours de la Restauration.

Les Français métropolitains ont enfin vu leurs droits consacrés par la Charte de 1830. Moins heureux les Français des colonies, régis par les ordonnances et les décisions ministérielles d'un gouvernement, dont l'hypocrisie semblait la règle, gémissent sous le régime du bon plaisir après trois ans écoulés depuis la chute de ce gouvernement.

Vainement des colons, forts de leurs droits et de l'article 64 de la Charte, ont élevé leur voix pour demander la jouissance de ces droits par une application immédiate des principes de cette Charte libératrice au régime intérieur des pays qu'ils habitent. Vainement ils ont réclamé cette application, en ce qu'elle devait avoir de conforme aux abrogations solennellement promises à la nation ; les autorités locales, le ministère, les chambres même ont fermé l'oreille aux doléances des citoyens français d'outre-mer. Il semble que se prévaloir de la constitution de leur mère-patrie, des garanties incontestées à leurs compatriotes, à leurs concitoyens, soit de la part des colons une aveugle présomption ou une coupable témérité, aux yeux d'hommes même qui ne manqueraient pas d'élever une voix forte et indépendante, si le hasard les avait livrés, sur le sol d'une colonie, sans défense contre l'arbitraire et le despotisme.

---

(1) L'auteur de cet écrit ne regarde pas comme une représentation coloniale suffisante un conseil général qui n'est que consultatif. D'ailleurs les bases sur lesquelles l'ordonnance locale du 12 avril a fondé la réorganisation matérielle de ce conseil, création du ministère déplorable, sont évidemment trop rétrécies. Le ministère actuel, plus facile à convaincre que ses agents et ses thuriféraires, s'est plu à le reconnaître par une fixation du cens de l'électorat et de l'éligibilité, conforme au vœu de certaine adresse remise à M. Duval-dailly le 15 février 1832.

Encore si la loi coloniale attendue depuis deux ans pouvait être ce qu'on devait espérer qu'elle serait !... Il y aurait alors quelque mérite à s'armer de patience, un seul jour nous indemniserait de longues années de honte et de souffrance. Mais que sera cette loi ?... Une loi D'EXCEPTION, destinée à maintenir les Français des colonies dans une situation toute différente de celle où leurs compatriotes métropolitains se sont placés d'eux-mêmes, au grand déplaisir de nos doctrinaires anti-réformistes.

Parmi les réflexions que font naître de telles dispositions du gouvernement de la métropole, évidemment contraires à l'affranchissement, selon la Charte des colonies françaises, il en est une que nous ne saurions taire, quelque désir que nous ayons de ne point irriter les protecteurs de l'oligarchie de notre petit pays ; laquelle change si souvent de fétiches et de chefs, d'opinions et de principes ; laquelle voudrait aussi le bonheur de la colonie qu'elle exploite de toutes façons, mais secondairement, c'est-à-dire, après l'omnipotence du parti qu'elle constitue, qui a ses intérêts, ses passions, ses meneurs et ses dupes. Nous nous expliquons :

La révolution de juillet n'a pas été gracieusement accueillie, on le sait, de tous ceux à qui elle a si singulièrement profité. Parmi les hommes qui en ont tiré le meilleur parti, il s'est glissé une foule de CONVERTIS, anciens champions du despotisme, esclaves de l'Empire, apôtres ou disciples de la Restauration et vampires du budget. Ils aimaient par dessus tout la légitimité du droit divin ; ils s'étaient voués corps et âme aux Bourbon de la branche aînée, aux Polignac, aux Peyronnet, aux d'Haussez ; quelques-uns regrettaient encore amèrement le régime Villèle ; mais ils eurent bientôt vaincu leurs répugnances, en voyant le nouvel ordre de choses consolidé ; et tous alors de crier à qui mieux mieux : Vive la révolution de juillet ! Vive Louis-Philippe ! Leur unique objet était de conserver des places ou d'en obtenir. Ils y ont réussi, et aujourd'hui que leur but est atteint, le naturel revient au galop ; ils retournent par la force de l'habitude à leurs anciennes doctrines ; mais ne pouvant encore les avouer hautement à la France, c'est à nous, pauvres colons, qu'ils ont résolu de s'en prendre d'abord ; c'est pour nous les premiers qu'ils recréeront un gouvernement mixte, tenant plus de la Restauration déguisée, affublée de ce qu'ils appellent LES HAILLONS DE JUILLET, que de la souveraineté de la nation ; gouvernement, selon ces docteurs, hommes d'état, qui ne parviendront jamais, quels que soient leurs efforts, à rompre la barrière qui sépare pour toujours des opinions entièrement opposées des partis irréconciliables.

Ce n'est certainement, nous dira-t-on, aucun des ministres de Louis-Philippe qui voudrait professer en face de la France nouvelle et d'une monarchie, surgie de barricades élevées par la liberté contre les rêves d'un aveugle despotisme, des principes contraires à l'esprit de la charte. Nous convenons qu'il pourrait y avoir de l'injustice à mettre un instant en doute leur respect pour les institutions dont la France est redevable à la révolution de trois jours ; mais nous n'en sommes pas sur ce point, et nous nous bornerons à demander comment le ministre de la marine du roi-citoyen et son directeur des colonies, ont pu donner leur coopération ou leur sanction à la rédaction d'un projet de loi aussi contraire aux principes de la charte, leur évangile politique, que l'est celui dont les journaux censurés se sont hâtés de reproduire le texte publié par le *Moniteur*.

Ce n'est pas toutefois que nous ignorions à qui principalement on doit reprocher tout ce qu'offre d'inconstitutionnel cet étrange projet de loi, qui crée des catégories dans la nation dont une partie ne doit pas être privée des droits et des prérogatives garantis à l'autre. Qui ne sait que c'est aux hommes mêmes en qui le ministre et le directeur des colonies ont mis toute leur confiance, que ces hommes ont trahie, en déversant sur leurs administrés l'imposture et la calomnie, encouragés par les honteuses complaisances et les mensongères assertions des sycophantes, toujours dévoués à l'autorité qui n'a pas cessé d'être puissante.

Le ministère, nous dit-on, et nous aimons à le croire, ne demandait pas mieux que d'émanciper les colonies, pour les laisser les libres arbitres de leur destinée ; mais, ajoute-t-on, les colonies lui étaient représentées comme trop arriérées dans le chemin de la civilisation, pour qu'il dût les doter d'un gouvernement qui eût été une mignature de celui de la métropole. Le voilà donc trouvé le prétexte qui va servir de palladium au STATU-QUO colonial, à l'ordonnance du 21 août 1825, à cette douairière de l'ancien régime, que nos réformistes des erreurs de juillet veulent mettre à la mode, sans apporter trop de changemens à son costume suranné. Les colonies ne sont pas assez MURES pour jouir des immunités de la charte ; et c'est au nom d'un gouvernement constitutionnel, qui se pique d'être le plus libéral de l'Europe, qu'on demande aux défenseurs nés de cette charte, qui n'admet aucune catégorie parmi les citoyens dont elle est la première et la plus solide protection, que de nombreuses populations françaises soient exclues de ses largesses, parce que son article 64 dit : LES COLONIES SERONT RÉGIES PAR DES LOIS PARTICULIÈRES.

On trouvera dans la suite de cet écrit la seule interprétation que nous croyons juste et raisonnable de donner à cet article de la charte. Nous nous y sommes attachés à corroborer l'opinion de plusieurs de nos concitoyens, qui ont démontré dans divers écrits et avec beaucoup de talent, que c'est à la propre législature d'une colonie qu'appartient et la discussion des lois nécessaires à ses localités, à ses spécialités, et le droit de rejeter ou d'adopter les dispositions législatives proposées par la métropole. C'est ce qui se pratique dans les colonies anglaises qui ont leur parlement.

— Les injustes et odieuses exclusions des arrêtés locaux du 12 avril 1832 et du 10 avril 1833, ont été frappées de la plus solennelle et de la plus auguste réprobation.

Le Roi, dans le projet de constitution coloniale présenté en son nom à la chambre des Pairs le 28 décembre dernier, par M. le ministre de la marine, les a toutes rejetées. Ce projet de loi dans le détail qu'il contient relativement à l'Electorat et à l'Eligibilité de l'île Bourbon, ne fait aucune mention de ces exceptions, quoique l'arrêté local du 12 avril 1832 fût sous les yeux du ministre, puisqu'il en parle dans l'exposé des motifs.

Les misérables passions, qui ont, à grand peine et à double reprise, fabriqué dans la colonie ce monument honteux où l'ignorance, la maladresse et la haine ont empreint leur cachet, ont été repoussées comme nous devions nous y attendre, et du Roi et de son ministre.

Battus par cette décision souveraine venue de France, battus à Bourbon par les arrêts de la cour royale de l'année dernière, stigmatisés par les Philippiques du *Salazien*, et poursuivis par la clameur de l'opinion publique, les auteurs de la triple exclusion ont tenu conseil sur ce qu'ils avaient à faire.

Il y a des gens auxquels le grand jour fait peur et qui ne savent porter leurs coups que dans l'ombre. L'idée de se mesurer corps à corps dans l'arène de la publicité, d'y exposer leur faiblesse à tous les yeux, et ce sentiment de culpabilité qui fait redouter l'épreuve du jugement à tout individu que sa propre conscience accuse, ont fait reculer longtemps les héros du 10 avril.

Cependant quelques amis officieux leur ont représenté qu'un silence obstiné n'était point une réponse suffisante à de si vigoureuses attaques, et paraissait aux yeux du public un aveu non équivoque de leur impuissance si non à justifier, du moins à excuser et à pallier l'œuvre piteuse du 10 avril. « Parlez-« leur, a-t-on dit, car enfin le plus mauvais avocat « ne trouve-t-il pas toujours quelque chose à dire, « en faveur de la plus mauvaise cause. »

Là-dessus, les habiles de la petite faction se sont réunis au nombre d'une demi-douzaine, et mettant en commun leur esprit et leur savoir, chacun faisant de son mieux, ils ont laborieusement enfanté l'apologie qui a reçu les honneurs de l'impression dans le *Glaneur* du 1er juin.

L'un de nos collaborateurs dont la plume brillante et féconde improvise comme d'autres parviennent difficilement à écrire à tête reposée, a foudroyé tout d'abord ce frêle échafaudage et l'a culbuté par la base en le réfutant en courant dans le onzième numéro du *Salazien*. Après lui nous ne pouvons qu'examiner les débris de l'édifice qu'il a renversé. Ce détail fournira cependant la preuve que toutes les parties en étaient vicieuses.

N'est-il pas curieux vraiment, de voir nos adversaires invoquer l'influence du climat pour expliquer qu'à Bourbon la carence mobilière est une preuve d'insolvabilité? Cela ne rappelle-t-il pas involontairement le fameux : « et voilà pourquoi votre fille est « muette? »

Est-ce bien sérieusement qu'ils nous demandent de faire connaître au public les noms des habitants carencés ou carençables qui, nonobstant ce signe incontestable de gêne, se trouvent encore en état de solvabilité ?

Ils savent fort bien qu'il y en a réellement beaucoup dans cette catégorie, qui ont encore toutes les chances de relever leurs affaires avec du temps et des ménagements, tandis qu'une liquidation forcée et instantanée les ruinerait à jamais par l'effet des circonstances.

Ne seraient-ils pas les premiers à nous blâmer si nous allions livrer ces noms à la publicité pour servir de thèmes aux discussions des journaux ?

N'est-il pas de notoriété publique que dès 1831 et par suite de la déroute du crédit, les créanciers les plus diligents ont pris à titre de gages ou de garanties, tout ce qu'ils ont pu trouver de disponible entre les mains de leurs débiteurs y compris le mobilier de ces derniers? et si parmi ces créanciers il s'en est trouvé d'assez généreux ou confiants pour en laisser encore l'usage à leurs débiteurs, en attendant l'occasion favorable pour faire vendre, est-ce une raison de lancer un nouvel outrage au malheur, en assimilant ceux-ci à des banqueroutiers frauduleux ?

Que parlez-vous de charges hypothécaires excédant la valeur des biens ? Sait-on aujourd'hui ce que valent les biens ?

Après avoir traîné le lecteur dans cet enchaînement d'assertions téméraires, nos adversaires arrivent enfin au point de la difficulté : « la définition de la déconfi- « ture. »

Ici il faut admirer l'audace qui leur a fait dire textuellement : « Soutenir qu'il faut avoir été discuté « dans ses meubles et exproprié pour être en déconfi- « ture, c'est méconnaître les premiers éléments de « jurisprudence. »

Ainsi cette longue série de jurisconsultes célèbres dont MM. Conil et Morel ont cité les opinions formelles à cet égard, dans leur mémoire à la cour royale (1); ainsi la cour de cassation dont ils ont rapporté plusieurs arrêts qui décident : « Qu'il n'y a déconfiture qu'après la discussion de tous les biens ; » ainsi les arrêts de notre propre cour royale, confirmatifs de cette doctrine, méconnaissent les premiers éléments de jurisprudence. C'est par trop fort !

Nos adversaires veulent établir qu'il peut y avoir déconfiture, même dans les cas où le débiteur serait encore en possession de ses biens, et dans l'infatuation qui les aveugle ils citent à l'appui Toulier dont le passage rapporté les condamne précisément. Toulier parle en effet « de créanciers qui sont réduits à partager « entre eux le prix des biens par contribution au marc « le franc. »

N'est-il pas évident que pour pouvoir se partager le prix des biens d'un débiteur au marc le franc, il faut préalablement qu'ils aient été vendus, par conséquent, discutés ? Un enfant comprendrait cela.

Il n'y a pas plus de conséquence à tirer de leurs citations de Domat et de Merlin.

Vous parlez de sinistres mesures financières dont les projets formulés circulent aujourd'hui dans toutes les mains.

Eh qui donc les colportent ces projets, si ce n'est vous ? Qui donc a ranimé cette vieille question, qui n'est plus pour le pays qu'un point d'histoire ancienne que la malveillance s'efforce de rajeunir ? — vous-même. — Qui est-ce qui détache soigneusement des fragments d'ouvrages manuscrits dont toutes les parties s'expliquent et s'enchaînent, afin d'offrir ces fragments isolés aux commentaires de la malignité qui les accompagne, et de dénaturer ainsi les intentions de l'auteur en les torturant ? vous et toujours vous.

Nous l'avons dit dès le début de cette lutte : « Le « vieux mensonge d'une prétendue guerre entre les « débiteurs et les créanciers sera de nouveau remis « sur le tapis, mais il ne peut plus tromper per- « sonne. »

---

(1) Affaire électorale des carencés en 1832.

Cessez donc ce langage hypocrite, et ne parlez plus « de ces débiteurs qui ont tout à gagner au ren- « versement de l'ordre public. » Il n'y a plus d'échos pour cette calomnie.

A vous entendre on croirait que les débiteurs frappés de vos exclusions, se sont seuls élevés contre vos catégories exceptionnelles. Vous faites semblant d'ignorer que le blâme qui vous poursuit est général et que parmi les hommes les plus fortunés de la colonie les censures les plus sévères ont été prononcées contre votre conduite en cette occasion.

Pourquoi n'avez-vous pas tenté de répondre à la vigoureuse et péremptoire argumentation de M. C., fondée sur les conditions d'éligibilité, formulées par l'ordonnance du 21 août 1825? (Voyez n° 7 du *Salazien*)

Comment osez-vous dire en face de ces dispositions; « qu'avant l'arrêté du 12 avril aucune loi ne « réglait l'exercice des droits d'éligibilité au Conseil « général? »

Je m'abstiens de qualifier l'intrépidité de cette négation en présence du fait matériel qui la dément.

L'imputation que la fatuité de quelques parvenus adresse aux victimes de la catastrophe financière dont la colonie a été le théâtre, ce reproche de prétendre à la capacité d'homme public quand on n'a pas su administrer sa fortune personnelle, a été relevé depuis longtemps par M. le président de la cour royale, dont nous avons rapporté les paroles dans notre premier numéro. Tout fiers d'avoir échappé à ce vaste naufrage, les premiers se considèrent comme des génies d'un ordre supérieur. Afin de pouvoir attribuer leur position actuelle à l'excellence de leur jugement, ils sont naturellement conduits à déprécier celui des victimes de tant d'événements calamiteux et d'erreurs qui furent communes à toute la colonie. Nous l'avons déjà dit, il est des hommes aux yeux desquels: « le suc- « cès justifie tout, et le malheur est un crime. » Ceux-là opineraient sans doute aussi pour que MM. Laffitte et Ternaux fussent chassés de la chambre des Députés, « ces excellents citoyens n'ayant pas su conserver « leur immense fortune. »

Vous dites que les hommes qui possèdent ont été indécemment attaqués par nous. C'est encore une fausseté ; l'article du numéro précédent du *Salazien* explique si clairement notre pensée sur ce point, que vous n'aurez pas l'avantage de vous prévaloir plus longtemps de l'injurieuse interprétation que vous lui avez donnée.

« Ceux qui possèdent, ajoutez-vous, ne sont auteurs « de la ruine d'aucun de leurs concitoyens.»

Ici nous vous arrêtons, et nous avons besoin de distinguer.

Certes parmi les *possédans*, il en est dont la fortune est irréprochable et à qui elle ne peut que faire honneur sous tous les rapports. Mais que doit-on penser de votre éloge à l'égard de ceux qui, de notoriété publique, ne sont riches que parce qu'ils se sont engraissés de dépouilles et saturés d'usure ?

Que diriez-vous, si formant une nouvelle catégorie exceptionnelle, on proposait d'exclure du droit de vote et d'éligibilité, tous ceux qui sont dans ce dernier cas ? Si l'on disait que pour régir la fortune publique il faut des *mains pures* et que ceux *qui ont trop bien administré la leur* ne doivent pas toucher à celle de l'état ?

Imprudens, dont les provocations nous forcent à tenir ce langage, que de brandons de discorde et de fermens de haine vous avez lancés parmi nous ! mais non, je me trompe, vous avez atteint votre but et vous êtes fidèles à votre maxime : *diviser pour régner*.

Que notre respectable Gouverneur soit donc sourd à quelques oppositions intéressées. Maintenant il est parfaitement éclairé sur le mérite et sur l'effet des dispositions perturbatrices de l'arrêté du 10 avril ; la faible et maladroite apologie qu'on a essayée, achève de les discréditer. Maintenant il sait que l'opinion publique les repousse et les flétrit ; maintenant il connaît la volonté royale qui les réprouve ; qu'il fasse donc courageusement ce que sa sagesse et son équité lui dicteront.

Des considérations sur le projet de législation coloniale, etc.

Puissent les écrits de ces défenseurs de nos droits détromper le ministère et dessiller les yeux d'hommes qui font la gloire et l'honneur de la France nouvelle, mais qui, mal informés par les documens officiels que transmettent les administrateurs coloniaux, de l'état physique et moral des colonies, de leur civilisation plus avancée qu'on ne le croit généralement en Europe, s'obstinent à voir dans leurs habitans moins des compatriotes, des concitoyens, que des possesseurs d'esclaves. Si ces apôtres d'une philantropie, souvent induite en erreur, venaient passer trois mois seulement dans notre île, ils feraient à coup sûr une honorable exception en sa faveur.

Mais quels succès obtiendront les efforts des colons qui ont pris la défense de nos droits les plus sacrés ? On sait l'accueil que fait le ministère aux réclamations qui le contrarient ; on sait les injustes préventions qui existent contre les colonies, même parmi les hommes qui font profession des principes les plus droits, les plus équitables ; mais qui sont malheureusement aveuglés par les appâts d'une philantropie, imprudente pour le moins, puisqu'elle ne protége l'esclave qu'en menaçant le citoyen français.

Le passé nous a prouvé le peu d'effet qu'on doit attendre des réclamations isolées, quelque fondées qu'elles puissent être ; et nous savons le cas que l'on a fait des doléances de nos délégués mêmes. La constitution des colonies n'est plus pour un grand nombre d'esprits égarés dans l'article 64 de la charte ; elle est tout entière dans cette doctrine machiavélique : « Périssent les colonies plutôt qu'un principe ; » doctrine qui n'est pas moins monstrueuse que celle-ci, qui en est une fort bonne satire : « Périssent les sociétés « plutôt qu'un principe ; » doctrine enfin qu'on pourrait analyser ainsi : « Périssent 100 mille citoyens fran- « çais, plutôt que de laisser 150 à 200 mille noirs « dans une condition moins malheureuse que celle « de beaucoup d'Européens qui sont libres ou qui « croient l'être. »

Les noirs sont esclaves, il est vrai, mais ils le sont parce que les Lois ont voulu qu'ils le fussent ; parce que ces lois ont même encouragé leur esclavage. De plus ils sont à demi sauvages et corrompus par les vices inséparables de leur condition, de leur origine, et bien moins aptes à jouir d'une liberté, dangereuse pour eux et pour la société, que ces 100 mille citoyens français ne le sont à se prévaloir des libertés publiques de leur nation, de droits acquis incontestables, en dehors desquels on veut les placer, en violant toutes les lois de l'équité. Pourtant c'est tout en méconnaissant les droits des colons français à leur affranchissement politique, qu'on plaide en faveur de l'affranchissement des noirs.

Les souvenirs de Saint-Domingue et les événemens qui viennent de se passer à la Jamaïque, à la Martinique, etc., etc., tristes résultats d'une sorte de monomanie négrophilique anti-coloniale, que ses sectaires parent du nom de philantropie, rendront-ils enfin plus circonspects ces imprudens apôtres de l'humanité, qui voient un frère dans un noir et un ennemi dans un homme de leur propre race, dans un compatriote, du moment que celui-ci est un colon, de la volonté duquel il n'a pas dépendu de ne pas naître dans une colonie, ou de ne pas y venir chercher le pain que l'Europe lui refusait.

Dans cet état de choses que peuvent les colonies ? Telle est dans ce moment la seule question qu'il importe d'examiner, pour arriver à la solution du problème de leur existence, prolongé au delà de quelques années.

On a parlé inconsidérément de leur indépendance. L'idée de l'abandon qui en serait fait par la mère-patrie sourit en France à ceux qui ne veulent que des économies au budget, même au prix de l'honneur, de la prospérité, de la gloire nationale ; et dans notre île à ceux qui, placés par le hasard ou par leurs intrigues, ou par leur fortune, en tête de la population, se flattent que le pouvoir serait alors, plus encore que le passé, le partage de quelques familles intrigantes, au prix du bonheur et de la sécurité de toutes les autres.

On doit sentir où l'indépendance de l'île Bourbon conduirait ses habitans, déjà fort malheureux : pour éviter un précipice ils tomberaient dans un autre. De deux maux entre lesquels il faut opter qui ne choisirait le moindre ? Des insensés seuls pourraient préférer à trop d'exigence même d'un gouvernement, qui d'ailleurs se montrerait protecteur et conservateur, la tyrannie et les turpitudes de deux ou trois familles coloniales, orgueilleuses et vindicatives, dont les chefs ambitieux, sans cesse occupés de se culbuter l'un l'autre, se vengeraient sur LEUR PEUPLE de la courte durée de leur pouvoir oligarchique.

Mais, dira-t-on, les colonies doivent-elles subir le joug humiliant qui leur est destiné ? Les citoyens qui sont venus les habiter, persuadés qu'en quittant la France, ils ne perdaient pas leur titre de Français, par cela seul qu'ils allaient mettre le pied sur un sol français, doivent-ils se laisser flétrir par une loi d'exception, qui n'aurait pas été conçue différemment par des hommes qui voudraient annihiler la révolution de juillet ? non sans doute ! mais avant de recourir à des moyens extrêmes (l'indépendance en serait un), il en est d'autres qu'il faut épuiser ; et nous pensons que ce n'est pas en vain qu'on usera de pressantes réclamations, de justes représentations, auprès d'un gouvernement dont le principe vital est la loi de l'équité ; dont la loi immuable est la Charte ; et dont le chef est le premier qui doive obéissance à cette loi, sans laquelle on verrait bientôt régner en France, après l'anarchie, le despotisme épaulé par la Sainte-Alliance, ou par les bayonnettes de notre propre armée.

Nous avons dit que les réclamations isolées n'aboutissaient à rien. Il ne faut pas avoir servi dans un ministère ou y avoir eu affaire, pour savoir le sort qui leur est trop souvent réservé. Le Roi et ses ministres en ont rarement connaissance, et détournées de leur destination, elles vont s'ensevelir d'ordinaire dans la poussière des cartons de bureaux, véritables catacombes du droit des gens et de la justice, où elles sont condamnées à un éternel oubli.

Et nos députés, diront les colons, ne sont-ils pas là pour faire entendre leur voix ? pauvres colons ! quel est votre aveuglement ?... Quoi ! ne savez-vous pas que les plus purs d'entre ces députés, les plus désintéressés, les plus pénétrés de l'importance de leur mission ne sont pas écoutés ; que d'autres sont des hommes indolens, qui ne sortent de leur léthargie que pour faire un acte d'apparition chez le ministre ou chez un député du centre ; et que les moins difficiles sont bientôt pris dans les filets de ceux-là mêmes dont vous avez le plus à redouter ; les bureaucrates, distributeurs de places, de faveurs, qu'on n'accorde pas toujours au mérite et à des services réels.

Ce n'est donc pas des réclamations isolées ni des protestations des députés coloniaux, que les colons doivent espérer que justice leur sera rendue, et qu'on ne les traitera pas en peuple conquis, en véritables ennemis de la France. C'est des colonies elles-mêmes représentées dans leur sein par des organes librement choisis, qu'on doit attendre un accueil favorable à leurs doléances. On peut écarter les plaintes de quelques personnes, bien qu'elles aient un caractère respectable, celui de citoyen ; les plaintes mêmes des délégués des populations ; mais on n'étouffe pas aussi facilement le cri de cette population, répété par la voix de ses représentans directs.

Lorsqu'il s'agit, il y a quelques années, d'introduire dans les colonies anglaises de prétendues améliorations, dont nous voyons les déplorables effets dans une colonie autrefois française, voisine de la nôtre, un ministre dont la sagesse, les lumières et les talents ne peuvent être révoqués en doute, l'illustre Canning, déclara dans le parlement qu'on parviendrait peut-être à forcer les colonies conquises, qui sont régies par de simples *ordres en conseil*, à accepter ces *améliorations* ; mais que ce serait folie d'y vouloir soumettre les colonies *investies d'une législature*, possédant LEUR PARLEMENT, où, disait-il, on devait rencontrer des obstacles insurmontables.

Or, nous targuant de l'opinion de ce célèbre ministre, opinion qui en vaut bien une autre, (*) nous pensons que si l'île Bourbon possédait une VÉRITABLE représentation coloniale, il ne serait pas douteux que ses réclamations n'obtinssent plus de succès que si cette représentation n'était qu'illusoire ; si elle n'était pour pour mieux dire, qu'une amalgame d'indépendance et

(*) Ce qui vient de se passer dans les colonies anglaises n'a que trop justifié cette opinion.

de servilité, de légalité et d'arbitraire : telle enfin qu'elle semble devoir résulter du projet présenté par le ministre de la marine, qui n'accorde aux futurs conseils coloniaux que d'insignifiantes attributions, en comparaison de celles qu'il s'arroge et de celles qu'il n'a pas osé disputer à la législature de la métropole.

Notre conclusion est déjà sentie, et la vérité que nous allons proclamer pourra rencontrer des esprits peu disposés à l'accueillir, parmi les hommes du pouvoir et ceux qui ont un intérêt quelconque à ne parler et n'agir que par lui ; cela se conçoit. Mais nous osons affirmer qu'elle ne trouvera que des prosélytes parmi les amis sincères de la Colonie, parmi les colons désintéressés, dégagés de toute arrière pensée, dédaigneux de distinctions, de faveurs, qui voient avant toutes choses la colonie menacée dans ses droits les plus sacrés, dans son existence peut-être.

Nous n'hésiterons donc point à déclarer que du Conseil-général, dont la recomposition a été octroyée par l'ordonnance locale du 12 avril dernier, dépend ou le salut de la colonie, ou, si non sa perte, du moins le maintien d'un déplorable *statu quo*.

Ce conseil s'en tiendra-t-il aux attributions qui lui sont déférées par l'ordonnance du 21 août 1825 ? se résoudra-t-il à jouer en 1833, trois ans après la révolution de juillet, le rôle d'une assemblée simplement consultative ? se renfermera-t-il dans son cercle étroit ? craindra-t-il de revendiquer une salutaire initiative, en face d'un abîme au fond duquel on voit la servitude escortée de toutes sortes de maux et d'infamies ?

Il faut espérer que ce conseil, dont la nouvelle composition a été laissée, par suite d'une première et incomplète concession de l'autorité locale, aux libres choix de la colonie, sentira combien la mission qu'il est appelé à remplir est importante, combien les circonstances actuelles sont pour la population qu'il va représenter cette année, graves et menaçantes. Cette population espère qu'elle devra à ce conseil le terme de ses souffrances et son affranchissement d'un ordre de choses qu'elle s'indigne d'endurer encore, quand moins éclairée, moins civilisée, elle a joui à une époque déjà reculée, et en face de l'anarchie métropolitaine, d'institutions libératrices auxquelles l'égoïsme de nos petits doctrinaires coloniaux ose la dire impropre aujourd'hui.

Nous ne doutons point que d'énergiques réclamations ne partent du sein du Conseil général de 1833, et contre un régime qui a prévalu trop long-temps, et contre les injustes dispositions d'un projet de loi tout ministériel, proposé comme une législation qui doit satisfaire les colonies. On attend plus encore de nos futurs mandataires, mais on n'en attend que ce qu'ils devront aux électeurs qui les auront investis de leur confiance : c'est-à-dire un projet de législation coloniale, émané d'eux, qui soit l'expression vraie de nos vœux et de nos besoins, et non le triste fruit d'une discussion livrée à de notoires incapacités, qu'ont mieux fait ressortir quelques heureuses exceptions, ou entravé par l'esprit de parti et par les sourdes menées d'intrigans, plus avides de domination que désireux du bonheur de leurs compatriotes.

Puissent les réflexions que nous allons soumettre au jugement de nos concitoyens et au COLONIALISME des membres du prochain Conseil général, appeler leur attention sur les dangers de la position où s'est placée la colonie, en acceptant comme un BIENFAIT la création d'une chambre quasi-législative, dont les attributions consultatives ne peuvent dépasser celles du ci-devant Conseil général des beaux-frères d'un ministre qui fut trop puissant.

Le temps apprendra à la colonie, qu'il est souvent funeste en politique, et surtout lorsqu'il s'agit de l'affranchissement de toute une population, de consacrer un antécédent vicieux. L'enfant venu au monde boiteux, contrefait, est presque toujours débile, et le plus souvent il ne vit que pour gémir jusqu'à sa mort, du malheur de sa naissance.

Les apologistes du petit coup d'état du 10 avril se sont efforcés d'établir une distinction entre l'exclusion et l'interdiction en matière de droits électoraux. Achevons ce qui a été dit sur ce point par le *Salazien*, car il ne faut laisser aucun refuge à la mauvaise foi de nos adversaires.

Cette distinction a pour but d'écarter une des plus fortes objections élevées contre l'article 12, celle exprimée en ces termes par le premier numéro du *Salazien* :

« N'y aurait-il pas excès de pouvoir de la part du « gouvernement local s'il créait à Bourbon une nouvelle espèce de délit inconnu en France, en y appliquant une peine déclarée correctionnelle par le code « pénal ? »

Il s'agit de la PRÉSOMPTION DE DÉCONFITURE érigée en délit par l'article 12 et punie par la privation des droits de vote et d'éligibilité, privation déclarée PEINE CORRECTIONNELLE par les articles 9 et 12 du code pénal.

Lorsque le législateur métropolitain a dit dans ce code, que la privation des droits civiques serait la punition de certains délits, certes il n'a pas entendu flétrir ceux des Français qui, n'atteignant point les conditions d'AGE et de CENS, ne sont pas appelés à l'exercice des droits civiques. La peine dont il s'agit ne peut frapper évidemment que les citoyens qui remplissent ces conditions.

Ainsi en France les propriétaires qui n'atteignent pas 200 francs de contribution directe, et à Bourbon ceux qui n'ont pas en immeubles ou esclaves 25 mille francs de propriétés, ont bien pu dire que la limite du cens électoral était trop élevée, mais aucun d'eux ne s'est considéré comme insulté, comme outragé par la loi, en un mot comme condamné par elle à la peine portée aux articles 9 et 12 du code pénal.

Mais lorsque des citoyens remplissant les conditions d'AGE et de CENS, générales à la masse, sont déclarés indignes de jouir des droits attachés à ce CENS et à cet AGE, et cela en raison d'un certain fait, appelé PROCÈS-VERBAL DE CARENCE, il est évident que c'est une pénalité attachée à ce fait, et cette pénalité est précisément celle prévue par les articles susdits du code pénal.

Le caractère de dégradation et de pénalité est tellement empreint ici dans l'article 12, que le carencé est poursuivi et puni, soit qu'il se présente en son nom personnel pour les biens qu'il possède en propre, soit qu'il se présente comme époux ou comme père. Il y a non seulement PÉNALITÉ MAIS ACHARNEMENT dans cette disposition.

Les apologistes de l'article 12 objectent que l'arrêté local exclut les carencés de l'exercice des droits civiques MAIS NE LES LEUR INTERDIT PAS. « A Dieu ne plot-

« se, s'écrient-ils, nous sommes trop religieux observateurs des lois pour être tombés dans une pareille hérésie ; cette interdiction ne peut être prononcée que par les tribunaux, et en vertu de dispositions pénales que nous n'avons pas le droit de faire. »

Quel pitoyable jeu de mots ! Il faudrait conclure de cette singulière distinction, qu'à Bourbon le législateur peut infliger directement une peine qu'il lui est défendu de faire prononcer par l'organe des tribunaux. Permis au législateur à Bourbon, de placer une pénalité dans l'arrêté électoral, mais défendu d'introduire la même pénalité dans le code pénal de la colonie.

Quel galimatias et quelle confusion ! Telles sont pourtant les conséquences nécessaires de la doctrine de nos adversaires.

Au fait, votre article 12 revient exactement à ceci : « tout électeur ou éligible qui se laissera carencer sera puni correctionnellement par la privation de ses droits civiques. »

Eh bien, vous convenez vous-même que le gouvernement local est sans pouvoir pour faire un article de loi conçu en ces termes.

Ce qu'il vous était défendu de faire sous sa forme naturelle de loi pénale, vous avez prétendu l'exécuter sous une autre forme, dans l'espérance de pouvoir ainsi déguiser l'infraction. C'est là un tour de gibecière digne des tréteaux. C'est si vous aimez mieux, ce qu'on appelle en termes du métier, UN EXPÉDIENT DE PROCUREUR; c'est enfin du droit public à la façon des arguties de la chicane et des habitudes de la procédure civile.

Maintenant que nous avons démasqué ce subterfuge et montré à tous les yeux en la faisant toucher au doigt, LA PÉNALITÉ CORRECTIONNELLE déguisée, cachée sous le manteau d'une exception électorale, nous demanderons à qui de droit, si la démonstration est assez claire ?

X.

— Quoique peu nombreuses encore, les publications de la presse salazienne ne peuvent aujourd'hui laisser de doute sur l'esprit dont sont animés les auteurs de cette patriotique entreprise. Amélioration et progrès, intervention des colons dans leurs propres affaires, jouissance de tous les droits consacrés par la Charte ; tels sont les points cardinaux sur lesquels roulent les productions auxquelles elle a donné le jour. Mais ce n'est pas ici seulement que les mêmes principes ont été soutenus ; à la tribune ils furent tour à tour proclamés par Messieurs Daristé, André, Estancelin, Roger et Auguis ; on les retrouve dans les écrits publiés par les délégués des colonies à Paris, et surtout dans ceux de notre honorable compatriote M. Sully-Brunet. Rien ne prouve mieux la vérité et la justice du système que nous poursuivons, que la conformité de pensées d'hommes placés à des distances incommensurables, sans communications directes entre eux.

Que serait-ce donc, si à des témoignages déjà si positifs venait se joindre encore celui d'un savant à réputation européenne, qui jugerait à Paris la position des colonies comme nous la jugeons, nous sur les lieux, et qui, pour peindre les abus dont nous gémissons, les funestes effets qui en découlent et les causes qui les perpétuent, s'étaierait des mêmes faits, emploierait les mêmes argumens et presque les mêmes expressions ? Telle est cependant la haute sanction que nous pouvons revendiquer pour nos doctrines et que l'on trouve dans une leçon sur le système colonial, du Cours d'Économie politique fait au Collége de France par M. J. B. Say. Que l'on compare la savante dissertation de cet homme célèbre au préambule de notre premier Mémoire, (*) et l'on verra s'il est possible de rencontrer plus d'identité d'idées qu'il y en a entre celles du modeste écrivain des Salazes et celles du fameux économiste européen.

M. J. B. Say traite d'abord la question de nationalité des établissements coloniaux, et rien selon lui ne serait plus simple : « Si la fortune privilégiée de quel- « ques familles ne venait compliquer le débat ». Il

(*) Mémoire sur la question des lois de 90 et 91 par M. R. de L**

considère l'avenir des colonies et le dit sans déguisement : « Il faut persuader aux colons qu'ils doivent « se tenir sur leurs gardes et se précautionner de jour « en jour. »

Mais c'est surtout lorsqu'il envisage les colonies sous leur véritable point de vue, que M. Say diffère de ces obscures économistes, de ces miopes politiques qui ne les regardent que comme de fâcheuses complications et dédaignent de les mentionner, même dans une adresse au Roi.

« Les avantages en sont immenses, dit M. Say, re-« doublement prodigieux d'industrie et de production, « de richesses et jouissances échangées dans les deux « mondes et toutes les variétés de climat, de sol et de « caractères s'exploitant et se servant mutuellement.

« Comment, poursuit-il, a-t-on laissé perdre ou du « moins s'affaiblir et s'annihiler de plus en plus ces « précieux avantages? en ne déclarant pas ces établis-« sements majeurs et maîtres de leurs destinées, sous « la réserve naturelle et non imposée de relations « bienveillantes et amicales avec la mère-patrie. A « cela on a substitué une dépendance absolue, une « centralisation onéreuse et impuissante, un esprit « exclusif qui jusque dans les moindres détails acca-« pare la Colonie au profit de la Métropole. Ce n'est « pas la dépendance, c'est l'indépendance qui fait la « prospérité des colonies. Concevez-vous un pays gou-« verné à deux, trois, cinq mille lieues de distance ? « Il est à la discrétion d'agens qui l'exploitent et « l'administrent mal. On y va avec l'esprit de retour « et seulement pour faire fortune au plus vite par « tous moyens et la remporter en Europe. Là point « d'habitans qui se regardent comme appartenant à un « pays, à une société, et qui s'identifient au sol, « eux, leurs biens et leur famille ; là point d'adminis-« tration indigène, soigneuse et des intérêts de la lo-« calité et des intérêts de la population : une colonie « dépendante et nécessairement mal habitée et mal « gouvernée. »

On se demande comment un état de choses si funeste, bien connu, a pu se perpétuer si longtemps, et comment il existe encore sous l'empire de la charte de 1830 dans laquelle l'art. 64 établit d'une manière pécomptoire la nationalité des colonies ? Entr'autres motifs M. J. B. Say indique ceux-ci :

« Le Gouvernement aime à disposer de faveurs et
« de places ; il entretient un personnel considérable
« de fonctionnaires, personnel dont les abus sont dé-
« guisés avec emphase ou adresse, par les nombreux
« agens qui en vivent ; car rien ne défend mieux un
« mauvais système qu'une vaste et coûteuse adminis-
« tration ; il y a là des centaines de fonctionnaires,
« hauts et petits, qui pérorent, qui intriguent et for-
« ment une petite société qui crie au bouleversement
« de la grande, si l'on ne prend point garde à leurs
« arrangemens de famille. »

En lisant ces dernières phrases, ne croirait-on pas que M. J. B. Say est venu au milieu de nous et qu'il s'écrie en peignant ce qui s'y passe : « veni, vidi, scripti ! »

A. Vinson.

SUR LA QUESTION DES SUCRES

Le projet de loi sur les sucres a excité des réclamations de toutes les places de commerce, qui ont fait parvenir au ministère des mémoires et de justes observations sur les conséquences prochaines de cette loi. M. Sully Brunet, notre délégué, n'est pas resté en arrière de ce que lui imposaient ses devoirs dans cette grave occurrence ; et il a publié en janvier dernier une brochure, où il démontre les vices du projet qu'il combat en opposant M. d'Argout à M. d'Argout lui-même. Son opuscule, écrit comme M. Sully Brunet sait écrire, est plein de calculs étayés de données positives ; et il prouve que le ministre n'a agi ni avec ORDRE, ni avec LENTEUR, ni avec SAGESSE en présentant cette loi perturbatrice des intérêts matériels des colonies, aussi bien que de ceux de presque toutes les places de commerce.

Il se plaint de ce que le gouvernement, tout en reconnaissant la nécessité d'accorder un sursis à toutes les industries, avant de les atteindre d'une mesure qui peut les paralyser, se montre si peu soigneux des intérêts des colonies, qui, « placées à des milliers de « lieues, à 8 mois de voyage de France, verront leurs « récoltes faites, embarquées et en outre, frappées à « l'entrée par une loi exécutoire pour ces mêmes co- « lonies avant qu'elles aient été AVERTIES QUE LA LOI SE « PRÉPARE.

« Voilà, ajoute-t-il, la justice distributive, exercée « à l'égard de nos établissemens d'outre-mer. »

Il termine en citant un passage de l'*Estafette* du Havre du 28 décembre, qui, après avoir fait le calcul de tous les frais d'après le projet ministériel, établit qu'il ne restera aux producteurs colons que 24 fr. PAR 100 KIL. OU 12 fr. PAR 50, POUR LA BONNE QUATRIÈME ORDINAIRE.

Une législation qui amènerait un pareil résultat, ajoute le journal, serait PRESQUE ATROCE A FORCE D'ÊTRE INIQUE.

Nous regrettons que M. Sully Brunet n'ait pas pris texte de ce nouveau projet, pour réclamer en faveur des colonies, une plus grande part dans leur administration intérieure, que celle qui leur est promise par la loi présentée le 28 décembre à la Chambre des Pairs.

M. Gautier, pair de France et président de la Chambre de commerce de Bordeaux, a bien senti tout ce qu'il y avait de vital pour les colons dans ces institutions locales qu'il voudrait leur voir conférer, en compensation des sacrifices qu'on leur impose, et dans un écrit publié en même temps que celui de M. Sully Brunet, il consacre un long paragraphe à cette question si importante pour nous ; voici comment il s'exprime :

« Les colonies sont des sociétés exceptionnelles et « séparées, qui se distinguent par une multitude de « traits spéciaux et variables de la société générale « dont elles dépendent et qui ne peuvent être con- « fondues avec elles ni être assujéties au même régime. « La connaissance exacte et non interrompue de ces « traits spéciaux et des changemens qu'ils éprouvent, « est indispensable pour pouvoir bien juger des besoins « matériels et moraux de ces sociétés. Il n'est donc « guère possible qu'on s'en fasse une juste idée sans « appeler à conseil ceux-là même qui font partie de « ces sociétés. En outre, les colonies sont très diver-

« ses entre elles, de mœurs, d'usages et d'intérêts ; ce « qui est déjà praticable et utile à Bourbon, est encore « impossible et dangereux à la Guadeloupe et à la « Martinique. L'agriculture, le commerce ont, dans « chacune de ces îles, des caractères et des besoins « distincts. C'est donc une chimère que de prétendre « à les régir dans les mêmes formes et d'après les « mêmes règles.

« L'uniformité d'administration est sans doute un « principe très utile, mais peut-être se laisse-t-on « entraîner par cette utilité à vouloir en trop géné- « raliser l'application. La réduction du privilége co- « lonial sera, indépendamment de ces considérations, « un motif péremptoire d'accorder aux habitans des « colonies une influence immédiate et plus décisive « sur l'administration des intérêts de ces établisse- « mens ; car, à mesure qu'on leur ôtera ce qui a fait « jusqu'à présent la base de leur existence commer- « ciale, il faut au moins leur donner la faculté de se « concerter entre eux sur les moyens de s'appuyer sur « d'autres bases. Les colonies, disait Linguet, sont « dans l'ordre politique, ce que les enfans sont dans « l'ordre de la nature ; si ce mot est vrai, il faut « bien, quand on veut leur ôter leurs lisières, leur « donner auparavant les moyens de s'exercer à mar- « cher toutes seules.

« Le relâchement proportionnel du monopole, et « l'établissement d'institutions locales qui admettraient « les colons à concourir à l'administration de la com- « munauté qu'ils composent, sont donc des moyens « d'atténuer de beaucoup l'effet préjudiciable que « pourra produire sur leurs intérêts, la destruction « du privilége à l'abri duquel ils ont vécu jusqu'à ce « moment. Peut-être même que de cette organisa- « tion nouvelle, de leurs relations commerciales, et « de leur administration, pourrait naître pour eux la « possibilité de résister, jusqu'à un certain point, aux « causes de décadence qui les menacent, et de con- « server une partie de leurs productions ; et s'il en « était ainsi, peut-être encore qu'un nouveau contrat « pourrait se former sur d'autres bases entre la mé- « tropole et ses colonies, qui assurerait à celles-ci, « sans préjudice pour la France, des préférences « utiles à l'écoulement de leurs produits. »

Ces idées auront tout le mérite de la nouveauté si le ministre veut enfin les comprendre.

En attendant il est heureux pour nous qu'un homme puissant de position comme l'est M. Gautier, les ait proclamées. C'est au moins un engagement pour lui de les soutenir de ses discours et de son vote, lorsque la loi organique du système colonial sera débattue aux chambres.

Quant à la question des sucres proprement dite, M. Gautier n'est d'accord que pour l'avenir avec la pétition des Bordelais, qui réclament un dégrèvement immédiat sur les sucres des colonies, et sur le tarif de surtaxe des sucres étrangers ; et il résume son opinion en émettant le vœu, qu'après un essai d'un nouveau système sur les primes, et s'il est constaté que le revenu de la taxe des sucres sera désormais de 30 à 40 millions par an, on en hasarde une partie pour entrer dans la voie des dégrèvemens, et pour reconnaître « s'il y a lieu en effet de comp- « ter, comme pense le commerce des ports de mer, « que l'augmentation de la consommation fournira la « compensation de la diminution de la quotité du droit. »

Si ce résultat était atteint, et lors même que les revenus de la taxe diminueraient de 8 millions par an, M. Gautier pense « qu'il faudrait entrer dans la voie « des dégrèvemens progressifs, pour arriver au point « précis auquel les tarifs doivent être fixés, afin de « porter la taxe des sucres au plus haut degré de fer- « tilité qu'elle est susceptible d'atteindre, en rédui- « sant à une proportion supportable le privilège co- « lonial. »

Cette opinion de M. Gautier est un terme moyen entre les vœux exprimés par les places de commerce et le projet ministériel ; si celui-ci devait être adopté par les chambres, assurément nous devrions préférer le système de M. Gautier ; mais en l'état, notre intérêt le plus vrai et peut-être celui du trésor, se réunissent pour que les réclamations formulées par la chambre de commerce de Bordeaux soient accueillies. Toutefois, et même dans ce dernier cas, les principes émis par M. Gautier au sujet du système colonial, méritent l'attention du ministère, qui désormais doit savoir combien est vicieux le système de centralisation suivi jusqu'à ce jour à l'égard des colonies.

Il est heureux pour nous que le Conseil général, malgré les étroites limites où l'avait circonscrit le pouvoir ombrageux de M. Duvaldailly, ait adressé au gouvernement des observations presque indentiques avec celles de l'honorable pair de France. Cette coïncidence est d'un bon augure pour notre pays.

— Le premier article de ce numéro composé depuis plusieurs jours pour notre feuille salazienne, offre tout le mérite d'un à-propos après la harangue que M. le maire de Saint-Denis a prononcée à l'occasion du retour de M. le Gouverneur, dans la capitale de notre île. Ne croirait-on pas en effet que l'illustre économiste dont les paroles ont été rapportées, venait d'entendre ce discours que le coriphée des intérêts bureaucratiques alarmés, a placé, sous un faux semblant d'intérêt général, dans la bouche du maire de Saint-Denis? « il y a là, dit M. J.-B. Say, des centaines de « fonctionnaires hauts et petits, qui pérorent, qui in-« triguent et forment une petite société qui crie au « bouleversement de la grande si l'on ne prend pas « garde A LEURS ARRANGEMENS DE FAMILLE. »

Cette dernière observation explique lumineusement la sortie de M. le maire de Saint-Denis contre CES PERTURBATEURS, CES ENNEMIS DE LA PAIX PUBLIQUE, dont il engage le Gouverneur à maîtriser les manœuvres coupables par des mesures vigoureuses.

Or quels sont ces perturbateurs, ces ennemis de la paix publique? Vous le savez, lecteur, ce sont les défenseurs des droits de la colonie, les partisans d'une législature locale et de la liberté de la presse à Bourbon. Le magistrat municipal dans la sainte indignation qui le transporte, lance l'anathème contre ces mauvais citoyens.

Rien de plus conséquent et de plus naturel que ce langage, s'il faut en croire M. Say. M. le Maire représente, en cette occasion, l'incarnation de tous les intérêts que le célèbre professeur d'économie politique avait en vue, lorsqu'il signale « ces fonctionnaires qui, dans les colonies, crient au bouleversement de la société, si l'on ne prend garde à leurs arrangemens de famille. »

Une législature locale et cette précieuse liberté de la presse, qui est toujours la sauve-garde des intérêts généraux, nuiraient singulièrement à ces petits arrangemens; du jour qu'elles seraient établies sur notre sol colonial, il faudrait dire adieu au népotisme, à toutes les petites intrigues, à tous les petits tripotages dans lesquels certaines gens excellent, et dont ils savent tirer bon parti. De là la grande colère contre les partisans de ces institutions.

Nous avons défini ce que M. le Maire entend par perturbateurs et ennemis de la paix publique à Bourbon. Voulez-vous savoir maintenant ce qu'il veut dire dédaigneusement: « par ces utopies présentées comme l'expression des vœux de la population, et sur lesquelles il appelle le mépris et l'adnimaversion? »

Ce sont les lois coloniales de l'assemblée constituante avec un électoral de classe moyenne: vœu effectivement manifesté en 1832 par une portion notable de la population de notre île: vœu répété en France, presque dans les mêmes termes, par le corps entier des délégués des colonies: (*) vœu exprimé à l'unanimité et avec toute l'énergie du désespoir, par nos infortunés voisins de Maurice: vœu auquel se rattachent l'espoir et l'avenir de notre pays... enfin vœu formé par tous les amis des colonies et repoussé unanimement par tous les ennemis de ces sociétés lointaines, y compris ceux qui sans vouloir les détruire veulent les exploiter.

Jusqu'à présent les publicistes ont donné le nom d'utopie à des théories politiques non exécutées, en un mot à des projets de constitution ou d'organisation sociale qui n'ont point reçu la sanction de l'expérience.

Notre PUBLICISTE municipal (ou celui qui l'inspire) s'est cru sans doute une autorité d'assez grand poids, pour changer l'acception d'un terme consacré dans la langue du droit politique. Il traite donc sans façon d'utopies des lois qui ont été exécutées pendant 13 ans à Bourbon et à l'Ile de France, et qui ellesmêmes sont fondées sur les bases des constitutions des

---

(*) Voyez la dépêche transmise au Conseil général de 1832 par M. Azéma. Les observations des délégués sur le projet de constitution coloniale, et autres documents émanés des délégués.

colonies anglaises, dont plusieurs ont plus de deux siècles d'origine.

Nous engageons charitablement M. le Maire et l'Egérie qui le souffle, à ne pas hasarder une autre fois des termes dont ils ne connaissent ni le sens ni la portée.

A en croire l'éloquent orateur, M. le Gouverneur a recueilli de la tournée qu'il vient de faire dans nos quartiers une connaissance « approfondie » de nos localités et des vœux de notre population.

A qui de pareilles fadaises peuvent-elles en imposer? Nous nous plaisons à rendre justice aux excellentes intentions de M. le Gouverneur, à ses lumières, à son esprit d'investigation ; mais il est évident pour tout homme de sens qu'une course rapide autour de l'île, dont le temps a été principalement employé en revues, en formalités d'étiquette et en repas d'assommante longueur, n'a pu suffire à M. le contre-amiral Cuvillier pour acquérir cette connaissance exacte des hommes et des choses que la flatterie signale comme le fruit de ce premier voyage. M. le Gouverneur est doué d'un trop bon jugement pour avoir fait la réponse que lui attribue maladroitement l'écrivain ministériel : « maintenant j'ai vu toute la colonie et j'en connais « tous les habitans. »

C'est malheureusement chose longue et difficile que d'étudier à fond le personnel d'un pays qui ne possède ni institutions ni publicité. Que de gens sont intéressés à se placer entre le chef du gouvernement et la population? Combien d'individus dans cette population n'osent pas encore dire haut ce qu'ils disent bas? et qu'il en est peu qui aient assez de lumières et de courage civil, pour exposer directement au Gouverneur les griefs du pays? Que d'ignorance politique d'ailleurs, résultant précisément de cette absence d'institutions libérales et de publicité, là où rien n'a pu obvier à leur défaut?

M. le Maire de Saint-Denis s'est cru pourtant obligé, par bienséance, à dire un mot en faveur des institutions municipales que la colonie attend avec impatience.

Ce sont les « Perturbateurs du pays et les ennemis « de la paix publique » qui, les premiers, les ont réclamées, alors qu'elles étaient repoussées par ceux-là même qui nous donnent aujourd'hui ces qualifications.

Au surplus, rien ne prouve mieux la nécessité d'un changement et d'une nouvelle organisation municipale en harmonie avec les idées et les besoins du pays, que le discours même de M. le Maire de Saint-Denis, pris dans sa totalité.

R. DE LASERVE.

DE L'APPLICATION

Du système représentatif à l'île Bourbon, la Guadeloupe, la Martinique et la Guyane française.

Tout ce que nous avons dit jusqu'ici nous paraît prouver suffisamment combien il serait sage et utile de faire jouir nos colonies des bienfaits du système représentatif. Nous allons examiner la question sous un autre point de vue, celui du droit.

L'article 64 de la Charte s'exprime ainsi :

« Les colonies sont régies par des lois particulières. »

Il résulte de ce texte si clair, que les colonies ne peuvent demeurer plus longtemps sous le régime des ordonnances. Comment doivent être faites ces lois particulières destinées à les régir ? Voilà la question.

Deux systèmes se présentent : 1° assimilation des colonies aux départemens et admission de leurs députés dans la Chambre ; 2° établissement de législatures locales.

Quelques personnes ont cherché à démontrer l'impossibilité du premier. D'autres, au contraire, se sont efforcés de démontrer l'impossibilité du second. Les chambres, disent ces dernières, sont investies du pouvoir législatif ; mais elles n'ont pas le droit de le déléguer. Elles ne peuvent par conséquent conférer à une assemblée de Bourbon et de Cayenne, le privilége de concourir avec l'autorité royale, à la confection de la loi destinée à régir ces contrées.

Ce raisonnement ne peut soutenir le plus léger examen ; ceux qui l'ont fait ont évidemment pris l'effet pour la cause.

Le principe, c'est que tout Français a le droit de concourir à la confection de la loi destinée à le régir, à l'assiette et à la répartition de l'impôt qu'il doit supporter.

Les chambres ne sont que le mode d'application de ce principe.

De sorte que, si des Français forment un établissement à une trop grande distance de la métropole pour que le principe puisse en ce qui les concerne recevoir son application par le moyen des chambres, il faudra nécessairement recourir à un autre, parce que le principe doit passer avant tout ; parce qu'il est imprescriptible. Ce moyen, c'est une législature locale. Les chambres en l'instituant ne feraient donc pas une délégation ; elles ne feraient que sanctionner un droit, qu'établir le mode dans lequel il doit être exercé.

S'il en était autrement, les colons ne seraient pas Français et citoyens, ils seraient sujets.

Bien entendu que la législature locale ne s'occuperait que de questions locales et de régime intérieur. De cette manière tout serait concilié.

Si M. de Lacharière, auteur de la brochure dont l'extrait précède, ancien procureur général à la Guadeloupe, choisi par ses concitoyens pour remplir le mandat honorable et difficile de soutenir les droits de son pays près de la métropole, appartenait à notre petite patrie, il aurait sans doute mérité, par une défense aussi péremptoire des intérêts coloniaux, d'être rangé par M. le Maire de Saint-Denis au nombre des PERTURBATEURS et des ENNEMIS de la paix publique ; car ses opinions identiques avec les nôtres, sont peu favorables « à ces fonctionnaires qui, dans les colonies, « crient au bouleversement de la société, si l'on ne « prend garde à leurs arrangemens de famille. »

Le résumé de tout ce qui a été dit dans ce numéros sur cette matière, est que nous acceptons comme un titre d'honneur les qualifications de Perturbateurs et d'Ennemis de la paix publique, dont nous a gratifiés M. le Maire de Saint-Denis ; M. de Lacharière s'en honorerait sans doute avec nous, et par un esprit de justice et de convenance, nous les réclamons également en faveur du corps entier des délégués des colonies. Ce ne sera pas le cas de dire que les absens auront eu tort.

LÉPERVANCHE aîné.

PENSÉE DE L'ADMINISTRATION LOCALE

DEMANDANT UN NOUVEAU CONSEIL GÉNÉRAL

L'ordonnance du 11 avril 1832, véritable imbroglio, espèce d'oracle obscur et ambigu, dont l'interprétation eût embarrassé Œdipe lui-même, et sa digne fille l'ordonnance du 10 avril dernier, témoignent de l'invincible répugnance de l'administration locale à donner à la population coloniale, la part qu'elle réclame, à tant de titres, dans le maniement des affaires du pays.

Cette administration qui ne repose sur aucune base fixe, dont l'existence et la marche sont en contradiction manifeste avec la loi fondamentale des Français, qui ne vit que de provisoire, et que le pays ne supporte que parce qu'il espère la voir crouler d'un instant à l'autre, semble ignorer ou feint d'ignorer quelle est sa véritable position. Abusant de la longanimité d'une population éclairée, mais ennemie des commotions, elle tranche du souverain; elle lui impose ses caprices, ses sympathies, ses antipathies, et les érigeant en loi, les présente aux respects d'un pays qui la repousse, et néanmoins se laisse dominer et dévorer par elle.

Cependant, cette administration si fertile en déceptions, sentant qu'elle ne peut agir légalement sans le concours apparent d'un Conseil général, rouage nécessaire et indispensable de son absurde mécanisme, CONVIE, par son ordonnance du 10 avril dernier, la population à lui fournir cet instrument qu'elle saura bien rendre aussi passif que celui qui lui a été donné en 1832. Elle va convoquer les colléges électoraux, et les obligera à voter sous la puissance d'une ordonnance, dans laquelle toutes les précautions sont prises pour enchaîner le libre exercice du droit si précieux et si respectable d'élection. Acception et exception d'individus; restrictions de droits; silence soigneusement gardé sur les attributions et la durée du corps à élire, afin que l'électeur ignore et la portée et la limite du mandat qu'il conférera; enfin, elle emploie tous les moyens que la crainte et la méfiance inspirent aux consciences agitées et troublées; elle va jusqu'à exiger un serment de fidélité à l'œuvre qui viole si témérairement les droits des citoyens; elle veut que la population s'agenouille devant l'instrument qui la frappe; ironie amère et insultante qui ne peut être comparée qu'aux paroles que les maîtres de Rome dégradée, adressaient aux victimes qu'ils envoyaient au supplice : « Allez et gardez-vous d'oublier l'empe« reur dans la disposition de vos biens. »

Les colléges électoraux vont donc élire un nouveau Conseil général; à quoi bon!!!.. L'administration locale aura-t-elle plus d'égards pour les représentations et les vœux exprimés par ce corps, que pour ceux que lui a adressés celui qui l'a précédé? — nous ne le croyons pas; elle ne veut autre chose que se compléter par lui, et elle se réserve de fermer les yeux à la lumière qu'il lui présentera.

Quant à nous, que cette administration a rappelé dans l'arène que nous avions quittée et qui avons relevé le gant qu'elle nous a jeté, nous allons marcher sur sa piste; nous la suivrons dans ses adroits détours, et nous tâcherons d'arriver à sa pensée secrète, malgré l'obscurité dont elle l'environne.

Si les intentions de l'administration locale eussent été droites et bienveillantes pour le pays, elle eût préféré à l'intérêt d'une domination contestée et qu'elle a su rendre insupportable, l'avantage plus réel de faire le bien qu'il lui était si facile d'opérer en accueillant les vœux que lui avait portés le conseil général de 1832, dont les vues pures et élevées, et, nous osons le dire, pleines de sagesse et de modération, méritaient d'être mieux appréciées par elle. Elle eût acquis par là des droits certains à la reconnaissance publique; elle eût appelé autour d'elle l'amour et le respect que les populations ne refusent jamais aux pouvoirs qui se montrent généreux et bienfaisans pour elles. Mais l'administration a répudié cette gloire, et puisqu'elle refuse les palmes que, comme amie, nous lui eussions présentées avec tant de joie, combattons-la donc en ennemie.

Quelle que soit l'interprétation que l'administration locale donne à nos intentions ; quelles que soient les calomnies qu'elle déverse sur nous ; nous ne nous ralentirons pas. Qu'elle frappe ! mais qu'elle écoute ! Nos stigmates seront nos trophées, et la colonie finira par applaudir à ceux de ses enfans qui ne craignent pas de se hasarder pour elle.

L'administration locale n'a pas voulu se retrouver en face du Conseil général de 1832, cela se conçoit fort bien ; elle eût été obligée de donner réponse à ce corps sur ses demandes ; elle eût été dans la nécessité de dire qu'elle acceptait ou rejetait ses vœux, et, dans ce dernier cas, d'alléguer ses motifs. Elle eût été forcée de se justifier des entraves qu'elle a mises aux communications du Conseil général avec ses commettans, en arrêtant la publication de ses actes ; elle eût été surtout violentée sur le budget de 1834, dont elle eût eu à soutenir la discussion avec la représentation du pays, et forcer de ployer sous l'urgente nécessité d'opérer les réductions qu'elle lui avait indiquées. Ces considérations ont déterminé l'arrêt de mort du Conseil général de 1832; l'administration n'a pas osé le dissoudre ; cet acte eût été trop tranchant ; elle a préféré biaiser et tourner la difficulté et elle a conçu l'ingénieuse idée de présenter le terme de son existence comme étant arrivé. Pour cela, elle a fait dater sa vie du jour où l'ordonnance du 12 avril 1832 a été rendue; et, quoique cette ordonnance ait précédé de trois mois l'ouverture des colléges électoraux qui l'ont nommé, elle a trouvé tout simple de le faire vivre avant même qu'il eût été conçu, afin de pouvoir le faire mourir plus tôt. Cette manière si nouvelle de procéder l'a fait arriver naturellement et sans efforts au but qu'elle se proposait d'atteindre ; puis elle vient annoncer à la population, avec une innocence toute candide, que le corps qui la représentait étant arrivé au terme de son existence, ses intérêts exigent qu'elle s'occupe du soin de lui donner un successeur.

Maintenant entrons dans les calculs de l'administration en procédant ainsi; et arrivons par eux à sa pensée secrète: Vivre et ne pas être inquiétée sur ses procédés, c'est là tout ce qu'elle demande, et voici comme elle raisonne et calcule pour obtenir ce résultat: Les opérations préliminaires pour la formation des colléges électoraux, et l'élection du nouveau corps représentatif, emporteront trois mois; un délai officieux entre la clôture des colléges électoraux et l'ouverture du conseil élu, donnera un mois ou deux: en somme quatre ou cinq mois de gagnés. Avant que le conseil se soit définitivement constitué, que ses pouvoirs aient été examinés, que la réponse au discours d'ouverture ait été discutée et portée à M. le Gouverneur; avant enfin que les différentes fractions du conseil se soient examinées et appréciées, encore un mois de quiétude assuré à l'administration. Arrivera enfin l'examen des questions qui touchent aux intérêts du pays; les questions qui avaient été approfondies par l'ancien conseil, seront reproduites comme nouvelles; les discussions auxquelles elles donneront lieu celles sur le budget de 1834, qui, si elles ont lieu, ne porteront sur rien, parce qu'il aura déjà été réglé administrativement et envoyé à la sanction du ministre, pendant l'interrègne de la représentation, attendu que le service ne pouvait souffrir des délais commandés par les formalités indispensables à l'élection du conseil; ces discussions, disons-nous, prendront du temps et finiront, comme cela a eu lieu en 1832, par fatiguer une partie des membres du conseil, qui parleront d'abord de la nécessité d'aller faire un tour chez eux pour donner un coup d'œil à leurs intérêts domestiques, et qui finiront enfin par désorter la salle des séances et rendre incomplet le nombre exigé pour délibérer. Tout se trouvera arrêté par là: les travaux demeureront imparfaits; rien ne sera définitivement arrêté; rien de changé au budget escamoté jusqu'en 1835. Tout sera donc au mieux pour l'administration, et continuera d'être au plus mal pour le pays. Voilà quelle a été la pensée de l'administration, en préférant se présenter devant un nouveau conseil, plutôt de revenir à l'ancien qui, déjà préparé par une première session, eût fait marcher les choses rapidement. S'il eût été réuni, comme il était raisonnable de le faire au 1er mai, il eût dans un mois de session au plus, réglé le budget de 1831, et obtenu satisfaction, ou au moins réponse sur les vœux, qu'au nom du pays, il avait portés à l'administration locale.

Mais nos dieux n'ont pas permis qu'il en fût ainsi, comme ils savent ce qui convient à notre faiblesse mieux que nous-mêmes, humilions-nous et adorons leur bonté !.....

Toutefois, pour consoler le pays de cette mystification, on assure que très prochainement les institutions définitives et depuis si longtemps promises, vont arriver ; que l'administration, reconstituée sur de nouvelles bases, sera mieux pondérée, et que son action cessera désormais d'être contraire au pays. Lisez, dit-on, le *Moniteur* ; vous verrez que le projet de loi sur les colonies est déjà présenté à la chambre des Pairs, où il passera sans discussions et sans amendemens. Il en sera de même à la chambre élective ; très certainement la sanction royale ne se fera pas attendre ; l'expédition suivra immédiatement, et, avant la réunion du nouveau conseil général, la loi définitive, arrivée à bon port, aura tout changé et tout reconstitué. Hélas ! on disait tout cela bien longtemps avant 1832, et cependant nous en sommes au même point où nous étions alors.

Nous ne nous tromperons pas en affirmant que l'administration calcule autrement ; et c'est parce qu'elle espère que les choses n'iront pas aussi vite, qu'elle demande au pays de nouvelles élections, dont le résultat sera de lui assurer les avantages que nous avons énumérés dans le cours de cet article.

Les colléges électoraux seuls peuvent rendre vains les calculs intéressés de l'administration locale, et nous osons espérer qu'ils feront tous leurs efforts pour mériter à cet égard, les remercimens de la colonie.

A. P.

LITTÉRATURE

Aux Directeurs du *Salazien*,

Un journal qui s'imprime dans la capitale a caractérisé l'invincible constance et la mâle vigueur de ces athlètes redoutables qui sont sortis de nos régions glacées. Ce portrait ne manque pas de vérité, mais l'écrivain journaliste, frappé de l'audace de nos vaillants guerriers, n'a vu que leur force et leur courage. Il semble leur refuser cette habileté que donne la culture et accréditer l'idée que l'âpreté de nos climats nous rend inaccessibles à la connaissance des arts et à la pratique des habitudes qui adoucissent les mœurs. Grande est son erreur.... Qu'il apprenne que s'il est parmi nous des combattans dont l'âpre et indomptable valeur ne recherche que le bruit des armes et les dangers de la guerre, il y a aussi des hommes capables de recevoir les impressions les plus douces, et faits pour sentir avec enthousiasme tout ce que peuvent enfanter les arts et le génie. Je suis né dans ces montagneuses contrées, et cependant les charmes de la poésie me pénètrent jusqu'au fond de l'âme, et semblent me révéler une existence toute divine, toute de bonheur. Aujourd'hui même, je suis encore tout ému par la lecture de la production de l'incomparable poète qui a si noblement célébré le retour de notre Gouverneur dans la capitale. Ah ! qu'il me soit permis de reproduire ici cette sublime pièce ! que tous les lecteurs de ce journal la puissent admirer, et que cet hommage rendu au talent prouve à ceux qui ne nous connaissent pas encore assez, que la civilisation est arrivée jusqu'à nous, et que nous savons apprécier les beautés de la plus haute littérature.

Vous que le choix d'un Roi digne de l'être,
A désigné pour régler nos destins ;
Suivez ses pas, pour nous vous ferez naître
Ces jours de paix, toujours trop incertains.
De ses malheurs, de sa longue souffrance,
Notre pays perdra le souvenir ;
Heureux déjà du bonheur de la France,
Il franchira l'espace et l'avenir.

Oui, ce beau sol qu'environnent les ondes,
Garde en son sein des germes de bonheur ;
Son ciel est pur, ses plaines sont fécondes,
Là, le travail est un Dieu créateur.
Arts et commerce, industrie et sciences,
Tout lui promet des succès assurés ;
Qui peut combler toutes ces espérances ?
De bonnes lois... Vous nous les donnerez.

Jours de raison, où notre belle France
S'enorgueillit de son Roi-citoyen ;
Grâces à vous, les titres, la puissance,
Sont dépouillés de leur prestige vain.
Un vague effroi ne marque plus leurs traces,
On obéit sans crainte, par devoir ;
Mais la bonté, l'aménité, les grâces,
Conserveront à jamais leur pouvoir.

A la lecture d'une si rare composition, la sensibilité est trop vivement excitée, l'admiration a besoin d'épanchement... Quel plan ! quelle ingénieuse conception ! quelle fécondité d'imagination ! quelle richesse de pensées !... Et toutes ces belles idées comme elles s'enchaînent d'une manière naturelle !... Combien cette rectitude d'esprit donne de relief à la brillante imagination du poète ! Mais ce n'est pas assez de considérer cet ouvrage dans son ensemble, il faut l'envisager dans ses détails. Arrêtons-nous d'abord sur ces premiers vers :

Vous que le choix d'un Roi digne de l'être,
A désigné pour régler nos destins ;
Suivez ses pas, pour nous vous ferez naître
Ces jours de paix, toujours trop incertains.

Où trouverait-on un style plus pur, une diction plus élégante, une touche plus gracieuse ? *Un Roi digne de l'être* ; est-il quelque chose de plus poétique ? et puis cette première idée si neuve est une trouvaille pour un début ; c'est une inspiration trop heureuse.— *Suivez ses pas* ; quelle image charmante ! ne croit-on pas voir un homme qui en suit un autre, et se figure-t-on quelque chose de plus agréable ? et cette espérance de voir naître *des jours de paix trop incer-*

tains, comme elle nous repose doucement, l'incertitude est une si douce chose ! tout cela est beau, ravissant, mais ce n'est rien auprès de l'idée que termine cette première strophe :

Il franchira l'espace et l'avenir.

Ce dernier vers est incomparable et peut-être le vulgaire des lecteurs n'en a-t-il pas compris toute la portée. Quelques hommes à l'intelligence bornée, se seront sans doute demandé : mais quand le pays aura franchi l'avenir, que restera-t-il donc devant lui ? Et ces pauvres esprits ne se seront pas fait la réponse si naturelle que cette question amène. Que restera-t-il devant vous quand vous aurez franchi *l'avenir* ? — mais l'éternité ! et ne voyez-vous pas le pays jouissant incessamment de la vie éternelle ? Allez, faibles cerveaux, les secrets du génie seront toujours impénétrables pour vous. Mais je reviens à notre cantate.

Oui ce beau sol qu'environnent les ondes

Pouvait-on rappeler d'une manière plus agréable et plus neuve cette jolie définition géographique, *une île est une portion de terre entourée d'eau de tous côtés*.

Là le travail est un dieu créateur,
Arts et commerce, industrie et sciences
Tout lui promet des succès assurés.

Quelle grande idée ! voilà le travail qui nous rappelle le Dieu créateur et souverain seigneur de toutes choses ; c'est admirable ! *les succès assurés* ; promettre des succès n'aurait pas été suffisant, on sent qu'il fallait qu'ils fussent *assurés* pour qu'il n'y eût rien à craindre. On ne peut rien imaginer de mieux ; mais le poète enchérit encore par l'intéressante suspension qui couronne cette seconde strophe :

Qui peut combler toutes ces espérances ?

Le principal mérite de la suspension est dans le mot *qui*, et c'est vraiment fort ingénieux, car il fait que personne ne prévoie la réponse et l'on est tout surpris quand le poète répond par ce vers que je ne saurais dignement qualifier :

De sages lois... Vous nous les donnerez.

Quant à la dernière strophe, les expressions me manquent pour en caractériser le mérite. Les beautés qu'elle renferme se refusent à l'analyse ; les sentir, les admirer, c'est tout ce qu'on peut faire. Le poète a trouvé le moyen d'y réunir les plus belles choses. *C'est le prestige vain près du roi-citoyen. Les titres et la puissance avec la belle France.* Vous avez ensuite *l'obéissance, le pouvoir, le devoir, les grâces, l'aménité, la bonté,* bien d'autres choses encore, et tout cela parfaitement lié, forme l'ensemble le plus merveilleux. Avec quel transport ces nobles paroles ont dû être accueillies par ceux qui les ont entendues pour la première fois, embellies encore par le prestige d'une musique ravissante ! Quelles acclamations ont dû se faire entendre !... Quel triomphe pour l'écrivain ! que de flatteuses félicitations il a dû recevoir... Ah ! qu'il daigne agréer aussi le tribut de mon admiration et de mon amour. Je ne le connais pas, mais on se passionne pour le génie comme pour la beauté. D'ailleurs son âme se peint dans son ouvrage ; c'est là qu'apparaît son caractère grand et généreux, cette délicatesse d'esprit et cette élévation de sentimens qui n'appartiennent qu'aux belles âmes. Je n'ai jamais eu le bonheur de le voir ; mais mon imagination se le représente avec l'extérieur le plus beau. Ah ! j'en suis sûr, sa taille est haute, sa tenue noble et distinguée, ses manières naturelles et gracieuses ; son visage exprime les sentimens qui remplissent son cœur, et la douceur de sa physionomie tempère la fierté de son regard. Ah ! si les couleurs de ce portrait ne sont pas dignes de celui que j'ai voulu peindre, qu'on pardonne à l'insuffisance de mes paroles ; il est des sujets à la hauteur desquels l'imagination la plus exaltée ne saurait jamais atteindre.

Par un Montagnard.

IDENTITÉ de principe et de langage, d'une part, entre tous les ennemis des colonies et ceux qui, sans vouloir les détruire, veulent les exploiter : — d'autre part, entre tous les amis et défenseurs des colonies.

Que disent Jérémy et Buxton? — point de législature locale dans les colonies.

Que disent la *Revue encyclopédique*, le *Semeur* et tous les recueils périodiques qui ont arboré le drapeau de la négrophilie ? — point de législature locale.

Que dit le *Journal des Débats* du 18 octobre 1832, pensée quasi-officielle et marquée du cachet de la bureaucratie ? — point de législature locale.

Cet article vraiment remarquable, prononce ainsi négativement contre nous par le double motif de mépris pour la moralité et les lumières des colons, et de sympathie pour les doctrines philantropiques. « Si les « colonies acquièrent des législatures locales, dit-il, « il faudra que le gouvernement métropolitain renonce « à porter et introduire sur ce terrain les améliora- « tions qui devront graduellement conduire la proprié- « té exceptionnelle à une émancipation complète; « améliorations dont la métropole est le meilleur ju- « ge. » (*)

Que disent le ministre de la marine et tous les commis de la direction des colonies au ministère? — point de législature locale.

Ici les employés du ministère sont d'accord avec les philantropes, non pas qu'ils se soucient de la philantropie, mais parce que l'établissement des législatures locales diminuerait leur importance et leurs profits.

Que dit le parti gouvernementiste à Bourbon ? — point de législature locale.

Ici il convient d'examiner succinctement les divers groupes dont ce parti se compose.

Les uns, formant la première section, se trouvent ainsi d'accord avec Jérémy, Buxton et Cᵉ, uni-

---

(*) Il serait à désirer que toute la colonie pût lire cet article du *Journal des Débats*, et nous nous proposons de l'imprimer en entier dans un de nos prochains numéros. Il explique clairement l'alliance des passions de la négrophilie avec les intérêts de la bureaucratie.

quement par paresse d'esprit. Ce sont d'honnêtes gens qui sont sous l'influence de quelques coryphées, dont ils répètent les paroles et suivent aveuglément les pas. Ils n'ont pas assez de lumières politiques pour s'apercevoir que leur intérêt comme « colons attachés au sol » est d'être avec nous et non contre nous.

La deuxième section se compose d'individus qui, par haine pour les principes libéraux, préfèrent compromettre le sort et l'existence de la colonie en la laissant exposée à l'arbitraire et aux caprices des lois et ordonnances métropolitaines, que de la mettre à l'abri et sous la protection de ces institutions libérales, qu'ils détestent. Ils envoient de bon cœur leur malédiction à celles qui régissent la France métropolitaine; mais ils sont encore plus blessés de l'idée d'en avoir tous les jours sous les yeux à Bourbon. La passion qui les aveugle ne leur permet pas de concevoir que tout colon qui n'est pas libéral de cœur, devrait l'être au moins par intérêt.

Une troisième section du parti gouvernementiste, espère que la colonie, même sans législature locale, durera toujours assez pour qu'ils aient le temps d'en retirer leur fortune dont une partie est déjà réalisée. Une fois qu'ils n'y auront plus rien, peu leur importe ce que le pays deviendra. Ceux-là font profession de libéralisme quant à ce qui se passe en France, ils se disent même partisans de la révolution de juillet, mais ils en refusent toutes les conséquences à la Colonie. Comme ils n'ont pas l'intention de se fixer à Bourbon, ils se moquent de notre avenir. N'ayant jamais été occupés ici qu'à gagner de l'argent, ils prétendent qu'on ne doit pas y être occupés d'autre chose, et sourient de pitié quand on leur parle de patriotisme local. Ce sont de purs égoïstes qui, malgré leur profession de libéralisme, s'accommoderaient bien volontiers des priviléges partout où ils pourraient en avoir leur part. Ils sont gouvernementistes et ennemis déclarés ou cachés de la législature locale, dans la crainte que l'agitation que produit toujours l'établissement de nouvelles institutions politiques dans un pays, ne leur fasse perdre quelques sous. La méfiance et l'anxiété qui les agitent sous ce rapport, grossit et exagère cette crainte dans leur esprit. Tout ce qui est nouveau, tout ce qui donne du mouvement et de la vie, les fait tressaillir et les inquiète.

La quatrième section se prononce uniquement par antipathie et par esprit d'opposition contre ceux qui les premiers, ont soutenu, à Bourbon, qu'il fallait une législature locale. Il leur en coûte trop de se dédire, et leur amour-propre ne leur permet pas d'avouer qu'ils se sont trompés en disant : « Point de législature locale. »

Enfin, une cinquième section se compose des courtisans du pouvoir, des employés de l'administration, et des oiseaux de passage qui exploitent le pays comme certains négocians ou gens d'affaires. Bourbon durera toujours assez pour ce que ces derniers en veulent faire.

Tous ces ennemis, depuis Buxton, Jérémy et Cie jusqu'à ceux qui prétendent nous écrémer, nous exprimer, et s'en aller ensuite, y compris ceux de nos véritables habitans qui n'ont pas le bon sens de voir que COMME GENS TENANT AU SOL, leur place devrait être dans nos rangs et non dans ceux de nos adversaires, le mot d'ordre et de ralliement est : « Point de législature locale. »

Si pourtant il en est parmi ces derniers qui se prononcent en faveur de cette institution tutélaire, ils le font avec timidité, presque honteux de se trouver en cela à l'unisson avec les vieux amis de la colonie qui, depuis deux ans, sont sur la brèche. Leur patriotisme dans tous les cas ne va pas jusqu'à dire qu'en cas de refus de la métropole, notre droit, notre devoir et notre intérêt, seraient de protester par tous les moyens contre cette injustice.

Après avoir passé cette revue rapide, jetons maintenant un coup d'œil sur les amis et les défenseurs des colonies.

Que disent tous les délégués qui sont à Paris ? — « Il faut aux colonies des législatures locales, sans lé« gislatures locales plus d'avenir pour elles. »

Qu'ont dit le petit nombre d'orateurs qui se sont fait entendre aux chambres en faveur des colonies ? — « Il leur faut avant tout des législatures locales. »

Que disait à Bourbon l'ex-Association coloniale ? — « Une législature locale. »

Que dit maintenant le parti colonial ? — « Le pays « ne peut rester privé d'une législature locale. Qu'on « l'appelle comme on voudra, conseil colonial, assem- « blée coloniale, chambre coloniale, peu importe le « nom, mais c'est la chose qui nous est indispensable, « c'est-à-dire, L'INSTITUTION LÉGISLATIVE. Il n'y aura de « tranquillité et de sécurité à Bourbon, que lorsque « ce point fondamental aura été décidé affirmative- « ment. »

Que disent, peut-être trop tard, les malheureux habitans de Maurice ? — « Une législature locale ou « nous périssons. Nous ne vivons qu'au milieu des « anxiétés, de l'angoisse et du trouble. Il est impos- « sible de rester plus longtemps sous l'épée de Damo- « clès toujours suspendue sur notre tête. »

Nos infortunés voisins ont à déplorer de n'avoir pas réclamé plutôt comme citoyens, ce qu'ils implorent aujourd'hui sous LA DÉFAVEUR INEXPRIMABLE d'une question de propriété exceptionnelle. Cette dernière circonstance sera toujours la plus contraire et la plus désavantageuse pour toute la colonie plaidant pour obtenir UNE LÉGISLATURE LOCALE au ban de l'Europe prévenue contre nous.

Qu'on lise la réponse de lord Goderich à la consultation du barreau de Maurice, ainsi que les journaux anglais, et l'on se convaincra que les Mauriciens eussent gagné leur cause, si dans un temps où il n'y avait sur le tapis aucune question d'esclavage, ils eussent réclamé leurs droits politiques avec l'énergie et l'ensemble qu'ils y mettent aujourd'hui.

Ainsi les amis et les ennemis des colonies tiennent respectivement le même langage. Il y a identité de principes de part et d'autre. On s'entend de loin sans avoir besoin de s'écrire, il suffit des deux côtés d'être conséquent aux principes de la défense et de l'attaque. Il n'y a d'inconséquens et de dupes en tout ceci, que LES BONNES GENS TENANT AU SOL et qui sont comme nous l'avons dit, dans les rangs de nos adversaires.

Il appartient maintenant aux électeurs d'examiner s'il leur convient de choisir les représentans du pays, parmi ceux qui disent avec les ennemis déclarés des colonies : « Point de législature locale, ou obéissance « passive si le gouvernement métropolitain nous la « refuse. »

Ou bien, s'ils doivent les prendre parmi les hommes dont l'opinion et la fermeté de caractère sont bien connus pour soutenir qu'il faut de toute nécessité à la Colonie : « une législature locale. »

La conjecture est critique, car les chambres et le Roi ont dû prononcer sur la question à l'heure qu'il est, et si cette question a été tranchée négativement, ce sera la représentation coloniale, prochainement élue, qui par l'heureux mélange de l'énergie et de la prudence, décidera du sort du pays.

SUR LES CRAINTES

INSPIRÉES PAR LA LIBERTÉ DE LA PRESSE A BOURBON

Ce n'est pas du droit qui appartient à tout Français d'exprimer librement sa pensée; ce n'est pas des avantages que la société recueille par la communication des idées, que nous entretiendrons nos lecteurs dans cet article; tout ce qui pouvait être dit sur ce sujet l'a déjà été, bien mieux que nous ne pourrions ni n'oserions tenté de le faire. Mais ce dont nous croyons pouvoir parler sans élever trop haut nos prétentions, parce que notre expérience du pays sert de guide et d'appui à notre faiblesse, c'est de la crainte qu'inspirent à Bourbon ces mots : « Liberté de la presse ! » au premier son, et lorsque l'imagination n'a pas d'abord mesuré toute leur portée, ils peuvent émouvoir sans doute; mais en les raisonnant avec calme, dans leur application au pays, les esprits impartiaux se rassureront, et le danger qui semblait si effrayant avant de l'avoir soigneusement examiné, s'évanouira et ne présentera plus à la réalité que des avantages certains, contre de légers inconvéniens.

En effet, sur quoi la Presse peut-elle s'exercer dans notre pays? — sur des intérêts locaux et purement matériels. Assurément, les hommes qui pourraient l'alimenter savent trop bien que, pour le plus grand nombre, c'est là tout ce qui peut toucher; et comme lorsqu'on se donne la peine ou qu'on prend plaisir de parler, ce qu'on demande avant tout c'est d'être écouté; nul doute qu'ils ne se donneront pas le ridicule d'élargir un cercle qu'ils finiraient par parcourir dans la solitude, et dont ils s'empresseraient de sortir par l'ennui qui naîtrait pour eux de ne pas y rencontrer une oreille qui eût la charité de les écouter. Ainsi donc et tout d'abord, nous établissons que par la nature de nos habitudes et de nos goûts, la Presse dans notre pays a des limites qu'il est à peu près convenu de ne pas dépasser parce qu'elles sont naturelles.

Une fois la discussion épuisée sur les intérêts matériels, et si, comme nous ne nous permettrons pas d'en douter, le gouvernement local a le bon esprit et la sagesse de faire droit aux représentations adressées par la presse, qui ne porteront jamais à faux, parce que dans ce cas, elle serait désavouée par l'opinion ; il ne restera plus rien à dire sur cet objet, « à cette ennemie acharnée de tous pouvoirs, » comme la nomment les gens qui n'aiment pas qu'on leur parle raison ; et elle se taira jusqu'à ce que de nouveaux besoins et de nouvelles raisons de réclamer, lui commandent de prendre son porte-voix. Encore un anneau de cette chaîne de malheurs que traîne après soi la presse libre, ramenée à sa véritable dimension.

Fort bien quant à ce point, disent les peureux, le gouvernement local ne voudra jamais que le bien de ses administrés. Ainsi, nul danger pour lui à laisser, à cet égard, la presse parler et bavarder en toute liberté. Mais, lorsqu'elle n'aura plus de raison d'attaquer ses actes, elle s'en prendra à ses amis ; elle critiquera et blâmera son entourage ; rien ne sera respecté là-dessus, et voilà qui est fort dangereux comme tout le monde doit le sentir, pour les personnes qui mettent au rang des joies de ce bas monde, le bonheur et l'honneur d'être distingués par le pouvoir. Eh bien ! y a-t-il donc là sujet de crier comme des aigles dont on attaque l'aire ? Que le pouvoir s'entoure d'hommes recommandables que le pays est habitué à considérer, et à qui il n'a jamais refusé ni estime, ni respect, l'opinion ne lui en fera jamais de reproches, et la presse encore moins. Ces hommes, fort heureusement pour nous, sont assez nombreux pour que les dépositaires de l'autorité ne soient point obligés d'aller fureter dans tous les recoins, pour trouver de ces mauvais donneurs d'avis, qui ne font que du tort à ceux qui les appellent près d'eux. Le vieux dicton, DIS-MOI QUI TU HANTES? etc., etc., est connu à Bourbon comme partout ailleurs, et il n'y est pas de jeune homme qui ne se l'entende répéter, tout en entier, par ses grands parens, chaque fois qu'il entre trop tard au logis.

Mais les nominations aux emplois, à la dignité de MAIRE, aux fonctions de commissaires ou D'AGENS GÉNÉRAUX DE POLICE; mais les désignations aux présidences de commission, ou simplement de membres de ces commissions; mais les brevets d'officiers de milice; mais enfin, toutes les distinctions auxquelles « les gens de bien » ont tant de droits de prétendre, voilà! voilà! voilà sur quoi cette maudite, cette détestable presse ne laissera pas le gouvernement local un seul instant tranquille, et faire comme il l'entendra. Il sera contrarié dans la plus importante de ses prérogatives; elle ne lui permettra pas de se donner le plaisir si doux d'obliger et d'élever les amis zélés qui lui auront donné de bons avis; qui auront toujours trouvé très bon ce qu'il lui aura plu de faire, et qui auront crié de si bon cœur avec lui contre les impertinens qui se seront permis d'y trouver à redire.

Eh bien encore! que le gouvernement fasse de bons choix; qu'il s'applique avec discernement à ne point se compromettre par les mauvais; qu'il mette et laisse chacun à sa place, et qu'il se pénètre bien de cette vérité, qu'en conférant un emploi, ce n'est pas lui qu'il doit chercher à satisfaire, mais bien le pays qu'il est chargé d'administrer; la presse alors n'aura pas le plus petit mot à dire; elle n'aura que des éloges à donner, et l'opinion fera chorus avec elle. La Grèce demandait à l'Elide les coursiers destinés à vaincre dans l'Olympie, et laissait au moulin, le bon, l'excellent animal, habitué de tout temps à y porter le grain.

Bien, bien, vous pouvez avoir encore raison sur cela, et nous tomberons d'accord avec vous, nous disent nos amis qui ont peur; mais la paix des familles ne peut-elle pas être troublée? mais le respect dû aux personnes, oublié par la presse dans ses écarts licencieux? mais la calomnie, dont elle deviendra l'arme la plus puissante, ne pourra-t-elle pas, avec son aide, déchirer, désoler les plus honnêtes gens? et quel mal alors n'aura-t-elle pas causé! — Ah! voilà un danger véritable : mais les lois sont là ; elles prononcent des peines sévères contre le méchant qui se ferait un jeu cruel des douleurs qu'il pourrait causer. Mais plus puissantes que les lois (et ici il faut payer à notre pays et à nos concitoyens, le tribut d'éloges qui leur est dû), nos mœurs ne se prêteront jamais au mauvais vouloir de l'homme qui, pouvant écrire, se respecterait assez peu, pour faire un aussi honteux usage de son talent. L'opinion du pays, si délicate sur tout ce qui tient aux convenances, le repousserait ; et si, emporté par sa colère ou ses ressentimens, quelle que fût leur nature, il n'était point arrêté par cette puissance, ses affections et ses relations de société, domineraient ses haines, et il oublierait un ennemi pour ne songer qu'au chagrin qu'il pourrait porter, au cœur d'un ami, en blessant son parent, ou une de ses relations.

Cela est vrai, très vrai encore, nous dira-t-on, mais la grande, la grandissime affaire : celle qui pourrait nous faire cent fois plus de mal que le volcan dans ses plus horribles fureurs (qu'en dites-vous ?)....

Celle-là, la presse ne peut-elle pas la mener à conclusion ? — Nous répondons positivement non. Si jamais un furieux, un fou, rallumant la torche d'Erostrate, tentait de la diriger d'une main sacrilége sur la base de l'édifice colonial, l'insensé ne ferait pas quatre pas sans être étouffé par la foule qui se presserait autour de lui pour le désarmer. Et d'ailleurs, serait-ce le moyen de la publicité qu'il emploierait pour mener à fin des projets qui ne se méditent que dans l'ombre, et que l'éclat de la lumière ferait plutôt avorter que mûrir. Il faut donc encore justifier la presse du tort d'inspirer une aussi juste crainte.

Arrêtons-nous, et disons que la presse ne peut tout au plus gêner que le pouvoir, qui n'aime point, d'ordinaire, la contradiction ; mais ce léger inconvénient se compense par tant d'autres avantages, que le pays regardera toujours la liberté dont on la laissera jouir, comme un bien véritable.

A. P.

— Nous avons sous les yeux une lettre de notre délégué M. Sully Brunet, écrite à l'un de nous sous la date du 23 février dernier, il y rend compte de tous les travaux auxquels il se livre pour remplir les fonctions dont il s'acquitte si dignement.

« Je vais aujourd'hui, dit-il, à la Commission de la « chambre des députés, qui s'occupe de la loi sur « les sucres. Le projet ministériel sera certainement « démoli ; ainsi, qu'on ne s'en effraie pas trop à Bour- « bon.

« Dans cinq jours je serai en présence des Pairs, « car je suis appelé dans la Commission, pour la- « quelle on m'a délégué ; il s'agit de la loi politique, « cela se montre passablement ; je connais cinq des « neuf Pairs composant la Commission. Il est midi, « l'heure me presse, sous quinzaine je vous adres- « serai de plus longs détails. »

Comme on le voit, le digne délégué de Bourbon, est aussi le délégué de ses collègues à Paris, lorsqu'il s'agit de missions délicates. Puissent ses efforts patriotiques réussir enfin à faire substituer LA LÉGISLATURE LOCALE à l'autorité purement consultative d'un Conseil colonial.

— Les listes électorales sont affichées, bientôt sans doute on va procéder à de nouvelles élections, et cependant le pays ignore ce qu'on a fait dans ce conseil dont il désira si vivement la réunion. Grâce à la répulsion de la publicité par une administration ombrageuse, les électeurs, au moment de donner de nouveaux mandats, ne savent pas encore si les hommes qu'ils investirent du droit de les représenter, ont répondu à leur attente ou trahi la confiance de leurs mandants. La publicité était donc un besoin, elle était, il faut le dire, une conséquence nécessaire de l'élection directe. Cette vérité n'a pas été comprise....

Nous qui ne concevons pas de mandataires qui ne rendent point de compte à leurs commettans, nous qui croyons avec Bailly que « la publicité est la sauve- « garde des peuples, » c'est pour satisfaire à ce besoin de lumières, c'est pour continuer la mission de PROGRÈS que nous nous sommes courageusement imposée, que nous consacrerons les colonnes du *Salazien* à la publication des séances de la première session du Conseil général électif. Ces séances ont été recueillies par des hommes probes. Nous les publierons tout entières, ou par extraits analytiques, suivant le degré d'intérêt qu'elles présentent. Il faut qu'enfin chacun soit apprécié selon ses œuvres; le moment du compte est arrivé; que le public sache quels étaient ses véritables amis.

C'est lui qui doit prononcer sur la conduite de ses élus; nous venons avec confiance lui soumettre toutes les pièces du procès; qu'il juge....

A. VINSON.

CONSEIL GÉNÉRAL ÉLECTIF

DE L'ILE BOURBON

Session de 1832

Première séance, 25 août 1832.

Messieurs les membres du Conseil général sont réunis dans la salle du gouvernement, préparée pour les recevoir. M. le Gouverneur Duvaldailly entre, accompagné de MM. Achille Bédier, ordonnateur; Frémy, directeur de l'intérieur et Barbaroux, procureur général; il va occuper le haut bout de la table circulaire, autour de laquelle sont rangés debout 31 membres du Conseil général. M. Voyart, secrétaire du Conseil privé, assiste comme secrétaire et se place vis-à-vis du Gouverneur, à l'extrémité opposée de la table.

M. le Gouverneur dit : « Messieurs, asseyez-vous, » et aussitôt il prononce le discours d'ouverture. (voir la *Feuille Hebdomadaire* du 29 août 1832.) M. le Gouverneur annonce ensuite que la session du Conseil général est ouverte et qu'il y a lieu de procéder à la nomination d'un président, d'un vice-président et de deux secrétaires, après la vérification des pouvoirs; et que, sur l'avis qui leur en sera donné, MM. les chefs de service se présenteront pour lire leurs comptes moraux. Il fait ensuite prêter le serment prescrit par la loi du 31 août 1830. M. Voyart en lit la formule, et M. Frémy appelle chaque membre qui répond : « Je le jure ! » MM. Paul-Emile Nairac, de Saint-Louis, et Hoareau Desruisseaux, de Saint-Pierre, sont déclarés absens. (*) Le serment prêté, M. le Gouverneur se retire, ainsi que MM. les chefs de service.

M. Gamin, président d'âge, se rend au fauteuil ; il appelle comme secrétaires messieurs de Saint-Georges et Conat, les deux plus jeunes membres du conseil. Le bureau ainsi constitué annonce que l'ordre du jour est la vérification des pouvoirs. Les procès-verbaux qui les constatent sont déposés sur le bureau. Le premier qui se présente est celui de Saint-Denis ; il en est donné lecture, il ne s'élève aucune observation. Des députés de ce quartier allaient être reconnus membres du conseil général lorsque M. Keranval propose de procéder à la vérification dans un ordre déterminé par le sort. M. Conil fait observer qu'on ne peut adopter ce mode puisque déjà on a commencé l'opération, et que d'ailleurs l'ordre de nomination des communes dans l'arrêté du 12 avril, doit être suivi à cet égard.

M. Robinet de la Serve : On peut avoir recours au sort pour décider l'ordre de vérification, et Saint-Denis y serait alors compris comme les autres quartiers ; son tour arrivé, si les souvenirs de la lecture des procès-verbaux étaient effacés, on en donnerait une seconde lecture.

L'assemblée consultée adopte la voie du sort, en exceptant Saint-Denis dont on reconnaît de suite les députés.

M. Conil demande la lecture de l'arrêté en ce qui concerne l'éligibilité, pour en avoir les conditions présentes à l'esprit, et afin que si quelques-uns des membres élus ne les avaient pas remplies, ils pussent être déclarés illégalement élus.

M. Keranval : Il en est de même des conditions de l'électorat sur lesquelles le conseil doit aussi pronon-

---

(*) M. Hoareau Desruisseaux a donné sa démission et a été remplacé par M. le Moulec. M. Nairac n'a pas paru et n'a pas excusé son absence de toute la session.

cer, pouvant avoir à annuler des élections faites par des électeurs indûment revêtus de ce titre.

M. Vinson : Relativement à l'électorat et à l'éligibilité, tout me paraît avoir été fait par la publication des listes et le temps laissé pour poursuivre les radiations. Le délai expiré, il n'y a plus lieu à réclamation. Cette vérification des capacités d'électorat et d'éligibilité jetterait dans un véritable chaos, et je pense que la seule opération à laquelle le conseil ait à procéder actuellement, est de s'assurer si, dans les élections, on a observé le mécanisme prescrit par l'arrêté en tout ce qui concerne les formes ordonnées pour la marche des opérations électorales : c'est là seulement, il me semble, le vœu de l'article 58 de l'arrêté du 12 avril.

M. de Saint-Georges: C'est non seulement ce qui est prescrit par l'article 58 qui doit être fait, mais le conseil a en outre le droit d'invalider les élections sur toute contravention à l'une ou plusieurs des dispositions de l'arrêté du 12 avril dans toute sa teneur.

L'assemblée consultée décide en ce sens. Il est tiré au sort pour la vérification des pouvoirs. La lecture des procès-verbaux des élections de Saint-André, Sainte-Rose, Saint-Philippe, Saint-Joseph, Saint-Leu, Sainte-Suzanne et Saint-Pierre, ne donne lieu à aucune observation. Pour les autres communes on fait les remarques suivantes ; à Sainte-Marie, le serment n'est pas mentionné au procès-verbal, et un électeur a fait écrire son bulletin par son fils qui n'est pas électeur ; à Saint-Benoit, le serment n'est pas mentionné, les procès-verbaux ne disent point si le nombre des bulletins trouvés a été conforme à celui des votans, et l'observance des formalités prescrites n'y est point relatée ; à Saint-Louis, pour l'élection de M. Fémy, on a dépouillé le scrutin avant les deux heures pendant lesquelles il devait rester ouvert. M. Fémy fait observer que c'était pour un tour de BALLOTAGE, que tous les électeurs avaient voté, excepté les deux BALLOTÉS, et que, par conséquent, l'accomplissement des deux heures n'eût rien ajouté au nombre des votans. A Saint-Paul, le serment n'est pas mentionné aux premiers procès-verbaux; cependant, aux suivans il est dit que messieurs TELS et TELS, qui n'avaient point encore paru, ont prêté le serment prescrit ; ce qui implique l'idée qu'il a dû être réellement prêté aux premiers scrutins. Au reste, aucune réclamation sérieuse n'ayant été faite sur toutes les irrégularités par le parti qui a succombé dans les élections, et qui n'a signalé ni fraude, ni aucune espèce de subterfuge; ces irrégularités étant aussi très légères, puisqu'elles ne portent nullement sur les capacités d'éligibilité des élus; considérant d'ailleurs que l'inexpérience des habitans en cette matière excuse le vice de rédaction de certains procès-verbaux, le conseil, à l'unanimité et sans rien préjuger pour des opérations analogues ultérieures, décide que toutes les élections sont légales et admet successivement les membres de chaque commune. Et pour ceux des quartiers Sainte-Marie, Saint-Benoit et Saint-Paul, deux questions sont faites et résolues à l'unanimité ainsi qu'il suit : « Y a-t-il irrégularité dans la rédaction du procès-verbal? Oui. — Cette irrégularité entraîne-t-elle la nullité de l'élection? — Non. »

On apporte à M. le président une lettre signée Violène Dejean, dans laquelle, à titre d'électeur, il réclame l'annulation de l'élection de M. Conil, parce que, prétend-il, six électeurs nés à Maurice et par conséquent étrangers, auraient voté dans cette élection, et que ces six voix déduites des 98 qu'a obtenues M. Conil ne lui donnent pas la majorité légale. Les cris, à l'ordre du jour ! se font entendre de toute part. M. Conil réclame la permission de donner quelques explications ; Je commence, dit-il, par déclarer qu'il est très probable que les six personnes signalées n'ont point voté pour moi, puisque cinq au moins appartiennent au parti qui a disputé mon élection. Il prouve ensuite par les faits, les lois et les ordonnances y relatives que les six individus en question sont bien et dûment Français. Au reste, il s'en rapporte à la sagesse du conseil.

Un membre fait observer que l'élection de M. Conil est chose jugée ; et l'ordre du jour, réclamé de tous côtés, est adopté à l'unanimité.

Une seconde lettre est remise au président : elle est de M. Gaillande qui appelle l'attention du conseil sur les opérations des colléges où les électeurs n'ont point prêté le serment prescrit. On passe aussi à l'ordre du jour sur cette lettre.

M. Chauvet : Le conseil n'a pas le droit de *correspondre*, et il s'expose, en recevant les lettres adressées, à une infinité d'embarras de ce genre.

M. R. de la Serve se levant avec vivacité : Je réclame hautement contre cette assertion. Quant aux deux lettres reçues, il fallait bien les admettre, puisque des tiers peuvent légalement attaquer les élections, et que le conseil général ayant à prononcer sur cette matière, c'est à lui seul que peuvent être remise les réclamations de cette nature. Mais je soutiens en outre que le conseil doit recevoir toute espèce de renseignements, par quelque voie et de quelque part qu'il en vienne. C'est sans doute un des moyens les plus sûrs d'être instruit des abus sur lesquels il est appelé à prononcer ; et je me réserve, à la discussion du réglement, de traiter à fond cette importante question.

Une discussion s'étant élevée sur la manière dont serait mentionné le résultat de la vérification des pouvoirs; il est arrêté que la partie du procès-verbal relative à la mention des irrégularités trouvées dans les procès-verbaux, sera rédigée par une commission nommée par M. le président. Il désigne à cet effet MM. R. de la Serve, de St-Georges, Conil, Keranval et Le Goff. L'ordre du jour pour la séance suivante est la nomination du président, du vice-président et des secrétaires.

2e Séance. — 27 août 1832.

La séance est ouverte à 10 heures trois quarts. M. Gamin, président d'âge, occupe le fauteuil. MM. St-Georges et Conat, secrétaires. 34 membres présens.

M. le président annonce la lecture du procès-verbal de la dernière séance et le rapport de la commission sur la rédaction de la partie de ce procès-verbal qui concerne la vérification des pouvoirs.

M. R. de la Serve, rapporteur, rend compte du travail de la commission nommée pour la rédaction du procès-verbal. Il annonce qu'elle a adopté l'énoncé des faits tels qu'ils avaient eu lieu pour les irrégularités trouvées aux procès-verbaux des élections de plusieurs communes.

M. de St-Georges donne lecture du procès-verbal, il est adopté.

Le président reçoit de M. l'ordonnateur l'avis, qu'un Planton, pris parmi les sous-officiers de l'artillerie, est mis à la disposition du conseil général pour toute la durée de la session. Le président remercie au nom de l'assemblée. M. R. de la Serve, croyant qu'il s'agit d'un *piquet de garde*, déclare que le conseil ne peut admettre de garde militaire ; qu'à la milice ou garde nationale seule appartiendrait le service qui peut être fait près du conseil. On l'avertit qu'il ne s'agit pas d'une *garde*, mais d'un *planton* pour les commissions du conseil. Il prie alors de regarder son observation comme non avenue.

M. Gamin annonce que l'ordre du jour est la nomination du président pour la session. Il y est procédé immédiatement par appel nominal. Chaque membre appelé va déposer son vote. Les bulletins sont comptés, il s'en trouve 34, répartis ainsi qu'il suit : M. Chauvet 18, M. Gamin 15, M. Constant-Roux 1. En conséquence M. Chauvet est proclamé président du conseil général.

On procède ensuite et dans les mêmes formes que ci-dessus, à la nomination du vice-président. M. C. Roux obtient 19 voix, M. Gamin 12, M. Auguste Pajot, 2 et M. d'Ableville 1. M. C. Roux est nommé vice-président.

Scrutin par bulletins de liste portant chacun deux noms, pour la nomination de deux secrétaires, M. de St-Georges 29 voix, M. R. de la Serve 15, M. Petit 15, M. Conil 5, M. Le Goff 2 et M. Mottais 2. Vu l'égalité des suffrages obtenus, il y a ballotage entre messieurs R. de la Serve et Petit. Au deuxième tour de scrutin ces messieurs obtiennent encore le même nombre de voix. M. Conil : D'après l'usage, c'est le plus âgé qui doit être secrétaire. M. Petit se récuse et allègue son inexpérience. M. R. de la Serve : Le témoignage de M. Petit est suspect quand il parle ainsi de lui-même ; il possède à un haut degré toutes les qualités requises. Quant à moi, je me récuse. M. Sallèles demande un 3me tour de scrutin. MM. Conil, Le Goff et Saint-Georges s'y opposent et soutiennent que la préférence doit être donnée au plus âgé. Le président consulte l'assemblée qui décide à l'unanimité que le plus âgé sera nommé. M. R. de la Serve est en conséquence proclamé 2me secrétaire.

M. Gamin cède aussitôt le fauteuil à M. Chauvet qui appelle MM. de Saint-Georges et R. de la Serve comme secrétaires. M. Chauvet remercie l'assemblée. Il réclame l'indulgence pour la manière dont il remplira ses fonctions. Il remercie ensuite, au nom de l'assemblée, le bureau provisoire pour le zèle et l'impartialité avec lesquels ses membres se sont acquittés de leur tâche.

L'ordre du jour est la réponse au discours de M. le Gouverneur. Le président propose de nommer une commission pour la rédaction d'un projet de réponse. Pour le nombre des membres de la commission, celui de 5 est adopté. On procède à leur nomination par scrutin secret et bulletin de liste portant cinq noms. L'appel nominal est fait, il se trouve 34 bulletins qui donnent les résultats suivans : M. de St-Georges 32, M. R. de la Serve 25, M. Le Goff 25, M. Conil 24, M. Kéranval 15 ; les autres voix sont perdues. En conséquence, les cinq membres ci-dessus sont proclamés membres de la commission chargée de rédiger le projet d'adresse en réponse au dicours du Gouverneur.

Le président fait observer qu'il est d'usage d'envoyer une députation à M. le Gouverneur, pour le prévenir que le conseil est définitivement constitué. On procède au tirage au sort de la députation qui est composée de : MM. Fourchon, Diomat, Baudry, Marin et Delhcaulme. Ces messieurs se rendent de suite près du Gouverneur.

M. le président propose à l'assemblée de se fractionner en bureaux. M. Conil demande qu'il en soit formé 4 de 9 membres chacun. M. Le Goff : chaque bureau devant fournir un membre pour composer les commissions, il est à désirer qu'il en soit formé 5. Cette proposition est adoptée.

Le président reçoit du Gouverneur une lettre ministérielle sur un réglement adopté par l'ancien conseil général. Il propose la lecture de cette lettre. Il y est procédé, on en donne acte, et le dépôt sur le bureau est ordonné.

On revient à la question des bureaux. M. Conil demande qu'en raison du nombre 36, dont se compose le conseil, un des bureaux soit d'un nombre différent. M. Keranval voudrait que le président fût exempté de faire partie d'un bureau. M. Conil : Ce serait se priver d'un membre susceptible d'éclairer ; le président doit faire partie des bureaux comme les autres membres. M. Le Goff : Il y a inconvénient à ce que le président et les secrétaires fassent partie des commissions, vu le peu de temps qui leur reste en dehors des séances. M. de St-Georges : Je désirerais que les bureaux ne fussent formés qu'après la lecture des comptes moraux, afin de les former suivant les besoins et d'après les capacités spéciales des membres. M. Conil : On peut renvoyer les matières aux bureaux où il y aura le plus de capacités spéciales reconnues, et non à ceux où se trouveront les incapacités. M. de St-Georges soutient sa proposition et déclare qu'il n'a jamais entendu dire qu'il y eût dans le conseil des incapacités. M. A. Pajot : Il faut distinguer les bureaux des commissions : les bureaux ne sont qu'un morcellement ou fractionnement du conseil. Quand il y aura des matières à traiter, les bureaux choisiront ceux de leurs membres qui ont le plus de connaissances spéciales, pour en former telle ou telle commission.

Le président demande si l'on est d'avis de se diviser en bureaux. Résolu à l'unanimité. On décide qu'il y aura cinq bureaux, mais que le premier sera composé de huit membres et les autres de sept seulement. On les tire au sort.

Après cette opération, M. de St-Georges fait une proposition tendant à faire insérer dans les gazettes de la colonie, des extraits analytiques des procès-verbaux du conseil général, pour répondre au vif intérêt que prend la population aux travaux de cette assemblée.

M. Le Goff : Cette mesure est inadmissible *quant à présent* ; c'est d'abord une question de légalité. J'en demande le renvoi à la discussion du règlement intérieur.

M. R. de la Serve parle dans le sens de M. Le Goff, cet ajournement lui semblant devoir amener la publication légale des procès-verbaux du conseil général ; non pas seulement en extraits, mais dans leur totalité.

M. Gamin : Je demande surtout la publication de l'adresse en réponse au discours du Gouverneur ; cette adresse devant contenir l'énoncé des principes du conseil général, fera connaître ses intentions, et lui servira en quelque sorte de bannière.

M. Conil, dans une chaleureuse improvisation, appuie et les publications provisoires et la publicité. Le pays la réclame, il l'attend. C'est une question vitale. Il parle de l'ancien conseil général ; il dit que le mystère de ses délibérations l'a tué dans l'opinion publique ; tandis que si la publicité avait eu lieu, on lui eût rendu la justice qu'il méritait.

A. Vinson.

---

6 juillet 1833.

En France et en Angleterre, ce qu'on appelle le discours de la couronne est du domaine de la presse. Des paroles officielles, sorties de bouches royales, sont soumises à la libre critique des journaux ; chacun les commante, les approuve ou les blâme à son gré.

A Bourbon, tel est l'orgueil qui domine quelques-uns de nos fonctionnaires publics, qu'ils se croient plus que des rois, et qu'ils se révoltent à l'idée de toute censure comme à une violation du respect qui leur est dû.

Nos lecteurs prévoient déjà que cette réflexion nous est inspirée par l'article signé E., inséré dans la *Feuille Hebdomadaire* du 26 juin. Quoiqu'il nous soit donné sous la rubrique de Sainte-Suzanne, nous ne prendrons pas le change sur le théâtre de sa naissance, et le pseudonyme E ne nous cachera pas son véritable auteur. Aux traits qui caractérisent cet édifiant article, nous lui reconnaissons une parenté intime avec la fameuse harangue débitée à M. le Gouverneur par le maire de Saint-Denis ; c'est donc à l'auteur de ce mémorable discours que nous adressons notre réponse, et personne sans doute ne se méprendra sur celui que nous voulons indiquer.

Il est des hommes qui affrontent bien impudemment, il faut l'avouer, l'examen de leur conduite publique. En proie à une agitation secrète, dont nous n'apprécierons pas ici la cause, ils tombent parfois dans une sorte de de vertige qui leur enlève le sens et la mémoire. A propos d'une légère correction, infligée à l'inconvenance de leur langage dans une occasion solennelle, ils ont la témérité de soulever des questions de la plus haute gravité. Cependant, à moins de se mentir à eux-mêmes comme ils mentent à la conscience publique, ils ne peuvent se dissimuler que, traitées au grand jour de la presse, ces questions les accableraient sous leur poids. Qu'ils y prennent garde ! est-ce sur le terrain brûlant de la personnalité qu'ils veulent amener la discussion ? nous ne refuserons pas de les y suivre, nous qui n'aurions rien à redouter si nos maisons étaient de verre ; mais quand nous aurons accepté le combat tel que nous l'offrent nos adversaires, qu'ils aient au moins la franchise de reconnaître que nous avons attendu leurs provocations réitérées, pour nous livrer à cette lutte d'une nature qu'ils pourront justement alors qualifier de scandaleuse, et à laquelle répugnent nos mœurs et nos engagements publics ; surtout, que FIDÈLES A LEUR SYSTÈME DE CALOMNIE, ils n'affectent pas de considérer cet état violent où ils auront placé notre presse libre comme son état naturel ! Nous protestons à l'avance contre les inductions mensongères qu'ils pourraient en tirer pour repousser l'établissement régulier de la liberté de la presse à Bourbon.

Celui de nos collaborateurs qui est personnellement attaqué dans l'article qui nous occupe, dédaigne de répondre aux dégoûtantes injures qui lui sont adressées par la voie d'un journal censuré dans l'intérêt de l'ordre et de la morale publique, prétend-on. Lui, qui s'est montré sur la brèche, athlète infatigable tant qu'il s'est agi de combattre pour le compte du pays, il lui sied de déposer sa plume éloquente et logique dès qu'il est question de sa personne. Il la livre à ses ennemis, couverte de l'armure de sa vie politique et privée. Cette vie toute consacrée à la sainte cause de la liberté en Europe ; toute dévouée aux intérêts matériels et moraux de la colonie depuis huit ans ; cette vie toute extérieure, toute de dévouement, toute empreinte d'une généreuse abnégation, saura se défendre seule contre les attaques acharnées de la haine et de l'envie. Mais nous auxquels l'honneur et le devoir ne permettent pas de laisser le champ libre à la calomnie contre un de nos amis personnels et politiques, nous ne séparerons pas notre cause de la sienne. Si, grâce à notre médiocrité, nous n'avons pas obtenu comme lui l'avantage d'une accusation directe, nous n'en accepterons pas moins la responsabilité de ses œuvres, et puisque nous n'avons pas pour nous taire le motif d'une légitime pudeur, nous tâcherons de suppléer au silence qu'il s'obstine à garder. Il ne sera pas dit à la honte du pays, qu'une accusation calomnieuse portée contre le premier apôtre de la liberté constitutionnelle parmi nous, l'aura laissé sans défenseur.

Pour le bonheur des sociétés dont ils sont membres, le ciel a placé çà et là sur la terre des hommes généreux dont la vie est un sacrifice permanent à l'intérêt général ; tel est le fondateur du *Salazien*. Dans les pays où règne le despotisme, cette espèce d'hommes créée pour la gloire de l'humanité, est vouée à la dérision et au mépris. Les peuples ignorans et grossiers y sont le jouet des fraudes de leurs chefs ; ils méconnaissent leurs bienfaiteurs et adorent leurs tyrans.

Dans les contrées où les lumières et la barbarie se disputent l'empire, les grands citoyens n'obtiennent encore que des hommages contestés. Ce n'est que chez les peuples où la civilisation a pénétré dans tous les rangs, et où l'amour des libertés publiques s'est implanté dans tous les cœurs, que les nobles dévouemens sont justement appréciés ; là Washington et Lafayette voient leur gloire élevée jusqu'aux cieux ; ce n'est pas du respect, qu'on leur porte ; c'est un culte qu'on leur rend.

Partout où la liberté a voulu s'établir, les partisans intéressés du despotisme ont qualifié D'ENNEMIS DE LA PAIX PUBLIQUE ceux qui, les premiers, ont cherché à fonder le règne des lois sur les débris de leur trône renversé. Ce langage, commun dans tous les temps aux fourbes politiques de haut et de bas étage, n'a rien qui nous étonne dans la bouche DE NOTRE CORYPHÉE DES INTÉRÊTS BUREAUCRATIQUES. Pour l'honneur des personnes à qui elle s'adresse, une ruse aussi grossière ne devrait être repoussée que par le mépris de ceux qu'elle veut atteindre ; mais attendu que toute méprisable qu'elle est, elle n'a que trop souvent réussi à ses auteurs, nous avons cru devoir la signaler à tous les honnêtes gens qui ont du sens commun.

Jusqu'ici nous avons cru qu'il n'était donné qu'au sol de l'Italie moderne de produire un Machiavel ; mais à la nature des coups qui nous sont portés, nous sommes forcés de reconnaître que ses préceptes du moins sont en vigueur dans le camp de nos ennemis.

« CALOMNIER, DIVISER LES ESPRITS, FOMENTER LES « MÉFIANCES, c'est la vieille tactique que Machiavel con« seille à tous les gouvernemens qui ont des intérêts « différens que ceux des masses.

« Ce fut par l'effet de cette tactique qu'à l'époque où « l'Association inspirait tant d'effroi, on fit accroire à M. « Duvaldailly, qu'elle en voulait à son pouvoir et même à « la sûreté de sa personne ; aux fonctionnaires publics « salariés, que l'on convoitait leurs places ; aux capita- « listes, que l'on visait leurs coffres-forts ; aux créan- « ciers, qu'il s'agissait d'abolir les dettes ; aux hommes « de couleur, que l'association les trompait et tendait « en définitive à les priver de leurs droits politiques ; « aux esprits soupçonneux ou crédules qui fesaient « partie de l'association, qu'il y avait une arrière-pen- « sée et des arrières-loges dont on leur cachait le se- « cret. Je n'en finirais pas s'il fallait énumérer tous les « mensonges inventés par les ennemis des libertés co- « loniales, afin de déconsidérer l'institution fondée pour « les revendiquer au nom du pays. » (*)

Aujourd'hui l'on couronne cette longue série d'impostures en affirmant que l'on est soi-même ami des institutions libérales, et l'on affecte de s'étonner, quand celui qui, le premier, en a prononcé le nom, se reconnait à la désignation de MAUVAIS CITOYEN ET D'ENNEMI DE LA PAIX PUBLIQUE ! Et qui donc vouliez-vous indiquer par ces mots outrageans qu'il vous appartenait de métamorphoser en titres honorables, si ce n'est lui, et avec lui ceux qui dès l'abord ont partagé ses doctrines? Quels autres ont mérité ces qualifications qui, décernées par vous, changent de sens et deviennent des louanges flatteuses, sinon l'homme qui nous a réveillés du long sommeil de nos droits, et à la voix duquel nous nous sommes ressouvenus de notre dignité de citoyens ?

Pourquoi feignez-vous de dire : Je ne vous ai pas nommés ; malheur à ceux qui se nomment eux-mêmes ! Despotes ! vous parlez de « Perturbateurs du repos public, » et vous ne voulez pas que les hommes qui comprennent la portée de vos paroles, et se sentent faits pour une autre destinée que celle de ramper sous vos lois, s'émeuvent et disent : nous voilà !

Nous, perburbateurs du repos public ! oui, nous le sommes si vous entendez par cette dénomination les ennemis déclarés de votre puissance et des principes

---

(*) Extrait du rapport historique sur l'Association coloniale, présenté à M. le contre-amiral Cuvillier, par M. N. de L. S.

politiques dont vous avez cessé de faire profession depuis deux ans seulement ; hors de là, ces mots n'ont pas d'acception qui puisse nous atteindre.

Mais ce n'est pas assez pour vous de nous donner des noms que nos caractères et nos positions repoussent ! Vous usurpez encore nos véritables titres ; vous osez insolemment vous parer de notre dépouille que vous avez ravie ; vous vous proclamez les défenseurs des libertés coloniales ; vous, qui les maudissez dans le secret de vos cœurs égoïstes ! Vous, dont la carrière administrative tout entière est une conspiration permanente contre les droits du pays qui vous a vu naître ! Vous, qui vous êtes lié par un pacte honteux avec l'homme auquel la colonie attribue la plus grande part de ses malheurs ! Vous, délateur odieux de celui dont vous occupez le poste ! Vous, qui, ministre et conseiller des gouverneurs que le pays a vu se succéder depuis six ans, n'avez employé votre influence sur eux que pour pervertir les intentions bienveillantes que peut-être ils apportaient en venant nous régir ! Vous enfin, qui avez mis le comble à tous ces forfaits politiques en destinant à la proscription douze de nos plus honorables citoyens ! (*) Voilà, voilà vos titres à la reconnaissance publique ! Chargé de tant d'éléments d'anathème, il vous appartient bien de vouloir nous enseigner les nobles voies dans lesquelles le patriotisme marche le front levé ! Vous n'y êtes jamais entré ; comment pouvez-vous prétendre nous y guider ? Ah ! gardez pour vous et vos pareils vos misérables leçons ; vos enseignements n'ont pas cours chez nous ; c'est en nous-mêmes que nous cherchons la règle de notre conduite publique ; nos inspirations nous viennent d'une source à laquelle vous n'avez jamais puisé. Malgré vos clameurs insolentes, nous accomplirons l'œuvre que nous avons commencée ; hommes de tête et de cœur, nous ne reculerons pas devant les obstacles que vous nous suscitez ; non, jamais nous n'abandonnerons la tâche que nous nous sommes imposée de ranimer ou de faire naître l'esprit public à Bourbon, et d'y créer un patriotisme local qui puisse bientôt déjouer vos manœuvres. Nous sommes trop avancés dans cette grande et

---

(*) L'auteur se trouvait à Paris quand la liste de proscription y parvint ; il en fut informé par le témoignage le plus authentique.

généreuse entreprise pour qu'il vous soit possible d'arrêter nos progrès.

Mais le pays, dites-vous, nous a comptés ; il apprécie nos doctrines et juge nos personnes....

Nous ne vous démentirons pas ; le pays nous a comptés ; mais quand ? ce fut le jour où, interprètes de ses vœux nous allâmes porter au pouvoir les Adresses des communes pour la convocation d'une représentation coloniale qui ne fût pas une déception ; ce jour, il doit vous en souvenir, où notre attitude calme et fière nous ramena les cœurs que vous nous aviez aliénés ; ce jour célèbre où l'on put se demander à Bourbon comme à Paris pendant la grande semaine : que sont devenus les fauteurs des coups d'état ?

Voyez comme l'injustice est mauvaise conseillère ! Vous pensiez nous accabler sous le poids des charges monstrueuses que vous aviez entassées contre nous ; eh bien ! elles nous serviraient toutes à vous confondre, et notre justification ressort éclatante des faits mêmes que vous nous imputez.

Que parlez-vous du scandale de notre presse clandestine ! Depuis quand les despotes sont-ils juges de la moralité des combats qu'on leur livre ? s'il y a ici du scandale quelque part, c'est dans l'empire que vous affectez sur les destinées du pays, et non dans nos efforts patriotiques pour le soustraire à votre domination ; c'est dans l'incroyable asservissement où vous le maintenez sur le plus précieux de ses droits, celui dont l'exercice lui apprendrait bien vite à reconnaître quels sont ses véritables amis de vous ou de nous;de vous,qui vous êtes toujours montré hardi de votre servilité envers les puissances mobiles du ministère ; de nous,qui, pour le salut de notre pays qui nous est cher, ne craindrions pas de proclamer, s'il le fallait, le principe de la résistance à l'oppression !

Et c'est parce que la profession ouverte de ce principe conservateur honore notre courage, que vous osez insinuer des soupçons sur notre amour de la France. Ah ! de tous les crimes dont vous cherchez à nous noircir, celui-là serait le plus énorme sans doute, s'il avait l'apparence de la réalité, et nous avouons qu'ici votre perversité a dépassé nos prévisions. Non, nous ne nous attendions pas à cet excès d'impudence, par lequel, pour nous rendre plus odieux, vous nous peindriez sous vos traits et vous couvririez effrontément du masque de nos vertus. Allez, personne ne sera dupe d'un aussi vil manège ; chacun sait assez de quel côté furent les acclamations à la nouvelle triomphale de la révolution de juillet ; que dis-je, on n'a pas oublié la mortelle pâleur répandue sur votre visage, le jour à jamais glorieux où le pavillon tricolore fut imposé à votre haine ; et la fameuse prophétie sortie alors de votre bouche, émeut encore aujourd'hui nos âmes toutes françaises : ce noble étendard, disiez-vous, SERAIT LE LINCEUIL DE LA COLONIE !

Il nous suffit d'avoir mis au néant les principales de vos accusations ; nous ne nous traînerons pas à votre suite pour les combattre toutes. Naguère on vous avait annoncé que vous abusiez de notre générosité, vous n'en avez tenu compte ; vous vous êtes efforcé de lasser notre patience : vous avez recueilli le fruit de vos témérités.

A. B.

EXTRAIT DU *CERNÉEN*

DU 18 JUIN

« Deux nouveaux journaux viennent de paraître à Bourbon ; l'un intitulé le *Colonial* avec l'approbation de l'autorité et l'autre qui a nom *Salazien*, sans sa sanction. On pourrait croire que la précaution que les éditeurs de cette dernière feuille ont prise de ne la faire paraître que clandestinement, leur a été imposée par la nature même des écrits qu'elle contient, mais on pourra juger d'après les extraits du premier numéro, que nous publions aujourd'hui, de l'esprit qui préside à sa rédaction. Les questions qui sont agitées dans les numéros subséquents, sont toutes d'un intérêt général et traitées avec le même talent et la même modération. Il est bien fâcheux pour une population, que le bon sens et la raison imprimés, ne puissent paraître ainsi devant elle que furtivement et illégalement ; et une administration fait d'elle-même la critique la plus amère, lorsqu'elle fait usage de ses forces, non pour détruire, mais pour maintenir de tels abus qui, dans l'état de civilisation où est le siècle, sont de vraies turpitudes. On nous nous trompons fort, ou les personnes qui ont part à la rédaction du *Salazien*, sont quelques-unes de celles qui ont puissamment contribué à arracher à l'autorité une représentation coloniale. Maintenant, comme nous le voyons par quelques passages de ce journal, tous leurs efforts tendent à obtenir pour leur pays la liberté de la presse, c'est un nouveau titre qu'ils acquièrent à la reconnaissance de leurs concitoyens. Sans doute la lutte qu'ils livrent maintenant doit leur être extrêmement désagréable et pénible ; nus et sans armes, ils combattent contre la médiocrité et l'incapacité cuirassées et armées de toutes pièces ; mais ce qui doit les encourager, c'est qu'ils ont devant eux, outre de grandes chances de succès, une noble récompense, celle de voir leurs noms attachés honorablement aux fastes de leur pays.

« Le premier numéro du journal est tout entier consacré à faire ressortir l'illégalité d'une disposition de la loi organique du conseil législatif, qui exclut de la représentation coloniale tous ceux qui, par le résultat des chances fâcheuses du commerce, sont réduits soit à un état de carence mobiliaire, soit à une séparation de biens judiciaire d'avec leurs femmes. Notre correspondant nous marque que cette disposition n'a été introduite dans la loi qu'au moyen de beaucoup d'intrigues, et dans le but secret d'écarter du conseil des hommes recommandables dont on redoutait l'influence et surtout le talent, et qui ne laissaient à leurs antagonistes d'autre prise que celle de l'état actuel de leur fortune. »

Nous apprenons par des voies sûres que M. JURIEN, ancien administrateur à Bourbon, a été remis en activité de service à son rang dans l'administration de la marine ; cette nouvelle intéressera toutes les personnes qui ont été à même de connaître et d'apprécier cet administrateur estimable, si digne de nos regrets.

M. Jurien appartient à l'une des familles les plus distinguées de la France, famille remarquable par l'indépendance, la loyauté et la noblesse de caractère qui semblent former le patrimoine de tous les membres qui la composent ; celui qui fut trop peu de temps au nombre de nos administrateurs, s'est fait remarquer au milieu de nous par ses qualités généreuses de famille de même que par une politesse bienveillante et gracieuse qui était dans ses habitudes et qui rendirent si agréables les rapports qu'eurent avec lui ses administrés.

En nous quittant, M. Jurien s'est acquis de nouveaux titres à notre estime et à nos regrets, on sait maintenant avec quelle générosité il a fait un mystère des causes qui l'enlevèrent aux fonctions qu'il remplissait à Bourbon ; on sait qu'il ne confia qu'à quelques amis discrets les preuves écrites qu'il avait entre les mains des délations calomnieuses dont il était la victime, délations calomnieuses que l'ambition dicta à celui qui espérait en recueillir les fruits ; le temps, cet ami fidèle de la vérité, a mis à découvert ce secret, et les trames qui furent ourdies dans l'ombre contre M. Jurien ne sont plus un mystère.

Nous devons le dire,puisqu'on n'a pas craint de nous y provoquer ; de toutes les voies qui peuvent conduire aux emplois publics, les plus odieuses sont celles qui furent pratiquées en cette occasion par un ambitieux pour y parvenir. Privé d'institutions protectrices, notre pays a besoin cependant qu'on lui laisse la chance de trouver quelques garanties dans le caractère et la moralité des dépositaires du pouvoir. Nous voyons de quelle manière cette chance de garantie a été ravie à notre pays, et nous avons sous les yeux l'usage funeste que l'on sait faire et que l'on doit faire nécessairement d'un pouvoir obtenu par de tels moyens ; laissant à d'autres le soin d'énumérer les griefs de la colonie ; nous remarquerons que celui qui usa de ces moyens odieux ose cependant se proclamer au milieu de nous, le censeur et le régulateur de la morale publique ; dans l'ivresse de cette position nouvelle, il décerne d'une main les palmes de l'honneur aux courtisans intéressés de son pouvoir éphémère,et de l'autre il applique les stigmates de l'infamie sur les fronts qui se refusent à s'abaisser.

Combien de temps encore notre malheureux pays servira-t-il de théâtre à ces scènes où le ridicule et le scandale semblent se disputer la prééminence ? Nous sommes convaincus du moins, qu'elles cesseraient à l'instant même où un noble caractère serait appelé à seconder les vues de paix de M. le contre-amiral Cuvillier, et ses intentions bienveillantes en faveur de la Colonie qui lui a été confiée.

CONSEIL GÉNÉRAL

RAPPORT de la Commission spéciale (*) chargée d'examiner la communication faite par le ministre sur l'exécution de la loi du 4 mars 1831, par M. Conil.

Séance du 19 octobre 1832.

MESSIEURS,

Le Conseil général poursuivait le cours de ses longs et importans travaux, lorsqu'une communication inattendue est venue les interrompre en détournant votre attention des matières urgentes qui l'avaient fixée, sur le point le plus essentiellement peut-être digne de toute votre sollicitude.

Le gouvernement métropolitain interprétant à son gré la loi du 4 mars 1831, répressive de la traite des noirs, veut imposer à la colonie un mode d'exécution de cette loi, qui, si vous l'admettez, enlève d'abord à notre pays une propriété qui lui est irrévocablement acquise ; et en second lieu, menace par voie de conséquence rigoureuse, mais nécessaire, vos propres ateliers.

Il y a évidemment erreur ; et la religion du ministre a besoin d'être éclairée, car, quelle que soit sa déférence habituelle aux avis des commissions qu'il nomme, surtout lorsque leurs décisions émanent de membres appartenant aux chambres législatives, nous ne supposerons jamais qu'ils veuillent faire à de semblables considérations, le sacrifice de nos droits placés plus spécialement sous sa haute surveillance.

La question que soulève la communication sur laquelle vous êtes appelés à délibérer, est plus grave dans ses résultats que difficile dans son examen. Toutefois il eût été prudent de la part de l'administration locale de nous la soumettre plus tôt (**) et surtout de ne pas attendre le moment où la clôture prochaine de notre session, nous a contraints à n'indiquer que le sommaire des améliorations que le pays réclame, et

---

(*) Cette Commission est composée de MM. A. Pajot, Saint-Georges, Marin, Vinson, Abadie, La Serve et Conil, rapporteur.

(**) La dépêche du ministre parvenue au Gouverneur le 25 septembre dernier, et suivie d'un rapport du procureur général en date du 2 octobre courant, n'a été communiquée au Conseil général que le 17......

nous a empêchés d'entrer à cet égard dans la déduction de tous les détails d'exécution d'après lesquels ces améliorations seront organisées. Ce retard, Messieurs, est vraiment déplorable, et nous devons hautement le proclamer ; nous n'y voyons que la suite de ce système d'éloignement qui tient nos autorités en état de défiance vis-à-vis du Conseil général lui-même.

Toutefois sans manifester ici une susceptibilité que la circonstance légitimerait peut-être, nous nous hâtons, Messieurs, d'entrer dans la discussion que vous attendez, et si nos réflexions ne sont pas aussi complètes que le pays aurait le droit de l'exiger, la responsabilité de cette imperfection ne pourra nous atteindre.

Sous l'empire de la loi du 15 avril 1818, la confiscation des navires qui se livraient à la traite des noirs, était prononcée ainsi que celle de leur cargaison.

Les noirs provenant de ces saisies étaient, aux termes de l'ordonnance du 8 janvier 1817, importés dans la colonie où ils étaient employés à des travaux d'utilité publique.

C'est en exécution de ces deux actes que l'atelier colonial s'est peuplé, mais il n'est pas inutile de faire remarquer que cet atelier possédait des esclaves avant que la loi eût réprimé la traite.

(La suite, voir page 212.)

---

11 juillet 1833.

Lecteur, vous connaissez sans doute le chef-d'œuvre de notre immortel Fénélon, LE TÉLÉMAQUE ? — mais comme on ne garde pas toujours le souvenir de ce qu'on a étudié, même avec soin, faites-moi le plaisir de relire, dans cet ouvrage ce qui est relatif à un certain PROTÉSILAS, ministre d'Idoménée, roi des Crétois. (*) Vous serez frappé de la ressemblance du portrait avec celui que la voie publique proclame comme jouant le même rôle dans la colonie de Bourbon. Ce premier ministre a commencé son règne sous le gouvernement d'Idoménée Ier (le comte de Cheffontaines) ; sa puissance s'est développée dans toute sa plénitude sous Idoménée II, (M. Duvaldailly). Il voudrait bien continuer à régner sous le successeur de ce dernier ; mais l'homme

---

(*) Voyez Télémaque, livre 13.

respectable et éclairé qui, depuis quelques mois tient les rênes de notre gouvernement, possède, Dieu merci, toutes les qualités nécessaires pour ne pas être le troisième Idoménée de ce PROTÉSILAS INAMOVIBLE. Toutefois, il lui faut du temps et de la peine, avant de se dégager des filets que l'astucieux ministre a tendus tout autour du fauteuil gouvernemental.

Le haut fonctionnaire public que nous désignons ici sous des traits si reconnaissables, est un enfant de la colonie ; doué d'une capacité remarquable, d'une grande aptitude aux affaires, d'un travail facile, il a été initié de bonne heure à la pratique de l'administration. Laborieux, actif, dédaignant les plaisirs du monde, écrivant et parlant bien, cet homme enfin aurait pu être l'ornement, le premier citoyen, le bienfaiteur du pays qui l'a vu naître. Il a préféré en devenir l'ennemi.

Carliste par goût, par habitude, par spéculation et par la nature de ses alliances politiques, il a vu avec un souverain déplaisir la révolution de juillet s'accomplir, et a voué sa haine à tous ceux qui se sont réjouis de ce grand événement.

Habitué à dominer le conseil privé au moyen des ressorts qu'un homme habile, dissimulé et profondément rusé, peut mettre en œuvre, dans un pays où il n'y avait ni représentation ni liberté de la presse ; il a vu avec une vive répugnance l'aurore d'un nouvel ordre de choses qui promettait à la colonie des institutions libérales et la publicité, tombeau de tout pouvoir fondé sur les manœuvres des coteries, les intrigues de camarilla et le silence de la presse.

Habitué à regarder l'île Bourbon comme une terre sur laquelle il était appelé à régner ; se considérant lui-même comme l'homme nécessaire de tous les gouverneurs qui se succèdent rapidement sur notre sol colonial ; pouvant facilement en accaparer l'esprit par l'avantage de sa position et de tous les moyens dont il dispose, il a envisagé comme une révolte dirigée personnellement contre lui, les efforts de la population pour se débâillonner et obtenir de véritables organes représentatifs. De là la haine qu'il porte aux hommes qui ont réveillé l'esprit public à Bourbon, régénéré le patriotisme local, répandu le goût et fait naître le besoin des institutions libérales ; en un mot qui ont pris pour devise : LÉGISLATURE LOCALE ET

LIBERTÉ DE LA PRESSE. Colon, il était trop éclairé pour ne pas sentir de quel prix il était pour nous d'obtenir des institutions qui pussent nous protéger contre les erreurs de notre métropole, contre les égaremens de cette philantropie européenne qui, avec les meilleures intentions du monde, pourrait nous causer des maux incalculables ; mais son intérêt, comme MINISTRE RÉGNANT ICI SANS CONTROLE, s'est trouvé en opposition avec son intérêt comme colon. Il a fallu que l'un des deux cédât, et c'est l'ambition qui l'a emporté.

Celui qui n'a jamais compris le patriotisme et ne conçoit d'autre gouvernement possible que le GOUVERNEMENT ABSOLU ; celui dont l'âme a été brisée de bonne heure par l'habitude de la servilité, et corrompue par cette soif du pouvoir pour la satisfaction de laquelle tous les moyens sont bons : celui-là ne pouvait hésiter quand il s'agissait de la conservation de ce pouvoir.

D'autres considérations non moins importantes se joignaient d'ailleurs ici pour décider son choix. Tout en regardant Charles X, il fallait bien se résoudre à servir Louis-Philippe et la France de juillet, afin de rester en place. Il fallait de plus trouver le moyen de faire sa cour aux nouvelles puissances, afin de se maintenir et s'il était possible d'avancer. De là un triple profit : conserver le plus longtemps possible le pouvoir à Bourbon ; rendre hommage à l'omnipotence du gouvernement métropolitain, en proscrivant ici tout effort tendant à prouver que « la Colonie possède des droits « indépendants de la volonté métropolitaine ; » (*) enfin se réserver dans l'avenir les chances de faveur, fondées sur cette alliance de la bureaucratie et de la nécrophilie que nous avons signalée dans le numéro 10 du *Salazien*. Un ambitieux du caractère souple et flexible de notre Protésilas, oriente ses voiles de manière à ce qu'elles puissent le pousser de quelque part que vienne le vent. Comme la société célèbre dont il professe les maximes, IL EST TEL QUEL, c'est-à-dire TEL que les circonstances l'exigent pour son avantage. Personne ne fait une volte-face d'opinion avec plus de grâce et d'élégance ; personne ne soutient avec plus

---

[*] Principe reconnu par les lois coloniales de l'Assemblée constituante.

d'aplomb, le contraire de ce qu'il a dit la veille. Il sait prendre tous les tons, revêtir toutes les couleurs, et aucun moyen ne lui répugne pour arriver à ses fins.

Tel est l'homme, que ses goûts, ses habitudes, sa position sociale et son ambition, ont rendu le plus dangereux ennemi des institutions libérales que le pays demande, institutions qui sont non-seulement indispensables au développement moral, intellectuel et politique de notre population ; mais qui, de plus sont absolument nécessaires pour assurer l'existence de la colonie en face des doctrines qui dominent aujourd'hui en Europe. Le conflit qui dure ici depuis deux ans n'a fait qu'irriter ses passions, et malgré la prudence et la circonspection habituelles avec lesquelles il les maîtrise extérieurement, ils ont fait irruption dans une circonstance récente où la nature l'a emporté sur tous les calculs.

M. le Maire de Saint-Denis n'ayant été dans cette affaire que le porte-voix de notre premier ministre, nous le mettons une fois pour toutes hors de cause, de même que le signataire de l'article E. de la *Feuille Hebdomadaire* du 26 juin 1833. La harangue et la diatribe viennent de la même source, cela est de notoriété publique, et l'on doit s'en prendre ici au véritable auteur.

Il ne fallait pas d'abord nous attaquer dans le discours du maire. Cette provocation violente et gratuite a été une première imprudence. Ne valait-il pas mieux continuer le système de calomnies sourdes et ténébreuses qui vous avait si bien réussi ? Eh quoi ! vous qui êtes si habile dans l'art de tromper les hommes, vous ignorez qu'on tue la calomnie lorsqu'on la produit au grand jour !

Cette première faute ayant été châtiée par le *Salazien* numéro 14, il fallait au moins profiter de la leçon, feindre le mépris en ne répondant pas, ou si cela paraissait inadmissible, ne hasarder qu'une réponse bien mesurée et calculée pour éteindre cette polémique au lieu de l'attiser. Vous deviez surtout vous garder d'aggraver votre première faute par des attaques tellement virulentes, tellement offensantes sur le terrain de la personnalité, QU'ELLES PLACENT VOS ADVERSAIRES DANS LE DROIT DE LA LÉGITIME DÉFENSE, lorsqu'à leur tour ils vous traduisent à la barre du public, vous dévoilent et vous montrent pour ce que vous êtes. Mais le numéro 14 avait touché la corde sensible, il avait mis le doigt dans la plaie. Le ressentiment et la colère vous ont fait oublier ce que la prudence vous commandait.

Le *Salazien*, journal clandestin, vous avait donné des leçons de modération et de décence, de ce ton de discussion parlementaire dans lequel il convient à la critique des journaux politiques de se contenir ; et c'est vous, homme du gouvernement, c'est la feuille publiée sous les auspices de l'administration, c'est le journal censuré qui a offert le premier exemple d'hostilité flagrante, d'attaque personnelle et de provocation sanglante. Nous en demandons acte au public, afin que vous ne puissiez tourner contre la liberté de la presse l'allégation d'un scandale que vous avez vous-même produit sous l'empire de la Censure.

Tant qu'il ne s'est agi que des autres membres du conseil privé, les observations critiques du *Salazien* n'ont point été relevées. Les feuilles officielles se sont tues. On a même affecté de ne pas prononcer le nom du *Salazien*. Mais à l'instant où le CORYPHÉE DES INTÉRÊTS BUREAUCRATIQUES a été mis en jeu ; à l'instant où l'on a touché l'arche sainte de son système de domination intérieure et de son népotisme, la fureur concentrée a éclaté, et l'on n'a pas craint de reconnaître officiellement l'existence du ténébreux journal, afin de pouvoir plus à l'aise l'accabler d'outrages.

Au surplus, SI LA VIE PRIVÉE DOIT ÊTRE MURÉE, ainsi que nous en avons pris l'engagement envers le public et que, NOUS LE RÉPÉTONS DE NOUVEAU, la vie publique des hommes du gouvernement et de tous les fonctionnaires est essentiellement du domaine de la presse. Nous sommes donc dans notre droit lorsque nous vous faisons comparaître sur ce théâtre, et que nous examinons qui vous êtes et à quel titre vous vous êtes permis de porter contre nous les plus téméraires accusations.

Ce qui a dû le plus étonner les gens qui vous connaissent, c'est votre profession de foi en faveur des institutions libérales que nous demandons. A vous entendre vous en êtes le meilleur ami.

Comment avez-vous pu espérer que l'on ait sitôt oublié l'acharnement avec lequel vous vous êtes opposé, tant que vous l'avez pu, au conseil général électif, destiné à donner au moins des organes représentatifs à la colonie ?

N'avez-vous pas déclaré, lors de la discussion qui eut lieu à ce sujet au conseil privé, en présence de toutes les voix consultatives qu'on y avait appelées, que la colonie n'était point encore mûre pour des institutions libérales ?

Mais votre mauvais vouloir contre la représentation coloniale, ne s'est pas borné là. Après l'avoir refusée aussi long-temps qu'il a été en vous, vous avez retardé aussi, le plus long-temps possible, l'envoi en France du travail si important du conseil général sur le projet de constitution coloniale. Vous saviez cependant, à l'époque où le conseil général termina sa session, (fin d'octobre 1832) que les chambres métropolitaines devaient discuter le projet de loi à leur prochaine session. Rien n'était plus urgent que cet envoi, si on ne voulait l'exposer à arriver en France lorsque la question serait décidée. Eh bien, le pays n'apprendra pas sans indignation que le paquet n'est parti de Bourbon que vers la fin de février dernier ou commencement de mars. Pourquoi l'avez-vous gardé pendant près de quatre mois ?

Comment cet ami si sincère des institutions libérales de la colonie, a-t-il voté tout dernièrement au conseil privé *contre la législature locale*, et conformément à l'ancien projet ministériel sur lequel le ministre de la marine avait demandé l'avis du conseil privé ? Démentez-nous si vous l'osez. (*)

Mais le tour le plus audacieux de notre adversaire est cette insinuation perfide par laquelle se mettant en contraste avec nous, il nous accuse de calomnier le nouveau gouvernement de la France, et de semer la désaffection à son égard. N'est-il pas vraiment scandaleux de voir un absolutiste de profession, incriminer nos sentimens envers la France de juillet et le Roi-citoyen. C'est le monde renversé.

Pour rendre cette hypocrisie plus odieuse encore, le reproche s'adresse personnellement à un homme dont la vie a été une série d'épreuves et de témoignages de dévouement et de fidélité aux doctrines résumées dans le trône constitutionnel de Louis-Philippe. Ah ! c'est

---

(*) Ce vote a eu lieu depuis l'arrivée du contre-amiral Cuvillier dans la colonie.

nous qui sommes sympathiques à cette nouvelle France que vous maudissez intérieurement. Nous redoutons les erreurs où sa générosité pourrait l'entraîner en matière de philantropie ; parce que loin du théâtre où les expériences doivent se faire, elle peut fort bien ne pas en apercevoir le danger. Nous redoutons ses erreurs parce qu'elle ne connaît pas notre état social, qu'elle ignore nos localités, parce qu'enfin nous avons été calomniés à ses yeux, et qu'en attendant que nous ayions pu la détromper, la France, c'est-à-dire, les chambres et le Roi, pourrait avec les meilleures intentions, prendre sur ces matières si délicates des résolutions qui nous seraient funestes.

Voilà ce que nous avons dit, et ce que nous ne cesserons de répéter à nos concitoyens et à la France elle-même, jusqu'à ce que notre sort ait été décidé.

Vous appartenait-il, à vous, qui avez osé dire *que le drapeau tricolore serait le drap mortuaire de la colonie*, de vous faire une arme de nos légitimes inquiétudes et de nous les imputer à crime ?

La colonie ne peut avoir oublié ce passage de l'adresse du conseil général électif, au gouverneur Duvaldailly :

« En présence des attaques que la tribune laisse tomber et que les feuilles périodiques répètent avec un si effrayant retentissement, il est naturel de concevoir quelques inquiétudes sur notre avenir. Les colons désarmés et muets devant la presse européenne, voient tous les jours leurs propriétés mises en question et leur existence politique en problème ; et si à ces motifs de crainte viennent se joindre les calomnies que des documens inexacts transmettent à la métropole, nos destinées ne peuvent-elles pas s'offrir à nous, sous les plus sombres couleurs ? »

Le public ne peut avoir non plus oublié ce paragraphe de la lettre de M. Sully Brunet à un ancien magistrat de l'île Bourbon :

« On n'aime pas les colonies ; on les considère comme inutiles et à charge : et lorsqu'on réclame pour elles certaines attributions, on rencontre une susceptibilité métropolitaine inconcevable ; on se cabre contre toutes nos réclamations, dans l'idée surtout que les colons pourront en abuser contre l'esclave. Au total, après avoir vu les hommes et les choses de près, je vous déclare que la position des colonies est

« très sérieuse ; qu'elle est faite pour inquiéter. L'ave-
« nir politique, le système commercial, tout tend à de
« rudes convulsions. Je suis loin d'être alarmiste, mais
« qu'on comprenne donc, une fois pour toutes, le dan-
« ger. Qu'au lieu de s'arrêter à ces froissemens d'amour-
« propre, à ces intrigues de salons, à ces petits senti-
« mens de vanité, qui perpétuent les divisions et nous
« rendent vunérables, on demeure bien convaincu
« qu'une union franche peut seule préserver notre pays
« des calamités politiques les plus funestes. »

Voilà ce que notre digne délégué nous disait, *une fois pour toutes*, l'année dernière. Nos craintes ont donc été partagées par le conseil général, et motivées de la manière la plus énergique par les délégués.

Quant à nous, *fondateurs de l'association coloniale et du Salazien*, nous avons su allier ce que nous devons à notre mère-patrie avec nos devoirs envers notre patrie locale. Nous avons un grand avantage sur notre adversaire dans cette discussion, c'est de pouvoir dire tout haut ce que nous pensons, et d'agir comme nous parlons. Nos vives sympathies pour le gouvernemant né de Juillet, ne nous ont pas empêchés de prémunir le pays contre la possibilité des erreurs et des préventions fâcheuses que nous avons signalées plus haut. Ces institutions libérales que nous chérissons d'abord à cause de leur noble influence sur le moral des peuples, puis ensuite parce qu'elles assurent leur prospérité matérielle, nous offraient indépendamment de ces précieux avantages un boulevard contre des lois ou ordonnances qui auraient pu être surprises au zèle philantropique de notre métropole. Tous ces motifs réunis, expliquent l'empressement avec lequel nous nous sommes déclarés les promoteurs de ces institutions dans le pays. Les mêmes hommes qui ont salué le drapeau tricolore de si vives et sincères acclamations, ont fondé peu de mois après l'association coloniale. Non-seulement afin que votre *sinistre prophétie* n'eût aucune chance de se réaliser, mais aussi pour assurer autant qu'il serait en nous, à notre pays, le bienfait de ces institutions dont le noble étendard est l'emblème. Nous savions à l'avance que vous et vos pareils feriez tous vos efforts pour convaincre le gouvernement métropolitain que nous n'en étions pas dignes. L'évènement a prouvé que nous avions raison de nous précautionner.

L'Association coloniale a fait renaître le patriotisme local, elle a ranimé l'opinion publique et lui a donné un corps. Elle a éclairé le pays sur ses droits et ses intérêts, et lui a fait sentir toute la valeur de ces institutions politiques que nous avons été les premiers à revendiquer pour lui. Elle a produit le conseil général électif en attendant mieux. Enfin le retentissement de tout ce qu'elle a fait à Bourbon en faveur de la liberté politique de la colonie, et les écrits qu'elle a publiés, ont produit sur l'opinion métropolitaine l'effet que nous étions en droit d'en attendre. Notre cause a trouvé des défenseurs et des apologistes dans un grand nombre de journaux de France qui, jusque-là, nous avaient été opposés ou avaient gardé le silence. Le projet ministériel, amélioré dans la présentation faite à la chambre des Pairs le 28 décembre dernier, le nouvelles améliorations proposées par la commission dont M. Gauthier est rapporteur, attestent l'heureuse influence que l'Association de Bourbon a exercée en France sur une portion notable de l'opinion publique. Les actes et les écrits de l'Association offraient justement la preuve de ce qui était révoqué en doute par les ennemis et les contempteurs des colonies, savoir, que nous avions des lumières et que nous comprenions nos droits.

Au surplus, l'Association ayant senti que la prolongation de son existence mettait obstacle à la fusion si désirable des opinions parmi ceux des habitants qui tiennent au sol, elle s'est dissoute. Le corps n'existe plus, mais ses élémens restent et ses doctrines se propagent. Comme institution organisée, elle n'est qu'un souvenir qui appartient à l'histoire du pays. L'ex-association se fait honneur de tous ses actes. Bien loin de redouter à cet égard la publicité, elle l'appelle de tous ses vœux. Si le matériel de la presse des Salazes le permettait, nous publierions à l'instant, *le rapport historique sur l'association coloniale*, présenté à M. le contre-amiral gouverneur, avec dix-sept pièces justificatives, le 20 janvier 1833, par le fondateur même de l'Association. Cet écrit, revêtu du consentement et de l'approbation de ses collègues, et les pièces qui l'accompagnent offrent le tableau fidèle et complet des actes et des doctrines de cette institution si peu comprise par une bonne partie de ceux qui la calomnient. Il faut savoir pardonner à l'ignorance qui accuse ses vrais amis, et la plaindre quand on la voit se jeter dans les bras de ceux qui la trompent et la trahissent. En attendant que cette publication puisse avoir lieu par voie d'impression, nous allons nous occuper de faire transcrire cette collection de documens et la mettre à la portée du public dans divers dépôts. Là on trouvera l'éclatante justification de ce conseil que l'Association n'a cessé de donner à la colonie, « de se déclarer immédiatement partie intervenante dans sa législation intérieure, c'est-à-dire, en d'autres termes, de déclarer « qu'il ne pouvait y avoir de lois de régime intérieur « dans le pays, sans le consentement de la représentation coloniale librement et directement élue. »

Vous qui n'avez jamais été que le servile agent du pouvoir, vous nous faites un crime de ce conseil que nous considérons comme notre plus beau titre à l'estime de nos compatriotes! Qu'on lise donc les pièces ci-dessus indiquées, et l'on verra s'il manque quelque chose à la démonstration que tel était le droit, le devoir et l'intérêt du pays, tout à la fois. Lois politiques, autorités de premier rang, exemples offerts par l'histoire coloniale, argumens palpables, tout s'unissait en faveur de la thèse que nous avons soutenue. Maintenant que l'occasion a été perdue, nous pouvons parler encore avec plus de liberté de ce qu'il convenait à la colonie de faire dans des circonstances qui eussent été décisives, si l'on avait su en profiter. Aujourd'hui nous ne pouvons plus attendre que de la spontanéité des chambres et du Roi, la décision d'une question dont nous aurions assuré la solution en faveur du pays, s'il y avait eu plus de lumières et d'énergie dans notre population. Puisse l'évènement ne pas nous laisser sous ce rapport, d'amers regrets!

Cependant, une lettre signée de tous les délégués des colonies à Paris et adressée au ministre de la marine, en date du 20 octobre 1831, contient ce passage remarquable:

« Si la loi organique de l'article 64 de la charte est « illusoire, si elle ne fait qu'établir un comité consultatif, n'en doutez pas, Monsieur le Ministre, elle ne sera « acceptée, ni par nous, ni par les colonies. »

Notre excellent citoyen et honorable délégué, M. Sully Brunet, annonçait de plus dans une lettre adressée à son frère à Bourbon, et dont l'extrait a été publié l'année dernière avec celle citée précédemment.

« Qu'il était dans l'intention ainsi que ses collègues,
« de protester contre la loi qui se prépare, si elle ne
« renfermait pas les garanties essentielles auxquelles
« les colons ont droit, et DE DÉCLARER EN MÊME TEMPS
« QU'IL SERAIT DU DEVOIR DES COLONIES DE LA REPOUS-
« SER.

« Malgré toutes les peines que je puis me donner ici,
« ajoutait-il, et tous les efforts que je fais pour amélio-
« rer le projet de loi sur l'organisation coloniale, je
« n'en persiste pas moins à vous dire que Bourbon sera
« ce que les habitants le feront. Aussi, s'ils perdent
« leur cause, ils pourront dire : MEA CULPA. » (*)

Nous nous étonnons qu'après la publication de pareils documents, notre adversaire ait eu le front d'avancer qu'il pensait comme nos délégués, et qu'il nous fasse précisément un crime de professer les opinions de ces derniers.

Les amis des libertés coloniales, prétendez-vous, sont ceux qui veulent le règne des lois. Pour rendre votre pensée juste, il faut dire : *sont ceux qui veulent le règne des lois consenties par la colonie*. Avec cette addition nous serons de votre avis, mais vous vous gardez bien de la faire.

Vous reprochez au *Salazien* de déverser l'injure et la calomnie sur la représentation coloniale. Cette allégation est d'une évidente fausseté. Pour s'en convaincre il suffit de relire nos colonnes. Certes nous prétendons au droit de critiquer les décisions du conseil général, lorsqu'elles nous paraîtront y donner lieu. Ce droit est légalement reconnu à la presse en France, en Angleterre, aux États-Unis, dans les colonies anglaises, enfin dans tous les pays où le gouvernement représentatif est établi. Là les journaux sont en possession non contestée de censurer les actes des législatures, comme ceux du gouvernement. Mais il y a des bornes à la critique, et ce n'est qu'au delà de ces bornes, que commencent l'injure et la calomnie. Or, nous avons la juste prétention de ne pas avoir dépassé ces limites. Le *Salazien* a commencé la publication des procès-verbaux des séances du con-

---

(*) Voyez lettre de M. Sully Brunet à un ancien magistrat de l'île Bourbon, suivie de quelques extraits de ses dernières lettres à son frère, et d'observations sur le tout. Brochure in-4° — 1839.

seil général électif ; il ne pouvait élever un monument plus honorable à cette représentation coloniale dont vous avez cherché à étouffer la voix, autant qu'il a dépendu de vous. Il est bon que le pays sache que c'est particulièrement à vous qu'il doit s'en prendre, si, jusqu'à ce jour, il est resté privé de ce qu'il lui importait tant de savoir et d'apprécier, c'est-à-dire, la conduite de ses mandataires et la manière dont ses affaires ont été gérées dans le sein du conseil général.

L'ex-association ne s'est jamais occupée de mesures financières, quoiqu'en aient dit ses détracteurs. Parlant ici en son nom, nous ne relèverons donc pas ce qui est relatif *au projet d'atermoiement,* dans la diatribe que nous examinons. L'auteur de ce projet lui a donné dans son ouvrage *de la crise financière de la colonie*, toute la publicité que permettent les publications manuscrites. Afin de déjouer les manœuvres de ceux qui en colportent des fragments, souvent falsifiés et dénaturés, il a adressé directement une copie de l'ouvrage entier à M. le gouverneur, lors de son arrivée dans la colonie. Il serait plus difficile de réfuter cet écrit, que de jouer sur le néologisme *minorisé*. Cette question ne présente aujourd'hui d'autre intérêt que celui d'un point d'histoire à discuter, malgré les efforts de certaines personnes pour faire accroire à quelques créanciers, que les partisans de la législature locale veulent les frustrer de leurs droits.

Notre adversaire, pris en flagrant délit d'ignorance, cherche à donner le change sur le mauvais emploi qu'il a fait du mot *utopie* dans le discours du maire de Saint-Denis, dont il est l'auteur. En vain il dit qu'il n'est nullement question des lois de 90 et 91 dans sa harangue. Vous ne les avez pas nommées, soit ; mais vous avez fait une désignation qui ne pouvait s'appliquer qu'à elles.

Il n'a été présenté *comme vœu de la population*, que les lois coloniales de l'assemblée constituante avec un électorat de classe moyenne. Nul autre projet de constitution politique pour la colonie, si tant est que quelque rêveur en ait fait (ce que nous ignorons), n'a reçu un semblable honneur. Ainsi le mot *utopie* dont vous avez cherché à flétrir l'expression des vœux de la population, n'a pu s'appliquer qu'aux lois coloniales de 90 et 91 : *et notre remarque subsiste*. On connaît d'ailleurs l'autipathie, l'aversion bien prononcée que vous avez pour ces lois, que le corps des délégués a déclaré devoir être l'étendard autour duquel tous les colons devraient se rallier. (*) Nous n'avons donc vu dans votre discours que ce qui s'y trouvait effectivement, non pas en termes formels, si vous le voulez, mais implicitement et par une désignation qui ne pouvait s'appliquer à autre chose. Nous serions à notre tour plus fondé à accuser le Donquichotisme qui vous a fait voir la *République* dans un projet d'atermoiement.

Il a fallu après tout, que vous soyiez bien ému, bien préoccupé par quelque passion violente, dans votre réponse au numéro 14 du *Salazien*, car vous avez précisément oublié de dire un seul mot à votre principal antagonisme, au héros du numéro 14, à M. J. B. Say.

« Il y a là, dit l'illustre économiste, des centaines de « fonctionnaires hauts et petits, qui pérorent, qui in- « triguent, et forment une petite société qui crie au « bouleversement de la grande, si l'on ne prend garde « à leurs arrangements de famille. »

Telle est en définitive la moralité de la pièce.

Saint-André, le 5 juillet 1833.

R. L. S.

— L'opinion libérale du pays, représentée par le *Salazien*, vient enfin d'obtenir une éclatante reconnaissance de son légitime empire. *Ce ténébreux et scandaleux journal*, pour lequel hier encore on n'avait pas assez de dédains et de mépris, voit aujourd'hui son existence avouée et sa juridiction acceptée. Celui qui naguère était son plus redoutable ennemi, chancelant et presque vaincu, comparait à sa barre dans l'attitude arrogante d'un coupable enhardi par une longue impunité ; son assurance affectée ne nous intimidera pas, et placé sur la selette au tribunal suprême de l'opinion publique, il y subira la sentence qu'il a méritée.

(*) Voyez la dépêche transmise au conseil général de 1832, par M. Azéma.

La réponse de M. Ach. Bédier à l'article du *Salazien* signé A. B. se divise en deux parties bien distinctes : l'une générale concerne le journal ; l'autre particulière s'adresse à l'écrivain. Je la considérerai sous ces deux aspects différents, et sans prétendre me réfugier derrière la responsabilité commune qui préside à la rédaction de toute feuille politique, j'établirai cependant une distinction importante : c'est que mes paroles de jeune homme, dès qu'elles eurent passé à la censure du *Salazien*, devinrent des paroles d'hommes mûrs et graves, revêtues de l'autorité des juges qui leur accordèrent l'éclat de la publicité ; bien plus, c'est que les lecteurs même, auxquels leur conscience a rendu témoignage de la vérité de mes assertions, se sont moralement associés à la responsabilité des faits que j'ai dévoilés, et quiconque en me lisant a pu se dire : *il a raison, c'est vrai !* participe par ce seul aveu à l'accusation publique que j'ai portée. Voilà le cortège de preuves morales qui accompagne cette accusation. Maintenant on prétend que je dois en administrer des preuves matérielles ! je pourrais objecter à cette exigence, qu'ayant soulevé le voile qui couvrait les actes honteux d'un gouvernement occulte, actes soigneusement disposés pour être soustraits à toute investigation, il n'est ni juste ni logique de vouloir que je fasse briller la lumière au milieu des ténèbres dont l'intrigue s'enveloppe. Des faits étaient à ma connaissance ; ils ne sont pas honorables, j'en conviens, pour leur auteur ; mais ils me paraissent suffisamment prouvés, et *comme juré*, je les admettrais sans scrupule ; cependant j'aurais répugné à les proclamer si je n'y avais été provoqué. Tout à coup l'homme sur lequel pesaient, dans ma conscience, des charges aussi graves, abusant de sa position dominatrice, emprunte des voix amies pour lancer l'anathème sur les fronts rebelles à sa puissance : les nobles inspirations du patriotisme sont représentées par lui sous des couleurs hideuses ; le désir des plus légitimes garanties est traité de révolte contre le gouvernement de la France ; le besoin que les âmes fières éprouvent de posséder des libertés publiques est flétri du nom d'utopie, et l'agitation salutaire des esprits, produite par la recherche consciencieuse du meilleur mode politique de notre existence coloniale, est qualifiée de complot criminel contre la sécurité du pays. Dès lors j'ai compris la pensée secrète de cet homme, et j'ai vu qu'il voulait régner toujours. De là l'indignation généreuse qui s'est emparée de moi, indignation excitée encore par des calomnies dont j'avais ma part, car elles tendaient à corrompre la source d'actes civiques auxquels je ne suis pas resté étranger. Aucun motif de haine ne s'est mêlé à l'expression de mes sentimens dans cette circonstance; ceux qui me connaissent savent assez que je n'ai pas reçu du ciel une âme qui puisse haïr. Mais je possède à un haut degré la faculté de sentir ma dignité de citoyen, et cette dignité outragée dans le passé et le présent, et menacée dans l'avenir, m'a fait rompre hardiment le silence. Plus je pèse la spontanéité de ma conduite et plus je m'applaudis d'avoir suivi les mouvements de mon cœur. A défaut des témoignages d'approbation que je reçois, je trouverais en moi-même la récompense de mes œuvres, dans le sentiment intime qui accompagne toute action louable. Je ne crains donc pas d'avoir jamais à rougir d'une démarche publique qui m'attire les éloges d'un si grand nombre de mes compatriotes, et dont ma froide raison rend hommage à mon enthousiasme.

Quant à la supposition faite par M. Ach. Bédier, qu'on a pu abuser de ma jeunesse (mot dont il abuse lui-même, car je suis père de famille), pour me lancer sur une mer dont j'ignorais les orages et les écueils, je suis désespéré de ne pouvoir laisser ce prétexte à la bienveillance qu'il voudrait me conserver ; mais la vérité veut que je lui apprenne que mes opinions sont indépendantes des hommes qui me sont le plus chers, et que je ne consens à abdiquer mon libre arbitre en faveur de personne. Lui qui, pour dénouement d'une comédie qu'il a jouée avec je ne sais quel ministre, sous le règne de M. de Villèle (comédie dans laquelle il y avait un troisième acteur, dont il ne parle pas, mais que nous connaissons tous), a fini par se laisser imposer une conviction qu'il n'avait pas d'abord, savoir, QU'IL FALLAIT QU'IL OCCUPAT LA PLACE D'ORDONNATEUR A L'ILE BOURBON ; lui, dont la modestie s'est laissé convaincre que pour l'intérêt général du service administratif de la France et pour le salut de cette colonie en particulier, il ne pouvait borner son ambition aux obscures fonctions de contrôleur et que de plus hautes destinées lui étaient réservées, il comprendra peu sans doute l'âpreté de mœurs qui me fait repousser comme une injure la supposition que je me suis laissé dominer par des influences extérieures ; mais je lui pardonne volontiers cette allégation offensante ; jugeant par comparaison, il n'a pas cru, j'en suis persuadé, qu'elle dût me blesser au vif.

M. Ach. Bédier croit encore nous poser une question à embarrasser le sphinx, quand il nous demande comment il se pourrait qu'après avoir trahi celui qui était alors son supérieur dans la hiérarchie bureaucratique, il eût conservé avec lui des relations sinon d'amitié, du moins de politesse ; il ne nous sera pas difficile de répondre à cet irrésistible argument : c'est qu'il est des hommes dont telle est la générosité de caractère et la noblesse d'âme qu'ils ne savent se venger que par de bons procédés des mauvais offices qu'on leur a rendus ; c'est qu'il en est d'autres auxquels les exigences de leur rang élevé et les habitudes diplomatiques de toute leur vie ont fait une seconde nature de l'art de feindre, obligés qu'ils sont d'imposer silence à leurs dégoûts pour conserver leur position ; tel est M. Jurien, et pour nous il résume ces deux types sociaux dont les élémens répulsifs expliquent l'empire des circonstances sur les âmes les mieux faites.

Mais le nom de M. Jurien que je viens de prononcer me ramène au défi qui m'a été porté d'appuyer de preuves, même légères, ce qu'on appelle mes calomnies ; or, il ne s'agit ici que des deux faits contestés de mon précédent article : je vais faire connaître au public les bases sur lesquelles reposent à cet égard mes profondes convictions ; je les exposerai devant lui nues et sans prestige ; il en appréciera mieux la valeur et la force.

Il y a aussi dans nos rangs un homme, enfant de la colonie, qui a fourni sous les yeux de ses compatriotes une carrière de près de soixante années ; les suffrages publics les plus honorables signalèrent sa maturité précoce, et il s'assit à vingt-cinq ans sur les bancs de notre Assemblée coloniale législative. Puis quand le pouvoir, usurpant les droits de la société coloniale, se crut autorisé à lui choisir ses représentans, ce même homme obtint encore la confiance du pouvoir ; mais c'est peu ; la considération marche souvent à la suite de la fortune, et dans les temps que je rappelle, celui dont je parle était comme tant d'autres puissant et heureux. Depuis, le terme de ses prospérités est arrivé ; les revers l'ont accablé. Mais cette position nouvelle ne devait donner qu'un nouveau lustre à l'éclat de ses vertus, et sa popularité s'est accrue de tout ce que la fortune lui a ravi. Cet homme, la plupart des lecteurs le nommeront sur ce portrait ; son caractère loyal et noble ne s'est pas démenti un seul jour pendant sa vie de soixante ans, et sa véracité est un dogme incontestable pour tous ceux qui le connaissent. Or, c'est à lui que M. Jurien a fait confidence de la délation dont il avait été l'objet, et c'est de sa bouche que j'en tiens le témoignage véridique. Je le demande donc à tous ceux pour qui la bonne foi n'est pas un vain mot ; une pareille assurance ne devait-elle pas me suffire pour constater un fait que beaucoup de personnes connaissaient déjà ? (*)

Quant à la liste de proscription, je ne contesterai pas l'argument que vous fondez sur les termes de l'ordonnance du 21 août 1825 ; ainsi je reconnais que cette ordonnance despotique donnait au gouverneur (c'est-à-dire à vous qui en exerciez en réalité le pouvoir), la faculté de déporter des individus de la colonie, sans en référer préalablement au ministre de la marine. Mais en présence des nouvelles maximes qui gouvernent la France, vous avez craint sans doute la responsabilité d'un acte aussi odieux, et vous avez voulu vous assurer de l'assentiment du ministre avant de frapper un coup d'une nature aussi grave. Quoi qu'il en soit, le fait de l'existence de cette liste de proscription me vient de divers témoignages ; le public en appréciera l'authenticité.

C'est en premier lieu de notre honorable délégué, M. Sully Brunet, que je le tiens directement pendant mon dernier séjour à Paris ; il m'a de plus formellement autorisé à le faire connaître à Bourbon, ce à quoi je n'ai pas manqué, et c'est ma correspondance qui donna lieu à la discussion qui s'éleva au Conseil général vers la fin de sa session. Si une question de cette gravité n'a produit d'autres résultats dans le sein de ce Conseil que l'énonciation pure et simple d'un fait, il ne faut pas en inférer que la plus légère incertitude ré-

---

(*) C'est à dessein que je ne cite pas celui que j'indique ici d'une manière assez claire ; si l'on insiste je lèverai le voile.

gnait dans mon rapport; mais il faut uniquement l'attribuer aux sentimens de discrétion mal entendue qui empêcha celui de mes amis auquel j'avais écrit de déposer maletlre comme pièce au procès.

Ce fait m'a encore été attesté par M. Chevassut, l'un des propriétaires-administrateurs du *Constitutionnel*, qui m'a dit le tenir directement de M. Barthe, ministre de la justice, avec lequel des relations de vieille amitié le mettent journellement en contact; et je me rappelle qu'à ce sujet, M. Chevassut manifesta une grande surprise de la facilité avec laquelle nos gouvernans croyaient pouvoir nous proscrire, nous Français des colonies, ennoblis et défendus par la Charte de 1830. « J'aurais pu, me dit-il, concevoir la proscription facul-« tative quand vous étiez bannis de notre pacte fonda-« mental; mais aujourd'hui que tous nos droits vous « sont acquis, je ne verrais que du délire dans ce ca-« price tyrannique, et croyez bien que l'absolution mé-« tropolitaine ne couvrirait pas un attentat aussi énor-« me. »

Enfin le même fait est consigné dans diverses lettres écrites de Paris à Bourbon, par l'un de nos honorables compatriotes que je m'abstiens de nommer parce que je n'y suis pas autorisé; mais j'ai vu et lu ces lettres, et elles ont circulé entre les mains de ses nombreux amis. Si tous ces faits réunis ne constituent pas des élémens suffisans d'accusation contre celui dont la notoriété publique proclame le règne personnel sous le nom de M. Duvaldailly; si tous ces faits, dis-je, ne constituent pas une certitude morale complète, alors il faut renoncer à L'ÉVIDENCE DE TÉMOIGNAGE.

A. D.

CONSEIL GÉNÉRAL DE 1832

Fin de la deuxième séance.

M. Keranval s'oppose à la publicité, l'adopter serait fouler aux pieds l'ordonnance de 1825 qui nous régit.

M. de Saint-Georges : ma proposition a été mal comprise : ce n'est pas la question de publicité que j'ai soulevée, mais celle de l'opportunité de l'insertion d'extraits dans les journaux.

M. Conil : C'est bien la question de publicité que je soutiens. L'ordonnance de 1825 est assez prodigue de dispositions illibérales sans qu'il soit besoin d'ajouter à son texte. Elle a prescrit le secret des délibérations du conseil privé, mais elle n'a rien proscrit de ce genre pour le conseil général ; et le ministre de la marine lui-même a recours à cette publicité, mais six mois après, tandis qu'ici le conseil général a à rendre compte à ses commettans de l'usage qu'il fait du mandat confié à chacun de ses membres.

M. Le Goff : L'ordonnance de 1825 proscrit la publication. En tout état de chose, le gouverneur et le directeur de l'intérieur restent toujours les maîtres de la question ; et l'on ne peut se permettre de prendre un arrêté abrogatif de leurs attributions.

M. Conil : Je reconnais en effet que cette publicité sera toujours et comme les autres insertions soumise à la volonté du gouverneur et à la censure du directeur de l'intérieur, revêtus de ces prérogatives, et l'on n'a jamais décliné leur compétence à cet égard, ni songé à l'éluder.

M. de Saint-Georges reproduit sa proposition et la soutient comme une mesure d'ordre public et comme devoir de la part du conseil général.

M. Vinson : Je ne conçois pas de mandataires qui ne rendent point compte de leur mandat. C'est une des conséquences de l'élection directe. Je vote pour la publicité.

M. R. de la Serve : Je m'oppose à la publication, si l'on ne doit publier que les extraits censurés, et auxquels la censure, par des mutilations, peut donner la couleur qui lui plaira.

M. de Saint-Georges : Eh bien : je me résume à demander qu'il soit, le plutôt possible, procédé à la confection des réglemens, dans lesquels des dispositions expresses pourvoiront aux moyens de publication des séances du conseil général, à cette condition je retire ma proposition « quant à présent ; » déclarant qu'au reste ma conviction demeure entière et n'a nullement été ébranlée par les faibles moyens d'opposition des adversaires de l'espèce de publicité que je proposais.

Adopté à l'unanimité, en précisant le plus bref délai possible pour la présentation des réglemens.

L'assemblée se retire dans ses bureaux pour nommer la commission chargée de présenter un projet de règlement. Elle se compose de MM. R. de la Serve, A. Pajot, Conil, Kanval et Moitais.

On agite la question de priorité de l'adresse ou des réglemens, après avoir écarté celle de l'audition des comptes moraux. M. R. de la Serve opine pour le réglement, malgré la question de convenance. M. Conil, pour l'adresse, quoiqu'il reconnaisse l'urgence de ces deux objets. La question est mise aux voix et l'adresse obtient la priorité.

On demande si, en attendant l'adresse, on entendra les comptes moraux de MM. les chefs de service.

M. de Saint-Georges pense que, par convenance, on ne doit entamer aucun des travaux avant la réponse au discours du Gouverneur. Cette opinion est adoptée.

La commission demande quatre jours pour la rédaction de l'adresse, on lui en accorde deux.

M. Malavois propose de faire une adresse au Roi et une aux Chambres, pour les prier de rester dans le STATU QUO à notre égard, jusqu'à la présentation des travaux du conseil général sur la législation coloniale qui va lui être soumise.

L'adoption de cette proposition, reconnue bonne d'ailleurs, est ajournée après l'achèvement des travaux déjà mis à l'ordre du jour, attendu encore qu'il n'y a point actuellement de bâtimens en partance.

M. Vinson : Je propose au conseil d'inviter M. le président à s'adresser à qui de droit, pour demander que le projet de législation coloniale et le rapport envoyés par le ministre, soient imprimés au plus grand nombre possible d'exemplaires, afin que chaque membre soit à même d'en prendre une parfaite connaissance, pour se préparer à la discussion.

M. Conil : L'insertion aux gazettes suffira, parce qu'il faut être ménager des deniers Publics.

M. Vinson : Sans doute il faut être ménager des deniers publics ; mais, dans une si grave question il faut être avant tout ménager des destinées de notre pays, qui me paraissent toutes dans la discussion de ce projet de législation coloniale.

Cette proposition est adoptée à l'unanimité.

Le président annonce que la séance est renvoyée à jeudi prochain. — La séance est levée à 5 h. et 1/2.

RAPPORT DE M. CONIL

(Suite.)

Au moyen de ces dispositions, l'état a détenu, à titre de propriété, les esclaves qu'il confisquait, ainsi que ceux qui ne provenaient pas de confiscation.

La loi de 1827, qui rangeait la traite des noirs parmi les crimes, est venue ensuite et elle a décidé que l'amende, dont les coupables seraient passibles, serait d'une valeur égale à celle du navire et de la cargaison prise au lieu de l'expédition.

Evidemment cette loi n'a pas entendu considérer les esclaves saisis comme faisant partie de la cargaison.

Enfin la loi du 4 mars 1831 a été promulguée, qui, prononçant des peines infamantes contre le crime de traite, a réglé la condition des noirs qui en seraient l'objet.

Voilà l'historique de la législation sur la matière. Il n'était pas inutile de le rapporter pour faire ressortir des termes de tous ces actes successifs, que les noirs provenant de saisie appartenaient au domaine, sous l'empire de la loi de 1818. C'est un point sur lequel nous aurons occasion de revenir.

On conçoit que, tant que la législation se montrait indulgente pour ce trafic, les contraventions à sa prohibition durent être fréquentes ; aussi les confiscations les plus considérables eurent-elles lieu dans l'intervalle qui s'écoula de 1818 à 1825.

A cette époque, deux ordonnances du roi intervinrent, l'une le 26 janvier 1825, l'autre le 17 août même année, qui chargèrent les colonies de pourvoir à leurs dépenses intérieures, sur leurs revenus locaux, et leur abandonnèrent ces revenus pour y faire face.

L'article 3 de cette dernière ordonnance s'exprime ainsi :

« Les établissemens publics de toute nature, et les « propriétés domaniales existant dans nos diverses « colonies, leur seront remis en toute propriété à la « charge de les réparer et entretenir, et de n'en dis- « poser que sur notre autorisation.

« Sont également remis aux colonies les noirs et « les objets mobiliers attachés aux différentes branches « du service. »

En vertu de cette ordonnance, la colonie se chargea des noirs dits « du Roi, » et des autres objets, compris dans les propriétés domaniales, et elle se chargea en même temps des dépenses considérables qui, jusques-là, lui étaient remboursées par la métropole, pour l'entretien et la réparation de ces objets.

Lorsque la loi du 4 mars 1831 fut promulguée ici, le conseil privé sentit fort bien dans quels embarras allaient jeter le pays, les dispositions de cette loi, qui prononçaient la libération des noirs reconnus de traite. Aussi avant de statuer sur cette grave matière, voulut-il s'entourer de l'opinion des notables qu'il convoqua.

Il fut reconnu dans cette réunion que la présence de ces noirs ainsi libérés, pouvait devenir une cause de désordre et d'insubordination parmi les esclaves, et il fut résolu que leur sortie du pays était une nécessité.

Une décision intervint dans ce sens et elle fut suivie d'un commencement d'exécution.

Le conseil privé avait reconnu aussi que l'application de cette partie de loi ne pouvait remonter qu'au premier janvier 1826, il se fondait sur l'ordonnance du 17 août 1825, qui avait attribué à la colonie, « à « titre de propriété, » les noirs existant à cette époque dans les ateliers du gouvernement.

Cette interprétation déférée par le ministre à une commission, dont M. le duc de Broglie était le président, n'a pas été sanctionnée ; et la commission a émis l'opinion que les noirs, provenant de saisies, n'ont jamais pu être considérés comme esclaves et que, par conséquent, le gouvernement n'avait jamais eu sur eux un droit de propriété, susceptible de cession.

Quant aux autres parties de la décision du conseil privé, nous n'avons pas à nous en occuper, la commission les ayant approuvées.

Nous ne dirons rien non plus de ce qui concerne la liste des assesseurs, formée en vertu de la loi du 4 mars.

Si en principe cette loi a établi une véritable commission, un tribunal exceptionnel prohibé par la charte, et si l'interprétation donnée par le gouvernement métropolitain à cette partie de la loi, tend à soustraire les accusés à leurs juges naturels, nous n'avons pas à nous plaindre de cette rigueur, qui ne servira qu'à assurer l'entière abolition d'un commerce justement réprouvé.

La question à examiner est celle-ci : La loi du 4 mars 1831 est-elle applicable aux noirs saisis sous l'empire de celle du 15 avril 1818? En d'autres termes : la colonie peut-elle revendiquer un droit de propriété sur ces noirs, en vertu de la cession qui lui en a été faite par l'ordonnance du 17 août 1823?

Telle est la difficulté sur laquelle le ministre n'hésite pas à déclarer qu'il a adopté entièrement l'opinion de la commission; et il donne au gouverneur des ordres en conséquence.

Qu'il nous soit permis, Messieurs, de nous étonner ici de la prestesse avec laquelle le ministre décide une semblable question, lui qui, plus qu'un autre, est chargé de maintenir l'exécution des ordonnances rendues en notre faveur; lui qui, par ses fonctions et comme représentant en cette partie notre métropole, nous devrait garantir, en son nom, contre tous les troubles que notre propriété éprouverait, lui, abdique cette qualité, confond ses attributions, et donne le premier l'exemple de la violation de nos droits.

C'est une suite du système des majorités. Les ministres sont hommes politiques et parlementaires, et lorsque leurs devoirs sont opposés aux majorités qui les dominent, on est toujours sûr que leur choix n'est pas douteux ; car, avant tout, la condition de leur existence est de marcher avec les chambres.

C'est cette fâcheuse contrariété de devoir et de nécessité qui sera toujours un obstacle à la véritable défense de nos droits, tant que les colonies n'auront pas dans leur sein des moyens de résistance légale aux empiétements de l'autorité métropolitaine.

Quoi qu'il en soit, nous établirons sans peine, que la colonie a un véritable droit de propriété sur les noirs dont il s'agit, et que, si le gouvernement ou plutôt le ministre n'est pas disposé à faire valoir les siens, à l'époque où il nous les céda, le contrat, intervenu entre lui et nous, nous autorise à nous en emparer.

Il est de principe que les lois n'ont pas d'effet rétroactif.

Il est de principe encore qu'elles prennent le droit des tiers à l'époque où elles sont promulguées, mais que le passé n'est pas dans leur domaine.

L'ordonnance du 8 janvier 1817, premier acte abolitif de la traite, avait fait quant aux cargaisons des navires saisis, une distinction entre les marchandises proprement dites et les noirs. Ceux-ci étaient importés dans la colonie pour y être employés à des travaux d'utilité publique.

En présence de cette ordonnance, vient ensuite la loi du 15 avril 1818, celle-ci qui abrogeait l'autre, ne contenait plus la distinction de la cargaison, elle confisquait le tout.

Était-ce un oubli, une omission, une erreur? rien de tout cela, c'était un véritable calcul. En effet, on sentait l'impossibilité, et cela dans l'intérêt même de l'humanité de réintroduire dans leur pays des esclaves qui n'y auraient été admis que pour y recevoir une mort certaine.

On savait aussi et le gouvernement mieux que personne, qu'il lui fallait des bras pour exécuter ses travaux.

D'un autre côté, la « confiscation » et par l'idée attachée à ce mot, emportait une dévolution nécessaire en faveur du domaine de tous les objets sur lesquels elle s'étendait.

Aussi la propriété de ces esclaves au profit du gouvernement, n'était-elle pas douteuse; il les recensait et les possédait à ce seul titre.

Qu'on dise que c'était une antinomie, une contradiction, un défaut de logique, nous en conviendrons, ce ne sera pas la première fois que de semblables reproches auront été adressés aux actes les plus solennels. L'important pour nous c'est d'établir que le gouvernement a interprété dans ses véritables termes et dans son véritable esprit, cette loi de 1818, surtout en la comparant à l'ordonnance de 1817 qui l'avait précédée.

Mais, pour prouver encore davantage combien cette interprétation était rationnelle, reportons-nous à la loi du 25 avril 1827.

Celle-ci ne prononçait plus la confiscation mais une amende égale à la valeur du navire et de la cargaison prise au lieu de l'expédition.

Le législateur avait senti cette fois, combien il était peu convenable de comprendre dans la dénomination de « cargaison, » les noirs qui motivaient des peines, par cela même qu'il était défendu d'en faire un objet de cargaison.

Cette différence dans les termes de ces deux lois est remarquable, et elle prouve que le législateur en 1827, a voulu plus que n'avait fait celui de 1818.

Enfin la loi du 4 mars 1831 a couronné ce que celle de 1827 avait laissé incomplet. Elle a dit : les noirs saisis seront libérés sous certaines conditions.

Mais elle ajoute dans son article 12, que ces dispositions s'appliquent aux noirs de traite provenant des saisies antérieures et « actuellement en la possession du gouvernement. »

C'est cet article qu'on veut faire remonter jusques à 1817. On voit que cette interprétation formellement contredite par le texte, enlèverait à la colonie des droits acquis.

A partir du 31 décembre 1825, le gouvernement n'a plus eu en sa possession les noirs du domaine, il les a remis à la colonie en toute propriété.

La colonie en est devenue maîtresse, non par suite d'une donation, ainsi que l'a mal à propos qualifiée le conseil privé, mais par suite d'une véritable cession à titre onéreux, et dont il est douteux que les avantages aient balancé les charges.

Le gouvernement s'est départi de cette propriété, car c'en était une puisqu'il l'avait confisquée, et il l'a transmise par un contrat, à la colonie qui l'a acceptée et payée.

Ce gouvernement, notre vendeur enfin, n'avait donc plus en sa possession ces esclaves qu'il avait faits. Il nous les avait cédés comme il les détenait lui-même, il nous avait transmis sur eux le droit résultant de la confiscation.

Il n'est donc pas exact de dire que sans violer le texte aussi bien que l'esprit de la loi du 4 mars 1831, on puisse dépouiller la colonie d'une propriété chèrement payée. Et de ce que cette loi veut étendre les bienfaits de la libération, aux noirs actuellement en la possession du gouvernement, on ne peut en conclure qu'elle ait entendu conférer ce droit aux noirs que le gouvernement ne possédait plus.

Et dans tous les cas, si le ministre persistait dans cette détermination, il faudrait que les règles du droit commun l'obligeassent à nous garantir contre les résultats de son propre fait. Car, ainsi que nous l'avons dit, le vendeur ne doit jamais être l'auteur du trouble.

Messieurs, ce précédent si nous le laissons s'introduire dans le pays, menace l'existence tout entière de la colonie.

Où s'arrêterait bientôt l'esprit d'investigation et de recherches? Quelle borne aura le droit d'inquisition sur les propriétés à esclaves? Le principe posé et reconnu par nous, les conséquences en seront nécessaires, il nous faudra rendre compte de la provenance de tous nos esclaves. La perturbation dans nos ateliers sera le moindre inconvénient de cette redoutable prémisse.

Ainsi, Messieurs, rattachant notre opinion actuelle à celle qui fut émise par le conseil privé et par les notables qu'il avait convoqués à cette occasion, nous devons conclure que sans outrager la loi, les principes et les contrats, le gouvernement ne saurait enlever au pays une propriété acquise. Et que si, contre notre attente, il restait dans un système aussi subversif, la colonie ne consentirait jamais à un acte qui porterait la plus grave atteinte à ses droits et à l'ordre public.

En conséquence, votre commission vous propose de déclarer que le conseil général, représentant du pays, et gardien de ses intérêts, conteste formellement au gouvernement le pouvoir de dépouiller la colonie d'une propriété qu'il lui a cédée, qu'il réclame le maintien quant à ce de la décision du conseil privé, en date du 26 juillet 1831, qu'il proteste contre tout mode d'exécution qui enlèverait à la colonie les bras qui lui appartiennent, et qu'enfin il rend le gouvernement local directement responsable de tous les désordres qu'entraînerait l'exécution des instructions du ministre.

Approuvé à l'unanimité dans la séance du 19 octobre 1832.

Conil, secrétaire.

---

4 août 1833.

A peine le numéro 18 du *Salazien* contenant des accusations contre M. Ach. Bédier, fut-il publié, que la tête du *Salazien* a été mise à prix. Une forte rançon a été promise à celui qui conduirait ce montagnard indiscret aux pieds de l'autorité, afin de lui faire expier son audace à révéler publiquement des faits que chacun d'ailleurs connaissait dans le pays.

Des avis de cet arrêt administratif de proscription, parvinrent de tous côtés aux directeurs de la feuille et furent confirmés par la présence des agents secrets de la police, qui furetaient dans les lieux où ils soupçonnaient que le matériel de la presse existait.

Cependant, quatre jours après la publication du 18e numéro, il parut dans la *Feuille hebdomadaire* un défi au *Salazien*, de prouver ses accusations. Ainsi on portait ce défi en prenant à l'avance des mesures, non-seulement pour étouffer la voix du journal montagnard, mais pour la faire taire à jamais en détruisant son existence matérielle. Nous prions le public de noter cette preuve de la bonne foi de nos adversaires.

Toutefois, et malgré l'activité des recherches, la presse salazienne n'ayant pu être découverte, les moyens d'arrêter le numéro 19 sont devenus l'objet de la sollicitude de nos adversaires. « Si nous ne pouvons saisir « la presse, ont-ils dit, tâchons du moins d'empêcher le « public de lire ce maudit journal, cela reviendra au « même. »

En conséquence, M. le Directeur de l'intérieur a eu la complaisance d'adresser à tous les maires et commissaires de police une circulaire, dans laquelle il leur enjoint, non- seulement de traquer la presse salazienne et ses imprimeurs, mais en outre d'entraver autant que possible la lecture du trop clairvoyant journal, en menaçant les distributeurs, voire même en les faisant arrêter, etc.

Quelle pitoyable crainte de la lumière ! Quel manifeste aveu d'impuissance à lutter avec le *Salazien !*

Après avoir inutilement essayé de le réfuter, nos adversaires n'ont plus d'autre ressource que de l'étouffer ou d'empêcher qu'on ne le lise !

Nous examinerons et analyserons dans un de nos prochains numéros, cette circulaire du directeur de l'intérieur. C'est un monument curieux de l'embarras où peut être un fonctionnaire public, lorsqu'il est placé entre sa conscience qui lui dit oui, et les exigences d'un parti qui lui impose l'obligation de dire non : embarras qui s'augmente encore de LA CRAINTE VISIBLE du jugement qu'en France on portera de cet attentat à la liberté de la presse. Le titre entortillé de cette épître-circulaire a pour but de masquer l'odieux de l'acte tyrannique qu'elle ordonne. C'est peine perdue, et toutes les précautions oratoires du signataire transi ne l'empêcheront pas de passer par les verges des journaux de France, à la bienveillance desquels nous nous proposons de le recommander.

Si la question d'une législature locale dans les colonies, a pu diviser en France les esprits, relativement aux attributions qui intéressent le régime colonial, il n'en sera pas de même de la question de la LIBERTÉ DE LA PRESSE, parce que sur ce point la philantropie est d'accord avec le libéralisme. Toutes les nuances d'opinion s'uniront donc pour nous louer et pour blâmer le gouvernement local dans la lutte qui s'élève entre nous.

Le prétendu délit permanent du *Salazien*, y ser a jugé ŒUVRE PIE ET MÉRITOIRE.

Charles X n'est tombé que pour avoir violé la liberté de la presse, et le trône constitutionnel de Louis-Philippe n'a été élevé que pour en être à jamais le PROTECTEUR, ainsi qu'il l'est en réalité.

Les représentans du Roi-citoyen qui proscrivent la liberté de la presse à Bourbon et veulent traiter ses partisans comme des malfaiteurs, renient leur origine et se mettent en contradiction flagrante avec le principe même de leur existence.

En vain nos adversaires disent-ils que le projet de constitution coloniale, tel qu'il a passé à la chambre des Pairs, refuse aux colonies la liberté de la presse. Le contraire ressort évidemment des termes mêmes du rapport de E. Gauthier à cette chambre.

Nous y voyons que le Roi a réservé la police de la presse au domaine des ordonnances, « dans la crainte « que les législatures locales ne soient trop disposées « à imposer à la presse, des restrictions exagérées et « injustes, et que les gouvernemens locaux des colonies « ne soient trop intéressés à restreindre sa liberté. C'est « donc dans l'intérêt de la publicité, garantie de tous « les droits, ajoute l'honorable rapporteur, que votre

« commission a pensé que la police de la presse devait « demeurer au nombre des attributions conférées par « l'article 3 à l'autorité royale. ».

Ces paroles sont claires et manifestes ; si le Roi s'est réservé la police de la presse, ce n'est pas pour en restreindre la liberté chez les colons, c'est au contraire pour empêcher les absolutistes des colonies et quelques administrateurs illibéraux de nous empêcher d'en jouir.

Ne croit-on pas en lisant ce passage du rapport de M. Gauthier, organe, en cette occasion, de la pensée royale, que l'orateur avait les yeux fixés sur notre île ? Qu'il venait de lire la circulaire de M. le Directeur de l'intérieur, les diatribes de nos feuilles censurées contre la liberté de la presse, enfin qu'il entendait les lamentations qui nous assourdissent et les imprécations qui nous poursuivent ?

Quoi qu'il en soit, en attendant que la métropole prononce en dernier ressort sur ce débat et qu'elle couronne nos efforts, à la confusion de tous nos adversaires, le *Salazien*, traqué comme une bête fauve, a été obligé de changer de demeure. Le montagnard a regagné les antres et les forêts qui ont protégé son berceau, et où il continuera à marcher dans sa force et dans sa liberté.

Toutefois, ce changement de domicile a produit quelques lenteurs, et c'est à cette circonstance que nos abonnés doivent attribuer le retard du num. 21.

Sainte-Marie, le 25 juillet 1833.

— Aujourd'hui, 27 juillet 1833, l'une des presses du *Salazien* a été saisie par ordre d'un gouvernement qui se dit Représentant de la France de juillet.

Il y a trois ans qu'à pareil jour notre mère-patrie faisait une révolution pour venger la liberté de la presse. Il y a trois ans qu'à pareil jour nos concitoyens d'Europe défendaient, les armes à la main, les presses des journaux libéraux, envahies par les agents et les satellites d'un monarque qui ne pouvait souffrir le contrôle des organes indépendans de l'opinion.

Ne croirait-on pas, que notre administration représente encore le gouvernement déchu, et non pas Louis-Philippe, à la manière dont on la voit fêter, à l'île Bourbon, le grand anniversaire qui assura le triomphe de la liberté de la pensée sur les doctrines de l'absolutisme ?

C'est en faisant la chasse aux partisans de cette précieuse liberté, dans notre colonie, c'est en les faisant injurier par les feuilles censurées et salariées du privilège, c'est en les poursuivant comme perturbateurs de la paix publique, que les Représentans du Roi-citoyen célèbrent les trois journées, par la grâce desquelles ils règnent à Bourbon.

La presse libre et indépendante du *Salazien*, menée à Saint-Denis le 27 juillet, comme une capture de haut prix, est un singulier accessoire des pompes triomphales ordonnées par le programme de la fête civique.

Précieuse coïncidence, et qui offre la plus amère critique, la plus sanglante réprobation de l'acte tyrannique que nous signalons ici à l'indignation de toutes les âmes généreuses et de tous les partisans sincères de la révolution de juillet, enfin que nous dénonçons à la France et à notre excellent Roi, premier défenseur de la liberté de la presse.

Nous avons établi notre droit actuel à cette liberté dans les prospectus du *Salazien* et du *Mascarenhas*; nous en avons prouvé LA LÉGALITÉ dans le numéro 8 du *Salazien*, et nous l'avons démontrée d'une manière tellement évidente et péremptoire, que personne jusqu'à présent n'a tenté de nous réfuter. Il est assurément plus facile de saisir une presse que de rétorquer nos argumens.

Après avoir produit et perpétué la clandestinité du *Salazien*, par le refus de promulguer à Bourbon les lois métropolitaines qui régissent la presse émancipée, le gouvernement local nous fait un crime de cette clandestinité qui n'est que son propre ouvrage et qu'il pourrait faire cesser à l'instant même où il lui conviendrait de publier ces lois, ainsi que nous l'avons constamment demandé, ainsi que nous avons prouvé que c'était, tout à la fois, son droit et son devoir de le faire.

Ce moyen ne serait-il pas plus juste et plus sage que de persécuter les imprimeurs et distributeurs du *Salazien*, alors qu'ils ne font que la chose la plus légitime et la plus méritoire dans l'intérêt colonial !

Mais Louis-Philippe l'a bien dit, par l'organe de l'honorable M. Gauthier : « Les gouvernemens locaux des « colonies sont trop disposés à restreindre la liberté

« de la presse. » Voilà la véritable cause du refus que nous éprouvons, et de l'odieuse façon dont on solennise l'anniversaire du 27 juillet à Bourbon.

Heureusement pour nous, partisans des lumières et défenseurs de la cause coloniale, nous trouvons des ressources toujours prêtes dans le patriotisme, l'énergie et l'esprit ingénieux des vrais enfans du pays. Ils savent en même temps braver les injustes persécutions d'un pouvoir ombrageux, et improviser avec cette adresse qui les caractérise, les moyens matériels qui répandent la pensée. Pour une presse que l'autorité saisit, ils en fabriquent trois. Sous leurs mains habiles, le vieux flangourin créole s'est transformé en presse typographique. Ils sont parvenus à façonner avec rapidité ou à remplacer à peu de frais les instrumens accessoires et les ingrédients que l'industrie européenne fait servir à l'imprimerie. Enfin, l'un d'eux dont le nom sera inscrit avec honneur dans les fastes du pays, vient de couronner l'œuvre en faisant des caractères dont la presse salazienne éprouve la disette. Cet excellent citoyen est maintenant assuré du succès, et dans peu nous pourrons imprimer le *Salazien* avec de nouveaux types, dont la source, désormais, sera chez nous.

Ainsi le pays a produit spontanément, presses, caractères, compositeurs, imprimeurs et rédacteurs, pour s'assurer cette précieuse *liberté de la pensée* que nous verrons fleurir sur notre sol colonial, comme une plante bien naturalisée et en dépit des efforts illibéraux de ceux qui ont voulu l'en arracher. Ses racines y sont profondément enfoncées et elle résistera à l'orage que lui suscite l'obscurantisme d'une petite faction trop bien secondée par le despotisme de l'administration qui nous régit.

Comment nos gouvernans peuvent-ils espérer que leur conduite ne sera pas blâmée en France, et par le Roi, et par les chambres, et par l'opinion publique, lorsqu'on apprendra qu'ils ont cédé aux exigences des ennemis de la civilisation coloniale ! — Qu'au lieu d'encourager le développement des idées libérales et généreuses dans ce pays, confié à leur garde, ils ont voulu en étouffer le germe ! — Qu'au lieu de chercher avec les amis des lumières et de l'humanité, à persuader à la colonie qu'elle ne peut que gagner à *la liberté de la presse*, ils ont tenté de fortifier le vieux préjugé colonial qui la repousse, en poursuivant ses partisans comme des malfaiteurs, et en faisant saisir leur matériel, sous le faux prétexte, qu'il est un instrument de désordre !

La Vérité, oui la Vérité sera connue tôt ou tard, et c'est pour en retarder la révélation, que vous voulez nous empêcher de parler. Mais il vous sera tout aussi difficile de nous faire taire que de nous réfuter.

NOTA. L'urgence de la circonstance nous oblige à renvoyer à notre prochain numéro les Réponses de MM. A. B. et R. L. S., à la lettre de M. Brunet fils et aux réflexions sur le numéro 19 du *Salazien*, publiées par la *Gazette* du 20 juillet.

---

9 Août 1833.

A M. BRUNET FILS, à Saint-Denis.

Monsieur,

C'est avec une extrême surprise, je l'avouerai, que j'ai lu l'étrange article inséré à la date du 18, dans la gazette du 20 juillet, article au bas duquel se trouve tracé votre nom.

Que depuis longtemps vous vous soyez répandu en plaintes touchantes sur les publications du *Salazien*, à vous dire le vrai, nous en prenons peu de souci, car il est des suffrages que nous n'ambitionnons pas d'obtenir ; que maintenant votre bouche abjure les principes qu'elle proclamait jadis, nous le concevons, car le malheur des temps vous force à remplir une place publique salariée, et l'austérité de nos principes n'admet pas pour tout le monde l'obligation de ne balancer jamais entre la conscience et l'intérêt. Que de votre propre mouvement enfin, vous ayez embrassé avec complaisance la cause lucrative du pouvoir attaqué par le patriotisme, nous ne voyons là qu'une démarche obséquieuse, permise à vos justes sentiments de gratitude, et peut-être aussi un moyen vulgaire de conserver votre emploi et de vous ménager des grâces plus abondantes. Ce n'est pas sur ces différents points que portent les observations que j'ai à vous adresser, et vos critiques n'eussent provoqué aucun éclaircissement de notre part si elles n'avaient été que générales. Mais vous ne vous êtes pas renfermé dans le cercle parlementaire des généralités; vous êtes allé plus loin. Le désir de donner des preuves de dévouement à l'homme puissant de qui vous dépendez, et dont moi, j'ai eu l'audace inouïe de fouler à mes pieds la sainte inviolabilité, ce désir, dis-je, vous a dominé de telle sorte que vous avez répudié tout sentiment de convenances, et que vous êtes venu gratuitement me blesser dans ce que j'ai de plus cher, dans mon honneur. Et ne dites pas que j'exagère ici la gravité du tort que vous vous êtes volontairement donné à mon égard; par un doute injurieux vous avez porté atteinte à ma véracité, et quoique votre prétention à établir la vérité d'un fait dont les élémens vous échappent, soit matériellement absurde; quoique cette prétention soit aussi ridicule qu'extravagante, puisque vous ne pouvez avoir entendu de Bourbon ce que votre frère m'a dit à Paris, il ne s'en suit pas moins que vous avez émis un soupçon public sur l'exactitude de mes paroles, et que vous avez même insinué que cette inexactitude ne pouvait être le résultat d'une erreur. Y avez-vous bien pensé? Ignorez-vous que ce soit chose grave que la parole d'un homme consciencieux et pur, et qu'il n'est permis à personne de venir à sa face l'outrager de son incrédulité? Or, c'est ce que vous avez fait, et cet outrage resté impuni attestera du moins aux hommes de cœur, l'empire d'une modération réfléchie sur les élans impétueux d'une âme ardente et jeune.

Mais à quel titre avez-vous donc prétendu commander plus que moi la confiance publique? Où sont les preuves que vous apportez à l'appui du démenti que vous ne craignez pas de me donner, démenti qui ressort formel et tout sanglant pour moi de l'ambiguité de votre phrase? Quoi! parce que vous êtes le frère de notre délégué, en résulte-t-il que la considération qui lui est acquise doive rejaillir sur vous, et que vous deviez être désormais l'arbitre des débats qui s'élèvent et s'élèveront encore entre les citoyens et le gouvernement! Si ma juste indignation laissait place à tout autre sentiment, je pourrais vraiment m'égayer sur la singularité de votre argumentation! On croirait à vous entendre que le délégué de l'île Bourbon est dans l'obligation de vous tenir un registre de tous ses faits et gestes, et qu'il ne puisse rien dire ni faire dont il ne doive vous rendre compte. N'est-ce pas le comble de l'absurdité, de la présomption et de la fatuité réunies que de conclure à la fausseté de tout détail, de tout renseignement, de toute communication non consignée dans la correspondance intime de notre délégué avec Monsieur son frère! Un personnage aussi important peut-il rester sans péril pour le pays dans l'ignorance des choses qui le concernent!..... En vérité, il y a là encore plus à rire qu'à s'indigner...... Mais passons sur d'aussi énormes prétentions; les énoncer, c'est en faire justice par le ridicule.

Le puissant motif, dites-vous, qui vous a fait descendre dans la lice où personne ne s'attendait à voir surgir un champion tel que vous, et de votre propre aveu vous désiriez ne pas vous montrer, c'est le besoin de *disculper* votre frère! Cette raison serait légitime sans doute si elle était fondée, mais évidemment elle ne l'est pas, car je n'ai point attaqué M. Sully Brunet, et dès lors comment pouvez-vous avoir à le défendre?

Il est vrai que vous présentez la question sous un autre point de vue. Flagornant le pouvoir, vous supposez d'abord qu'il ne saurait avoir formé le vœu sacrilège de proscrire des citoyens honorables, et cette hypothèse mensongère vous sert de point d'appui pour affirmer que notre délégué ne peut m'avoir rapporté un fait faux en soi, et que lui attribuer ce rapport, c'est *l'inculper*. Raisonner à la faveur d'un pareil sophisme est une liberté que je ne puis vous accorder; vous tournez la difficulté, vous n'osez pas l'aborder. Mais le fait que j'ai mis au jour subsiste malgré vos dénégations dénuées de fondement. *Je tiens de M. Sully Brunet* qu'une liste de proscription a été envoyée par le gouvernement local au ministre de la marine, et que les noms de MM. de Jouvancourt, Fourchon, Lépervanche aîné, Abadie, R. de Laserve, Ch. de Laser-

29

ve, Malavois, Vinson et autres y étaient inscrits. Je n'ai point dit comme vous le prétendez à faux que ce fût M. Ach. Bédier personnellement, qui eût adressé au ministre cette liste criminelle ; mais j'ai dit et je répète que la responsabilité morale de ce forfait politique consommé dans l'intention de ses auteurs, devait retomber sur la tête de M. Ach. Bédier, parce qu'il est notoire qu'il a régné sous le nom de M. Duvaldailly, et qu'il est juste, puisqu'il savoure les douceurs de l'ambition, qu'il porte la peine due à ses envahissemens du pouvoir.

Quant à vous, vous aurez beau vous targuer de la correspondance active qui existe entre vous et votre frère, vous ne persuaderez à la bonne foi de personne que vous deviez être mieux instruit que moi de la circonstance que je rapporte et que je tiens de la bouche même de M. Sully Brunet. A mon tour je vous ferai observer qu'il est impossible qu'il vous ait mandé autre chose que ce qu'il m'a dit, car alors il vous aurait écrit sur le même objet en d'autres termes qu'il ne m'a parlé, et jusqu'à preuve du contraire je ne puis admettre que la plus parfaite harmonie entre les écrits et les discours de notre honorable délégué.

L'argument que vous tirez de prétendues relations entretenues par ce dernier avec M. Ach. Bédier, ne m'embarrasse pas davantage. J'ai de fortes raisons de croire que ces relations n'existent pas et qu'elles ne sont ici supposées que pour couvrir un nom flétri, d'un nom justement honoré. Mais quand bien même vous auriez les moyens de constater un échange de lettres entre ces deux hommes de caractère si différent et d'opinions si opposées, pensez-vous qu'il fallût en inférer que M. Ach. Bédier possède l'estime et la confiance de M. Sully Brunet ? Non, bien certainement non, car ces rapports, si tant est qu'ils existent, ne peuvent être le fruit de l'amitié, mais bien le résultat obligé des convenances sociales. Après tout, il ne sera pas inutile peut-être à votre instruction que je vous cite un trait d'histoire, dont l'analogie avec l'affaire qui nous occupe, est on ne peut plus frappante. Quand vous l'aurez lu et médité avec soin, vous reconnaîtrez sans doute que vous avez mal apprécié d'abord la position de votre frère, et j'aime à penser que vous rendrez un tardif hommage à sa conduite, expliquée et ennoblie pour vous par un grand et mémorable exemple. Ouvrez la vie de Franklin, tome 1er, page 261. Vous y lirez que ce philosophe dont la sagesse est devenue un axiome, ce savant et courageux citoyen, *qui ravit la foudre aux cieux et le sceptre aux tyrans*, ce bienfaiteur de l'humanité enfin, se conduisit dans une conjoncture semblable comme l'a fait votre frère. « Franklin « était en Angleterre agent-général de la province de « Massachusett; il lui tomba entre les mains diverses « lettres adressées par le Gouverneur, le Sous-Gouver-« neur et quelques autres, à des personnes qui occu-« paient des places éminentes en Angleterre. Ces lettres « contenaient les plus violentes invectives contre les « principaux habitans de la province, et invitaient les « ministres à employer des moyens rigoureux pour for-« cer le peuple de la colonie à leur obéir. Franklin trans-« mit ces lettres à l'assemblée générale de la province de « Massachusett, qui les publia. On en fit passer aussi en « Angleterre des copies certifiées, avec une adresse au « Roi pour le prier de rappeler des hommes qui étaient « devenus odieux au peuple, en se montrant si indigne-« ment opposés à ses intérêts.

« Cette publication produisit de violentes contesta-« tions sur la question de savoir qui avait livré ces let-« tres. Franklin voulant prévenir de nouvelles querelles « à ce sujet, déclara dans une des gazettes de Londres, « qu'il avait lui-même envoyé les lettres en Amérique, « mais qu'il ne dirait jamais de quelle manière il les « avait eues. »

....

....

L'union serait assurément la chose la plus désirable parmi nous, si nous étions tous unis pour défendre les droits et les intérêts de la colonie.

Nous ne sommes malheureusement divisés que parce que les uns comprennent ces droits et ces intérêts et ont la volonté de les défendre, que d'autres les méconnaissent parce qu'ils ne les comprennent par, et que d'autres encore qui les entendent fort bien, les trahissent par des vues personnelles ou par lâcheté.

Faut-il pour ramener la concorde, que ce soient les hommes clairvoyans et courageux qui fassent le sacrifice de leurs sages prévisions, de leurs convictions d'honnêtes gens et de bons citoyens, à l'ignorance et à l'apathie, ou à la pusillanimité, ou à l'égoïsme des autres ?

Ce serait le cas de dire, que le remède serait pire que le mal.

M. Brunet aîné, nous en convenons avec plaisir, possède toutes les vertus privées et domestiques ; mais il serait bien à désirer que, comme citoyen, il profitât mieux des exemples et des leçons de son honorable frère, notre digne délégué.

R. L. S.

EXAMEN

De quelques objections d'un article apologétique inséré dans la Gazette du 20 juillet.

Il y aurait eu maladresse, dit-on, de la part de M. Ach. Bédier à produire une dénonciation contre un fonctionnaire, son supérieur, qu'il savait être le fils d'un homme puissant, contre la protection duquel toute menée hostile se serait brisée !

Cette difficulté s'explique facilement ; c'est qu'à côté de ce père puissant, il y avait alors un homme plus puissant encore dans les bureaux du ministère, et qui était le protecteur de M. Ach. Bédier ; L'HOMME AU PACTE HONTEUX, CELUI QUE TOUT LE MONDE CONNAIT.

On ne niera pas sans doute, qu'il importait essentiellement aux vues politiques et financières de ce personnage sur la colonie de Bourbon, que le poste d'ordonnateur n'y fût confié qu'à un agent sur le dévouement et la servilité duquel il pût entièrement compter. Or, l'indépendance de caractère de M. Jurien ne laissant aucun espoir sous ce rapport, il fut destitué et remplacé, on sait par qui.

Sur ces entrefaites, un acte solennel de l'ancien Conseil général, acte tout en faveur de M. Jurien, parvint à Paris à la connaissance d'un père, indigné des bruits injurieux répandus contre son fils. Cet acte était à la fois une preuve d'estime et un témoignage de reconnaissance donné par le Conseil général, au nom de la colonie, à l'administrateur contre lequel d'insidieuses calomnies venaient de voguer vers la France. C'est fort de cet acte authentique et révélateur d'une lâche imposture, que M. Jurien père réussit à détruire l'effet du coup, ténébreusement porté, qui venait de frapper son fils, non-seulement en lui ravissant ses fonctions, mais encore en ternissant sa réputation.

On voit donc qu'il a fallu un concours inattendu de circonstances favorables à M. Jurien pour que, malgré la haute protection de son père, il ne succombât pas sous le poids des charges élevées contre lui par un ambitieux rival, et j'admire avec quelle bonne foi, le défenseur de M. Ach. Bédier essaie de tourner, à la louange de son cœur et de sa générosité, l'insuccès apparent d'une démarche, couronnée en effet d'une pleine réussite, car sa conséquence immédiate fut de faire prononcer la destitution de celui qui en était l'objet et de lui donner son dénonciateur pour remplaçant.

Quant à la personne qui m'a rapporté le fait de cette délation, elle le tenait directement de M. Jurien, et me l'a raconté dans le temps. Je ne suis pas le seul à en avoir reçu cette confidence, car on ne lui avait pas imposé la condition du secret. Cette personne d'ailleurs est l'auteur du troisième article du num. 18 du *Salazien*, dans lequel l'histoire de la délation dont il s'agit, est relatée avec détails. Dire qu'on ne sait de qui je veux parler quand je fais le portrait d'un homme que tout le monde connaît et que tout le monde a reconnu, c'est employer une feinte qui ne peut réussir auprès d'un public éclairé. On sent d'ailleurs que la clandestinité du *Salazien* ne nous permet pas, aujourd'hui moins que jamais, de tracer ici en toutes lettres le nom du témoin respectable sur la foi duquel j'ai parlé, et qui a lui-même raconté et développé au public, ce que, moi, je n'ai fait que résumer en une phrase. Qu'on fasse publier à Bourbon les lois métropolitaines sur la police de la presse, et l'on verra si nous craignons de soutenir devant les tribunaux, ce que nous avons avancé dans notre Journal !

On dit dans un autre paragraphe de l'article auquel je réponds, que M. Ach. Bédier pourrait rendre ses comptes sur la place publique ; cette assertion peut être vraie, mais elle ne prouve rien dans la discussion qui nous occupe, car je n'ai point attaqué la probité de M. l'ordonnateur, en ce qui touche le maniement des deniers publics, et j'aime à croire que son administration est sans reproche sous ce rapport. Il a cela de commun avec quelques grands coupables que nous voyons figurer dans l'histoire, de n'avoir point les vices de la cupidité, mais ceux de l'ambition. Ce n'est pas pour piller le pays qu'il repousse les libertés coloniales, mais pour le régir ; ce n'est pas pour partager nos dépouilles qu'il a conclu un pacte avec l'homme qui s'en est engraissé, mais il a laissé faire cet homme et a favorisé ses spoliations, parce qu'il trouvait en lui le protecteur de son pouvoir et de son avancement ; ce n'est pas pour s'enrichir des émolumens de M. Jurien qu'il s'en est fait le délateur, mais pour occuper sa place, etc. etc.

Enfin, les gens sensés et de bonne foi ont été frappés de la faiblesse de l'article de la *Gazette*, en réponse au num. 19 du *Salazien* ; cette prétendue réfutation ne réfute rien ; il suffit de la comparer paragraphe par paragraphe à ceux des articles correspondans du num. 19 ; on verra de plus, ceux qui sont restés sans réponse et dont les charges pèsent encore de tout leur poids sur M. Ach. Bédier.

A. B.

---

14 août 1833.

CONSEIL GÉNÉRAL

Troisième séance, 30 août 1832

L'ordre du jour est le rapport de la commission chargée de rédiger l'adresse. La parole est à M. Conil, rapporteur de cette commission.

Messieurs, je viens au nom de la commission que vous avez chargée de la rédaction de l'adresse, vous soumettre le projet qu'elle a arrêté. Nous connaissions toute l'importance de cet acte, et nous savions aussi avec quelle juste impatience vous attendiez sa communication. Mais, entre le besoin de la satisfaire et la nécessité d'insérer dans ce document la véritable expression de vos vœux, nous n'avons pas dû hésiter ; et la prudente lenleur avec laquelle nous nous sommes livrés au travail que vous nous avez confié, n'a pris son origine que dans les convenances qu'il nous fallait garder, et non dans les nôtres particulières que nous n'avons pas consultées.

Vingt heures de travail pendant deux jours nous ont été indispensables pour notre rédaction, dont chaque terme a été pesé à la balance de la plus exacte appréciation. Votre commission, au sein de laquelle les diverses fractions qui composent cette assemblée, sans la diviser, avaient leurs représentans, a senti que dans une semblable occurrence, elle ne pouvait s'attacher qu'à exprimer des vœux généralement et unanimement manifestés. Sous ce rapport son travail a été facile, et aucune dissidence n'a éclaté dans son sein. Mais il était des points sur lesquels les opinions partagées au dehors comme au dedans de cette enceinte, ne permettaient pas à votre commission de procéder avec la même unanimité ; et, dans ce cas, la majorité seule a dû dicter les résolutions.

Toutefois dans ce cas même, cette majorité n'a pas entendu imposer à la minorité une loi définitive ; et il a été convenu que chacun de nous conserverait la faculté de faire les observations et de produire les amendements qui n'ont pas triomphé au sein de la commission.

Cette réflexion, Messieurs, ne sera pas perdue pour vous, lorsque vous entendrez quelques-uns d'entre nous s'élever contre le travail auquel ils ont concouru. L'adresse, dont le cadre se trouve toujours dans le discours qui l'a provoquée, a été combinée cette fois avec une foule d'autres questions sur lesquelles le silence du Conseil général eût fourni matière aux doutes les plus inquiétans, aux plus fâcheuses interprétations. Nous ne nous flattons pas d'avoir atteint le but que nous nous étions proposé ; mais il dépend de nous d'achever ce que le projet que nous vous soumettons vous paraîtra renfermer d'insuffisant et d'incomplet.

Pour mieux fixer vos opinions, nous avons pensé que la lecture du projet devait être précédée de celle du discours du gouverneur, afin de comparer les paragraphes de celui-ci à ceux de l'adresse qui lui répondent.

M. de Laserve donne cette lecture. M. Conil fait ensuite celle du projet d'adresse.

Le Président demande s'il sera procédé de suite à la discussion.

M. Palu : Je désirerais que cette discussion fût ajournée à demain et qu'un secrétaire dictât le projet d'adresse, afin que chaque membre pût se préparer à la discussion, ainsi que cela se pratique dans la chambre élective.

M. de Saint-Georges : Je m'oppose à l'ajournement, parce qu'il ne s'agit pas de la discussion d'un projet présenté inopinément, mais déjà élaboré par une commission nommée AD HOC.

M. de La Serve combat l'avis de M. de Saint-Georges ; il allègue l'usage des chambres de France et d'Angleterre. Dans l'acte dont il s'agit surtout, dit-il, il faut mettre une sage lenteur, puisque chaque paragraphe, chaque mot presque, doit énoncer un principe.

M. Keranval : Ce sont moins les précédens que les règlemens qu'il faut invoquer ; or, le règlement laisse la latitude ou d'ordonner la discussion immédiate, ou de l'ajourner à une époque déterminée. C'est donc à l'assemblée d'exercer son droit, en prenant une détermination à cet égard.

M. de Saint-Georges : En général, l'assemblée ne doit se laisser lier par aucun règlement ou antécédent étranger, mais se déterminer suivant sa conviction ; et ici il y a urgence de répondre à l'attente du pays.

M. Le Goff : Dans les chambres on établit entre les adresses et les propositions une différence : c'est que les adresses sont discutées de suite, tandis que les propositions ont besoin d'être envoyées à une commission. Ici, la commission a terminé son travail, et c'est ce travail que l'on doit examiner. Chacun de nous a à cet égard d'ailleurs ses principes arrêtés et invariables. J'appuie donc la proposition de M. de Saint-Georges.

M. de La Serve : J'insiste pour l'ajournement. L'assemblée n'est pas, comme on vient de le dire, préparée pour la discussion d'un projet qu'elle ne connaît pas. L'usage de la chambre en France est qu'après l'audition du rapport de la commission de l'adresse, il s'écoule au moins un jour avant d'ouvrir la discussion sur cet acte. Nous devons, dès nos premiers pas dans la carrière, empreindre sur nos actes (et celui-ci est un des plus importants) ce caractère d'examen et de gravité, rantles de leur sagesse. M. Le Goff prétend que nous sommes arrivés ici avec DES PRINCIPES ARRÊTÉS ET INVARIABLES. Je ne pense pas comme lui à cet égard ; nous sommes des habitans novices en matière de législation et d'administration ; comment pourrions-nous avoir des principes invariables ? Nous avons donc besoin de nous éclairer mutuellement. J'aime à penser que, membres d'une même famille, nous n'apportons point cette rigueur inflexible, cette invariabilité d'opinion qu'on veut nous supposer ; mais un esprit de concessions mutuelles, afin de nous rallier au même drapeau, LE SALUT ET L'INTÉRÊT DE NOTRE PAYS. En attendant, je demande que l'adresse, qui est une série de principes et de doctrines, et, par conséquent une déclaration de la plus grande importance, ne soit discutée qu'après un jour de réflexion et de préparation, pour ceux de nos collègues qui n'ont point été membres de la commission. Cette détermination prouvera que nous ne voulons rien faire à la hâte, et ne pourra qu'ajouter au mérite de notre travail. (Aux voix ! aux voix !)

M. de Saint-Georges : Je n'ai pas proposé la discussion immédiate pour en limiter l'effet ; car, quoique membre de la commission, j'aurais des scrupules si ce travail n'était pas longuement discuté, parce que je désire que l'adresse soit l'opinion franche, pleine et entière du conseil, de chaque membre même si cela se pouvait ; mais indépendante de toute influence extérieure, comme le vote d'un jury qui ne doit prendre sa source que dans la conviction intime de ses membres.

M. Abadie : Je pense comme M. de Saint-Georges sur la nécessité d'une discussion approfondie et la manifestation entière des opinions du conseil ; mais je repousse la comparaison du jury et je m'étonne que M. de Saint-Georges ait pu la faire : en effet, le jury doit éviter tout contact avec l'opinion publique, tandis que le conseil doit au contraire en recevoir ses impulsions et s'identifier en quelque sorte avec elle.

La clôture de cette discussion est réclamée de toute part. Mise aux voix, elle est adoptée à une forte majorité. Il en est de même de la discussion immédiate. L'ajournement proposé par M. Patu est rejeté.

Premier paragraphe. M. Diomat demande que l'on substitue aux mots : « privé depuis si longtemps d'institutions libérales » ceux-ci : « privé depuis plus de trente ans des institutions qu'il possédait, etc. »

M. Le Goff : Je repousse cette constatation. Il n'y a aucune analogie, aucun rapprochement à faire entre le conseil général qui n'est que consultatif et l'assemblée coloniale qui était législative ; préciser ce laps de temps, c'est opérer un rapprochement et réveiller un pénible souvenir. (Marques d'étonnement.)

M. A. Pajot : Il me semble qu'on ne peut donner à l'amendement de M. Diomat d'autre interprétation que celle qui résulte des termes. Il n'est pas indifférent de rappeler que déjà la colonie a joui des avantages d'une représentation, c'est un fait historique ; et je m'étonne qu'on veuille étouffer le souvenir d'une institution à laquelle le pays dut sa conservation et une prospérité qui s'est évanouie lorsque d'autres principes et d'autres formes de gouvernement ont été appliqués au pays. M. Diomat a obéi à un sentiment généreux, celui de la gratitude. Des hommes nouveaux au pays peuvent ne pas être impressionnés comme nous, et on ne saurait leur en faire un reproche ; mais nous que tant d'intérêts rattachent au pays, pouvons-nous oublier les obligations que nous avons à une existence qui nous ouvrit la carrière de la civilisation et du progrès ? On dit que cet amendement tend à établir une similitude entre le conseil général actuel et l'assemblée coloniale, et à nous conduire vers un ordre de choses semblable. En vérité, c'est abuser étrangement de l'argumentation que de traduire ainsi une observation qui n'est que l'expression d'un fait matériel.

L'action du conseil général, comme pouvoir, est purement morale ; il n'a en lui aucun principe d'*activité*. L'assemblée coloniale, au contraire, était *législative*, et prenait une telle part à l'administration qu'elle pouvait être considérée comme *administration*. Ces deux existences sont tellement différentes qu'on ne peut trouver d'analogie entre elles.

M. Keranval : Je m'oppose à l'amendement. Ces mots « longue » et « longtemps » expriment tout. Ce serait d'ailleurs vouloir induire que les attributions du nouveau conseil général doivent être les mêmes que celles de l'ancienne assemblée coloniale.

M. de La Serve : Au moment où la représentation coloniale se réunit pour la première fois, après une interruption de 29 ans, il est naturel que nos esprits se reportent à l'époque où elle a cessé d'exister à Bourbon, au mépris de nos droits les plus légitimes. Il est dans les convenances qu'au moment où le pays retrouve des organes, le premier cri de ses mandataires soit consacré à rappeler l'époque où les assemblées coloniales, après avoir « sauvé » le pays, raffermissaient l'ordre public ébranlé par les commotions de ces temps orageux! Leurs efforts patriotiques furent comprimés tout à coup par un acte de despotisme, et l'avenir qu'elles nous préparaient s'évanouit!

La représentation coloniale dissoute illégalement et violemment en 1803, renaît en 1832: voilà le rapprochement qu'on vous propose. Nous rattachons ainsi notre existence présente aux souvenirs imposants du passé.

On craint de réveiller des haines par ce mot « d'as-« semblée coloniale; » le temps a éteint les animosités; il ne reste aujourd'hui que le souvenir des bienfaits de l'institution. Les maux dont on souffrit alors tenaient aux malheurs de l'époque, et surtout aux assemblées primaires dont aucun de nous ne veut aujourd'hui. Les lois de 90 et 91 qui ont fondé les assemblées coloniales, renferment le droit de modifier et réformer leur base démocratique, en y substituant un système électoral plus étroit.

Les assemblées coloniales n'usurpèrent point le pouvoir législatif, elles prirent la légitime possession des droits de défense et de conservation, et de tous les droits qui en découlent, alors que notre métropole, livrée au délire de la démagogie, lançait contre nous des décrets homicides. Les lois de 90 et 91 ne confèrent à ces assemblées qu'un droit d'intervention dans leur législation intérieure; et la colonie avait le « veto » quand la métropole avait l'initiative, et « vice versa. »

Dire que la représentation coloniale a cessé d'exister il y a 29 ans et qu'elle renaît aujourd'hui, ce n'est qu'exprimer un fait historique incontestable et ne rien induire quant aux attributions.

M. le ministre de la marine et le rapporteur de la commission ont dit, pour motiver le refus d'une législature locale aux colonies, qu'elles s'étaient mal trouvées de leurs assemblées coloniales. Il importe à nos droits et à nos intérêts de réfuter une semblable erreur.

Au résumé, il y a convenance et utilité dans le rapprochement proposé. Je vote donc pour l'amendement.

M. de Saint-Georges : Je rends justice à l'assemblée coloniale ; je conçois les sentimens de vive sympathie que font naître ses souvenirs ; je reconnais qu'elle a été une salutaire égide contre le délire révolutionnaire, qu'elle a enfin sauvé le pays : Honneur donc à l'Assemblée coloniale qui a sauvé le pays ! Mais ce n'est pas ici le lieu de rappeler les bienfaits qu'on lui dut ; s'il peut être utile de le faire, je pense qu'on doit réserver cette mention pour l'adresse au Roi et aux Chambres. Je vote donc contre l'addition des mots proposés.

On demande la clôture de la discussion sur ce paragraphe, cette clôture est adoptée, ainsi que le paragraphe sans changement.

Le second paragraphe est adopté.

Au troisième paragraphe, M. Vinson : La première partie a quelque chose d'injurieux pour les membres de l'ancien conseil général. Ces mots : « il ne nous appartient pas de manifester ici notre opinion sur cet ancien conseil général, » semblent cacher une idée de blâme. La réticence d'une opinion fait toujours supposer qu'elle est défavorable ; ce qui est contraire ici à la vérité et à la justice. Je demande donc la suppression de ce paragraphe.

M. C. Roux : Je demande aussi cette suppression, elle renferme, à mon avis, un reproche injuste.

Cette suppression est adoptée et le paragraphe commencera seulement ainsi : « Elus du pouvoir, etc. »

Les 3e, 4e, 5e, 6e, 7e, 8e, 9e et 10e paragraphes passent sans discussion.

Au 11e, MM. Le Goff, Vinson, Kéranval et Patu trouvent qu'on ne spécifie pas où a lieu le « conflit de principes opposés » ; il semblerait que c'est ici.

M. Patu propose de mettre : en France.

M. Conil : Ce serait trop particulariser, je propose de mettre : « sur un autre théâtre, ou : en Europe. »

M. Vinson : Sans trop préciser, mais pour éloigner l'idée que ce conflit a lieu ici, on pourrait mettre :... d'opinions diverses qui s'agitent dans un autre hémisphère. »

Cette rédaction est adoptée.

M. Le Goff : On ne peut laisser subsister les mots : « esprits amis du pays, » qui se trouvent opposés à ceux du discours du gouverneur qui dit : « esprits chagrins et soupçonneux; » l'antithèse est trop directe et me paraît peu convenable.

M. de La Serve : Cette suppression blesserait la justice et la vérité. Nous ne devons pas craindre de proclamer ce qui est vrai, en répondant par un éloge aux expressions chagrines de M. le gouverneur, pour désigner les citoyens sages et clairvoyans qui ont manifesté des inquiétudes sur l'avenir du pays. Ceux d'entre nous qui ont été les premiers à les concevoir sont en effet des « amis du pays ». Je m'oppose donc à ce qu'on leur enlève cette qualification destinée à relever une injuste inculpation.

M. Abadie entre dans de nouvelles explications sur les mots « esprits chagrins, » Je soutiens, dit-il, que notre position vis-à-vis de la métropole était si incertaine, que l'on pouvait fort bien concevoir des craintes sans être « esprit chagrin. » J'improuve ces mots parce qu'ils semblent lancer une qualification contre des hommes qui ont surtout éveillé l'opinion publique sur la véritable situation du pays. Cependant, comme il ne convient point ici d'opposer personnalités à personnalités, je propose de mettre : « dans l'intérêt du pays. »

Cette rédaction est adoptée.

M. Marin : Je propose d'ajouter à la fin du 12e paragraphe : « ni enfin par les sacrifices personnels que pourra nous imposer l'accomplissement entier de notre mandat. »

Le 12e paragraphe est adopté avec cette addition.

On donne lecture du 13e paragraphe.

M. de La Serve : Messieurs, le paragraphe qui vient de vous être lu est rédigé avec beaucoup de talent. Je le considère comme une habile amphibologie destinée à jeter un voile sur une de ces questions épineuses et délicates, sur lesquelles on ne veut pas encore s'expliquer catégoriquement. Il s'agit ici d'un seul point, mais ce point renferme en lui seul un vaste sujet. Le mauvais état de ma santé, en ce moment, ne me permet pas de l'aborder, encore moins de le développer. Je me borne à protester contre le principe émis dans la seconde partie du paragraphe, commençant par ces mots: « Distinguant le droit, de l'exercice du droit. »

Le paragraphe est adopté sans autres observations. Il en est ainsi des 14° et 15°.

Au 16°, M. Conil: Je propose que l'on spécifie « Les mesures financières » par ces mots : « qui sous le nom de papier monnaie, de banque territoriale et de caisse hypothécaire; » et quoique une adresse ne doive pas descendre à des détails, je tiens à ce que ces mots soient insérés. En effet, la calomnie a feint de considérer la création d'un conseil général sur un nouveau mode, comme un acheminement vers des mesures financières qui, mal interprétées, porteraient un coup mortel au crédit public. Il faut imposer silence à la mauvaise foi, et éclairer les esprits trompés. Il faut être aussi formel et aussi explicite que possible, afin d'être entendu des intelligences les plus grossières. Le ministre, trompé lui-même par des renseignements mensongers qui lui ont été remis, a dit à la tribune que notre colonie était en fermentation, uniquement parce que les débiteurs ne voulaient pas payer leurs créanciers!...

Il faut que la France apprenne que ce fait est matériellement faux, et que les bons citoyens qui ont professé ici les doctrines libérales, qui seules peuvent sauver le pays, n'ont jamais eu d'autre but que le bien public; et que leurs généreuses tentatives ne voulurent jamais bouleverser l'ordre établi, ni porter atteinte à la foi publique.

M. de Saint-Georges: On ne doit point dans une adresse s'abaisser à des détails; il faut se contenter de proclamer des principes conservateurs du crédit public. Le conseil ne doit point d'ailleurs se garrotter ainsi pour l'avenir, car un projet solide de finance, reposant sur une institution de ce genre, pourrait être proposé et convenir. On aurait à regretter alors de l'avoir en quelque sorte repoussé ainsi à l'avance.

M. Patu: Cette question est bien plus importante qu'on ne pourrait le croire. Hâtons-nous de repousser par une rédaction positive toute supposition d'arrière-pensée à ce sujet, et faisons-le avec énergie. Trop longtemps on a abusé la crédulité par des bruits qui, tout absurdes qu'ils étaient, n'en ont pas moins trouvé des échos. Il faut poser par les mots proposés le principe de répulsion de toute mesure de ce genre ; sauf à admettre les projets utiles, s'il en était proposé plus tard.

M. de La Serve : M. Conil m'a devancé dans la proposition de l'amendement qui est l'objet de la discussion. Il me tardait, ainsi qu'à mes amis, de pouvoir nous expliquer d'une manière aussi claire que précise sur de prétendus projets que l'on n'a cessé de nous prêter.

Des efforts qui n'avaient qu'un but exclusivement politique et patriotique, qui ne tendaient enfin qu'à susciter et produire une représentation coloniale, librement et directement élue, ont été indignement qualifiés. On les a signalés ici et en France comme n'ayant pour objet que des mesures destinées à frustrer les créanciers. C'est ainsi que les intentions les plus pures ont été calomniées, et que l'on a semé partout les méfiances et les craintes. Le jour des explications est enfin arrivé pour nous, et nous le saisissons. Je vote pour l'addition proposée.

M. Sallèles opine pour la spécification demandée par M. Conil.

M. Conil : C'est une question vitale, il faut parler en quelque sorte aux sens, en s'exprimant une fois pour toutes d'une manière catégorique sur un texte si souvent exploité contre mes honorables amis.

L'amendement de M. Conil est mis aux voix et adopté à une grande majorité.

M. Patu veut qu'on ajoute : « et des bruits calomnieux répandus. »

M. Le Goff : Je combats cette addition, c'est ramener une question de personne ; et si quelques individus ont été calomniés, ce n'est pas une raison pour faire intervenir toute une population pour le constater.

M. de La Serve : L'amendement de M. Patu est de toute justice. Si quelques personnes ont proposé des mesures qui pouvaient altérer le crédit public, (à une époque d'ailleurs où le crédit public était déjà en pleine déroute), ce qui a dû surtout l'affecter et en accélérer la chute, ce sont les bruits calomnieux qui ont été répandus et qui prêtaient les mêmes idées et les mêmes projets à une masse considérable de nos concitoyens unis et associés, disait-on, dans ce but. Ces bruits injurieux et dénués de tout fondement, ont pu influer sur l'intensité de la crise financière, indépendamment d'ailleurs de la cause radicale et immense de l'écroulement du crédit, savoir : la découverte de l'affligeante disproportion qui existe entre la masse des engagemens et les moyens de libération. Toujours est-il qu'une portion notable de notre population a été calomniée. Non-seulement une foule de journaux de France a parlé de la prétendue guerre des débiteurs contre les créanciers, guerre dont l'île Bourbon était le théâtre ; mais cette calomnie a retenti jusqu'à la tribune nationale, dans la bouche même de M. le ministre de la marine, induit en erreur à ce sujet, sans doute par la correspondance de ses agents coloniaux.

Il est du devoir des représentans de notre population de repousser cette insulte et de signaler cette fausseté partout où elle a été propagée. Le pays attend de vous cette justification.

L'addition de M. Patu est rejetée.

Les 17ᵉˢ et 18ᵉˢ paragraphes sont votés à l'unanimité et sans observation.

M. Conil : Puisque dans son discours M. le gouverneur a parlé du PRIVILÉGE dont jouissent nos sucres, je crois qu'il serait convenable d'exprimer dans l'adresse que ce n'est point un privilége, mais un DROIT, et que nos denrées sont denrées françaises.

M. de Saint-Georges : Je partage cette opinion, mais je pense qu'il faut renvoyer cette question à l'adresse aux chambres.

Adopté.

Le président met l'adresse aux voix, elle est adoptée à l'unanimité, sauf la réserve exprimée par M. de La Serve.

On arrête qu'elle sera présentée par une députation de douze membres tirés au sort. Les noms suivants sortent de l'urne : Malavois, Vinson, Fourchon, Delisle, Petit, de Mahi, Sauzier, Sallèles, Vergoz, Diomat, A. Pajot et Ch. Motais. Ces MESSIEURS s'adjoindront au président et aux deux secrétaires.

La séance est levée à 6 heures du soir.

ERRATA du numéro 22 du *Salazien*.

Page 3. — 2me colonne. — Dans la phrase : « sous ce rapport l'emploi que j'ai fait des lettres de « M. Sully Brunet, est aussi légitime que national. » — Lisez RATIONNEL au lieu de NATIONAL.

Page 4. — 1re colonne. — Dans la phrase : « les déclamations dont les journaux de France les « plus accrédités fournissent contre le régime colo- « nial. » — Lisez FOURMILLENT au lieu de FOURNISSENT.

Ces pages manquent et ont été remplacées par des lignes de points.

FIN

Imprimerie THÉODORE DROUHET fils, rue de l'Eglise, 18.

www.ingramcontent.com/pod-product-compliance
Lightning Source LLC
Chambersburg PA
CBHW050544270326
41926CB00012B/1904
* 9 7 8 2 0 1 2 6 6 7 0 2 0 *